童眞著

寂寞街頭

童真自選集之五

文史哲出版社印行

國家圖書館出版品預行編目資料

寂寞街頭 / 童真著. -- 初版. -- 臺北市：文史,
哲民 94
頁： 公分. --（童真自選集；5）
ISBN 957-549-631-0 (全七冊平裝) -- ISBN
957-549-636-1 (平裝)

857.7

童真自選集 5

寂寞街頭

著　者：童　真
出版者：文史哲出版社
http://www.lapen.com.tw
登記證字號：行政院新聞局版臺業字五三三七號
發行人：彭正雄
發行所：文史哲出版社
印刷者：文史哲出版社
臺北市羅斯福路一段七十二巷四號
郵政劃撥帳號：一六一八〇一七五
電話886-2-23511028 · 傳真886-2-23965656

實價新臺幣四五〇元

中華民國九十四年（2005）十一月一版

ISBN 957-549-636-1

一九九三年冬，是陳森和我在美國過的第一個冬天，外面大雪紛紛，室內爐火熊熊。

一九九六年盛夏，童眞剛過六十八歲生日，在美國新澤西州自宅後院留影。

一九五五年冬（民國四十四年）初春，童眞獲香港祖國周刊短篇小說徵文李白金像獎。合影留念。

一九六一年童眞與她的四個稚齡兒女留影於高雄橋頭。

一九八三年攝於台中亞哥花園。

一九八七年初冬，童眞與夫婿陳森初訪紐約，在世貿大廈最高層留影。現世貿雙塔已毀，背景已不能再得。

約在一九六〇年新春，童眞、陳森與姜貴及司馬中原夫婦在高雄橋頭糖廠宿舍區合影。

一九六四年初春，右起張秀亞、童眞、聶華苓、陳曉薔在大度山東海大學校園內合影。

陳森、童眞、公孫嬿艾雯、朱介凡夫婦、依風露夫婦在台北朱介凡兄住屋前合影。

一九八八年春，童眞與長子、長孫、次子夫婦合影於潭子老宅門前。

一九九六年炎夏八月，童眞與夫婿陳森及四個兒女攝於新澤西州女兒家後院。

一九九八年秋，童眞與么兒一家攝於新澤西州自宅後院。

二〇〇三年初秋，童眞與兄、嫂、姊攝於上海。

二〇〇三年秋，童眞與長子在上海魯迅紀念館魯迅銅像前留影。

二〇〇一年秋，合家在新澤州自家客廳合影。

二〇〇三年十月，童眞在上海城隍廟先祖創業的童涵春堂門前，與分別五十六年之久的姐姐合影。

二〇〇四年夏，童眞在美國著名總統山前留影。

二〇〇四年八月童眞與長媳同遊加拿大哥倫比亞冰川。

民國五十六年（一九六七）五月四日，童眞獲文藝協會頒發的文學小說創作獎。爲今，時隔近四十年，老年童眞首次與此獎合影，並把照片收進「自選集」裡，這表示感謝，同時也給自己過去的努力留下一個紀念。

二〇〇五年五月，童眞與么兒一家留影於寓所。

二〇〇五年八月，童眞與長孫及外孫在屋前草坪上合影。

二〇〇三年秋，童眞由美返台，與幾十年的老友艾雯聚晤。她家客廳雅致清麗，兩人並肩而坐，彷彿時光倒流，兩人都回到往昔的年輕歲月裡。

二〇〇五年九月，童眞由美返台，與老友司馬中原夫婦合攝於台北。

童真自選集

寂寞街頭

目次

前言……三
寂寞街頭本文……一—四四九
附錄
沉默的天堂鳥——童真……司馬中原……四五〇
鄉下女作家童真……夏祖麗……四五八
女作家童真……鍾麗慧……四六四
一個具有三種年齡的女人……陳森……四七四
童真作品目錄……四七五
童真作品評論索引……四七六

寂寞街頭　2

前言

歲月的飛輪不息地奔馳，在悠邈的時間大漠中激起一串細碎清越的鈴聲；記憶卻總是似風似雲，無聲追趕，輕輕拂撫。多少年了，總是忘不了年輕歲月裡炎夏與寒夜的苦寫，瘦弱的我，內心裡卻澎湃著對小說藝術的欲燃的熱情，恍惚中總切盼著，跨上的是匹千里馬，揮鞭響處，馳騁萬里！然而，卻忽略了自己不過是個跛腿的勇士，在夕照下，只映繪出踽踽獨行的孤影！

近十幾年來，我寄身異國，「漂流」兩字，常灼痛我的雙眼，想起在我小小的小說世界中，出現的，也多是一些在「異鄉」「漂流」的人群，而我自己當然也是其中之一個。正因如此，他們的喜悅與悲痛、堅忍與落寞、尊嚴與憤抑、驕傲與偏見、迷惘與失落……曾深深地滲透了我的心；我塑立了他們，也就是想鐫錄下我曾經貼身生活過的那塊土地、那個時代裡的人物與情景。

我是在一九四七年秋，跟隨外子陳森離開上海，來到台灣，至今已有五十八個年頭。陳森在二零零二年秋以九十高齡在美去世，而當年正青春年華的我，今日也早已成爲一個白髮閃閃的老媼。歲月無情，我們這一代人，正逐漸地，更多地、走入歷史。因之，此時此刻，在我仍健朗未凋之際，緊繫在我心頭的，不是我那些早已成家立業的兒女們，而是我的另類兒女—我的小說兒女們。猶憶他們誕生的當時，也曾贏得過不少的掌聲；而今，我勇敢地再次把他們推陳在讀者之前，讓眾多的目光檢視他們：經歷了三、四十年的風風霜霜，他們到底還留存幾許丰姿！

童　真　寫於新澤西寓所

二零零五年八月

第一章

昨夜下過一陣細雨，今晨，天又晴了；才萌芽的秋，被雨絲兒這麼細細緻緻地一洗一濯，便顯得更清、更純、更精巧，宛如一柄素絹團扇。

汪幼誠站在窗前。隔牆，臺中公園裏翠鬱鬱的大樹染綠了早晨的空氣。一隻似曾相識的小鳥飛到窗前來，停在矮胖的冬青樹上，向他啁啾。他說：鳥兒，你眞的認得我嗎？瞧見我整天整天地躺在公園裏的石凳上嗎？小鳥回答他一串清脆的嘰喳。他一揮手，小鳥飛走了。空氣仍是一片浮浮晃晃的綠色。清晨原是很短的，但對他來說，却是很長。他多的是時間，它如裝在布袋裏的米粒，他邊走邊把它撒去一些；在他不需要它時，它是一種負擔。

突然，他聽見臥室外有輕捷的步聲。他記起來：妹妹幼芝今天要到學校去。他空蕩蕩的心更空了些。他迅速地換了一件米黃奧龍運動衫，推門出來，幼芝已匆匆吃好早飯，穿上燙得挺挺的綠衣黑裙，他走過去，說：「幼芝，讓我送你一程。」輕輕地，幾乎是懇求地。

幼芝迅速地看他一眼，那一眼包含了感激、關懷與勸慰。她明白他的悲哀。她一開學，他的寂寞便更濃了。

晚睡的母親和大哥還未起來。他牽着幼芝的手，悄悄地穿過陳設莊麗的客廳，走過以羅漢松、孟宗竹等常綠植物爲主體的庭院，來到門前鳳凰木夾道的公園路上。陽光給扯成一小片一小片的，拋散在路面上，而且並不太多。他們好像惟恐踩壞那碎片般的陽光似的，小心翼翼地走過去。旁邊，公園一片暗沉，只有一些把健康放在第一位的中年男女在那裏練太極拳、打網球和羽毛球……於是，他們看到在靠邊的一個漂亮的、淡紅色的小亭裏，躺着一個中年人，他以一張大紅大綠的塑膠布作爲蓋被，頭歪着，睡得比誰都甜。

「他是一個流浪漢。」幼誠說。

「難道他一定得睡在這裏？」幼芝不以爲然。

「這裏有廣大的空間可以供他呼吸。」他嘴角微彎。「他沒有家。」

「哦，天！」幼芝說。「找一份工作，換一個舖位吧，晚上千萬不能睡在這裏，天快冷了。」

「我也喜歡睡在公園的石凳上，不過，是在白天。」他望着公園的深處。這個公園對他和幼芝來說，都太熟悉了。很小的時候，他們就在那裏玩耍。當然，還有大哥。如今，在今年夏天裏，只有他一個人常常偷偷地越過圍牆，懶散地躺到石凳上去。對於這個從小時候起就帶給他愉快的遊樂場所，他已經不太熱愛了。

幼芝用脚踩住了剛飄下來的一片樹葉。「我也不喜歡看到你白天躺在公園的石凳上。長久躺在樹蔭下，使人感到你像那些落葉，在腐蝕自己。」

他古怪地笑了兩聲。「腐蝕？你說得不錯，我彷彿就是這樣。我跟那個流浪漢一樣，希望有廣大的空間。我不願在斗室裏僵化，但我又何嘗願意在樹蔭下腐蝕？我清楚，我已經不像以前那樣地愛這個公園，愛這個家，愛我自己。」他想說：他也不像以前那樣地愛大哥，但他却克制住了。

「二哥，我知道你很寂寞，而且一直不快樂。」

「我只有剛回家來的十天裏是快樂的，那時候，母親一點也沒有提起我重考大學的事；我以為她想透了。」一個陽光燦麗的中午，他退役回來，母親熱烈地歡迎他，一如歡迎一隊凱旋歸來的士兵，而他自己也把在軍中的歡愉心情帶回來。在回家之前，他曾幻想着，回家後過一種全新的生活；那時，在他看來，那種想望該是多麼地易於實現。母親會問他：「幼誠，你回來了，你完完全全長成一個大人了，你決定吧，大專聯考，你要不要再去試一下？」他會回答：「媽，我不想再去擠那道窄門，我擠不進去的，我承認那條路我是走不通的。」那末，明理的母親該會拍拍他的肩，說：「既然這樣，也好，工作的事，以後慢慢考慮。」但想不到，母親却一脚踢開他的意志，把她的命令嚐瑯瑯地擲到他的面前——不管怎樣，得繼續讀上去！

「當局者迷。其實，媽完全是為你着想，二哥。」幼芝綠衫上的光點不停地流動着。說這話時，她的眼睛出奇地清亮。

「她一點也不讓我保有一點自由意志，我已經二十三歲了，我不是十三歲。」

這條林蔭大道的盡頭，就是繁華的自由路，往右一直走，就是幼芝就讀的學校。幼芝十七歲，她已不是十年前的小女孩，要人護送她過街，讓人擔心她迷路；讀高二的幼芝，在各方面已經不輸於他這個哥哥了。

他停下來。現在在這條馬路上走的，幾乎全是去上學的學生。他已從他們的中間走出來，永遠不能成爲他們中的一份子了。他羨慕一些矮小的讀初中一、二年級的學生，因爲他在他們那樣的年齡時，還是被母親認爲是個好孩子的，而他也感到自己跟大哥、妹妹一樣地幸福。

「彷彿我是不該送妳的。」他說，「我想，現在我做什麼事，別人都會認爲我是多餘的。」

「至少我不會。今天學校裏只舉行開學典禮，大約十點多我就可以回家。」

「到公園裏來找我。」他說。

幼芝只望着他，什麼都沒說。許多話是不必說的。她揮揮手，往前走去，而幼誠則在街邊站下來。在人流不息的馬路上，他只感到寂寞像一片晨霧似地罩下，把他跟人們隔開。然後，他依稀聽到公園裏的鳥鳴聲——至少鳥鳴聲對他是親切的。牠喚他到公園裏去。

他回轉身，又走在林蔭大道上，沒有什麼事情要做，他滯滯地走着。綠沉沉的樹蔭就壓在他年輕的雙肩上。

第二章

汪幼誠在公園大門斜對面的一家點心舖裏吃了大餅、油條和豆漿，然後邁上公園的石級，走進門去。那些早晨在那裏做健身運動的男女，已然散去。他不走捷徑，故意繞了一段路，打小亭的旁邊經過；但只這麼半個鐘點，那個以塑膠布作蓋被的流浪漢，也已走了。他有些微失望：他的猜測並不正確。他原以爲那個人非要睡到九、十點鐘才肯起來；現在他推想那個人該是屬於勤勞型的流浪漢，或許他正去點心舖，想以一些工作換取一頓剩羹冷飯。幼誠有一條經他選中了的固定的石凳，在一個微微隆起的土坡上。上面榕樹的手臂挽着榕樹的手臂，即使在盛夏裏，那裏也是黯冷的。他走過去，昨夜的細雨並沒有在石凳上留下什麼痕跡。他也不用手撣一撣，便側身躺到石凳上，曲着雙腿，把右臂墊在頭下。

每次他在石凳上躺着的時候，他總感到自己是半個流浪漢。在生活上，他比他剛才看到的那個流浪漢安定；但在情緒上，或許他要比他更流動不穩，更痛苦焦急。

這是一處似乎可以高瞻遠矚的地方。他往南看，綠色的湖水環繞着五彩的湖心亭。現在，他不喜歡那綠得厚膩膩的湖水；湖水應該清得把人的心飄走，但它卻濃得把人的心膠住。往西望，隔着圍牆，一幢灰色的舊式二層樓洋房，像雙巨獸似地蹲在樹叢中，那是自己的家。而這裏，在他的頭上，榕樹的椏枝上掛着兩隻鳥窩。有時，鳥兒們會大膽地棲停在低低的枝子上，俯視他是怎麼樣的一個人。

他多半是半閉着眼睛躺在那裏。他無法睡去。他有充沛的精力、飽滿的腸胃，他並不疲乏，但他也不是一直在思想。他不是牛頓，或者什麼思想家，也不是什麼聰明人，他是一個書讀得不好、而在母親和大哥眼中慢慢地失去份量的青年。擋開碎珠般的囀鳴，他分辨得出突然停在他家門口的汽車聲，有時也隱約聽到了大哥播放英語會話唱片的聲音。在半閉的眼睛的前方，有時他看不見草地、樹木、亭子、湖水，只看到家裏那個寬敞的、足有六坪大的事務室。母親坐在大書桌、保險箱、檔案櫃與放着六法全書、判例、解釋的書櫥之間。她總穿着重重的深色旗袍。大家都稱她為司徒律師，而且都公認她是最能維護正義、為當事人爭取權益的律師。在這個位居全省第二的大都市裏，她憑着她的智慧、學識與口才，擊敗了許多男性，成為律師中的錚錚者。

但母親却不了解他，或者說，固執着不願去了解他。他有時希望他在她的面前只是一件案子，不是她的兒子；那末，事情就會容易解決點。就說此刻吧，母親在事務室裏也絕不會有空的。她接見當事人，詳閱案卷，推究法理……而她僱用的書記則替她擬稿和謄寫。她絕對不願看到他躺在公園的石凳上，而且也不會相信，他之這樣做是由於煩惱。跟臺大電機系畢業、也在今年退役回家的大哥相比——怎麼比得來？

對於這些，他已經不願去想。他不想回到凝固而堅實的氣氛中，更不願面對大哥留給他的以及大哥後來替他買來的一大批參考書。他消化不了。

還是去望那漸漸地鍍上陽光的湖水吧。湖面上又有遊客在划船了。以前，大哥、他、幼芝三個人，總租了一隻前尖後方的小船在水面上盪；那時，他們每星期至少要划上一次，還打算三個人一起去參加高雄愛河的龍舟賽哩。

口袋裏正有錢，他驀然躍起，走向湖岸去租船。眞希望湖是澄淸湖，那樣遼闊地可以讓他划上老半天。剛解開纜，一個人疾奔過來，一把攀住船舷。

「老弟，揩揩油，讓我跟你一起划！」

「你？」

「我就是晚上睡在淡紅色小亭裏的。」他笑笑，這麼簡單地勾出了他的身份。「我知道你在注意我。」

「哦，但我並不認識你。」他想拒絕他，只是語氣又不够硬朗。這個在淸晨酣睡時顯得四十出零的流浪漢，現在看來，却不過三十二、三；手、臉洗得很乾淨，頭髮也不很長；灰襯衫、藍褲子，褐色假鷄皮鞋。或者因爲他有時也承認自己是半個流浪漢，不免對那個人憐惜起來。「喲，你剛才不是出去了嗎？」

「剛才去點心舖後門打了一頓游擊。那夥計跟我是同鄉。」他皺着鼻子笑笑，一隻脚却已跨到船上來了。「不會推我下去吧？我不會游泳呢。」

爲什麼要拒絕呢？他說得這麼可憐，樣子又這麼斯斯文文的。汪幼誠交給他一支槳，兩個人也就慢慢兒地划起來。那人一點也不笨手笨脚，汪幼誠向他注意時，他就皺起鼻子笑笑，那種無奈、自嘲，把一切的困難化成輕鬆的笑，彷彿正是流浪漢的本色。他起初完全是出於同情，但現在却漸漸地欣賞起來了：欣賞他的豁達，欣賞他在這種情況下還能保持他的整潔與雅興。從這個角度看來，他不是一個惹人厭煩的流浪漢。

「我在公園裏住了好幾個晚上，每晚都躺在那個淡紅色的小亭裏。」他用槳在水面上輕輕划着。「我早注意你了，你的家在公園的隔壁。」

幼誠本能地自衛起來：「噯，我的家在公園的隔壁，關你什麼事？如果你以爲認識了我、以後就可以去我家找我，那你可打錯了主意！」

那個人這次却爽脆地笑了起來，鼻子不皺了，連眼睛也亮了起來。

「你放心，我只是這麼說說，絕不會去找你的痲煩的；我在臺中還有親友呢，我只是不想去依靠他們吧了，你看看，我像個無賴嗎？幾個月前我還是一個商店的老闆，只是被人累了，吃了一筆倒帳，不得已關了門。我把店面退了，生財賣了，貨物還了，償清了欠債，然後孑然一身地到臺中來，想謀個小差事做做。當然，事情不好找，得慢慢地等。我只是覺得受親友們的白眼、奚落，倒不如住到公園裏來得舒服。我呀，落到這般地步，還脫不了這種牛脾氣！」似乎想加强說明他的性格，他猛地划了幾下，小船便向湖心亭那兒滑去，但在湖水縐疊起的笑紋裏，那個人的臉却是意外地平靜。

幼誠為自己剛才的話感到惶慚。別人在逆境中，心胸這麼開朗，換了他，哪有這種修養？他不好意思地說：「到公園來，就是貪這份自在啊！一個人不吃香時，慢說是在別人家裏，即使是在自己的家裏……哈哈！」趕快打住。也不知道那個人說的是不是眞情實事，自己倒快把知心話說出來了；於是，又換了一種語氣，說：「事實上，公園裏也眞涼爽。你看見公園外面的那些小攤子吧，你要等弄到一個工作，還不如湊個千兒八百的，擺個小攤子來得實在。」

「但現在連千兒八百也沒有啊！」

那句話又像暗示他救濟一些，然而，他自己不也同樣連千兒八百都沒有，服役期間的餉銀，隨領隨花；現在回家來，除了百元一月的零用錢以外，要什麼花用就得伸手向母親討。畢竟自己已經不是小孩子了，未開口之前，心裏就覺得怪難為情的，再加上母親的一臉施主面色，間或再來幾句訓詞：「你現在看我賺錢容易，要是十三年前、你爸橫死的時候、我不痛下決心的話……」啊呀，拿聽這些話得來的錢去換電影票、吃零食，那興趣就全變質了。當然，這也是他願意上不花錢的公園來的原因之一。他想，如果他有錢，面對這個流浪漢，他一定會毫不考慮地送他一千塊錢，不管對方是不是騙子；因為以後受到責備的不是他自己，而是對方。

小船靠近了湖心亭，幼誠把船纜縛在亭腳上，兩人先後攀上了亭子。亭子的廻廊很漂亮，第一次上公園來玩的人，總要倚在欄杆旁照幾張相，所以幼誠避開他們，走到邊上去，那個流浪漢也跟着他；幼誠在欄杆上坐下來，那個流浪漢也跟着在他旁邊坐下來。幼誠忽然厭煩地說：「喂，你不要老跟着我，好不好？」

「我等一下就會走的。」那個流浪漢不慌不忙地回答。「我看你也沒有工作呀！」

「我的事用不着你管，你走吧。」幼誠掏出一張十塊鈔，「够你吃一頓飯的，你走吧。」

那個人又皺起鼻子笑笑，看來他是挺不願意接受這個施捨的，但他畢竟還是把它放到褲袋裏。「你看得出，我不是一個無賴，有一天我找到了工作，我會還你的。」那樣的一個流浪漢。當他走在鑲着猩紅欄杆的橋上時，幼誠覺得自己很殘酷。

他坐了一會，又有兩隻小艇點綴在湖上面了。一隻艇上是一對情侶，另一隻艇上則是一對父子，都是興高采烈的。他等着幼芝快點來，他要跟她一起划過湖去。至少，在外人看來，他是高高興興的。

十點多，他看幼芝走進公園來。當她走在湖濱路上時，他隔着半湖綠水喊她、招她。幼芝發覺了，就在許多雙目光的注視下，跑過橋，跑到湖心亭的廻廊上來。兩個人的雙頰上都泛浮出湖水壓不下來的紅潤，彷彿那一陣的呼喚和奔跑把暗鬱全踢開了。也不停歇一下，兩人便翻身到欄外，很伶巧地躍到小艇上，解開纜繩，小艇就悠悠地從亭邊漾開去。

「幼芝，妳準想不到剛才我是跟一個流浪漢一同坐船到湖心亭的，就是早上我們瞧見睡在亭子裏的那一個。」

「嗯？」幼芝語氣裏的疑問，使應聲也走了樣。

敏感的幼誠馬上解釋：「他沒錢，想划划船，怎麼好意思拒絕？我常常想，我自己是半個流浪漢。他沒有家，而我，也只有半個家。」平靜的湖面上，他的聲音却是嶙峋崎嶇的：「就說我讀書的事吧，我一再對媽暗示，我不願再讀書了，但她還是硬逼着我再去考大學，好像每個人都只有這麼一條路可走。偏偏是，我自知不是讀書的料，我考不上的。」

「二哥……」

幼誠望着重甸甸的湖水，剛才一陣叫嚷所獲得的興奮，早已沉到湖底去。「幼芝，對整個的事情，我十分清楚。我明白，媽心裏怨我不够努力，而妳，以前一直跟我很接近，妳該明白我是努力過的。」

「媽祇是太愛兒子了。」

「媽只想往自己的臉上貼金，想把我的前途作爲她襟上的胸花，哪會管到我對那方面有沒有興趣？智力够不够得上？」幼誠的話一如巨浪中的小艇。「我永遠敬愛媽，但我永不說她在這方面是對的。她一手養育了我們三個，希望我和大哥跟妳一樣，都是學業上的佼佼者；不過，我是我，我不是大哥，也不是妳。你們獲得高分是輕而易舉的事，而我却不然。從初中開始，我一直在苦鬭，一種長期性的艱苦的戰鬭，滿想跟在大哥飛毛腿的後面，別掉得太遠，但我失敗得很慘。高中聯考，我考不上公立學校；大專聯考，我乾脆落第，再落第。後來，我覺悟了，我跟大哥雖是同胞兄弟，而且小時候我們兩個也長得很相像，但他畢竟是他、我畢竟是我。我平心靜氣地退了下來。我把大哥跟我縛在一起的繩子解開，我這才認清了眞正的我，我才是獨立的我。他走他的路，爲什麼我一定得跟着他？世界上不能光是聰明人。聰明人固然有他立足的地方，但像我這種人，難道就連歇脚的地方也沒有！幼芝，我在讀書上雖不聰明，但我却不承認在別的方面也一樣地笨。」他陡地停下來，小舟却因他的激動而搖晃不定。他有一件從不曾告訴過人的事：在第二次大專聯考落第之後，他曾藉口到住在高雄的友人家裏去。他曾在港口徘徊良久，望着巨輪，望着大海。他多想做個海員，出洋去；不是他厭惡這塊土地，而是不願受母親的拘束。然後，在暮色深沉中，他又沮喪地踏上北上的列車。

幼芝靜靜地望着他，她也願意把自己這份靜分給他。二哥雖然一直被讀書與工作困擾着，但他却很少讓激動顯露在表面上。她瞭解他的悲哀、他的痛苦、他的默默的掙扎。而現在，他的鬱怒使他的雙眸黯沉得就如這滯凝的湖水。她一直認爲他有一張很雋的臉，而且具有跟別人共享痛苦與歡樂的特性。在兩個哥哥中間，她還是喜歡二哥。她不習於大哥的冷傲，經常把聰明像一塊招牌那樣貼在臉上。她跟大哥之間的感情是平和，而跟二哥之間的感情是深濃。

「我相信你以後走的會是一條被我們忽略了的路，而這條路原來也是可以通到市中心的。」她說，而且渴望二哥相信她的眞誠。

小艇漸漸靠近岸邊，幼誠跟幼芝一起上了岸，然後把它連租金交給租船人。已經十一點了，公園裏的遊人有增無減。在一處樹蔭下的草地上，他們又瞧見了那個流浪漢。他雙手勾着後腦，仰臥着；驀然，他側轉頭來，看到了他們，便又皺起鼻子笑笑。

「二哥，」幼芝說。「我想，你在公園裏的白日夢也該結束了。」

「爲什麼妳說這句話？」

「我本來就不贊成，現在更覺得你要這樣下去，準會跟公園裏的那些流浪漢交上朋友。他們當中雖然有好人，但壞的也不少……。」

「譬如，賭徒、小偷……」幼誠扮了個鬼臉，接了下去。

「二哥，你總不反對朋友給人的影響吧？」

「當然，我不否認。只是，我來公園，是爲了無聊。那個流浪漢也許在思索嚴肅的生活問題，可是我呢，連這一點都不允許我去打算。」

「躺到自家庭院裏的草地上去吧。」幼芝繼續規勸。

「我怕面對媽的一雙眼睛。」

幼芝嘆了一口氣。「二哥，怎麼說，你得改變一下生活方式。公園雖大，到底不是你的世界呀！現在，我們該回家了。媽的事務室裏不知又來了一些什麼人。」

「反正是，什麼人跟我都沒關係。」幼誠說。「幼芝，妳從公園門口走，還是翻牆回家？」

「我想，我是高二了，還是從公園門口出去，走這麼一段林蔭大道，也不過五、六分鐘的時間。」

「那末，回頭見，我在院門口等妳。」

幼誠不是不知道幼芝對他翻牆的舉動並不以爲然，但他認爲自已在別方面既然已是缺點太多，那末，這個小缺點，也就不必放在心上了。他急急越過草坪，跨上斜坡，很快就來到了暗紅圍牆的旁邊，雙手攀住牆頭，矯捷地躍上去，然後又跳下來。猝然，他的輕巧消失了，他呆住在牆邊，因爲站在他面前的是大哥，他正冷冷地瞪着他。

「好身手！」那種像冰雹似的讚辭，讓人在大熱天裏也無法雙手接下來。

但他還是收受下來了。燙的、冷的，這幾年裏，他都收受下來了，又何必爲了這句話鬧成兄弟鬩牆的局面。大哥服完兵役回來也並不久，但在服役期間，他却比自已高上一大級，是預備軍官。大哥回家時母親對他的歡迎又是一種熱烈——彷彿大哥是凱旋歸來的將軍。

「大哥，你在院子裏散步。」訕訕地。在沒有話說的情況下想出來的一句話，目的是想打碎這種僵局。他對大哥說話，已然養成了一種非常愼謹的習慣，惟恐有什麼錯兒被大哥抓住，回敬他幾句，惹來無妄之災。他總是扮演着可憐巴巴的角色。媽常說，你要尊敬大哥，你要聽大哥的話，你要……因爲大哥比你强！媽把什麼條件一股腦兒加在他這個次子的頭上，希望他在大哥前面做個哈腰的弟弟。媽爲什麼不給大哥加上一點限制？她有理由：大哥是個自愛的人，大哥是個有學問、有能力的人，大哥是個……對他加上限制是多餘的。噢，好啦，以前大哥看了一場電影回來，跟媽談起，媽就笑着說：連你也去看了，那一定是好片子，說說裏面的情節看，或許我也要抽空去看一場。如果恰巧他也去看了那張片子，就忍不住插上幾句。媽的那副律師面孔馬上就亮出來了——什麼，你也去看了？功課好嘛！你有心情看電影，就沒有心情唸書？我明白，你想看大哥的樣，那末，就先從功課上看起！你大哥是由學校保送臺大電機系的，你呐，公立中學考不上，讀的是所爛污中學，各科的成績又在水平面上浮浮沉沉的。你呐，只看到和尚吃肉，沒看到和尚受戒。你再不把心收起來，看你以後怎麼得了——就是這樣。媽有非常充足的理由，聽起來，媽的確有非常充足的理由；而他，是想不出什麼理由來反駁的。在任何事情上，他不想跟大哥衝突，因為衝突未開始，結果却已確定：大哥是對的，他是錯的。在這方面，他連一個兇手都不如，因為他沒有上訴的權利。

大哥使鼻翼擴張了些，雙唇往兩邊拉了拉，要笑不笑地，用種拉長了的語音說：「可不是嗎，我們都喜歡擴大我們生活的空間，嫌房間太小了，就想到庭院裏來；嫌庭院太小了，就想到公園裏去；嫌公園太小了，就想穿大街小巷去！」又是文文雅雅、尖尖利利的話。一手插在褲袋裏，悠閒地欣賞着他無法爆發的忿怒。

幼誠竭力控制着自已臉色的變換。當然，大哥旁敲側擊是有原因的——為的是自己又把一上午全閒蕩掉了。

「媽在找我？」

「媽才沒有這樣的閒工夫，她正忙着。要是媽整天把你掛在心上，她就用不着辦事了。這會兒，項太太正在事務室裏。」

「你是說那個東昌紡織廠項廠長的太太？」

「難道還會是另一個項太太！你看，她的自備汽車還在我家的門口呢，克雷斯勒牌的黑色轎車！」

幼誠走到院門邊，往外一望，那輛黑色的轎車閃亮得猶如黑色的陽光。從形象的莊嚴這一點看來，使他很容易地聯想到穿着法服的法官，也使人很容易地聯想到他的主人要比一般人站得高。紡織廠裏併條機上流瀉下來的成百條的併條像細細的山泉，而織布機上的白棉布則像疾奔着的瀑布。那些山泉與瀑布灌溉着項廠長夫婦的田莊，也灌溉着那裏一千多個工作人員的家園。汽車在公路邊的廠門口馳過，白晝裏只見圍牆內一排排鋸齒形的灰色廠房，黑夜裏則是一片白色的燈光。東昌紡織廠是台中市郊最大的一所紡織廠。項廠長夫婦在六年前合力創辦了它。項子琳廠長由此奠定了他的聲譽、地位，而項太太龔愛蓮則由此獲得了比項廠長更大的聲譽、地位，因爲這座工廠的資金全是她的。她是一個華僑富商的獨生女，幼誠知道母親是東昌紡織廠的常年法律顧問兼龔愛蓮個人的法律顧問，而且是少數能跟龔愛蓮平等相處的友人之一；龔愛蓮是財富上的女傑，而母親則是才幹上的女傑。在天秤上，兩人是無分重輕的。母親跟龔愛蓮縱然已經算得上是好友，但母親却從來不會叫他在龔愛蓮的面前正式出現過，因爲他不是一個可以在高貴友人的面前炫耀一番的兒子。

「既然這樣，我仍舊回公園去！」幼誠倏地回過身子。

大哥伯聰把手臂一伸：「爲什麼？」

「那很簡單，難道願意我這時闖進去，剝媽的面皮？」

「幼誠，你說話可要有分寸。」

「事實如此。難道你還不清楚每次碰到這種情形，我總是偷偷地從窗外繞過去。難道我就不是她的兒子，只有你是！」

「幼誠，你說話可不要傷了媽的心。」伯聰斜睨着他。「你每天多的是靜躺、默想的時間，你得反省反省。」

「我每天在反省。即使我有一百樣的好處，但我還是抵不過考不上大學這個缺點。」幼誠發覺自己今天眞太激動了，他得趕快在這個話題上勒住，否則，雖有一個庭院做緩衝，但粗魯的話聲畢竟會撞到事務室裏去的。「大哥，我想，我還是離開一會的好。」

「隨你的便，反正我也管不了你！」伯聰的視線向林蔭大道上一拋。「啊，幼芝來了。」

幼誠邁開去的一隻脚又收了回來。他跟大哥一爭執，幾乎忘記繞道而來的幼芝了；現在記起，也覺得五、六分鐘的路程，她竟花上十多分鐘去走完它，委實太慢了，跨進門口的幼芝，臉頰却比剛才在公園時還要紅潤，那證明她不是緩步走來的。

「喂，大哥、二哥！」聽她跳躍的聲音，就猜測到她遇到了什麼興奮的事。

兩個人的目光都轉向她。兩個人都沒說話，因為他們還沒準備好心情去適應她的興奮。幼芝也望着他們，感到他們之間可能發生過衝突。果真這樣，她的來到倒正可以把他們之間的尷尬消除。她依然亮着聲音，說：「呀，我在公園門口碰到一個熟人。」

「碰到熟人也值得這麼大驚小怪的？」伯聰對這表示沒有興趣，便後退了兩步。

「是什麼人，說出來，我們才知道。」幼誠倒是相信幼芝絕不是一個動不動就大驚小怪的女孩。

「李宛宛！她又住到她舅舅的家裏來了。她說，她昨天晚上才到，同來的還有她的母親。」

「那個黑瘦的女孩？看到男孩子們打泥塊戰、只會吓得躲到牆角邊去的那一個？」伯聰批評起來，是一向不留餘地的。

「啊，眞的，宛宛又住到霍伯伯的家裏來了？」幼誠的反應是小小的驚、大大的喜。啊，那個羸弱的、需要他保護的女孩！她離開台中快七、八年了，聽說她一度跟着到星馬地區辦貿易的爸爸去了新加坡。他喜歡聽她細聲細氣地喚他「幼誠哥」；他曾懷念過她，但却在長長的苦鬬的歲月裏把她忘了。而現在，她再度回來；她能在她舅舅家裏住上多久？

「宛宛完全變了，變得好漂亮啊！要不是她喚我，我根本就認不出她來！她很有禮貌地問我媽好、大哥好、二哥好，還說休息一、兩天她要來看我們呢。最後她又問了一句：你二哥可在家？」

伯聽毫無表情地去看身邊的一叢孟宗竹，而幼誠則用右手托着水泥門柱，去抵抗因激奮而引起的手指微顫。他突然發覺內心裏有一個隱蔽的小湖，澄澈、清亮，樹影倒映在貼着朵朵白雲的湖面上。那是個使疲倦了的心靈獲得憩息、使受傷了的心靈獲得療養的地方。那裏有最擅歌唱的百靈、畫眉與黃鶯……呵，大大的水泡不斷地冒到水面上來。每個小泡上都有宛宛的笑臉，他自己的微笑也在不知不覺中展放。

他要先去看她。

他這會兒又不想離家了。或許還是回到臥室裏休息一下、細想一會。生活還不至於這麼無聊、呆板、陰沉、絕望。總有些陽光在照，風在吹，芽在抽，花在放。他現在看到的仍是十一、二歲的宛宛，他仍無法想像出十九歲的、改變了的、漂亮的宛宛的模樣兒來。不過，想像不出不是更好？好讓他看到她時帶點驚喜，細細打量。只是，他知道，她右額角上那條短短的疤痕一定還在那裏。他一直喜歡她的那個小小的缺憾。當時想不出理由來，現在他才知道，一個人總不能沒有一點兒缺憾。如果她在那方面沒有，她的嘴和鼻或許就不會有這麼美；如果她整個的臉蛋兒沒有一點兒瑕疵，那末，她的雙腿上或許就有濃濃淡淡的烙印；再不然，就是性格上有許多毛病了。這幾年來，他自己也懂得不少；懂得包容與同情，懂得美與醜常常並存，懂得住在高級住宅區裏的人有時要比住在陋巷裏的人自私得美多。在陋巷裏，他自己還有一個要好的朋友。

這些瑣事，他都想跟分別已久、現已長大的宛宛談談，而且希望宛宛會專心地傾聽他訴說。

幼芝很想了解他，但她畢竟太年輕了些，無法了解他的全部，而宛宛却能。

這時，母親在事務室裏喚大哥，大哥從從容容地進去了；接着，母親又喚妹妹，妹妹揑揑他的臂膀，也就蹦跳着進去了。他在門邊站了一會，期待着母親這次也會喚他，然而母親却沒有。

他悄悄地繞到後門，走進自己的臥室去，用躺在公園石凳上的姿勢，屈着腿，側臥在床上。

他倒希望現在自己是在公園裏，而不是在家裏。

第三章

汪幼誠循着林蔭大道悠悠行進，風好軟、好滑，迎着牠走去，似泅向一片海水。他雖然很悠遊，但並不懶散。此刻，在去看李宛宛的途中，他的沮喪與困惱全被風兒吹得很淡很淡了。下午，他還怕晚上出來被媽看到了會阻止他，却想不到媽恰好前去參加項太太家的宴會。當然，那是項太太上午邀她的，還連帶請了大哥，這說明了項太太對大哥的器重，而且，據母親說，項太太平日很少讚譽別人的，因此，大哥也就不免有點兒飄飄然了。在這一點上，他就認爲大哥不及母親孤傲，不及母親有風骨，但也許因爲他正年輕。大家都說，年輕人多半都急于出人頭地，急于表現自己。大哥多年來養成的溫雅風度，常常就在這種情形下毀于一旦。出門之前，思慮週到的母親就提醒他：伯聰，你要記住，在今天的聚會裏，你是一個小輩、一個見習生，處處要踏實、謙虛；在那個小世界裏，還沒有你高談闊論的資格——幾句話，就把大哥的浮躁壓下去了。

他們一出門，他跟幼芝就自在得多，催着阿珠快開飯。飯後，兩人就鑽到他的臥室去。他的臥室是全屋子裏最凌亂的，但還沒亂得離譜。大哥把參考書全給了他，但他連一本也沒看完，因爲啃不懂、記不住，于是他就索性把它們散置在各處。一些衣褲沿牆吊着，也是歪歪斜斜的，倒是那條棉被總是那麼方方正正的，該是軍隊生活留給他的好習慣。幼芝喜歡來這裏，因爲她可以胡翻一陣，而不會受到他的責備。但今天，她一走進他的房裏，就開口問：「二哥，你去不去？」

「去哪裏？」

「別想瞞我了，當然是去看宛宛囉。她問起你在不在家，不就是暗示要你去看她？」

「如果我不去呢？」

「那不太好。我問她，宛宛，妳要住多久？她說，要住很久很久。二哥，宛宛來了，你一定會快樂起來。我再說一句：我不喜歡你老躺在公園的石凳上。」

「我也不喜歡，但我沒有更好的地方可以去，或許我以後不會再躺在那裏了。幼芝，你以爲我該打扮一下？」

「當然，哪還用說？你有一件新的淡青色短袖兩用襯衫，就穿那一件去，還得打上領結，穿雙沒有破洞的襪子……」

「哈！」他笑了起來。「妳跟不跟我一起去？」

「不去，因爲我已見過她，而你却沒有。二哥，她以前跟你最要好，或許此刻她正等着你哩，你得多帶一些錢去。」幼芝是個小精靈，倒替他出起主意來。

「妳怎麼知道得這麼多？」

「我是女孩子嘛，我班上比我大一兩歲的女同學，好些都有了男朋友，她們在學校裏談東談西。反正女孩子總是貪小便宜的，到哪裏去，你總得花一點錢。今天，你是到她那邊去！坐坐談談，或許什麼都不用花，但是如果她要你陪她逛逛街，男人身上不帶錢，是挺不起腰來的。」幼芝把自已的零用錢塞到他的褲袋裏。

「但我跟她是從小認識的，我們之間的關係可不同。我們用不着互相討好。我們可以直言無隱。我現在看她，並不是想討她的歡心，只是想去看看她，如此而已。幼芝，最近，我很寂寞，除了你，我還需要一些了解我的朋友。」

「所以，就得快點去呀。你穿得挺挺括括的時候，簡直比大哥還帥哩，連霍伯伯都要細細地看看你。」

他就這樣被幼芝推進九月的晚風裏。風從兩袖間淹進去，浸涼他的全身。宛宛的舅舅霍重詩伯父住在公園附近的太平路，十幾分鐘的步行對他剛好是種喜悅的緩衝；而且，去霍伯父家裏，也不會引起他一點兒緊張。霍伯父是個風趣的老鰥夫，是他父親生前的好朋友，是他親舅舅的舊屬，又是他母親大學時代的校友。這許多因素就使霍伯父成爲他家的常客；也因此，曾在霍家住了兩三年的李宛宛，便很自然地成了他少年時代的好友。

霍家的房子雖沒有他家的大，三房兩廳，淡綠色的小平房，但院子却小巧精緻，沿着圍牆種着開起花來像五彩粉蝶似的石竹、深紅色的小小松葉牡丹、金黃色的金針花和一架拱門形的桃紅蔓藤玫瑰。那庭院的風格跟他家的完全不同，漾溢着青春的歡樂。有人說，霍伯父人老心不老，是個整天置身在粉紅色幻夢裏的人，但他却不會聽說霍伯父有什麼羅曼史。他正經得連歌廳、酒店都不涉足。他或許只在庭院裏譜織着他從未實現過的愛情夢。他從不抱怨生活的寂寞，而且這麼瀟洒地把別人好意推荐給他的愛情打了回票。于是，或許就在當晚，霍伯父就會走到他家的客廳裏來，自嘲地把這件事情的細瑣小節都說了出來，說他又打了一次勝仗。他總不明白爲什麼霍伯父要用「勝仗」兩個字，難道是說他又拒絕了一次誘惑？他說完了，母親總不說一個字。母親從不願在這種事情上加上她的看法。她自己是個寡婦，而且一直不肯向寂寞讓步，不肯向寂寞投降；因此，對于鰥夫的霍伯父，她當然拿不出什麼話去勸慰的。在這種話題之後，霍伯父跟母親就會默然相對；這時，年輕的他倒眞的感覺到他們的寂寞以及那份不允許在他們家庭中停留的凄涼感了。所以，他不喜歡霍伯父談這種話題。不過，在別些時候，霍伯父說起話來總是這麼讓大家高高興興的，即令對母親正在受理的那件案子的本身所作的諷嘲，也總這麼婉轉有致、恰到好處。尤其使他喜歡霍伯父的，是他對他們兄妹三人的一視同仁。有一次，霍伯父還央求母親答應他住到他家裏去，跟他作伴，只是母親拒絕了。

暮色把花卉的姸麗遮掩起來。平日，在夜晚，小平屋裏仍有它的冷寂味；但今晚，屋子裏既然增添了兩個客人，情況定然不同。幼誠站在門口，先想分辨一下宛宛的笑語聲。屋子裏很亮，但仍很靜，話音很低，聽不出來。於是，他按了門鈴，他希望霍伯父出來開門，並且以他一貫的懃誠樣子說：「哎呀，幼誠，我知道今晚你會來，正等着你哩。我們還在說，要不要打個電話邀你一下？是不是你媽攔住你了？」但開門出來的却是替霍伯父做半工的田嫂，看來是拉來暫時幇忙的。她一聲也不響，等他走進院門，她便掩了門，馬上回到廚房去，因此，他就被孤立在院子裏；這使他在跨進屋子之前，不得不再喚幾聲：

「霍伯伯！霍伯伯！李宛宛！李宛宛！」

「誰呀？」一個大女孩的疲倦的聲音，或許因爲疲倦，音色就有點兒嗄嗄的，而步聲則是拖過來的，于是，整個的人就出現在門廳旁。她再走前幾步，皺着眉看他。他看到她的右額角上那條短短的疤痕。

「宛宛，我是汪幼誠。」

「噢！」她笑了起來。剛才除了那條疤痕而外，他在她的身上眞的找不出有什麼地方是跟以前的她相似的。女孩子變得快。她以前瘦瘦黑黑的，一雙眼睛雖亮，却怯生生的。她從小就多病，因此總是靜靜的，很少參加團體的競爭性的活動，也很怕跟男孩子接近；只有在跟他一起玩的時候，她很快樂，也很喜歡笑。她的笑聲跟別些女孩的不同，不尖銳跳躍，而是平穩踏實，就像爲她纖弱的身子節省體力似的。縱然在重逢的此刻，她的笑聲仍然平實如昔，雖然他不免嫌她不够熱烈，但他高興他多多少少地抓住了她以前的一角裙邊。

「我幾乎不認得你了！」幼誠說。

「是嘛，我幾乎也認不得你了。」她說話十分流利大方，眸子非常烏麗。最不可思議的，是她不再瘦、不再黑，帶點淺淺的棕褐色的皮膚，只烘托出十九歲的她的健康來。她穿着一件緋紅上衣和一條短短的純白窄裙。腰際的皮帶描出了她的細腰。她的頭髮垂到頸際，髮梢細巧地彎曲着，右邊沒用髮夾卡住的頭髮半披下來；或許，有時候，她也是用這樣髮式來遮蓋她右額上的疤痕的。

用不着說她美不美，比她美的女孩子，他見過很多。他只感到驚奇。他一時簡直無法接受偌大的差距。終于，他也笑了起來，而且笑得很傻。「宛宛，我眞高興妳又住到這裏來了，幼芝告訴我說，妳知道吧……幼芝告訴我說：二哥，一個好消息……。我怔住了。那時候，我正不快樂。妳知道吧，一個人在不快樂的時候，最願意聽說有老朋友來了。」他停下來，注視着她那條疤痕。宛宛發覺了，便側着頭，一大綹黑髮滑下來掩住了它。他很想告訴她不必這樣，他看她，只是因爲他有些喜歡她，但他沒有說出口。「我現在已經很快樂了，宛宛，妳眞的要住很久很久嗎？」

「眞的，要住很久很久，很久很久。」她幾乎有點任性地强調着「很久」兩個字，兩眼忽然變得令人莫測高深。「你進來坐吧。我想，你是常來這裏的，對這屋子，你應該比我還熟悉。」

這幾句話不錯，但不論怎麼熟，今天他仍是客人。他跟她一起進去時，他感到他們好像是新朋友，而不是老朋友。這使他感到不安。他們間的舊日友誼似乎已經流去了，他們還得重新開始。他們不能一下子就接近起來。他要她了解他以及淸楚他的苦惱，並不如此容易，現今的世界變得太快，人也隨着變得很快，每個人都已不是以前的自己。當然，這不是說沒有希望。今天，他們不能了解，但還有明天，讓他們重疊起感情，放到往昔的架上去。

當他們走進客廳裏，幼誠察覺客廳裏早有了一個客人：老處女鍾竹英大姐，她正跟宛宛的母親霍淑珍談得挺親暱，而他的到來就彷彿是去打擾她們似的。宛宛說：「媽，幼誠來看我們了。」宛宛的母親，他是叫她霍姑姑的，便抬起眼來，遲鈍地看了他一下，給他一個秋天的笑容。「幼誠，你媽好吧？」只記得他母親，好像他這次還是媽派來的。他不願別人抹煞他的本意，也就不太熱心地說：「她很好，只是她太忙了。」「當然囉，她是名律師呀。說來說去，還是你媽有成就！」忽然感慨起來，長長地吁了一口氣，弄得他莫名其妙；倒是鍾竹英，看他傻傻地站在那裏，便說：「你坐呀。你是來看宛宛的，快去跟宛宛聊天吧。宛宛剛才還在說：沒有一個朋友，好冷靜！」說完，還非常和氣地對他笑笑。人家都說，老處女的臉大多都像木板，長年沒有表情，但鍾竹英的却是一個例外。在這個常綠島上，老處女並不多，尤其是像鍾竹英那樣既有學問、又很漂亮的老處女，更是少而又少。一定有很多人追求過她。為什麼不結婚呢？當然她有苦衷、有理由，他此刻實在不必去推究它。

宛宛的母親懶懶地揚起手，要宛宛招待他。她那懶懶的模樣，使他想起上午躺在公園石凳上的自己。她現在是一捆疲乏的纖維，雖被一件裁製得很貼身的藏青色旗袍縛紮着，但衣服裏的身子却軟得像要融化似的。那不是一種短程旅行造成的倦意，而是心理上的困憊。

有什麼事情不對勁了——一定有什麼事情發生在她們母女倆的身上了！那意思是，不只是他一個人有苦惱，別人也有。

窗邊的兩張椅子最宜于兩個人的對坐，但宛宛却把他帶到裏面的小間——霍伯父的書房——去，而霍伯父呢，據宛宛說，正上鬧街買東西去了。

他倆坐下來後，宛宛說：「我們不要去打擾我媽和鍾大姐的談話。」

「妳媽一定碰上什麼不如意的事了？」

「我媽心裏很難過。」

「爲什麼？」

「因爲出了點事情；你沒看見我們帶來了很多行李，我們要在這裏住下去，不再回台北。」

「那末，你爸爸？」

「爸爸？你這個人怎麼這樣不敏感？我說了這些話，你還不明白是我媽跟爸鬧翻了？不，是我爸跟我媽鬧翻了。」

幼誠想抓住一樣東西，結果他什麼也沒抓。他把雙手垂了下來。他想給宛宛一些安慰，但他却想不出什麼適當的話來。他只喃喃着：「我沒想到。妳爸跟妳媽一直這麼恩愛，妳們的生活也一直這麼多彩多姿。宛宛，我曾聽媽說過，妳爸媽是在烽火中結婚的呀！那樣岩石般的愛情！」

「但人畢竟不是岩石，愛情也不是岩石，」宛宛說，右手背托着下頷，望着窗外不很黑的夜，「而且，岩石也會風化的。你知道，人，並非無情，人只是無情的時間下的犧牲者。」

幼誠驚奇於她之發表這種議論，不僅是因爲像她這樣年輕的女孩、竟有如此獨特的思想，更因爲在目前這種情況下、那種議論並不適合——彷彿她目睹爸媽的仳離，並不悲痛、惋惜。

「我想，我的確並不敏感。妳剛才的話，叫人無法瞭解。聽妳這樣說，誰還敢戀愛？誰還敢結婚？妳是認爲妳爸媽的分離是不可避免的？」

「是的，他們已經鬧了好多年，只是沒讓別人知道。」

「爲了什麽？」

「意見不合，思想不同。我爸是公司裏的業務主任，你知道，業務主任是無時無刻不在注意時代的脚步的，他非得追隨這個變化急遽的社會不可，而我媽則比較保守，她願意自己站在原地上，當然，也希望爸的業務方針也站在原地上。爸的理由是：人不能落伍；媽的理由是：人不能爲別人生活，不能專去迎合別人。他們在結婚時，對于人生的確是抱着同樣的看法的，可是，二十年的時間，却使他們分道揚鏢了。」

「那末，妳贊成誰？」

「我贊成爸；但因爲我是女人，我却同情媽。爸原以爲我會跟他在一起，但結果，我却跟着媽來了。」

「難道說，妳沒有爲這傷心？」

「我怎麽不傷心？我只是沒有媽那麽軟弱、消極。這是任何時代中時間所造成的悲劇，我們只有平靜地去接受它。許多人還以爲我爸鬧桃色糾紛，那全是誤會。不過，媽跟他分手以後，他要再去愛別的女人，那是很可能的。但我們有什麼權利說他？」

「宛宛，妳很冷靜。」

「冷靜？我眞是冷靜嗎？怕也不見得，只是，我能認淸自己的環境。如果我也像別的女孩子那樣一哭，我媽可怎麼辦呢？」

她撫攏着頭髮，而且有意無意地把右額角上的那條疤痕遮了起來。她是完全長大了；長大了的女孩子有長大了的心。她一定比他懂事得多。那是好的。對一個沒有理性的女孩說話，你永遠只能說「童話」；她不要現實，她只要夢，而他的前方却是沒有什麼夢的。

「妳們以後的生活呢？」

「我們有點錢，而且，我也可以找個工作做做。我相信，我是可以找到工作的。你相信不？」

「我相信。」他說。他感到她跟他又在慢慢地接近了。

「你最近怎樣？」

「我哪，退役下來有好幾個月了。媽希望我以後再去考大學。我今年根本沒有去報名。」

她停了一下，沉思地看着地。「我還以爲你今年剛從大學畢業呢。」然後，她笑了笑。「當然，晚一點也沒關係，男人比我們佔便宜的是，他們的靑春不像我們這樣容易逝去。你今年二十二歲了，是不是？」

「不，是二十三歲了。」

「我比你小四歲。如果我們女孩子二十三、四歲才去讀大學，就似乎太遲了。你大哥呢，比你大兩歲，他怎麼了？」

「他嘛，大學畢了業，而且也服過了兵役。我是他的弟弟，不是我背後批評他，他實在是個自大的傢伙。」他的委曲慢慢地昇浮。「他自大而又自私，他常常自以為了不起。他以為他多偉大，我多渺小，我做什麼事，他都冷眼旁觀；對媽說話，却是媚言媚語，簡直叫人噁心。就說這次吧，他跟我一樣退役下來，但他却神氣得不得了。台南有家工廠拉他，台北有家工廠拉他，他同學又拉他去幫忙，簡直像個要人似的。我就看不慣。難道書讀得好一點就可以目空一切了？今晚，東昌紡織廠的項廠長家又請他去參加宴會，我希望他碰幾個釘子回來，讓他知道自己也不過是條小魚。」

宛宛抿着嘴，望着他：眼角的笑意是層層延展的漣漪，猶如她是大人，正在聽一個黏着泥巴、臉上印着血痕的小孩子訴苦：他從外面回家，跟友伴吵架了、相打了。他一逕說，那個人怎麼兇、怎麼野，却沒提起自己的錯處來。宛宛的神態就是這樣。她凝神地聽他，但不是出乎同情，而是基于懷疑。幼誠突然張大嘴，楞楞地回看她。他以為他們已在慢慢地接近，原來他們又在慢慢地離遠了。宛宛以前從不這樣，她一向是信任他的。

「宛宛！」他驚喚一聲。

她沒應，依然保持着這種姿態。她是够冷靜的，因此也就更顯出他的激動是堆無用的火。

「妳認爲我在妒嫉！許多人都認爲我在妒嫉！妳想想，我是不是心胸狹窄、善于妒嫉的人？如果他友善地、平等地待我，我會感激得涕淚交流。還有我媽……啊，妳是不願意聽這些的。爲什麽我要對妳說這些？」

宛宛說：

「我在聽，但你要我表示些什麽呢？妳是要我說些愚蠢的話，使你們兄弟之間的縫隙更加擴大？在我的心目中，汪伯母、你、你大哥和幼芝，都是一樣好，猶似我爸和我媽，一樣都是好人。以前，我認爲兩個人爭吵，一定一個是壞人，一個是好人；現在，我發覺，有時候，兩人爭吵，兩人却都是好人。」

幼誠冷冷地回說：「宛宛，你很會說話。我想，事實上，妳心裏未必是這樣想的。我從妳眼光裏看得出來，你認爲我是在妒嫉？」

「你不信任我！」

「我想，是妳不信任我。」幼誠痛楚地互搓着雙手。「宛宛，時間眞是這樣殘酷嗎？這些年來沒見面，我們已經不能像往昔那樣坦誠相對了！」

「我不承認。或許是因爲今天我們兩個情緒都不好，以後，我們又會慢慢地談得很好的。」

她站起來，溫和地望着他。她眼神中的倦意已經很深了。

「我以後再來看妳，宛宛。」

「好的。」

「宛宛，我以後可以請你看電影嗎？可以同你一起到公園去走走嗎？」

「當然可以囉。」

「你以後要不要上我家去？」

「那還用說？我們兩家離得很近啊！」宛宛的話好柔、好輕。

他比鍾竹英早離開。在歸途中，他很惆悵。他不時伸出手，想抓住一把風，但風是抓不住的。今天，宛宛的話，宛宛對他的態度，也像抓不住的風那樣地輕柔。風很可愛，但一個人卻不能靠風而活。他自己近些日子來的最大苦悶，也就是抓不住什麼。一份工作？一個理想？或者一份感情的寄托？只要是堅實而有希望，他都願作全生命的傾注。

風仍吹着。天上沒有什麼星和月，或許今晚又會下陣細雨呢。街燈閃躲在樹影裏，那遲遲疑疑的光，跟風一樣，也是抓不住的輕柔。他低着頭走去，感到胸腔裏的那顆心，就像小舟那樣搖呀、幌呀的。

一輛亘車從後面駛過來，他怕被撞上，便往右邊一讓，車子停在他旁邊，車上的人跳了下來。他一看，才發覺是鍾竹英。她的家是位于他家與霍伯父家的中間。

「鍾大姐，妳也回家啦？」

「可不是，她們也該歇歇啊。」鍾竹英說。鍾竹英的聲音已經沒有女孩子那樣的脆甜；在黑暗中，也聽得出那是屬于三十幾歲的女人的。

他自然知道鍾竹英跟霍伯父是銀行裏的同事，今天鍾竹英去安慰宛宛的母親，看來完全是因爲霍伯父的關係。他還聽到別人說過，她在追求霍伯父呢。但從霍伯父坐在他家客廳裏告訴他母親的那些話聽來，霍伯父根本就不想結婚。

鍾竹英牽着單車走了好一段路，忽然說：「女人好可憐啊！」

呃，她是說所有的女人都可憐？那倒不盡然，至少宛宛並不可憐。

「鍾大姐，妳常去霍伯伯家？」

「哪裏，今晚我是去看霍小姐的。」鍾竹英跨上車子。「幼誠，你回家好久了，有空來我家玩！」

鍾竹英的語音雖不脆甜，卻很親切，很和藹，在晚風中迴蕩了好一會兒。

有一天，他倒要問問霍伯父。霍伯父對她一定知道得比較多，說不定他還會把她追求他的一些細節說出來呢！

第四章

李宛宛第二天就陪着她的母親來看汪幼誠的母親司徒如雪律師。

那是上午十點多。司徒律師一連受理了幾件重要的民訴案子以後，這時才略爲輕鬆下來。她僱用的那個年輕書記正在另一張較小的寫字檯邊抄寫文件。她自己正沏上一杯濃茶在慢慢啜喝，是調劑、享受，也是提神。昨晚，從項家回來，已是十一點。項家的宴會並沒作過分的鋪排，只是很高雅。邀請的客人不多，幾乎都是「久仰」了的，她很安慰，因爲在那個場合裏，伯聰正如她期望並叮囑過的，表現得恰如其分，留給其他的賓客以非常良好的印象。在他的言談、微笑以及若干細小的動作上，她依稀找回了年輕時的丈夫，因此，安慰中有感慨，感慨中有驕傲，驕傲中有落寞。她很明白自己是一個好强的女人，那强烈的自尊心支持她十二、三年歲月中的孤軍奮鬪。她想贏得別人的讚美：那女人眞了不起！不僅用她的智慧開拓了事業，並且他家的孩子個個——個個？現在纔到幼誠那樣不上進的兒子，還能說個個都好嗎？回家時，雖然看到幼誠的臥室裏燈光猶亮，但她卻不想走過去看一下。早上吃飯時，幼誠才告訴她：李宛宛的母親跟她的父親意見不合，準備離婚了。她計劃白天業務結束之後就去看霍淑珍，想不到她們母女倒先來了。

雖然只有十幾分鐘的步行距離，但母女倆還是坐着三輪車來的。當宛宛的母親進來時，司徒如雪便站起來去迎接她的友伴。她很憐惜比她小四、五歲的霍淑珍的憔悴、萎頓，她是完全被憂傷揉綳了。就在這一刹那，司徒如雪也就想起了自已在三十六歲那年喪夫的哀痛。一個長途電話報告了她丈夫的猝然死亡。她丟下了三個孩子，趕着去新竹，希望那是一個錯誤的電話；有時候，人們就會犯下這麼重大的錯誤的。希望這是一個愚人節的愚弄呀。她丈夫汪健從不生病，他一直誇說他能活到八十開外、九十靠邊的。或許他不是搭飛機而是搭火車回家的。可是，她看到的是血肉模糊的丈夫，他連一句遺言都沒留給她。他就在他們兩人這麼恩愛的時候離去了，讓她永懷着對他的愛。這些年來，她承辦過許多離婚的案子，每一件離婚案都帶給她一份生死離別的無常的感慨。今天，霍淑珍的來，或許並不是單純的探訪。

「淑珍，幼誠早上才告訴我，說妳最近的心情不好。」司徒如雪拉着霍淑珍在沙發上坐下來。年輕的書記爲客人泡上了茶，司徒如雪示意叫他到客廳裏去謄抄。「淑珍，事態還不至于這樣嚴重吧？」

霍淑珍穿着一件珠灰色旗袍，披一件同色的短袖外套，耳墜上扣着小小的珍珠耳環。她一直不很強壯，文靜的、帶點悲劇氣息的臉，即使在快樂的時候，也是淡幽幽的。她的個性跟她哥哥霍重詩的個性完全不同。而現在，她是確確實實走進悲劇裏去了。

「我到這裏來，最重要的一件事，就是要託妳辦理離婚手續。」霍淑珍說。

「爲什麼非這樣不可？」

「爲了避免痛苦。」

「淑珍，聽我說，離婚也一樣會使妳陷入痛苦。妳不是那種女人——那種肯改嫁的女人。」

「像我哥哥那樣鰥夫的生活，不也很快樂嗎？像妳那樣獨立的生活，不也同樣受到人們的尊敬嗎？」

「但總不是完整的幸福。」司徒如雪說。「在許多事情上，我都樂于幫忙，但叫我替妳辦理離婚案件，哦，淑珍，那就使我爲難了。」

「妳是律師，這不也是妳的業務之一？妳何必說爲難不爲難，我同樣付律師費……」

「妳怎麼說起這種話來了？」司徒如雪受到了傷害，但她還是原諒了這個處在紊亂心情下的朋友。她不是故意這樣的，她只是情急下才說出這種不情的話來的。「對于這件事，或許宛宛的爸爸還沒有這樣積極。宛宛，妳過來！」

宛宛坐在另一張沙發上，正在觀望壁上的幾張圖片。律師執照上的司徒如雪，汪伯父的遺照，還有一張戴着學士帽的青年。啊，當然是幼誠的哥哥伯聰囉。她聽見司徒如雪在喚她，便很有禮貌地站起來，說：「汪伯母，我剛才沒有聽清楚，妳說什麼呀？」

「妳過來，站在妳媽旁邊。妳說說看，妳媽要離婚，是因爲一時衝動吧？」

「不，她考慮了很久。」

「妳爸爸的意思呢？」

「他沒有意見。他不勉強。不過，他說，先分居一段日子看看。他說，這裏是中國，不是外國，離婚可並不光彩呀。」

「這話也有道理，淑珍，就這樣辦吧。我自己是個失去丈夫的人，我不願妳也失去丈夫。除了死亡，許多事情或許並不是不能挽回，只是我們沒去盡人事吧了。淑珍，妳聽聽我的勸告。重詩當然願意妳回家來跟他住在一起，但絕不是在這種情形下。這些年來，我做律師，我受理的案件眞可以稱得上各色各樣、應有盡有。雖然，一個人提起訴訟是爲了要想維護本身的權益，但有許多也只不過是無理取鬧、庸人自擾或者自私的作祟！淑珍，我不是說妳是站在無理的一方，妳是我的朋友，我眞誠地勸妳放棄這種打算，因爲妳並不是一個喜歡鬧離婚以及肯隨便改嫁的女人！」

翟淑珍的淡幽幽的臉上的兩隻眼睛忽然紅了起來。司徒如雪說：「淑珍，我們再好好地談談，妳一定是受了委屈。宛宛，妳到院子裏去走走，或者到後面屋裏去找伯聰和幼誠聊聊天吧。」

律師的事務室，不管它佈置得多雅潔，彷彿總存留着各種案件遺留下來的陰暗與嚴肅；而且，年輕的宛宛對于這位不苟言笑的律師伯母，也總懷着小心翼翼的恐懼。她正受不住這種氣氛的壓迫，所以律師伯母的一句話恰好解了她的圍。她把自己的一塊手帕遞給母親後，便退了出來。這不是她對父母的悲劇已經漠不關心，而是她對各持己見的雙親已經沒有再加勸慰的勇氣。連她自己也感到奇怪，她的悲哀在逐漸消滅。她不是一個會得長久悲哀的女孩，不是一個喜歡把哀鬱積貯成一個小池、讓自己陷了進去的女孩。她像一隻水鴨子，悲哀撒落在她的身上，但她抖了抖，身子便乾乾的了。以前的文靜是由于她的瘦羸；現在的活潑則是由于她的樂觀。她覺得自己更接近舅舅的性格，這可不是玩世不恭，而是把刻板的事情趣味化了。舅舅老是說他不該吃銀行飯，應該在大學裏教書、偶而寫些幽默文章的。誰叫銀行的待遇比大學的強？即使他自認是頭腦冷靜的人，但還是擺不掉物質的誘惑啊！

她沒去後屋，先到院子裏看看。好多年前她第一次來這裏時，小手緊揑着舅舅的兩根手指。看慣了舅舅院子裏的各色的花卉，一進門就不喜歡這個沒有花卉的院子；但舅舅却用各種形容詞來讚美它，使小小的她也覺得它眞比什麼庭院都美了。現在，十九歲的她，經過客觀的分析，認爲當時如不是舅舅故意哄她，就是舅舅對這裏有所偏愛。榕樹、羅漢松、孟宗竹、冬青樹，整潔的草坪，單調，單調，單調。說母親保守，這位律師伯母可更保守。

在院子裏蕩了一圈，眞的沒有什麼可以欣賞的，便又回進來，走向後屋去。房子的正面跟以前完全一樣，穿過客廳，才知道外面又搭了兩間新的。她喚了兩聲幼誠，沒聽到回應，但綠紗窗內分明有一個人伏案看書，那模樣兒不就是幼誠嗎？怪他裝着不理她，便推門進去。

「幼誠！」

那個抬起頭來，可不挺像幼誠嘛，也是二十幾歲，也是長方型的端秀的臉，只是比幼誠溫文沉着一點。她想起了那張戴方帽子的照片。當然他是伯聰了。

「請問你找誰？」伯聰沒有離開座位，不冷不熱地問。對女孩子不慇懃的青年人有兩種：一種是專啃書本的，一種是自命不凡的。

「找幼誠。幼誠在家嗎？」

「他出去了。如果妳有事，你不妨到公園裏去找找他看。」伯聰把書合攏來，打量她。那目光中有點輕蔑，右嘴角皺起幾條細紋。

他以爲她是什麼樣的女人？

「我是宛宛，你一定是伯聰大哥。」

「呀，原來是宛宛。」伯聰這才站起來，但仍是那麼不慌不忙地。他走向她，洒脫而大方地握握她的手。「你眞的只記得幼誠，眞的是專來看他一個人的？」

「如果眞的專來看他一個人的話，那我在你回我的話之後，就該馬上走了。」爲了報復他剛才的冷漠，宛宛的話裏帶着刺。不過，有一點她却馬上看出來了：幼誠懇摯篤實，伯聰深謀遠慮。她有一個直覺：伯聰即使讀法律，也一定有前途。

「是不是我一開始就得罪了妳？那時，我怎麼知道是你？宛宛，就在這裏坐一會好不好？我的臥室大，我常常在這裏招待我的朋友，有茶、有瓜子、有糖果、還有紙煙。」他把一盒濾嘴的Malboro香煙遞給她。

「豪華！」宛宛抽出一支來看看。「眞想抽幾口，可惜不會。」

「美國朋友送的。」伯聰自己燃起一支煙，却並不勉強宛宛抽。「媽的家教很嚴，我以前從不抽煙，而且我也是一直反對抽煙的；但是當你離開學校、進入社會以後，煙却在你的生活中扮演着一個溝通感情的角色。一支煙常常能使雙方談話開始，也常常能使滯澀的談話流暢。所以在學校裏你學的是學問，在社會上你學的却是人際關係。」

「但你讀的是電機，像你這樣的人才，還怕不能無往而不利？」宛宛把手中的那支煙還給他。她以前對伯聰的印象不深，但就算是現在才開始認識吧，又有什麼不好？他有一種娓娓而談的天才。他實在不像一個搞電機的。好些工程師都是拙於言辭，或許那些人不像他那樣重視人際關係吧。

「人際關係是機器上的潤滑油。」伯聰又說。「宛宛，你可別把我所說的純正的人際關係跟別的人事關係攪在一起。我所說的人際關係是工業心理學的一部份。我們這一代年輕人，應該把有些給玷污了的名詞洗洗乾淨。」他突然把香煙捻熄了。「磨擦總使雙方損耗。生肺癌也罷，生肺炎也罷，香煙永遠不會絕跡，因爲人與人之間的關係永遠是錯綜而複雜。」

宛宛吃了一塊糖，笑着說：「伯聰大哥，你還沒正式踏入社會呢，怎麼對于人與人之間的關係就看得這麼透澈了？」

伯聰坐在直背的沙發椅上，態度斯文而不刻板，他把右手一攤，說：「那還不簡單？我媽是律師，只要看看她的案卷就知道了。社會越繁榮，人與人之間的磨擦也就越多了；人類越文明，也就越自私。且看這些年來的這個城市吧，馬路開拓了，大廈興建了，人口增加了，人們的衣着都罷了，而律師的業務也就格外興隆了。不僅是我家，法院附近的那些條大街上，也多的是律師的事務所。當然，從另一方面說，人們當然是有了錢，否則怎麽打得起官司？」

「譬如說，你對哪一類的訴訟案子比較感到興趣？」宛宛側着頭問。她發覺伯聰充滿着自信。或許他是一直被人稱讚着。從學校裏的考試開始，他所獲得的是一連串的成功。他的健談，很快就會使他成爲談話羣中的主角。而幼誠呢，昨晚却顯得惶惑、不安、懷疑、恐懼。是什麽使幼誠變成這個樣子的？他以前可比伯聰更容易親近。

「談不上什末興趣。」伯聰說。「妳要不要去找幼誠？他大概是在公園裏，我陪妳去。」

宛宛猶豫了一會。「去不去都無所謂，我是陪媽來的。昨夜他去看過我。你知道，以前我跟他是很熟的，但現在我却發覺我並不了解他。」她停下來，望着伯聰。她要他相信這句話。在她，伯聰對她的相信，似乎比她之了解幼誠更重要。

伯聰站起來，去看掛在牆上的那張橫貫公路風景的水彩畫。他不知道幼誠昨晚跟宛宛說了些什麽。他不喜歡幼誠那種不經考慮、隨便談話的粗率，他完全贊同母親的觀念：他們家裏的每個成員都該比別人强，從他母親開始，他們應該有那份家族的自尊心，可是幼誠却不想有。他自已，即使對幼誠怎麽不滿意，也不願意在不太熟悉的人的面前赤裸裸地說他這樣、說他那樣。宛宛的話是希望他能拉開一張布幔，讓現在的幼誠整個呈現在她的眼前。他不願意，即使願意，他也辦不到，因爲他自已也無法了解這個在許多方面都跟他不同的弟弟。

「我也並不了解他，」伯聽轉過身來，抱歉地。「一個人長大了，他的內心就有一個別人所走不進去的天地。」

「聽他昨晚上的談話，他似乎並不快樂。」

「一個人本來就不可能全然快樂的。」

「但我却認爲你是全然快樂的。」

「爲什麼妳會這樣想？」

「因爲你——你一帆風順。你沿路走過去，輕易地就把許多果實採到了。」

伯聽霍地大笑起來，笑得非常特別，把他平日的約束住的感情完全洩放出來；然後，他拭拭額角，說：「聽妳這樣說，妳也同樣不了解我，但我對於別人認爲我快樂，還是感到很高興。我也不說我了解妳，假如了解眞是這麼容易的話，那就是把人類的腦子看得太單純了。宛宛，我們去公園看幼誠吧，他老是望着樹葉幻想，不肯對着現實用功；但，公園裏的樹却是不會結果子的。」

他最後一句話的幽默，勾出了宛宛一聲清甜的笑。她懶懶地站起來。這會兒，她的確沒有去看幼誠的慾望。昨晚上她跟幼誠見面時，是在身體的疲倦狀態中，而這會兒却是在心理的疲倦狀態下。跟他見了面，到底該談些什麼呢？

他那種急切地要求了解、要求自己成爲他的知己的心情，反而把相聚時的一點快樂全破壞了。如果他把她當作一個極其普通的朋友，不在思想中硬把以前拉回來跟現在捆在一起，那她就會容易忍受些。

伯聽跟宛宛走到院子裏，他們先站在圍牆旁邊，向公園眺望；而就在那株大樹下的石凳上，幼誠正在那裏客串流浪漢。他側臥着，一頂灰色的尼龍紗便帽蓋在臉上。眞在睡覺嗎？不見得。即使要睡，又何必去公園，究竟不是盛夏了；何況，他的臥室也不是什麼僅能容身的斗室。宛宛覺得他這副樣子很難看。現在，她穿的是一套米黃的新秋裝、一雙米黃的新式皮鞋，這麼整整齊齊地去公園找他，也實在有點不相稱。

「他是從這堵牆上跳過去的，我們要去，還得繞路從公園的鐵門進去。」伯聽訕笑着。「幼誠的脾氣有點兒古怪。」

「我不去了。」宛宛說，一邊離開了圍牆。

「爲什麼呢？」

「沒有什麼。這時，或許他睡得正甜，也或許把幻想編織得最美，我們何必去打擾他？」

「他會喜歡你去看他的。他就是有些吊兒郎當，本性倒不壞。」

「他這樣下去，考得上大學嗎？」宛宛突然問。

伯聽迅速地看她一眼：「誰知道？」

這時，宛宛的母親由司徒如雪陪着，從屋裏走出來。宛宛馬上跑過去攙住她的母親。她看不出母親和汪伯母到底談了些什麼，協議了一些什麼。她母親的臉還是淡幽幽的，而汪伯母的臉也仍是這麼嚴嚴肅肅的。走出院門，母親沒叫三輪，她要走路回去。至少，這是一個好現象。

宛宛轉過身來，向伯聰揮揮手，又向公園的參天大樹瞥了一下，右邊的嘴角不自覺地彎了起來。

第五章

「老弟，有沒有煙，揩一支油。」那個流浪漢又走過來，說話仍是那麼有禮，一點也沒嬉皮笑臉的。

幼誠把蓋在臉上的那頂便帽摘下來。那流浪漢站在石凳邊俯視他。他大概還有幾件替換衣服，今天穿的是件淡茶色的舊襯衫，因此看來要比前些日子憔悴些，他的眼神也比以前更惶懼不安。

「我是不抽煙的。」幼誠說。

「啊，那算我運氣壞，」流浪漢說，「十二點了，你還不回家？」

「我的事，用不着你管！」幼誠坐起來，忽然有點不高興；看到流浪漢乘機在石凳的空位上坐下，他心裏更煩了。他皺着眉說：「我有家。我跟你不一樣，你別來纏我！」

流浪漢訕笑着。「你家裏的飯菜應該都燒好了，你怎麼還不回去吃飯？」

「用不着你管，別來膩我！」

「你爲什麼不找一個事情做做？像你那樣出身名門，找個事情是很容易的。」

「少嚕嗦！」幼誠說，但他的語氣已經溫和下來。自己爲什麼要用這種態度對他說話呢？難道他瞧不起他嗎？他自己憑什麼資格瞧不起他？他把那頂便帽壓扁在腿上，忽然抱歉地笑了一下，隨即很關懷地問：「你自己的工作有了眉目沒有？」

流浪漢搖搖頭。「我寫得一手好字，我會記帳，我也能應付顧客，但人家不要。晚上睡過公園的人，別人都會懷疑你以前是做過壞事的。現在的人都很機警。」

「那末，你就去投靠你的親友去！」

流浪漢皺眉苦笑。「我想，他們也會懷疑我的，以為我做過什麼見不得人的事情。我前兩天躺在草地上想，我最好能找個公園裏的清掃工做做，掃掃落葉，清清果皮筒，但我不知去託誰？」

「那個點心舖裏的夥計還給你吃剩下來的東西嗎？」

「是的，我常幫他們洗洗碗、倒倒垃圾。」他停了停。「老弟，你以前給我十塊錢，我記在心上，我以後會還你的。」

那是一種婉轉的、辛酸的乞討方式。幼誠知道自己的零用錢也常不夠用，但他還是從褲袋裏摸出十塊錢來，給了他。「記住，我沒有工作，我也沒有錢，別再來纏我了。」

「我會還你的，」流浪漢說。「我不撒謊，有一天，我會還你的。」

聽他這麼說，幼誠又難過起來。十塊錢，有什麼可感激的？又有什麼可惋惜的？看那流浪漢慢慢地站起身、沉重地走開去，他忽然喚：「喂，等一等，請回來一下。」

那流浪漢又慢吞吞地走到他身邊。

「你這十塊錢，是去吃飯，還是去買香煙？」

「都不是。」

「那末，積起來，以後去買一床舊毯子，冷天的夜裏可不容易挨呢。」

「點心舖的夥計答應以後給我一條破棉被。」

「那末，你拿錢去買什麼呀？」

「我想去買一條毛巾和一條手帕，我喜歡乾淨。這十塊錢，我也記在心上，有一天我會還你的。」流浪漢揮揮手，向他告辭。

幼誠驚奇於同時也欽佩於流浪漢的這種「潔癖」。他是一個不尋常的流浪漢，在現實抛給他的無休止的塵沙中，他還想保持一份乾淨！

幼誠用手把壓扁的便帽撐胖了，端端正正地把它戴在頭上，身子却依舊沒有站起來。十二點多了，今天上午他獃在公園裏的時間比往常長。要是在七、八年前自已也有這麼空，那不早就去找宛宛了？可是，昨晚見到宛宛以後，他就清楚現在自已已不能經常去看她，即使她住在他家隔壁，他也不能整天往她的家裏闖，因為宛宛是大女孩了。昨晚，他去的時候，有點傻裏傻氣，彷彿純然是去找一個老朋友；在看到了穿紅短衫、白短裙、喜歡用頭髮把缺點掩藏起來的宛宛之後，就知道要跟一個長大了的女孩維持不變的友誼，原是很難的。他突然發覺在他們昔日的友情裏，原本包含着一份小小的愛意，現在才倏地被她的青春照亮了。他很惶恐，她很從容。為什麼呢？只因為他惟恐失去，而她却根本不想獲得！

整個上午，他躺在石凳上，沒有打過一會盹。他一直在想，他不能這樣下去。他自知讀不來書，那就得找個工作。母親的朋友很多，不過母親曾經說過，她絕不會為一個僅僅高中畢業的兒子去懇托朋友，否則，她的面子放到哪裏去？從母親的父親和父親的父親開始，兩姓的家族裏，哪一個不是大學畢業或留學的，只有他是例外。要找工作，他自己去找！

也好，自己找到的，總比父母攀交情找到的光榮！何況宛宛看他時的眼光又那麼淡，要女孩子看得起，也得有份工作才行。

他照着老規矩翻牆過去。事務室的門已經關上了。母親已經結束早上的業務，回到客廳去。他在客廳門邊站下來，偷偷往裏瞧，跟母親在一起的，除了大哥，還有霍伯父。霍伯父正在不安地拭着汗。

母親說：「重詩，你放心。淑珍上午來看我，我勸了她一番，她的氣已經平下來了，答應在你那裏住上幾個月，暫時不提離婚的事。我對她說，男人家在外面做事，也有苦衷。他不順着潮流走，潮流就會把他吞掉、捲走。他為自己一個人生活，什麼都可以，就是因為他還有你和孩子。家，是個責任。他希望業務發達，收入豐裕，也不是為了愛你和宛宛！就說你吧，你以前在學校裏讀的那一門，現在用到社會上去未必就合適，或許也得參照着改一改；那就別說辦業務那一行了。她便不再作聲了。重詩，我不得不這樣說。我當然清楚宛宛的爸爸太活躍了一些，無意間把淑珍冷落了是眞的，但我怎麼能這樣對她說？我只告訴她，有時候，夫妻分居一些日子，就會使雙方對事情看得更淸楚些。重詩，你放心好了，這一點忙我是幫得上的，而且也是義不容辭的。畢竟他們夫妻之間沒有插入一個第三者，有了第三者，事情就棘手了。看你這麼焦灼，還請了兩個鐘頭的假，趕到這裏來問個淸楚。」

霍伯父把手帕放進褲袋裏，鬆了一口氣：「也眞虧妳說話有這麼大的魔力。我也勸過淑珍，她根本不肯聽。這次，幸而她回來辦這件事，如果在臺北托別的律師辦理，那就糟了。說句老實話，淑珍太嬌生慣養了，年輕時候比現在的宛宛還要嬌一點！」

話題轉到宛宛的身上，氣氛就輕鬆下來。母親說：「說眞的，我沒想到，這些年不見，宛宛變得又懂事、又漂亮。淑珍要我替她找個事做做，說是女孩子閒久了不好。我知道她的意思，她不願向丈夫要錢用，也不想你負擔她們母女倆的生活費用，還是讓女兒賺點錢貼補貼補。目的縱然無可厚非，只是高中畢業的，哪裏輪得到什麼好差使？文書呀，出納呀，收帳呀，不外乎這一類的雇員工作。我認識的人不算少，尤其是項廠長夫婦，憑我跟他們的交情，推荐一、兩個小職員到他們這樣大的紡織廠裏去，該是毫無問題的，只是薪水還比不上熟練的女工，這似乎太委屈宛宛了。我倒以爲還是替她在銀行裏找一個坐櫃臺的工作，比較高尙點。」

「然而，又談何容易？行裏旣沒有人退下來，就沒有人能擠進去。我知道，前幾年，就有一個讀銀行會計的小姐千方設法想進來，但沒有空缺；要等鍾竹英結了婚、自動請辭以後才補得上，但鍾竹英就是不結婚。現在，鍾竹英三十四、五了，成了老處女，那個本想進來的倒先結了婚；你說可笑不可笑？所以，我想，宛宛的事還是麻煩你。」

宛宛跟他一樣，也是急於想找一個工作！雖然女孩子做事大多是應應景的。不管怎麼，宛宛已經到他家裏來過了。昨晚上，或許她就打算今天上午要來的，但她沒有說。她不叫他在家裏等她，或許，她對他倆的談話根本不當作一回事。

這時，沉默着的大哥忽然說：「宛宛的工作，我或許幫得上忙。我有個朋友新開一家打字機行，需要一個態度大方的女店員。剛才我跟宛宛談了好久，她口齒伶俐、反應敏銳，而且模樣也討人喜歡。我想，明天我就可以為她去接洽一下。」大哥替別人辦事從來沒有這麼興沖沖的。

彷彿有人從幼誠身上抽去了一些什麼，他感到軟癱癱的，手脚都沒有力氣。他本想進去的，現在又退了出來，走到圍牆旁邊，想再翻牆過去。公園裏的石凳雖然硬，却是挺滑挺光的。他把身子彎下來，額頭抵在涼涼的圍牆上，一會兒後，他才有力氣翻過牆去。肚子有點兒餓，但他已決定不回去吃中飯。在公園門口斜對面的點心舖裏，他買了幾個包子塡一塡。再進公園去時，他想到何妨換個地方，離家遠一點，使家裏的人從圍牆邊望過來看不到他。想起公園的一處高阜上有一個四周圍着草繩、禁止遊客進入的快要傾圮的亭子。他向土阜跑去，跨過草繩，走進亭子，在石凳上躺下來。那石凳比樹下的石凳長，可以把兩腿伸得直直地，他把交叠起來的雙手塞在腦袋下，瞪着那歪斜黯舊的紅柱子。

危險嗎？當然。但危險比空虛好，比什麼都抓不住的好，比失落的痛苦好。他又望着那些擱在腐朽的木板上、隨時都會飛下來的瓦片。

幼誠，你變了！母親常說。小時候，你們兄弟兩個幾乎長得一模一樣，人也一樣聰明、乖巧……我還以爲你們兩個長大起來總也不相上下；可是，現在，做哥哥的一直前進，你却一直後退。是我忽略了你？是我沒有好好管教你？是我錯了？

媽，妳錯的是，妳認爲我跟大哥眞的一模一樣。妳辦過這許多案子，妳幾曾碰到過案情完全相同的案子？媽，妳錯的是，妳認爲妳的兒子個個應該比別人强……

當然，他沒有說出來。他從不對母親反唇相譏，他最多輕輕地爲自己辯護幾句。他永遠記得母親是寡婦，記得在這十幾年的歲月中她要比別的母親辛勞得多。他是愛母親的，但母親要從讀書的成績上去衡量他的孝心，那他就無能爲力了。

幼誠，你變了！如果母親看到他竟躺在這裏時，她會嚇得大聲叫嚷，但她是不會知道的，她不會走到公園裏來找他。現在，她該吃好午飯，上樓午睡了。她的臥室很大，裏面放着許多父親的遺物，氣氛跟事務室裏的一樣：灰黯、嚴肅；或許在母親的記憶中，那裏留存着好些歡樂華麗的色彩。母親躺在棕色檜木的大床上，想着丈夫、兒子，想着丈夫的不測之禍，想着兒子被壓在倒坍的亭子下……

他倒很想在這亭子裏睡一覺——天坍下來也不管他的事。但萬一出了事，砸爛了腦袋，母親會多麼傷心！父親剛死的那一兩個月裏，母親一個人坐在暗處，坐着坐着，就流下淚來，流着流着，又一聲不響地把淚擦乾了。他們三兄妹，大哥十二歲，他十歲，妹妹四歲，圍向她。她說：你們要乖呵，要出人頭地呵……

果眞這麼被壓死，怎麼對得起母親？他滑下石凳，走出草繩圈着的禁區。這次，他從公園門口慢慢地走回家去。屋子裏靜靜寂寂，大概是走的走了、睡的睡了。他像貓似地溜向臥室去，一推開門，却發覺母親坐在他臥室中唯一的一張沙發上，書桌上的東西全給翻過了。

「整個上午你去哪裏閒蕩了？連中飯也不回來吃！一個人可不能變成這樣啊。」母親的話輕而嚴厲。她是要面子的人，從不高聲責罵，也儘可能地不當着女工的面數說他。

「媽，我哪裏也沒有去，祇在隔壁的公園裏閒坐；妳不信，可以去問。」

「問？誰還有臉去調查你的行徑？家裏有什麼不好，偏要往公園溜？說起來，你怪房間悶氣。你要開闢生活的天地，可也不是這麼個開闢法的！你這次退役下來，比去時大了不少，我以爲你該清醒了、知道發憤用功了，誰知你仍不改故態。看你這副吊兒郎當的樣子，我是氣在臉上、痛在心頭。難道你就絲毫不爲自己的前途打算？」

「媽，我不是不爲自己的前途打算，只是我對那類書本裏的東西……」

「一句話可以概括，不感興趣，對不？興趣是自己培養的，你還不知道？」

「不是有興趣沒興趣的問題。媽，在我，讀那類書本就像啃石子，總是啃不進去。這滋味眞苦，比做苦工還苦！」

「你要有人給你指導指導，你大哥當然可以教你，但他自己也沒有多少空閒。我想，你還是進補習班去。你需要壓一壓、塡一塡。今晚上就給我去報名、繳費，聽見沒有？以後，像你那樣的學生，是白天上課的。」

「媽……」

「沒有什麼好遲延的，幼誠，少壯不努力，以後會懊悔的呀！」

「媽！」

「別三心兩意的，我是爲你好。爲你這個兒子，我已經費盡了心機。誰叫我們在這裏沒有店，沒有田；你再不讀書就只有一輩子做小工人的份！」

做工也不錯——他想說，但沒說出來。作爲名律師的母親，雖然主張勞工神聖、職業平等，但就是不贊成兒子去做工人。

「媽，上午宛宛來過了？」

「是的，宛宛確是長得好看了。」

「大哥跟宛宛很談得來吧，媽？」

母親細細地端詳他：「噢，你轉彎抹角地，原來是想探聽你大哥對宛宛的感情。呀，你不想想看，你大哥在大學裏的成績怎樣？他的對象，也總得是個大學生。宛宛，雖然很不錯，到底是個沒有……」

「到底是個沒有唸過大學的女孩子！」幼誠替母親接下去。

當然，這是母親的想法，未必是大哥本人的想法；但大哥是個聽話的兒子，他總很容易地接受母親的各種觀念，或許這些觀念正跟他的個性和境況相吻合。母親有時說他怪癖，這也沒有十分寃枉他。經常被漠視和輕蔑和責備和孤獨所圍困，他的思想路線常是彎彎曲曲的，就像剛才他躺在快要倒坍的亭子裏，有人就會以爲他是瘋了。

進補習班去？二十三歲的人再跟一羣不到二十歲的半大不小的孩子坐在一起！而且補習班對他會有益處？嗬，只有母親會有這種想法！

不過，那天晚上，幼誠還是去位於鬧街上的一家補習班報了名、繳了費。學校才開學，補習班也才招生，四層樓的洋房儼然是個不大不小的中學。報名的人很多，年紀較小的，都是父母陪著來的。他走了一圈，看看那些喜氣洋洋的辦事員，然後走出來。隔了幾間店面，是一家出售各式檯燈、壁燈的美術設計店，兩個十七、八歲的少年正熟練地在用各色壓克力板製造燈罩。

他對自己說，他一定不能再依賴家了……一定，一定。他今晚要去看一個住在陋巷裏、現在紡織廠裏擔任技工的朋友。這是他在軍中結識的。

從市中心往東走，越過後車站的天橋，兩旁的店舖就漸漸不像剛才那樣富麗堂皇了。小巷裏走出來的人，多半穿着塑膠拖板；有些暗沉沉的店舖子，門前擺着幾張舊籐椅，一家人就在那裏閒坐、談天。幼誠再走過去，房子就更加零落起來，空地漸多，東一塊、西一塊的，活像癩痢頭。晚上來這裏找人很不容易，幸而他以前來過一次。黃士雄告訴他：你只要認招貼紙就知道。這面牆上貼了一張「白花油」，過去，那座屋子的柱上貼了一張「氣功散」，于是從條小路彎進去，就可以看到一個小攤子，賣些哄小孩的東西：那些袋裝的爆米花，盛在塑膠管子裏的著色糖水，五顏六色珠子般大小的糖球，還有玩具眼鏡、手錶、戒指什麼的；再走過去幾家，就是我家了。幼誠看得出黃士雄的家還是那些人家中最乾淨的，因爲他的家裏只有母親、妹妹和他三個人。

晚上到底跟白天不同，招貼紙全給纍黑了，但幼誠還是憑着記憶，找到那裏。黃士雄吃過飯，正赤着膊在屋子裏修理電風扇。他是省立台中高工畢業的。

「嘿，水牛！」幼誠先在黃士雄的背上擂了一拳。他一到這裏，就覺得那份自由的舒適；說話大叫大嚷的，也沒人管。「下工了還在工作，眞不得了啊！水牛，你白天工作還不够累嗎？」

黃士雄站起來，用一隻手臂摟住他，挺親熱的。「早晚都在等你來。每次從東昌紡織廠騎單車回家、經過你家門口時，就想停下來找你聊幾句。」

「那怎麼不來？」

「怕遭你媽的白眼。有一天，我在紡織廠裏掛了一個電話給你，接話的好像是你的媽。我說是東昌紡織廠裏打去的，她開始以爲是項廠長，很客氣；後來，我告訴她說我是廠裏保養機器的技工，是你的朋友黃士雄，她就狠狠地掛斷了電話。所以我不敢進去。」

幼誠很尷尬。「我想，或許那天媽正在忙。她對人不會這樣不禮貌的。水牛，我們不談媽的事，你在廠裏的工作怎樣？累不累呀？」

「不累，不累。牛生來就是拉車的命，所以很能勝任愉快。憑良心說，在紡織廠裏當技工還不壞，一天工作八小時，中間還供應一頓飯；何況，那些東西我在高工時大半也讀過了、學習過了。」黃士雄在一塊布上擦擦油污的雙手，抓來一件汗背心，套上了，又在房間各處亂找，找來一把破紙扇，遞到幼誠手中。「你看，九月天了，還這麼熱。客人來了，這老爺電風扇偏偏停了擺，糟不糟？我家屋子低、窗子小，空氣又不流通，你不覺得悶氣吧？」

「怎麼，你也跟我來這一套？」

黃士雄哈哈地笑了幾聲。「當然不是。我怕熱，不到十月底，家裏的電風扇就不進庫。這架電風扇是向當舖買的，每年要修四、五次，要不是自己會動手，早就把它扔了。」

幼誠靠近桌子，看看放在桌上的漆包線、螺絲、旋鑿、烙鐵、老虎鉗……不禁羨慕起來：「水牛，你懂得的眞不少。」

「那有什麼稀奇？汪汪，我讀的是高工呀。我還會修理別的電器用品。附近鄰居們的收音機壞了、電風扇壞了、電熨斗壞了、電鍋壞了，哪一個不是找我替他們修的？他們說，士雄呀，你幹嘛不在街頭開家電器修理店？我說，錢呢？其實，紡織廠裏的工作也很安穩，一個月一千六、七百塊，足够我們一家三口溫飽了。」黃士雄又找來一把搧爐子的破篾扇，非常高興地、豁拉豁拉地揮着。他比幼誠大一歲，去年就退役回來。本來就是水牛般的身體，現在更是棕褐、精壯了，人倒並不粗魯，眼睛和嘴都很機靈；但儘管這樣，那張臉却仍帶着泥土氣息。「你瞧，我做了一年多的事，賺來的錢全交給媽。她老人家這下可樂啦。她本來長年替人家洗衣服，雙手泡裂了不算，腰酸啦、背痛啦、頭暈啦；現在，我要她在家裏休息。你瞧她，人胖了，精神也好了，脾氣也改了。」

「那眞太好了，伯母在家吧，我進門以後怎麼沒看到她？」

「帶小妹上街買學生裙去了。你等着，媽一回來，準又要向你誇獎我。我現在就怕這一點。她跟左鄰右舍一聊天，聊着聊着，最後就聊到我有多能幹、多聰明。汪汪，你知道的，我這個人要算聰明，那滿天下不全是聰明人啦。想當年讀初中時，英文和幾何總是五十幾分……」說着，忽然記起來，替幼誠倒了一杯冷開水。「所以，初中畢業時，我就知道自已是讀高工的料。」

「我知道我也是，但媽不讓我報考，如果我也讀台中高工的話，我一定早已認識你了。」

「你當然不能。讀高工只能做個小工人，你媽是社會上有地位的人，你是大少爺呀。」

幼誠一拳打在黃士雄的肩胛上。「水牛，連你也說起這種話來了，什麼小工人、大少爺的。」

「本來就是這樣嘛，我做廠裏的保養室裏的技工，你哪——眞的，你預備怎樣，汪汪？」

「我也預備找個工人做做。水牛，你有辦法沒有？」

兩人忽然嚴肅起來。矮矮的屋子裏，日光燈分外明亮，鋪一層薄霜在黑黑的泥地上。兩個人的眸子也都是亮亮的，在探索着對方。眞的？假的？——肯呢？不肯？黃士雄將破簑扇往桌上一丟，使鄉土風味的臉更湊近幼誠些，雖然幼誠聞到的只是一股機油味兒。

「工人——什麼工人？」

「什麼工人都好。」

「你吃得起苦？」

「是的，身體吃苦，比精神受苦來得痛快。我早考慮過了，考慮了又考慮，我是應該跟你們在一起，而不該跟大哥在一起的。水牛，我不是說着玩兒，我眞心希望你能爲我找一個工人的工作。我吃得起苦，耐得住勞，我非得在這種工作上爲自己日後的生活慢慢紮根不可。媽不會了解我，因爲媽跟大哥是同一類型的人，但你卻能夠。只要你自己想想，你花了全副的心力，但你的英文和幾何還是不及格，這樣你就能夠了解我的苦衷了。」

黃士雄陡地站直身子，兩隻手落在幼誠的雙肩上：「汪汪，早知道這樣……我不得不把眞實的情形告訴你：像你這樣身無一技之長的人，實在連做個技工的資格都沒有。你現在非得全然出賣勞力不可。你想想看……」

他想想看——全然出賣勞力的工人。在風沙烈日下築路、蓋屋……在茂密的森林裏鋸木……在黯濕的坑洞裏開礦……在甘蔗田裏鋤草，或者在稻田裏割稻……可是爲什麼不行？總比躺在公園的石凳上去腐蝕自己的好。你從未做過，那你怎麽知道你不能？

「我服務的東昌紡織廠範圍很大，要找一個全然出賣勞力的清花工的工作，倒不會太難，我替你留意好了。」

幼誠毫不遲疑地答應下來。他說，他要的不是報酬，只是一份工作的愉快、一份自信、以及那份他惟恐失去的爲人的驕傲。

「驕傲？」黃士雄驚訝地。

「是的，有一份正當的工作，就有一份驕傲。我並不是社會的寄生蟲。」

那晚，幼誠回到家裏，把補習班的報名單和繳費單都給了母親，因爲需要這些的，是母親而不是他。

彷彿母親又說了幾句叫他重新開始的話，他沒有聽清楚，他只想着黃士雄豁拉豁拉揮着破篋扇的爽然的歡愉。然後，他回到他的臥室去。他想不通，應該憐憫的，到底是母親呢、還是他？或者他們兩個都值得憐憫？在中學裏考幾何，他常常碰到一、兩題他原可以解答的簡單試題，但他當時却估計錯了，儘往難處去想，無中生有的去添一兩條補助線，把自己的思維陷在越來越複雜的困境裏。人就常常自以爲聰明，把許多簡單的事情搞得紛紛擾擾的，這何止是那些訴訟者，連母親也免不了。

我媽總是在左鄰右舍那裏誇讚我——黃士雄說，多麽誘惑的話！

他突然竄起一個怪誕的念頭：如果他也生長在黃士雄那樣貧窮、勤奮的環境中，那該多簡單。他做工，把每月的薪水交給媽，媽把他當作一個好兒子，帶着滿滿的愛心與喜悅，在人前人後誇獎他：「我家幼誠呀……」你就會覺得生活有多充實，生命有多意義！

過幾天我給你回音——黃士雄說。

如果黃士雄知道媽跟項廠長夫婦是好友的話，他就會覺得這是一句笑話了。

第六章

幾乎在幼誠獲得工作的同時，宛宛也找到了工作。這消息，還是幼芝告訴幼誠的。

「當然是打字機行裏的店員嘍！」幼誠想起了那天大哥的熱心。

「不是。」幼芝回答。

「那末，是東昌紡織廠裏的職員嘍；媽早說過，憑她的面子，找個把工作是輕而易舉的。」

「不是，不是。聽說是什麼南山人壽保險公司裏的業務員。現在保險業務時興起來了。」

「胡扯！我怎末沒有聽見他們提起這個工作？」

「我剛才在事務室裏站了一會，是霍伯伯打電話告訴媽的。你放心，我一點也沒有聽錯。你猜是誰替她找的？」

「那還用說，當然是霍伯伯嘍！」

「是霍伯伯的同事鍾大姐替她找的。你沒想到吧？」

他倒眞的沒有想到。他忽然有種可笑的聯想，宛似鍾竹英那天是聽到了霍伯父的抱怨，就替宛宛找到了一個類似銀行業的職業，算是贖取自己的那份罪疚。自然，這是胡思亂想……比較可靠的，他想，或許是鍾竹英想贏得霍伯父的歡心。一個老處女就有這麼可憐！

鍾竹英是孤寂的，比他母親更孤寂；母親還有子女，還有霍伯父那樣的老朋友。這些年來，霍伯父經常坐在他家的客廳裏，談談他們這幾個孩子都感到陌生的那些往事。他也說，如今，老一輩的人都對現代人沒多大好感。他說，現社會的人都只知道瘋狂地追求金錢，單就十場官司九場爲錢這一點看來，人眞是到了「智昏」的階段了。他呢，以他幹儲蓄部主任這一職位來看，他應該是個滿身銅臭的人，但他許是銀行裏看鈔票看得太多了，也就覺得它並沒有什麼太可愛的地方。他倒是把感情看得比鈔票還重。

「霍伯伯，你該結婚了！」于是，幼芝就說了這麼一句話，而這也正是他想說的。幼芝比他大膽、口快，這一方面也因爲幼芝比他小，說錯了，不會挨罵；而他，一說溜了嘴，母親警告的眼光就投過來了。

霍伯父把幼芝拉到身邊。「幼芝，霍伯伯不結婚，在妳眼裏有這麼彆扭的！」

「不是，霍伯伯既然這麼重感情，嫁給你的人一定會很幸福的。」

「但沒有人嫁給我呀。」

「誰說的？不是有很多人來給你說親嗎？你怎麼又不要呢？」

霍伯父沒有回答，掛在嘴角邊的微笑忽然有點凄涼。母親站起來，爲他和她自己的杯子添滿了茶水。霍伯伯的笑容又深得淸逸非常了。

母親說：「小孩子不該問這種話，霍伯伯以後當然會結婚的，只是現在還沒找到一個他眞正心愛的女人。」說完，嘆了一口氣：「重詩，你把標準定得太高了。有些事情，等待是不會有什麼收穫的。」

「但沒有收穫也是一種收穫呀。」霍伯父瀟洒地一揮手。他的那種玄學倒不是他們所能瞭解的。

說這話時，他十九歲，幼芝十三歲，霍伯父四十六歲；難道四年裏，霍伯父跟鍾竹英之間的感情就不會更進一步嗎？不錯，看來，隨和的霍伯父，在這一方面，條件是夠苛的。鍾竹英纖長白皙，一點也不難看；或者說，她在宛宛那樣的年齡裏曾經燦爛過。直到現在，她還喜歡看她那兩條天生的、彎彎的細眉，鼻樑兩旁幾粒小小的雀斑。有一個饒舌的鄰居還說這是眼淚斑，無怪乎她嫁不到丈夫。他不相信這種話。他不相信死拖活拉地硬加在一個人頭上的命運。他是同情鍾竹英的，如果霍伯父眞重情感的話，他就應該領鍾竹英的這份心意！

明天，他也要上工去——一個開始！想起來眞有點兒興奮。他連幼芝也瞞着，怕她萬一走漏了消息；但他的興奮却催促着他去看宛宛。這些天，他一直沒有去看過她。他有點生她的氣——也有點生自己的氣——但想念總是推不開。他知道，他如果要愛女孩子，第一個愛的便是宛宛，那是沒有辦法的。假如她今天心情好，他邀她出來，吃點冰，在公園裏走走，或者看場電影。明天開始，他在東昌紡織廠裏做打包工，每天就有三十塊錢的工資！

幼芝又走進來：「上哪裏去，穿得這麼整齊？」

「想去看看宛宛。」他想了想，又加上一句：「妳看到大哥這兩天去看過宛宛沒有？」

幼芝眨眨眼睛。「我不知道，大哥從不把他的行動告訴我，我也不敢問他。他最近似乎又在忙什麼事了，彷彿是去一個美國人家裏學英語會話。」

「噢，哪還用說？出國前的準備！」幼誠同樣也眨眨眼睛。自然囉，大哥不會跟他談起過什麼計劃，但大哥早晚總要出國的，他是那類非出國不可的人。十幾年苦讀的目標就放在這一箭頭上。而他自己，却是那類註定留在國內的人。他雖不及大哥聰穎，但却心甘情願地要把自己的汗洒在這塊土地上。他不必自慚形穢。

「二哥，這些錢，你拿去。」幼芝把兩張五十元的鈔票塞在幼誠的手中，幼誠要還給她，她便把兩隻手藏在背後。「我最近不要用，放在你那裏。同學們說，金錢是愛情的維他命，二哥。」

幼誠很爲這句話驚悸、心痛。「幼芝，連妳們這樣年輕的女孩子也說這種話，那末，愛情應該在什麼人的身上歇脚呀？」

「上一輩人的身上，霍伯伯那樣年齡的人的身上。」幼芝終于笑了起來。「別聽我胡扯，我也不配談這些。你要留心啊，看來，宛宛可並不簡單哩。」

他又一次去看宛宛，只是又一次向她探險。宛宛的不簡單，他上一次已經約略領略過了。她已不是他所熟悉的那塊土塊。她是一大片蠻荒地區，要去接近她，是一種刺激，也是一種冒險。有些女孩子的不簡單，只是故意把自己虛飾得很神秘；有些女孩子的不簡單，則是把自己的幹練全部展覽出來。宛宛不屬于這兩者之中的任何一種，而是同時兼有這兩者。她的不簡單就在這裏。她之所以對他不眞誠，也就在這裏。現在要去接近她，就得有那份披荆斬棘的勇氣。明知受傷的機會多，但偏要去試試；這，就是愛情。他的理智和感情已經漸漸地在各奔前程了。

這次來開門的是霍伯父，他潑給他一份小小的喜悅。「咦，眞是幼誠，我正在跟宛宛打賭，說你今晚一定來。」

「爲什麼？」

「因爲你這個人最懂得禮貌，最有人情味，最淸楚別人的痛苦與快樂。你是來向宛宛道賀的，對不？霍伯伯了解你吧？」

「的確是這樣。」幼誠說。在門燈的光暈下，他看着這位年已五十的長輩。很英逸的臉，很睿智的眼；這會兒，他淺笑着，兩嘴角微向上彎。難道這樣的男人沒有被愛以及愛人的經驗？不大可能。但他爲什麼又能如此平靜地過他的一生？他剛才的幾句話，表面並沒有什麼特別，但骨子裏却意味深長。他跟宛宛打賭，只是想提醒宛宛應該珍視他的感情。霍伯父總是站在他一邊，像自己的父親那樣地了解他。在母親面前，霍伯父不誇奬大哥，總誇奬他：「如雪，幼誠這孩子，秉性忠厚……」母親婉轉地責備他誇奬的不當：「這些年來，我只聽到別人誇奬伯聰，可沒有人像你那樣地誇奬幼誠。重詩，我看你對幼誠有偏心。」霍伯父就霍霍地笑了起來。「偏心嘛，那倒不見得，我看倒是妳有偏心……」霍伯父有時也會跟母親鬪幾句嘴。他看得出來，如果母親生氣了，霍伯父回去時，她連站也懶得站起來。有五天、十天，霍伯父不會來；然後，他來了，提着一籃水菓，數量實在不多。母親爲他而沏上茶，他們又談笑如常了。

「宛宛也正高興着。今晚，鍾小姐也在這裏。」霍重詩說。

又是鍾竹英！照理說，鍾竹英既然幇了宛宛的忙，今晚是應該宛宛去她那裏的，但她却反過來來看宛宛。當然，鍾竹英不是一個小心眼、萬事斤斤計較的女人，但女人到底跟男人不同；男人可以堂而皇之地追求女友，而女人果眞這樣，却會招來人們的輕蔑了。

「鍾小姐是來看淑珍的，她跟淑珍的私交很好。」霍伯父似乎猜中他在想什麼，就這麼解釋着。「我應該再說一句，她爲宛宛介紹工作，並不是看我的面子。」

幼誠忽然幽默起來：「霍伯伯，即使她是看你的面子，那又有什麼關係？」

「關係大得很哪！」霍重詩的聲音旣諧且莊。「在有些事情上，我們不妨「難得」糊塗一下；而在有些事情上，却非要弄個一清二楚不可。」伸手鼓勵地拍拍幼誠的背。「快進去，今晚客廳裏，四個人中倒有三個是中年人，宛宛正希望有個年輕的朋友聊聊呢。」

幼誠的臉不自覺地煥發起來。霍伯父的話給了他不少的力量。呃，即使他有勇氣冒險，他也是願意有人在背後支援他的。畢竟，在前進的路上，並不是荆棘滿佈的。他一定是把宛宛看得過份複雜了。今天，有機會，他要對宛宛說：宛宛，不管我們對別人有多複雜，但我們彼此之間却一定要盡量濾得單純些。單純會產生信任和了解。

在客廳的燈光裏，坐着霍淑珍和鍾竹英。他們緊緊地靠在一起。兩個都是纖巧、柔靜的女人。歲月的剝蝕使她們在陽光下無法閃耀，在燈光裏也不再燦然，但此刻，即使他查看了客廳裏所有陰暗的角落，也看不見那個唯一應該燦亮的宛宛。

霍重詩問：

「宛宛呢？宛宛去哪裏了？幼誠來看她。」

「宛宛剛去睡了，她還以為來的客人是你的朋友。」這句話是霍淑珍說的，但分明在替女兒掩飾什麼。

「那末，既然來的不是我的朋友，她就可以出來了，淑珍，妳進去喚她一聲。」

幼誠站在客廳中，陡的變成了木偶；說也不好，笑也不好。不是進入蠻荒地區，倒是進入沒有草木的沙漠裏。夜晚的沙漠，寒意逼人，把他整個包裹起來。他一扭動身子，却碰到了鍾竹英的溫和的目光。她讓了讓座，說：「幼誠，你先坐下來。宛宛明天第一天去工作，或許有點緊張，所以就早些上床了。」她說話的聲音很低柔，明知他受傷，却輕輕地撫慰他。「當年，我開始去工作的前一天，也是這樣的。我們女人總是膽小一點。」

然而宛宛現在已經不是膽小的女孩了。

他坐下來，坐在鍾竹英的正對面。霍重詩抱歉着：「幼誠，宛宛不是故意這樣的。她可能眞的有些緊張，以為早點睡、明天就可以有充沛的精神去應付一切。女孩子總是好勝心强，不肯出點兒差錯。」

「沒有關係，霍伯伯，其實我也是來看您的。如果宛宛已經睡了，不必再去叫她起來；我只是來向她道賀的，沒有別的事。」幼誠又碰到了鍾竹英的溫和的目光，那包裹着他的寒意開始慢慢地消失。「鍾大姐，你眞好，大家都說妳是不折不扣的熱心人。」

「誰說的——恐怕只有你說的。這裏的人，對我的看法可不是這樣。不過，我何必管別人對我的看法！」鍾竹英把頭向後一揚，柔弱中顯出她的堅強。她細細的目光仍舊很暖和，濃黑的秀髮也很暖和，因此，她細細的眉就越發好看，而撒在鼻樑兩邊的幾粒雀斑，也在燈光下模糊、消失。幼誠覺得她不像老處女，却像一個年輕的母親。她一點沒有摩登女孩那種帶着驕傲的野性。他眞要勸勸霍伯父「別把眼光放得太高了」，她哪一點配不上他？勸勸他在晚上去鍾竹英家裏坐坐，老跟母親談過去，有什麼意思？應該跟鍾竹英談談未來的。

幼誠轉過臉來，正迎上霍重詩的笑臉。「幼誠，你看人確實看得準。一般人看到的是浮面，你看到的却是人的本性。鍾小姐確是熱心人，就像這次宛宛的事，她儘可以不管，何況淑珍也沒有正式拜托過她。而且，無論怎樣，宛宛遲早總能找到一份工作，但鍾小姐却願意爲宛宛安排一個比較好的。」

「哪裏？現在還不知道好不好吶。我只想，南山人壽保險公司裏的業務員總要比紡織廠裏的登記員自由一點；而且，一到年底，要是公司盈利多的話，還可以分到幾個月的花紅。其實，我也沒出多少力，事情湊巧罷了，那邊需要一個業務員，聽說宛宛是霍先生的甥女，就滿口答應下來了，還不是因爲霍先生在銀行界吃得開、兜得轉？只要霍先生打個招呼，宛宛以後的業務推展，還會成問題？」鍾竹英謙虛地說着，又把自已的功勞，撥到霍重詩的名下了。

雖然大家都談得很熱烈，但一部份的注意力却是放在後面宛宛的臥室裏。那裏久久沒有動靜，然後霍淑珍走出來，她說宛宛眞有點倦了，不想再起床；如果幼誠有什麼話要跟她說，就請他進去說。

可是幼誠却不願意走進女孩子的臥室去，尤其是在今日的宛宛已不是昨日的宛宛的時候。再進一步想，難道宛宛會不知道他是不會進去的？

如果今晚來的是大哥，宛宛會怎樣呢？

他總禁不住要把大哥拉進來跟他比。宛宛上次說他在妒嫉，或許是對的，但他怎麼不該妒嫉？他的權利全給大哥侵佔了。

幼誠本想多坐一會的，結果却早早告辭了。霍重詩不好意思留他，霍淑珍不想留他，鍾竹英沒有資格留他。幸而，他出來的時候並不是一個人，而是有鍾竹英陪伴的。

「不要難過。」鍾竹英在旁邊說。他楞了一下，他沒有想到她會說得這麼率直、自然。他的失望竟全被她攤在眼裏。他對宛宛的感情，她看得很清楚。一個在愛情上遭受過挫折的人，他才會明白那種遭受淡漠的劇痛。他停下步來。路上很暗，他看不清她的臉。她此刻的臉是怎樣的？

又是泛露着那種姊姊似的關懷和同情？風吹來了她身上淡淡的芬芳、淡淡的暖意，在孤獨中，他很受感動。

「鍾大姐！」

「宛宛還年輕，年輕的女孩多多少少總有一點任性；我們可以這樣說，任性是年輕女孩的專利權。你別看我現在溫溫和和的，我年輕時也任性過。」鍾竹英竭力安慰他。

「但，今天的情形却比任性更壞，她瞧不起我。鍾大姐，我完全知道，以前我跟大哥差不了多少；現在她拿我跟大哥去比，我就像塊沒有價值的石頭了。但她不知道我對她的感情植根很深，我比任何人都愛她。論資格，我跟她同樣是高中畢業，她憑什麼瞧不起我，憑什麼搭架子！」

「幼誠，你的自卑感太重了。」

「誰使我有這種自卑的？還不是我這生活的環境！小時候，我最爽朗、最能自得其樂；而現在，從媽和大哥開始，現在再加上宛宛和她的媽媽，他們都像把我看成强盜、小偷，要不就是流氓、太保！難得有像妳鍾大姐……。」

「幼誠，你千萬不要這樣想，大家對你還是跟以前一樣。你母親，她是個了不起的女人，或許對你苛求了些，但你做兒子的也該體諒她。幼誠，你要知道，大家對你還是跟以前一樣。」

「鍾大姐，聽妳的口吻，妳對誰都能寬恕。」

「誰沒有過錯──我自己就沒有錯嗎？我比你大十一歲，我可以說，我是看着你長大的。憤怒會叫人走歪路，你沒有學會抽煙和喝酒吧？」

「沒有。」

「那很好。千萬不要看別人在抽、在喝，你就學他們的樣。學會這些是很容易的。幼誠，不要難過；你受到的只是很小很小的打擊。」她說得很輕，聲音像羽片。

走到她家的門前，她就懇切地邀幼誠進去坐一會，他非常感激地答應了。以前，他也曾跟妹妹一同去過她的家。她把屋子整理得很乾淨，客廳裏總插着一束鮮花，擺上一兩個精緻的大洋娃娃，盡量把沒有男人的家所常有的那份凄涼沖淡些。她一直誇奬他母親的了不起，一個沒有男人支撐也能挺然而立的女人。她說：幼誠，我跟你媽並不是很熟很熟的朋友，我們大家都忙於工作，但在心靈上，我跟她始終最接近。

「喝杯咖啡好不？」鍾竹英在自家的客廳裏顯得更親切，體態甚至也顯得有點輕盈了。她新換了一套墨綠的絨沙發，還買了一架電視機，檜木地板上也打了蠟。她把自已的生活安排得十分舒適。她拉開客廳壁架上玻璃櫃的門，拿出來的又是雀巢牌的咖啡。有人說她用十年的青春換來了一筆可觀的存款，這話似乎不是無稽之談。

「不必，喝杯白開水就行了，鍾大姐。」幼誠隨隨便便地坐下來。這屋子清靜極了。晚上，她就在電視機前削減自已的生命！

「爲什麼？」她說這話時，語音很特別，好像驚異於一個小孩子爲什麼不要吃糖果那樣。

「不必浪費了，留下來招待貴賓吧！」

「很少有人來我這裏，凡是來的都是貴賓。」她冲好兩杯咖啡，就在離他有一段距離的斜對面坐下來。「我發覺你有點憂悒，聽說你常在公園裏閒蕩，是不？你也需要一個工作吧？」

「我……我不知道。」

「不要這樣，我只是問問。司徒律師當然更注意你的前途！我懂得她。她不是一個只要職業不要家庭的女人，她是因爲重視家庭才從事職業的。她是一個好母親！」

「她是……她是……她是好母親，但她的『好』却是有條件的，當你……」他突然站起，阻止自己說下去。「我不該說她。每個人都尊敬她，每個人都說她十全十美，我一直以有這樣的一位母親引爲自傲，但我却不配做她的兒子！」

「你沒有把心裏的話說出來，幼誠。」

「爲什麼要說呢？說了又有什麼用？誰相信我？除非妳的處境跟我的相同。」他一口氣把咖啡喝下去。「我現在想透了，你要別人了解你，或者別人要設法了解你，那都是愚蠢的念頭。如果你是孤獨的，你就應該不哼一聲地去承受這份孤獨，喊出來有什麼用？喊出來，還是解不了那份孤獨。」他注視着她。她沒有被他的激動所嚇壞，仍靜靜地坐在那裏，她的眼光依然很暖。「你這裏一直很靜，我不該這樣粗聲粗氣說話的。」

「不要緊，喊喊也有用的。你剛才受了委屈。我看，你確確實實需要一份工作。」

「我已經找到了一份工作——」驀然間，他怔住了。你怎麼可以這麼粗心？你計劃瞞住每一個人的！而你却在這裏不知不覺地嚷了出來。明天上午，你媽就會知道一切。鍾竹英的不變的親切、不斷的探問，只是想獲悉你的秘密！他對她的好感，一刹那飄得紛紛散散。她仍然靜靜地坐在那裏。一個以不變應萬變的女人。

「我不想告訴媽，」幼誠又說。「如果妳要告訴她——」

「我不會告訴任何人。」她很快地截住他的話。「你很聰明，我一直認爲你很聰明。幼誠，你要有自信，不要被自卑感縛住了。」

「鍾大姐……」

「很好，年輕男人總是需要一份工作的，不管那是什麼工作；是正當的，都好，都比躺在公園石凳上的好。」她笑着，那種暖暖的滯着芬芳的笑。「不要把宛宛的事掛在心上。」

那是他工作的前夕；說他沒有收穫，他也收獲了些。

第七章

汪幼誠穿着圓領汗衫，汗濕濕的雙臂上敷黏着一層薄霜般的棉花，頭上戴着的鴨舌帽擋住了那不斷浮揚飄落、企圖染白他頭髮與眉毛的飛絮。他跟他的搭擋綽號叫黑皮的，用鐵鎚在鋼皮的接合點敲了幾下，然後一按電鈕，打包機的鐵板就像電梯似地迅速下降，跟地平形成水平。他們互看了一眼，四條臂膀協力把重達四百磅的一大包細紗從打包機上搬到羅列在牆邊的成包隊伍中。那裹着尼龍麻布、有稜有角的長方形成包，直二橫四地鑲着透着青光的褐色鋼製花邊，看來另有一種結實的、均衡的美。另一端的牆邊，則整齊地排列着形式相同、內容則是布匹的成包。它們都是要去遠渡重洋的外銷品。幼誠像拍一頭心愛的狗那樣，拍拍成包，它立即對他發出噗噗噗的低沉的回聲。看看這些不華而實的東西，他不禁有一絲滿足的快樂，雖然展開在嘴邊的笑紋已給戴着的口罩掩住了。

他和黑皮都倚着成包休息了一下。現在是十點，從上午八點開始，他們不停地工作着，一包一包的棉紗、一匹一匹的棉布，就被包裹成這個樣子了。在十一月中旬，他們有一批貨要運往美國；在十月底以前，那批貨就非要出廠、裝上火車、運到基隆港口不可。他們廠裏的每一部份都為這件事情忙着、趕着。事實上，這個工廠從年頭到年尾都在忙。白天、晚上，白天、晚上；外銷、內銷；永遠有應接不暇之勢。他有時想，幸而只有紡紗部和織布部的女工是三班輪值制，要是像他那樣的打包工也要在晚上輪值的話，他就不知道該如何向母親解釋了。

黑皮卸下口罩，衝他說：「小汪，看你斯斯文文的，又喝過這麼多年的墨水，想不到你眞還有一手呢。幹我們這種打包工作的，全憑力氣賺錢。當初我還跟別人打賭過，說你幹不了幾天，準會走路，沒想到你倒眞的幹下來了。好小子，到今天，你來這裏，剛一個月了。記不記得？」

「一個月了？」

「一個月。廠裏下午發薪水。倒眞有你這種戇小子，只做工、忘拿錢！」

幼誠不好意思地笑着。一個月？眞快！那一陣，整天躺在公園的石凳上，日子過得既長又乏味，好似嚼着一個橡皮圈，兜着團團嚼，永遠嚼不到盡頭。如今，在這東昌紡織廠裏，這種打包工作雖消耗着他的力氣，却也補給着他的精神。每隔四分鐘，當他和黑皮把那個成包搬到牆邊時，他感到自己就如那紗包、布包一樣，充充實實，平平凡凡，縱然沒有毛料和化學纖維那樣高貴、時新，却也永遠有它不能被忽視的價值。除他自己以外，連介紹他來這裏的黃士雄，也不相信他幹得下去。黃士雄說，這是一種苦力的工作，他懊悔推薦他這個出身良好家庭的人來做這種苦役。他又勸他，他有一個名律師的母親，實在不值得去吃這種苦頭。黃士雄是好意，就像這個比他大上十多歲的黑皮一樣，他們只看到表面。以前，他曾聽別人談起紡織廠，却沒有眞正進去過。每當汽車從廠門前的公路上駛過或者在那裏的站牌前停下，他的視線雖然也曾越過那堵矮矮的圍牆，瞧見那排鋸齒形的廠房的灰色外形、那根黑黑的煙囪、那出入成隊的女工，却看不到棉花以及其他的東西。於是，那一天，他上工來了，一進鐵門，他就被像小山般地堆積在廠房前面水泥地上的棉花包嚇住了。它們上面蓋着帆布，顯然地，倉庫成了棉海，才泛濫到外面來的。走到那個雨操場般的淸花部，又是一大片正在拆包的棉花。黃士雄遞給他一隻口罩，一邊也給自己戴上了。當時，他對黃士雄說了一句非常可笑的話：「水牛，晚上我們如果走進棉花堆裏去的話，怕要迷失了。」於是黃士雄領着他開始進入寬廣的紡織部和織布部。他們一邊往裏走，黃士雄一邊向他解說：這是梳棉機，這是併條機，這是粗紗機，這是細紗機，這是整經機，這是上漿機，這是織布機……當然，那時候，他幾乎什麼都記不住，只感到滿眼都是轉動不已的機器，以及繼續增長的併條、棉紗、棉布……他意思是，即使像黃士雄和黑皮，他們對他曾是這麼關懷的，也不淸楚他在家裏遊手好閒的痛苦。在開頭一個星期裏，他的雙臂和脊椎骨酸痛得像要折斷似的。他的確也曾掙扎過，掙扎在繼續與放棄之間。每天傍晚，洗淨了手、臉，淸了衫、褲，在單車後座上縛上那幾本放在牛皮紙袋裏的大專聯考參考書，就回到家裏，胡亂地吃點飯，便躺下了；夢見自己的身子給打包機壓碎，夢見自己進入烘筒乾燥上漿機裏，被炙得渾身火燙。然後，他醒來了，聽到霍伯父還坐在客廳裏跟母親談話。

「你瞧瞧，幼誠這麼大了，我儘爲他讀書的事操心，最近逼着他白天上補習班去，可是他傍晚回來，早早就上了床，到底讀到些什麼？」母親的聲音。

「如雪，你千切不要過分抹煞幼誠的志趣。」

「什麼志趣？太保的志趣，無業游民的志趣！」母親的話很難聽。「重詩，我倒慶幸你沒有一兒半女；否則，在你的這種『志趣第一』的教導下，孩子們不都變成太保、太妹才怪哩！」

「你是律師，如雪，律師是明白事理的，尤其是你。」

「當然，正因爲我太理智了，我才不得不這樣對待幼誠，爲他安排前途。」

「我想，你只顧到你自己的面子吧！」

「重詩，你憑什麼資格說這種話？」

「憑老友的資格，而且，我還要說一句，妳的自尊心太强了。」

「謝謝你的勸告。沒有强烈的自尊心我司徒如雪就不是今日的司徒如雪律師了。我還要告訴你一句話：我白天的事務遠超過你白天在銀行裏的忙碌。我需要休息了。」

沉默。想像得到的是：母親和霍伯父都把臉轉向別處。大客廳裏，家具的黑影子似乎放大了、增濃了。霍伯父嘆息一聲，站起來，走回家去。除了爲他的事情以外，霍伯父和母親從未爭執過。他自己很傷心，母親和霍伯父也很傷心，但在心理背景上，他們三人的傷心都不一樣。他告訴自己非得工作下去不可。怎樣苦、怎樣累，都得支持下去。要是他連這一點都熬不過來，他這個人還有什麼用？他還能憑什麼不滿于別人對他的輕蔑、冷嘲或譴責？一開始，他就認淸這對他不僅是一個單純的工作，而且還是一種考驗。那晚，他開門出去，到浴室中重新洗了一個溫水澡。他久久地按摩着自己的雙臂和背部，然後披上一件綠條子的毛巾布長浴衣，走了出去。客廳裏，母親仍坐在那裏，手支着額；陷在沉思中？還是陷在半朦朧中？

「媽！」

母親沒變坐姿，只緩緩地抬起眼皮，目光幽亮——是峻厲，也是憂傷。

「媽！」

仍用這樣的目光望着他，沒說一句話，眼色裏有太多的話，她不願說出來。他很難過。他不能說母親不愛他。她並不是一個冷酷的母親，就像現在這會兒，但他們在某一點上却分了路；因此，站在這瀰漫着黑影子的大客廳裏，他們母子間的距離，竟是如此地遙遠。

「媽，我跟妳說……」他想把這幾天在紡織廠裏工作的事告訴她。欺瞞並不是他的本性所喜愛的。

「沒有什麼好說的。你有志氣的話，就先把書唸好！你爸爸過世的時候，你是十歲，你要記得。」母親倏的站起來，脊椎骨挺直得如石柱。她沒有回頭，一逕走上樓去。

他木然地站在那裏，甚至還不以爲那是眞的。他熄了客廳裏的電燈，于是黑暗立即把他團團裏住；在黑暗裏，他看到黃世雄、黑皮、打包機。他覺得自己的雙臂十分有力……

現在，他和黑皮重又開始打包。在鋼板上舖上了鋼皮、尼龍麻布，然後把四十包十磅裝的紋紗整整齊齊地排在麻布上——媽，難道我這種努力就不算努力嗎？難道我這種努力就不能算是有志氣嗎？——鋼板昇上去，四百磅的棉紗被夾在鋼板與木板之間。他們把每條鋼皮的兩端都接合起來。那閃着青光的褐色鋼皮上有着母親的目光——媽，妳不要用這種目光看我，我不能照妳的意思變成方或變成圓，我有我的形狀。妳會知道我不是一個壞兒子，我絕不壞，絕不壞！

一個同樣重量、同樣形狀的成包又參加到牆邊的隊伍裏。轉過身來，在他們前面，展延着令人眼花撩亂的成排的紡紗機。錠子快速地轉動着，女工們不絕地在工作通路上走來走去，黏接那些斷了的線。棉絮繼續不斷地飛浮，空氣厚濁得像糊、像羹。而他們自己的工作也是週而復始的，在上午兩個多鐘點裏，他們已經打好三十幾包了。

這時，在保養室擔任技工的黃士雄，橫過一塊小小的空地，走進門來。負責修理、洗刷機器的他，每天總要上這裏來幾次，查看一下。打包機就放在後門附近。他一進來，就跟幼誠、黑皮打招呼：「喂，汪汪，工作得順利吧。喂，黑皮，你可要照顧我的小老弟哪！」

黑皮和幼誠都在疊紗包，黑皮不服氣地哼了一聲：「別說照顧兩個字好不好？嘿，你這位小老弟，已經幹得比我老練了。年輕人啊，手脚伶俐！」

「你多大了？聽你的口氣，倚老賣老的！」黃士雄在旁邊站下來。他每次總要跟他們說幾句話，而說不上兩句總又要跟黑皮抬起槓來。黃士雄和黑皮都是坦爽率眞的漢子，都喜歡鬪鬪嘴，給刻板的工作增添一些樂趣。

「我嘛，今年四十大壽，還算不老？你們這班毛頭小夥子，腦子好、手脚靈、氣力大；我這老頭子，碰上你們就該退休了。」故意咳嗽幾聲。「水牛，你來這裏，到底是來看小汪、還是來看我黑皮的？來看機器、還是來看那些妞兒的？」

「主要來看汪汪；汪汪，你說對不對？」黃士雄拍拍幼誠的背；幼誠汗衫的背部快被汗滲得半濕了。「汪汪，下午發薪水了。第一次領薪水，你的感覺怎樣？」

「剛才還是黑皮提醒我的，我早忘了。」幼誠用手背擦擦額角的癢處，把掛在左耳上的口罩帶子脫下來，口罩就晃呀晃的吊在右頰旁。「事實上，我根本不在乎那九百塊的工錢！」

「嘿，你瞧，」黑皮說：「天下竟有人不在乎工錢、只在乎工作的！」

「不過，這九百塊錢却給我很多的感觸，」幼誠的右手食指循着左臂劃下去，犂去了棉霜，露出了一條肌肉的淡黃的痕跡。「我會永遠記住它。賺這第一個九百塊錢，我比誰都苦！」

「你們讀過書的年輕人，老喜歡談什麼感觸不感觸的，我黑皮可不管。我問你，這九百塊錢準備怎樣花？」

「怎樣花，管你的屁事！」黃士雄插了進來。「不論汪汪在乎不在乎這九百塊錢，總輪不到你黑皮揩他一點油！」

「那是規矩，新來的工人……」

「新來的工人可不是班房裏新來的犯人，什麼都得吃點虧。你黑皮嘴饞，我水牛請你的客。下班後，到對面小吃店裏……」黃士雄一副兄長袒護弟弟的口吻，轉過臉，瞅了瞅幼誠。「我這位小老弟是老實人，我跟你說過的，什麼事你都不能欺負他。」

幼誠急忙說：「水牛，黑皮說的也對，我本來就打算領了薪水以後請請你們兩位的。平常我口袋裏雖然也有點錢，但是這筆錢可不同，這是我苦苦掙來的。晚上，我請你們上館子吃飯。」

「幼誠，你不必來這一套……幼誠，你別聽黑皮的話……」

「回頭再說！」幼誠指指前面併條機的那一邊。「你老跟我們說話，你的那一個可等得不耐煩了；巡過一遍，跟她說幾句話以後，再來這裏吧。」

黃士雄笑了笑，向併條機走去。幼誠跟黑皮本來就是一邊工作、一邊談話的。黑皮向幼誠眨眨眼睛，羨慕地：「小汪，水牛處處袒護你，好像你眞是他的弟弟似的。他有親弟弟嗎？」

「沒有，只有一個讀初中的妹妹。」

「如果有，不知要怎樣寵他了。」黑皮嘆了一口氣。「水牛是好孩子。聽別人說，他老子是賭棍，你知道不？」

「我不知道，我從來沒聽他提起過他爸爸，我還以爲他早已死了。」

「比死更壞。他老子在外面姘了一個爛女人，又開了一個小賭場，十來年都沒回家過。」

「你怎麼知道他爸爸開賭場？」

「我們廠裏的工人，有幾個去他老子那裏賭過。開賭場的，有吃、有喝、有穿，比做工舒服；只是那是邪門兒，正經的人不屑幹。」黑皮笑了，撒滿黑點的臉兒彷彿要蹦出芝蔴來。「連我黑皮也不屑幹。」

「你黑皮是皮黑心不黑。」幼誠說。他們工作得很快，打了幾個包，回頭去看黃士雄，他還在那裏。女工們戴着白色布帽，繫着縫有兩隻大口袋的白圍裙，她們一邊工作着、一邊就把不要的線頭放進圍裙的口袋裏去。現在，大家都知道黃士雄在追求一個管併條機的女工，因而，他對于裝在塑膠桶裏、柔軟無比的併條就更有着某種感情上的喜愛了。幼誠又說：「水牛確是好人。我希望他追求林金葉的事會成功。如果順利的話，今年舊曆年底我們就可以吃他們的喜酒了。」

「我也希望你在她們中間找一個。」黑皮十分嚴肅地。「那裏面，也有好人家的女兒，端端莊莊、俏俏麗麗的。你不妨隨時注意，她們當中許多都比做店員的女孩勤快樸素。」

「是的。」幼誠承認着。

「我是從她們中間找到我的老婆的。」黑皮笑嘻嘻地。「她不嫌我醜，不嫌我賺得少。她是個寡婦。」

他們有時候半天不說一句話，有時候就這麼東一句、西一句地聊着。這個走來說幾句，那個走來聊一會，所以形形色色的新聞也就很不少。工人中間有一種傳說：項廠長與項太太之間的婚姻生活並不愉快。在一些僅堪溫飽的小工人看來，一對擁有幾千萬財產的夫婦，還要鬧彆扭，那是太不能想像、太不會知足了。如今，幼誠正自慶幸着：以前在家裏，他沒有正式跟項廠長夫婦見過面，這也就是他能够大膽地來紡織廠工作、幾次面對項廠長夫婦、而不被發覺他是司徒律師的次子的原因。項太太不僅是廠長夫人，而且是董事長。他同時用兩個角度去看他們：把他們看作一廠之主，也把他們當作母親的朋友。項廠長並不如他想像的那樣精明。他是一個有着孩兒臉的中年人。高、矮、胖、瘦適中。他有一個特色：在他看你時，他的目光總是那麼親切而和藹。工人們都覺得他把他們當作跟他相同的人，因此對他的印象極好。而項太太則是極度貴婦型的，雍容、華貴、冷傲、敏銳。她看你時，她的目光就如要探出你隱藏着的缺點似的。工人們不喜歡她，非常地不喜歡她。她來巡視工廠時，大家都覺得她不是真的想使工人的工作效率有所改進，而是因爲在家裏對丈夫吹毛求疵感到厭倦之餘，要再來工廠對工人們吹毛求疵一番。好在她並不常來。幼誠知道，項太太對母親的態度，却又完全不同。而他也知道，工廠裏還有一種傳說：項廠長愛上了另一個女人。說這種話時，大家都喜孜孜的，覺得像項太太那樣的女人，應該受到這種懲罰，說怎麼，工人們都是站在項廠長那一邊的。

要說他自己對這些事毫無興趣或者毫不關懷，那是不正確的，有時他倒很想證實一下那些傳說是眞的呢、還是假的？因此，在家裏，當母親和霍伯父談到項廠長夫婦時，他總是非常留意地聽着。作爲律師的母親，說話異常小心，免得引起無謂的法律糾紛。而霍伯父却不然，他說：「項子琳嘛，這幾年來，可說平步登天。出國之前，他也不過是某個紡織廠裏的見習工程師。現在，他那塊金字招牌，誰不知道！難得的是，現在他還是這副好脾氣，對誰都和和氣氣的。」

「可不是，人總還是以前那個人，就是福氣好，娶了有錢的太太。」

「福跟氣是各佔一半的，那位闊太太，從小嬌生慣養，可不是好侍候的。項子琳在事業上是成功了，恐怕回頭又想搞愛情了。」

「你別說這種話！」母親以律師的資格警告他。「你說話總是太大意了。不光是這一件事，有時候，在別的事情上……」

霍伯父笑了，眼光深深地望着母親。當然，霍伯父的眼光也太大意了，母親實在應該再警告他一下的。

一不小心，鋼皮差點劃破了食指，他忙把食指湊到唇邊吹了吹。此刻，自己想得太多了，就有點兒心不在焉；說這些全是爲了領薪在即所引起的，那才是鬼話。他自己知道，他做了工，裏面改變了，內心踏實多了，但有一部份仍是薄薄的地殼，裏面仍有岩漿竄來穿去。有時候，他覺得他比許多人都幸福，沒有人比他在工作上獲得更大的安慰的；但有時候，他又覺得他比許多人不幸，沒有人有比他付出得更多的。

機器轉動着，飛絮仍輕輕地飄着，光線從北面那排天窗中透進來。幼誠幾乎忘記黃士雄仍在這裏，還是已從前面走出去，再繞道回到保養室。黃士雄要比自己自由得多，但黑皮忽然說：「小汪，項廠長陪着一個客人來參觀了，水牛跟他們在一起，幫着解說各種機器。」

那是常有的事。常常有個人或團體前來紡織廠參觀，項廠長從來不加拒絕。他願意讓別人知道工廠整潔的環境、嶄新的設備、一次同時供應三四百個人吃飯的大餐廳，還有供單身工人住宿的宿舍；只是，除團體外，非是名人顯要，項廠長是很少能夠抽空親自陪同參觀的。

幼誠不作聲。每當這個時候，每一部份的工人都會格外勤快，或許這就是大家對項廠長平日和藹相待的報答。幼誠和黑皮管自工作着，沒有抬頭去看。項廠長幾個人慢慢地移近來了，幼誠聽見項廠長在說：「這些是我們準備外銷美國的成包，所以包打得非常結實、美觀。我們還有一些內銷品，一百磅一包，包裝沒有這麼講究，是用草袋包的。從這扇門出去，是織布工場，這裏共分紡紗、織布兩大部份……」

幼誠和黑皮用鐵鎚打一打鋼皮接合的地方，四條臂膀又把一個成包抬到牆邊；轉過身來時，幼誠這才面對着站在那裏欣賞成包的項廠長以及他身邊的那個參觀者。

宛似那些成包的重量全部壓在他的身上；在他看清那個參觀者竟是他的大哥時，他已無法退避。大哥的犀利的目光同樣也捕住了他。他驚惶着，身子就靠在成包上，一隻手臂則橫越過去，抓住成包的一角。

「這些都是今天上午才打成包的。」項廠長繼續說，聲音裏有微笑的影子。他側臉望着幼誠。幼誠這會兒的臉也彷彿黏了棉絮，白得很難看。「他們都是優秀的工人，工作得很好。」

「是的，眞好，我也看得出來。」伯聰說，還若無其事地發出嘖嘖的讚聲。

幼誠竭力使自己鎭定下來。他不必這樣自卑。這是一個正當的工作，並不可恥。一個人總不能長久隱瞞下去，他趁機把自己一個月來眞正努力的方向裸呈出來也好。于是，他擺掉剛才的不安，朝着自己的兄長露齒微笑——一種在痛苦中孕育而成、祈求諒解的笑，然後跨前一大步，想去招呼大哥。但機伶的大哥却毫不遲疑，就在他跨步向前時，突然厭惡地別過臉去，裝出他對織布部有一睹爲快的急切，向門口疾走幾步，跟他保持了無法接近的距離。于是，他就看到大哥和項廠長談笑自如地跨出門口，走向織布工場去。

幼誠感到滿廠房的棉絮都湧向他，想把他窒息，又想把他埋葬。耳鳴聲掩沒了所有機器轉動的聲音，棉絮瀰漫中他看不見眼前的一切。他把口罩摘下了。這時，一條手臂伸過來，大手掌揑住了他的胳臂，他不耐煩地把它揮開。他一如在大霧中開車，只憑着直覺踉蹌地擦過成包，衝向那個隱蔽的角落，摸到一隻小凳，靠牆坐下來，扭轉身，左額就貼在那牆上。爹爹！他在心裏喊着，爹爹！難道我這樣作眞的是可恥的？難道我眞的是敗壞汪家門風的浪子？啊，爹爹，你一定不會這樣想的。你以前曾經對我說過，我的曾祖是個木匠。你說話時一點沒有鄙夷他的意思，我記得。你說過你爲他驕傲，因爲你聽說他是全村最勤勞的一個人。爹爹，你說過一次，在那個涼風輕拂、繁星璀燦的秋夜；我記得的，我想母親也記得的，大哥也記得的。我需要支持，如果你活着，你一定會替我說話，爹爹。我決不是自甘墮落的不肖子弟，爹爹，我只要一個工作。我跟大哥不同，因爲我不是他。

有人慢慢地走近他，在他面前蹲下來，細聲細氣地喚他：「汪汪！」原來黃士雄並沒有跟大哥他們一起離去。

幼誠閉着眼：「讓我在這裏靜靜地坐一會，我求你，水牛。」

「我看得出你不是不舒服，剛才那位客人是誰，你認得的？」

「我是一個小工人。」幼誠喃喃着。

「你一定認得他，我知道。」

「他的朋友是項廠長，我的朋友是你，水牛。」

「當然，我是你的好朋友，所以，你就該告訴我，他是誰。」

幼誠突然轉過臉來，揑住黃士雄的兩隻手：「水牛，你總看得出來——看看我的額頭和他的額頭，看看我的鼻子和他的鼻子，看看我的臉型和他的臉型。」

黃士雄驚詫地望着他。

幼誠忽然笑了，很慘很慘的笑。有許多童年的記憶就在這成排機器上面的廣闊空間飄呀飄的。現在看來，它們都是春天裏嬌美的花朵，這樣美好，而又這樣容易凋萎。于是，他說話了，聲音也是飄渺而輕忽：「那時候，我們都還很小：我跌倒了，我喊，大哥，你扶我起來；我跨不過水溝，我說，大哥，你在那一邊拉我一把。那時候，我們都還很小：大哥，我們一起來拍皮球；大哥，我們一起來玩玻璃彈珠。那時候，我們都還很小……還很小……」

「汪汪！」

「我不知道。我不知道你有沒有聽到過這麼一個童話。一對孿生兄弟，長得一模一樣，誰都分不出他們誰是兄誰是弟。他們一樣聰明，一樣伶俐，一樣會說讓人聽了覺得高興的話。可是，有一天，他們無意中吃了一種藥草，于是，一個就越長越高，一個却越來越矮，結果這巨人和矮子終因相差太多，而永遠無法碰面。」

「這是一個無聊的童話。」黃士雄說。「我從小就不喜歡童話，從來就不相信有巨人和火柴桿高的矮人。」

「但我喜歡它。有時候，它不僅僅是個童話。」幼誠說，耳邊又飄來了大哥稚眞的聲音——幼誠，這是一團柏油，快把它黏到竹桿梢上去，我們一起去捕知了。——夏日裏，蟬聲匯成一片音湖，他們就在音湖中盪過去、搖過來。夏日老了、老了，他們在夏日裏晒黑、長壯了。他們胳臂挽着胳臂，唱着——

我們的心連在一起，
像萬里長城；
我們的心連在一起，
……

歌詞殘缺不全，甚至錯誤顚倒，但這些全對他們無關，他們只起勁地唱着……——

我們的心連在一起，
……
我們的心連在一起。

……幼誠又說：「水牛，你沒有哥哥，也沒有弟弟，你永遠體會不出小時候兩人拚吃一支冰棒的滋味！」

「我想像得出，汪汪。我知道你現在心裏很難過。」

「可是，不幸的，我們長大了。我不願長大。小時候，我希望長大，我羨慕大人們有很多的自由；而現在，我却願意自己是小孩，擁有那樣純眞的手足之情和絕對的信任，那樣無私的快樂和無窮的夢境。」

「幼誠，你不要再想了。」

「你剛才看到了他的驕傲、他的冷漠和他的憎厭嗎？我可不是什麼人，我是他的弟弟，小時候一起玩過，一起唱過歌：我們的心連在一起……」

黃士雄感慨地搖搖頭：「不過，現在，你得振作起來，黑皮在等你。他看到你神色不好，正一個人在打包。汪汪，下午下班後，我請你上館子、看電影。」

「你以爲我這樣就會快樂起來？」

「至少可以暫時忘記一會。如果我這樣請黑皮的話，他不知道會多高興呢！」

「那末，你還是讓黑皮高興高興，我今天是高興不起來的。」

「你很固執，汪汪。我今晚請你喝酒，好不？」

「喝酒？好主意！我眞需要暖暖心。」

「那末，一言爲定。」

「噢，不，等發了薪水再說。要喝酒也是由我請客。你的錢是養家的，你的錢會使你媽快樂。你媽會說：『我家的士雄呀，他是個乖兒子……』」

「別囉嗦，好不好，你到底預備怎樣？」

「下午發了薪水再說。你的建議是對的，不管怎樣，先在外面玩一會再回家。我很怕回家。我實在很怕回家。我跟你不同，水牛。」

黃士雄同情地望着他，想像着幼誠那個什麼都不缺少的家。打包機那邊，黑皮開始在喚：

「小汪！小汪！」

幼誠應了一聲，兩個人便同時站起來。幼誠說：「水牛，你放心好了，即使我不快樂，我還是要來工作的。即使事情會有什麼變化，我還是要來工作的。如果我不工作，難道我就整天躺在公園石凳上？」

棉絮仍飄浮在空間，極輕極輕的，沒有重量，也沒有方向。牠們是離羣的雁，牠們已跟那些纏繞在錠子上的同伴們，完全脫離關係了。

第八章

項廠長的辦公室跟別的工廠的廠長室沒有什麼不同。大寫字檯、沙發、保險箱、樣品櫃以及一些掛在牆上的圖表，簡單爽朗。項廠長很客氣，站在門邊，伸着右臂，要讓汪伯聰先進去。伯聰記着母親的話：你現在剛從學校出來，到哪裏都是小輩身份，謙遜第一；所以堅持着不肯先跨進這一道門，項子琳說：「伯聰老侄，我和內子跟司徒律師是老朋友，你還這麼客氣幹嗎？」話雖這麼說，心裏倒對這個年輕人的一擧一動都合分寸而感到由衷的喜愛。自已年輕時跟他一樣瀟洒，一樣穩沉、謙和，一樣地，在看來絕對平靜的外表下有顆雄心勃勃的、老在竄躍的心。這是主要動力，但也常常因此附帶着一份無形中傷害別人的自私。他自已有一種在微笑中把人觀察一個透的才能。異常敏感地，他已注意到這位伯聰老侄和那個打包工之間的面貌上的近似以及他們碰面時的瞿然而驚的神色。他很輕易地推測出他們之間的關係，而且原諒了伯聰那種不近人情的廻避。

伯聰說：「項叔叔，客氣的是你。媽老說，你待人有多好，今天，你陪着我裏裏外外參觀一遍，我看不僅全體員工工作努力，而且上下融洽、一團和氣，可見你是一位多麼了不起的企業家。套句老話，你把這個工廠完全家庭化了，而且這個工廠的和順氣氛似乎更超過一個小家庭的呢！」

確切的讚辭，項子琳想，用全體工作人員的融洽無間、同心協力來襯托他的寬厚，這是任何人都樂於接受的；而側面的意思也可以解釋做：你待成千的工人都這麼和藹，更何況是老友的兒子呢！項子琳知道自己幹練得常常防備別人藉恭維、媚諛來利用自己，但對於伯聰，他却沒有任何理由這樣想。而且，要說利用，或許還該輪到自己這一方，因爲他正想把伯聰拉進工廠來。再推讓，也嫌忸怩作態，項子琳便拉着伯聰的手，一起走進廠長室。於是，經過一小段沉默的時間，項子琳笑着端起服務生爲他們泡好的茶：「伯聰老侄，你是聰明人，我請你參觀是有一些代價的。例如：你得發表一點高見，指出哪裏得改進，哪裏該革除……」

「貴廠很好，的確很好。員工待遇、環境衛生、機器設備、換氣採光、工人技能……還有剛才所說的工作情緒，都很理想。項叔叔，怪不得貴廠要賺錢。」伯聰說的並不是客套，每一句都在沉思後說出來的，後面再添上一個微笑，嚴肅中帶點輕鬆，完全懂得說話的藝術。

「不過，那打包機——」項子琳皺皺眉。工廠是自己的，就像說自己這個人，總得挖點毛病出來。

「噢，那——」伯聰一楞，馬上接着說下去：「你是說它半自動式的。我剛才也在想，如果是全自動的話，就可以節省些人工，不過，重要的，它目前既然足够應付貴廠的產量，所以也就算不上是什麼缺點了。」

項子琳點點頭。意見完全正確。後生可畏，這孩子，以後一定比他更精明老練。說他沒有經驗，但一言一語、一舉一動，却哪一樣不顯示出他的學養來？他是有足够資格來擔任廠裏的領班工程師的。

「你這樣說，好像我廠裏的一切，你都稱心滿意。既然這樣，伯聰老侄，我倒很想請你到我的廠裏來幫幫我的忙，做個工程師。」

伯聰沒有馬上答應，既不驚喜，也沒有拒絕的意思。項廠長想拉他進去，在最近對他的親密態度上，他已約略窺見。他自己的招牌硬、工作的路子寬，當然不會興起那種「感激涕零」的心情；但項子琳是個好上司，這點却是値得安慰的。他今天前來參觀，就認爲這是一個可以考慮接受的工作；然而，現在却冒出了一個問題，他自己弟弟在這裏做粗工，這叫他怎麽下得了台？

「項叔叔，你跟我媽已經談過了，還是我媽向你提起過我的工作？」他避重就輕地問了一句，表示他自己對於這份工作並不怎麽在乎。

項子琳急急說：「都沒有，不過我心裏倒早有這個意思。我太忙，有時爲了業務，不得不常去台北；廠裏有兩個工程師，一個管紡紗工場，一個管織布工場，都是工專出身的。我想，我不在廠裏的時候，最好有一個人能代替我的職位，不管行政方面的或工程方面的。想來想去，你是最合適的一個。你最近不準備出國吧？」

「本來今秋我是準備去的，可是實在捨不得離開媽。我想，至少還得在家裏住上一、兩年，陪陪媽；因爲，一出去就不知道什麽時候才能回來。我媽是獨力把我們撫養長大的。她比別人更需要兒子的安慰。」伯聰說完，憂傷地笑着。那憂傷不是爲自己，而是爲母親，因此，那憂傷也就更感人了。

「你眞是一個好兒子，樣樣好。」項子琳說。他看伯聰說話的時候，眼神跟司徒律師的很相像：溫和、機警。他這一類型的人，即使考不上甲組，讀法律也有前途。要是在以前，父母做律師的，多半是長子繼承衣鉢，但現在，一切都以理工爲先了。「你有這份孝心，就更該考慮一下我剛才的建議。這裏做事，每天都可以跟你母親見面，不比上台北做事，即使兩星期回來一次，一年也只有這麽二十幾次！」

「讓媽做主吧。」伯聰回答得非常俏皮，也洋溢着孝意。「過兩天，讓媽告訴你，項叔叔。」

項子琳簡直爲他着迷：不折不扣的孝順兒子。一剎那，竟懊悔起自己以前對母親的粗心大意來。他出國那年，母親已經不太健康，因此，她在話語中也就暗示過他們母子相依的日子不會很長，但自己却偏以得個更高的學位來安慰她爲由而出國了。出國後，他的母親一直告訴他，她的身子越來越健。她還說了一句笑話：「或許是因爲沒有人可資依賴的緣故。」他沒有去細嚼那句把孤獨的悲哀深藏起來的話語，而且也沒有懷疑到「越來越健」四個字的可能性。於是，得到學位後的幾天，他也得到了她去世的訊息。母親有一封早已寫好的遺書：「琳兒：我此『行』，本是意料中事，你不必爲此傷心，也不必爲此而匆匆回來。既然你雄心萬丈地遠去異國，你就不妨多『得』一點回來……」母親清楚他的野心很大，可是萬沒想到他竟大得跟一個華僑富商的女兒結了婚——只爲了要發展事業而不是爲了愛情。

項子琳說：「那好極了，司徒律師一定贊同你到我們工廠裏來。我等待佳音。」他開始抽煙。他的煙癮不大，尤其是因爲這是一所堆滿着棉花、棉紗等易燃物品的工廠。除了在辦公室而外，他們在別處是很少有吸煙的自由的，他總是把長長的煙頭小心地熄滅在盛着水的煙灰缸裏。「伯聰老侄，無論如何，你可不能找些虛假的理由來推托。至於你的薪水，我當盡力提高，別處給你多少，我也給得起。」

「項叔叔，你怎麼說起這種話來！倘若嫣答應了，使我能够在項叔叔身邊學習學習，薪水多少，又有什麼關係？」伯聰雖然說得婉轉極了，但項子琳知道薪水這件事却不是人情所能打折扣的。他自已有錢，他絕不願意在這方面貪便宜。

說過了這些，他們又聊了一些別的，譬如：外銷的看好，工人工資的普遍提高，新設工廠尋找建地的困難等。這些日子來，他們在數度相聚之後，已經有了很好的感情基礎，尤其是項太太對伯聰的賞識，奠定了他在項家的地位。

「中午上我家吃飯，不要推却，內子關照過我的。」最後一句話，又透露出項太太在家中的權威。

「如果我不去，她會不會生氣呢？」伯聰故意說。他對項太太的印象是：她是驕矜的女人，金錢寵壞了她，也使她清楚了金錢所能發揮的威力。在表面上，她冷厲高貴，而實質上，却有一個最大的缺點：聽不得幾句甜言蜜語。恰好好脾氣的項廠長不乏整庫的溫存話，所以常常能把她突發的任性壓了下去。項太太認爲勝利的是她自己，但伯聰却看得出勝利的還是項廠長。他用話語左右了她。

「誰知道她會不會生氣？你項嬸嬸這個人哪，就是孩子氣！電話在這裏，你還是打個電話去，免得她怪我。」項子琳說到這裏，笑了，隨即悄悄地接下去。「我不是怕她，跟孩子氣太重的女人鬧彆扭，多沒意思。我們男人着眼的是大處。」

眞要打電話，倒又叫伯聰遲疑起來。何必爲了吃一頓飯使項太太不高興？不管他願不願在這個廠裏工作，但她是華僑，在美國的親友一定不少，日後如果他要去美國，不也可以請她幫幫忙嗎？等到電話接通了，主意也就改變了。

「項公館嗎？請項太太接電話。」

「我就是。」一派貴婦的腔調。

「我是汪伯聰，項嬸嬸。」

「你不打算來這裏吃飯了？」畢竟還是十分敏感的女人。「是不是子琳邀你上館子去吃？」

「不是，我決定中午跟項叔叔一起到府上來；只是，項嬸嬸，我請你千萬不要爲我添菜。我已經不能算是客人了。」

項太太的語氣忽然變得非常可愛。「這才像話。我只叫佣人加添了一隻咖哩鷄。家裏還有一個你熟悉的客人，李宛宛！」

「宛宛！」宛宛怎麼會跑到項家去，而且做起項家的客人來？

「司徒律師和霍重詩先生介紹來的，你還會不熟悉？她眞的很討人喜歡，一點沒有保險公司的業務員那樣利嘴長舌的討厭相，所以我留她在這裏吃飯。今天中飯可熱鬧了，記住，不要來得太遲。」

伯聰放下話筒，抬起頭來。項子琳正朝着他微笑，又一次地欣賞他隨機應變的、不使自已陷於不利的才能。

「我內子希望別人依從她，然後給那個人以十倍以上的恩惠；當然，那恩惠就是金錢！」

或許他紡織廠的資金就是在那種恩惠下獲得的——伯聰想。

伯聰詼諧地說：「那當然很使人安慰，但也有一種危險：如果有一天，你實在無法遵命，你怕就要失去她以前給你的全部恩惠了。」

「那就要看你應付的本領了。」說完，拍拍伯聰的手。「伯聰老侄，我說這些話，都是不足爲外人道的。我信任你，就如信任自已，因爲你是一個穩當可靠的年輕人；而且，在許多方面都太像我自已。」

過不多久，他們就坐着廠裏的轎車出來。廠房右側，大餐廳後面的煙囱正冒着黑煙，爲工人們準備午餐。項廠長娓娓談着，談着一個有事業抱負的男人被金錢所困時的苦惱，談着獲得後心中又驟然感到空虛的懊喪，談着行政上的瑣務如何消耗了一個人的精力和時間，也談着他們這些被金錢裝飾着的所謂上流人士究竟比那些純樸的工人快樂多少？突然，他停下來，問：「一個人活着，到底爲外表的光彩呢，還是爲內心的充實呢？」

伯聰沒有想到項子琳會提出這個問題來。儘管項子琳的和顏悅色給工人們以很大的安慰與溫暖，儘管項子琳的體型已然逐漸向成功的中年男人的體型發展；但從他這些話上，仍可看出他並沒有爲自已找到很大的快樂。他剛才沒有談到他的婚姻，但伯聰卻能由此明確地得知：他之所謂充實，無疑地是指婚姻的和諧。

憑年齡、身份，他都沒有資格回答這一問題，何況這類問話，大都是屬於自語式的。

項子琳繼續說：「人的痛苦，在於慾望太多。在別人看來，出國之前的我跟回國以後的我大不相同；其實，我自已淸楚，我還是我，即使是快樂與痛苦也是一樣。」他瞥了伯聰一眼，「所以，你說你要在這裏先待一兩年，然後再出國，這也是對的。到哪裏都有苦惱。而且，現在的年輕人，心越來越大，要說再回來嘛，那不知要到哪年哪月？」

車子到了三民路三段，在太平路轉角上，伯聰看到宛宛的母親正站在那裏看街景。這個想離婚的女人，現在已經漸漸地剝落她的憔悴了。從身材上看，宛宛跟她的母親高矮相似，但也祇是高矮相似而已。兩個時代的女人，伯聰想，即使是母女，也不可能完全一樣。或許是自已的母親太能幹，他不喜歡宛宛的母親，但却有點喜歡宛宛。他說「有點」，因爲他以前根本沒有想到他會喜歡她。最先存在他心中的觀念是：她是弟弟幼誠的女友，這就使做什麼事都很謹愼的他，在他與她之間劃下了一道溝。隔着那道溝去看她，倒發覺她有好些優點：大方、明媚、很識趣，而且不像她母親那樣，一味感情用事。他跟她見過三四次面，都是在他的家裏。她來的時候幼誠不在家，由於幼誠白天本來就不在家，所以你也不能說她這樣做是有意的。她先向他借書，然後來還他；她問他幾個問題，同時又把自已對這些問題的看法說出來。她不是一個喋喋不休的女人，總是在恰到好處的時候告辭，而使他對她留下最愉快以及最深刻的印象。她絕口不提幼誠，並且還透露出：她受不了那些不學無術的人的俗氣，而這一切，却正表示了她對幼誠的不滿以及對他的欽慕。

他無法對她的作風加以非議，因爲當他自已不喜歡幼誠的「拙劣」時，他也就無心反對別人對他的厭煩。老實說，要是她果眞愛着幼誠的話，那他倒會認爲她是一個愚騃得不知自身價値的女孩了。同樣是高中畢業，宛宛有無限前途，而幼誠却正走入死巷。尤其是幼誠竟會瞞着家人去做打包工，那不是自甘墮落是什麼？

像宛宛那一類型的女孩子，會喜歡跟一個打包工共同生活嗎？絕對不會！而且也絕對沒有人能夠想出充足的理由去勸她作這種犧牲。

他跟宛宛之間自劃的那道溝，已經因幼誠的「沉淪已深、無法挽救」而日漸消失了。當然，他在大學唸書時，也儘有機會去結交那些女同學，那些比宛宛聰明、比宛宛博學多才的女孩；但那時，或許是因爲他太專心于他的學業了，也或許是因爲那裏的女生從小學開始就只顧書本，成了不十分女性的女性；更或許是因爲那裏雖有這麼幾位才貌出衆的女孩，但是却被那些男孩子們的情書、約會和禮物寵壞了，變得驕縱自大，致使他不甘低聲下氣去追求。他從他母親那裏繼承了自尊與矜持，認爲要他去愛一個跟他同樣性格的女孩，那決不會給他帶來快樂和幸福。對於愛情，他像母親處理訟案那樣，太重分析，因此很難成功；但也有一樣好處：不會鑄成大錯。他不要一個太重感情、缺乏理智的女孩，也不要一個太重理智，缺乏感情的女孩；因爲他只願意享受婚姻的溫馨，而不願陷身在婚姻的荆棘叢裏去。他欣賞宛宛，正因爲宛宛是個既有熱情又有理智的姑娘，再加她又尊敬他。他已從旁觀者的立場踏進了當事人的地位。而今天，項家的一頓午餐無疑地又將助成他們再一次的歡聚。

車子穿過長長的三民路，來到四維街。不管項子琳和伯聰的心中會翻騰過多少思想，而現在，他倆的臉上却已呈現出萬里無雲的晴朗。在繁榮得很快的常綠島上，在繁榮得更快的都市裏，精緻的西式洋房已經不會令人驚奇了；但走到項家的客廳裏，驚奇却仍會驟然昇起。在極端西式的陳設中，兩壁却掛着中國畫；再仔細地看，會更驚奇於那些字畫都是出自名家的手筆。宋代夏珪的山水，明代陳洪綬的人物和謝時臣的花鳥以及清代八大山人的草書和吳昌碩的石鼓文。項太太曾經告訴過伯聰，這是她父親給她的財產的一部份。他晚年收進的一些國寶，都是三十八年從大陸逃到美國去的一些中國人賣出去的。他不懂字畫，他是開小百貨店起家的，但他深愛那個從小離開的祖國，更憐憫那些不得不靠祖先的文化遺產來過活的同胞。以一個資力雄厚的商人，以一份熱戀祖國的愛心，他儘可能地收進一些，並讓出嫁的女兒再度帶回祖國來。

「我爹是個愛國的華僑。」項太太曾經驕傲地說：「否則，以我的家境，他會讓我嫁給子琳嗎？而且，他會讓我和子琳回到這裏來嗎？」

現在，當他們進去時，項太太跟宛宛正站在畫幅之前；看來，項太太又在重複她的那段堪資炫耀的故事了。宛宛那肅然起敬的表情，使項太太的驕傲得到了充分的滿足，他們的足音才使他們戀戀地回過身來。

「現在是十二點正，我們準時報到。」項子琳微笑着，完全是個溫存體貼的丈夫的典型。「我得聲明一下：今天伯聰之肯賞光，不是爲了我，而是爲了妳。」

「我？」項太太說，隨後也默默地笑了。因爲項子琳時常告訴她：許多賓客之喜歡到他家裏來，完全是因爲他家的氣氛高雅，而那高雅的氣氛則是項太太一手製成的。「伯聰，子琳陪你參觀過工廠，你覺得怎麼樣？」

「非常好，出乎想像地好。從這裏到工廠，以及從工廠到這裏，都使人心情愉快。」看宛宛扁着頭，正看着他，於是他又加了一句：「宛宛，妳有空的話，也該去參觀一下工廠。」

宛宛立即說：「是呀，什麼時候，眞要抽空去看看，長長見識。剛才跟項嬸嬸談談，才知道自己不過是井底之蛙。她什麼都懂，繪畫呀、音樂呀、工商業的情況呀、各國風光呀，而且英語說得挺棒！」

「這有什麼希奇？我是出生在美國的啊！」

「但妳的國語也說得挺棒，那還不希奇麼？」伯聰也附和着。「項嬸嬸，開個英語會話進修班吧。」

「我不需要錢。」

「當然，我知道，項嬸嬸，妳不需要錢，不過，妳將有一些年輕的朋友。以後，他們出國了，得了碩士、博士，也會記得妳這位老師。十年、廿年下來，妳不也桃李滿天下了？」

這話倒使項太太沉吟起來。伯聰的計劃多，而且新鮮。自己不像一般太太們有打牌、串門子的癮，也沒有出外做事貼補家用或親自料理家務的必要；雖然掛了東昌紡織廠董事長的頭銜，可也沒有什麼大事要她費心的，閒暇可正多着。而這種閒暇，也正造成了她的寂寞，由寂寞而使她的情緒波動得很厲害，動不動就發脾氣；有時連自己也對自己的暴戾蠻橫感到驚奇。要是來收幾個「學生」，倒也是一種排遣寂寞的方法。

因此，項太太說：「伯聰，你的設想的確很有趣，彷彿可以試試。反正不想收費，如果覺得沒意思，就中途停止，也不會有人說閒話。」

「愛蓮，凡是能够增添妳生活樂趣的，都該試試。」項子琳討好地說：「我看，伯聰老侄準是第一個來報名的學生，對不？」

項子琳這麼一說，伯聰倒覺得怪不好意思起來。他剛才的建議是即興之言，不要說根本沒有爲自己作有利的打算，而且也不以爲項太太眞的會對這感到興趣。而現在，隨便抓一把濕泥，竟然揑出了一個雛型來。如果自己再想出一點理由拒絕做項太太的學生，那不是有瞧不起她的嫌疑了？

「當然囉，項嬸嬸有一天眞要實行這計劃，我必定第一個報名。」停一停，又說：「不過，這樣說來，我是一定得住在這裏，不能上台北了。」

「上什麼台北？剛才跟你說了，到我紡織廠裏來做事，有什麼不好？愛蓮，我剛才已經正式邀請伯聰到我廠裏來做領班工程師。他是孝順兒子，說是要由司徒律師做主；妳現在就乾脆打個電話給她，跟她說妥。」

這又是給伯聰一下猝不及防的襲擊。他雖然完全信賴母親，但剛才這樣說，祇是讓自己留一個後步，好等他們母子倆細細商量過之後，再作妥善的決定，因爲有個問題尙待解決：他能跟做打包工的弟弟同在一個廠裏工作嗎？

「我想，項叔叔，項嬸嬸，還是讓我回家跟媽說的好。」

「不，還是讓我親自跟她說的好。」項太太說。

項子琳瞄了他一眼，項太太瞥了他一下，兩人都善意而刁猾地微笑起來。于是，當電話接通之後，項太太就老練地跟他的母親進行談判。他站在一邊，無法插上一句——即使是解釋或者是暗示。他不得已走到宛宛的身邊去。宛宛說：「伯聽，你彷彿有點兒緊張？」伯聽悄悄說：「可不是，有一點兒不知如何是好。有好幾個地方先約過我，我巴不得一個人能變成幾個人。」「還是。在這裏做事的好。」宛宛說，眼睛亮瑩瑩地，微笑也亮瑩瑩地。「在這裏，大家都能經常碰面」本來是望着他的，忽然又低下眼來：「是不是台北有個心上人？」畢竟把探索的觸鬚直接伸到他的身上來了。他很快回答：「哪裏有？要有，這些日子早來看我了。」說得太快了一點，似乎太急急于分辯了。宛宛低下的眼光驀地向上一抬，臉上却似浮了一層洒着陽光的水：閃熠熠的。

項太太的電話打完了，結果是伯聽猜得到的：母親贊成他在東昌紡織廠裏做事；但母親畢竟不愧是名律師，她拖了一個「但書」的尾巴：但要伯聽自已能够對工作勝任愉快。

「只有在這件事情上，司徒律師的『但書』加得一無用處。」項太太笑着說：「好些事情，我都願速戰速決、乾脆痛快。宛宛，你說對不對？司徒律師和霍重詩先生介紹你來邀我投保，我連考慮也沒考慮一下，就投保了三十萬。」

「五年三十萬，」宛宛補充着。「我運氣好，叔叔嬸嬸們都愛護我，難怪才進去一月，上司就對我刮目相看了。今天回去，他更非要驚異不可。」

「誰介紹你進保險公司的？」項子琳帶着上司的口吻問了一句。他現在才看清楚這妮子穿一件白色大翻領的湖色洋裝，一雙白綠相間的平底皮鞋；在這個經常是上流社會人士聚晤的場所，竟然毫無侷促寒酸之態。而且，他還記起來，即使剛才大家無形中對她冷落了一會，她也能在這段時間中怡然地安排她自己。這是一個很能照顧自己的女孩。「是不是司徒律師介紹你進去的？」

宛宛搖搖頭。「是我舅舅的一位同事，我喚她鍾大姐，她介紹的。」

「鍾竹英！」項太太替她說了出來。「一個老處女，是不是？我常有機會去銀行，所以也認得她。她待人很客氣。好可憐呵，她到現在還沒結婚。論人品、相貌都不錯。子琳，我看，如果你朋友當中有什麼人要續絃的，不妨替她介紹一下。有一次，她送我出來，我問了一句：鍾小姐，你是爲生活待在銀行裏的嗎？早該結婚了啊。她笑着回答：是呀，該早一點的，現在晚了。明明在笑的，忽然流下兩串淚來，把我嚇了一跳。我一慌，趕忙躲進汽車裏。後來，我又覺得很懊悔，當時應該把手帕遞給她的。她那天穿着旗袍，送我出來時連一塊手帕也沒帶；不知臉上那兩串眼淚，是被風吹乾的，還是用手抹掉的？」

項太太這段富于感情的描敍，驟然把歡愉的氣氛驅散了。大家都認識鍾竹英，認識她那種溫暖的、明理的笑；而現在，大家又都看到她臉上掛着兩串水瑩瑩的眼淚、佇立在風中。她背後銀行的灰色大廈的古沉沉的陰影預示她未來的空茫，猶如那大廈的巨影也壓向項子琳的身上，他臉上突的一暗，像承擔不住似地嚷了起來：「我們何必在這個時候談論她？何必把澄淸的空氣攪渾呢？」

另外三個人都吃了一驚，但那三個人都像同情鍾竹英那樣地馬上諒解了他。尤其是項太太，在平日，她會不高興丈夫的這種態度的；但今天，她却反而走過來，親切地說：「你們男人總以爲一個老處女總有什麽怪癖或者暗病；其實，這才是胡思亂想。我可以保證，鍾竹英絕對正常。子琳，你替她留意留意人選吧。」

項子琳笑笑，很苦、很澀。「以後再說吧，我還從未替人做過媒呢！」拿起一支煙，點上了，攪渾了的空氣中立即摻入一些水紋似的煙圈，使人有種莫名其妙的壓迫感。

中飯時，空氣才澄清下來。飯後，伯聰和宛宛告辭時，大家的笑容又清澈見底了。項廠長派廠裏的汽車送伯聰回家，同行的還有宛宛。兩人並肩坐在汽車後座上。

宛宛說：「我一直聽人家說，項太太很難相處，對丈夫也是目光炯炯的；今天看來，倒並不是這樣。」

「是呀，有時候，只是人們對富家小姐的想像而已。她可能是在某一場合裏發過一次脾氣，于是大家就談論起來，再加上一些醬油、醋的，好像她眞是一個經常鬧脾氣的人，舌頭沒有骨，人們總是風言風語的，爲自已找樂子，替別人找煩惱。」伯聰這樣說，確是因爲此刻他個人的感覺就是這樣。今天項太太態度可眞好，不論對他，對宛宛，對鍾竹英。一個人對什麽人都好時，他就變得很可愛了。

宛宛看了他一眼，兩人忽然細細地笑了。今天的晤面雖不在他們的預計之內，但却也是最恬美的一次。兩個人同坐在一輛轎車內，倒眞有點情人的甜蜜的味兒了。于是，宛宛告訴他，下午她本該繼續去展開業務的；但因爲上午有了豐收，所以也不妨讓自已輕鬆一下。伯聰明白她的暗示，所以吩咐車子在鬧街上停下來；隨即，他們又趁上一輛計程車。他們決定去大度山遊玩。今天是個好天氣，那樣輕輕的風，那樣輕輕的雲，那樣輕輕的心。伯聰在紡織廠裏曾經有過的厚重的憤怒，現在已給他全部抖落了。

「我現在相信，幼誠永遠考不上大學。」伯聰突然說。

「別提他！」宛宛把臉側過來，偎在伯聰的肩上。

第九章

那是領取薪水的員工的行列。年輕的女工們的笑語聲趕走了等待的沉悶，無數的小白帽在斜陽下顫動着，猶似一朵朵的白色大菊。她們轉過臉來，蓄着笑意的眸子裏有比花更美的計劃。幼誠夾在裏面，或許只有他一個人的表情是嚴肅的。他的雙脚幾乎是機械地、不自覺地向前移動着，雙手一會兒伸進褲袋裏，一會兒在褲管上揩擦，飽受委屈的眼睛泛溢着別人無法了解的東西。

幼誠！——他聽見母親在喊他。在嘻笑喧嚷中，她的聲音亮利得如道閃光，使它清楚地從許多聲音中游離出來——幼誠！

他雖沒有轉眼去東搜西索，但却很容易地找到了她。在許多女工中間，他看到她在那裏。他希望她像女工那樣地帶着微笑，帶着溫和。

然而，母親並沒有笑，她的眼光仍如那天晚上的那麼幽亮、冷厲。她不是站着，而是坐着；她並不是要領什麼薪水。噢，她是坐在她事務室的大寫字檯的後面。

你走過來！——她說。他完全看清楚了，她穿着黑緞旗袍，雙手放在桌上，把背樑挺得使她本身看起來就像一把靠背椅。

他走過去，自動地。現在他沒有看到周圍有什麼女工，他沒有聽到周圍有什麼笑語聲。事務室猶如法院那樣暗濛、刻板、沉靜。他看到窗外庭院裏葱翠的榕樹和孟宗竹。他站在事務室裏，像個受審的人。

你知道你做了錯事？——母親說。

我沒有。

你有，你做了一件天大的錯事；你大哥告訴我的。

我沒有，我不承認這是錯的。

你是白癡！你對許多事理都搞不清楚。你現在甚至分不清對與錯來！

我沒有錯，成千的人都在廠裏工作，可沒有人說他們是錯的。

你不同。我不要你工作，我只要你讀書。我要你們兄妹三人個個出人頭地。

我辦不到。我生來平凡。我跟他們不一樣。我不要突出。今天，我領來了一個月打包工的工錢。

工錢？——母親笑了起來，跌跌撞撞的笑聲——工錢，你能拿多少錢？

他把九張百元大鈔從封套裏抽出來，恭敬地交給她。她笑得更狂了。他從未聽見過她這種毫不克制的笑聲。他該怎麼辦呢？他該跟着她笑，還是該直立不動地站在那裏？他說——媽，妳不要笑。請妳把錢收下來，這是我孝敬妳的。媽，九百元一個月，一年也有一萬出零，總不能算少了。黃士雄把薪工交給他媽時，他媽總誇說他是個好兒子……

母親驀地煞住了笑聲，有着美麗花紋的簇新鈔票像一羣鳳蝶，嗦嗦有聲地撲向他的臉；她的聲音也是張着翅撲過來的——你就這樣滿足了？你竟這樣不要好的？想想看：怎會去做打包工那樣低賤的工作的？你在浪費生命！你在自找末路！你在自求屈辱！

我倒不覺得有什麼不好。我喜歡那個工作，我也喜歡那邊的朋友。

滾開！快把你的臭錢收起來。給我滾。你是浪子。我希望我沒有養你這樣的一個兒子……

「喂，圖章！」出納員不耐煩地向他嚷道：「你這個人怎麼啦？好不容易挨到窗口，倒不想領錢了？」

幼誠一怔，發覺自已的胸部正抵住窗口前面的木板，轉頭向後瞧瞧，又是一些戴着小白帽、繫着白圍裙的女工；早到的一批先走了，晚來的一批正隨着他亦步亦趨。他渾渾沌沌地伸手到褲袋裏，拿出那枚牛骨印章，把牠交給出納員，又渾渾沌沌地接過薪工袋和私章，一隻手像托着一疊盆子那樣地托着牠們，恍恍惚惚地走着。你的臭錢！你的臭錢——母親的聲音，很利，很亮！他用另一隻手拉開薪工袋的口子，湊到眼前看了看。簇新的鈔票，上午才從銀行裏領出來的，還散發着淡淡的油墨香！他不承認那錢是臭的。如果有一個人分不清這件事情的對與錯，那是母親，不是他。

廠房前的廣場上，吹着十月的風；這裏，沒有滿目的飛絮，空氣清清爽爽的。他深深地吸了一口氣，飄忽的脚步突然變得沉實了。

又是母親的事務室。

他用這種脚步走進去，站在母親的大寫字檯前。母親仍舊穿着黑緞的旗袍，她的眼睛是兩盞燈火。

你來這裏有什麼事？——母親問。

我要找個律師。

我是律師——母親大聲說。——誰不知道我是律師！你闖下禍了！否則，你有什麼事要找律師的？

我要控告……

控告？

不，我只是要申訴……

申訴？有什麼事你要申訴？

我要求一個「公平」。你最知道什麼是公平，媽……

黃士雄從後面追上了他。「你沒聽見我在喚你？」

「沒有。」

「你在想什麼？汪汪，你的眼神告訴了我，你在想什麼？」

「我在想許多事，許多可能發生的事。我沒有你那樣幸福。」

黃士雄挺挺眉毛想否認，結果却只沉吟了一下。「或許，在某一點上，我要比你幸運些，但幸福却沒有這樣單純。整個看起來，你還是比我幸福。我看得出，你還沒有忘掉上午的事。」

「是的，沒有忘掉。」

「爲什麼把它牢記在心裏，來作踐自己？」

「很簡單：我的大哥也不會很快把它忘記。我想，在我家裏的人看來，我是一個畸形人。別忘了，今天下班後，在大門口等我；我請你喝酒，我還要邀黑皮一起去。」

「你是想把你一個月的工錢花光？」

「這個可用不着你操心，反正，我媽是不會喜歡我的錢的。」幼誠像看透一切似地笑了起來。「我用我自己的錢，誰管得着？」

他們在保養室的門口分了手，黃士雄彎了進去，幼誠則穿過一塊空地，跨進紡紗工場的後門。黑皮一個人在打包，早等得不耐煩了。看到他，摘下口罩就嚷：「好小子，你領工錢領了多久？我早跟你說過了，要麼搶早，要麼殿後；不早不晚的，一大堆人，等得人毛焦火辣的！」

幼誠抱歉地笑笑，忙把還拿在手裏的薪工袋揣進褲袋裏，然後用雙臂抱起幾小包紋紗，把它們放到打包機上。「黑皮，晚上我請你喝酒。」

「什麼酒？」

「高粱！」

黑皮瞇細了眼睛。「小兄弟，還是你够交情。我說年輕人哪，趁沒成家時，吃點、喝點、玩點！等有了老婆、孩子，那就由不得你了。小兄弟，看你一表人才，你以後要在這裏挑個對象，倒是挺容易的。」

「黑皮，你在說笑話，我連自已都養不活。」

「別說這種話了。你以爲我不知道你家裏有錢！你呀，可不必像我們那樣要一輩子靠着它吃。當初，我眞以爲你是玩玩票的。我跟你說實話，這裏的年輕女工，好些是初中畢業的，而且長得俏麗漂亮的也多的是。在家會燒飯、煮菜，在外又會工作，能幹得不得了。可千萬不能去追求一些只會打扮、不會幹活的女孩子。你不要三心兩意的，且慢慢兒地挑，日子長着呢！」

幼誠的嘴唇邊掠過一絲看不出的苦笑。日子長着有什麼用？日子長着，他是否會愛上這裏成千個女孩當中的一個？不是因爲她們是女工，絕不是：他從來沒有鄙視過她們。他自已跟她們完全一樣。在未來工廠工作之前，他也從來沒有說她們不如妹妹，或者不如宛宛。不過，他對宛宛的這份感情却始終存在，而這就窒息了他跟別的女孩子可能發生的感情。他很淸楚，愛宛宛是一種不智；她的冷漠所給予他的痛苦，就像母親和哥哥的冷漠所給予他的痛苦。什麼是愛情呢？他有時懷疑着。牠是建築在現實上的塔，以金錢、地位、權勢，作爲奠基與材料。或許宛宛是個太聰明的女孩，認淸了愛情只是一片浮雲、一抹陽光、一陣風或一朶花，而生活則如一座工廠或成匹的布那樣實實在在。她，一個目前生活在父母婚姻處于破裂的尖鋒上的女孩，她內心的飄浮不定，很可能跟他一樣。殘酷的時間，她說過這句話；在這種觀念下，即使有過眞正的愛情，但經過時間的播篩，又能剩下多少呢？明知以後終會失去，那末，現在也就不必爲它作任何犧牲了。

他的這一想法，無疑地是在爲她的冷漠作最有利的解釋；從另一角度來看，也就是在爲自己找尋寬恕她的理由。既然這樣曲曲折折地在體諒她，那又何必把怨恨堆在心上呢？他前些日子又去看過她一次。他完全知道，這是非常愚蠢的，但即使是愚蠢，他也要去。沒有別的理由，只是由于愛。有時候，他反過來想，如果這次回來的宛宛，仍是瘦瘦黑黑的，臉頰上又都是鼓鼓的青春痘，他是否會不愛她？他常常出這樣的難題給自已做，反復思考着自已愛她到底是爲了她變得嫵麗了，還是純然爲了她是他少年時代心愛的友伴？倘若自已同樣是自私得能因情況的改變而使感情有所勤搖的話，那他又怎能責怪她？當然，這又是一種愚蠢的想法，但同樣也是一種自我安慰的方法。不管怎樣，他現在仍然愛着宛宛，但他也很明白，這種獨自燃燒的愛，總會慢慢兒熄滅的。

五點出零，幼誠就走到外面的水龍頭下，洗淨了臉孔和手臂，用毛巾擦了擦。黑皮站在一邊，比他更起勁地洗呀擦呀的。待兩人都披上了香港衫，黃士雄也走過來找他們了。三人都是騎着單車上工的。幼誠的車子後座上縛着一包書——一包永遠不打開來的書。黑皮有時忍不住要善意地揶揄他幾句，說這是工作不忘讀書啦，或者說，這是書香門第的標記啦。既是善意，幼誠也就一笑置之。三輛車子一齊從車棚下給推了出來。第一個衝出鐵門的是黑皮。黑皮一高興，就不由得要哼幾句平劇：「夫妻們對面飲瓊漿……」酒脫地學着「紅鬃烈馬」中薛平貴的唱腔，酒脫地幻想着這輛「老菊鷹」也是一匹千里駒。他身壯力大，是個樂天派，唱完了這一句，再回頭看看幼誠和黃士雄，發現他們牽着單車還在悠悠地走，他不禁叫了起來：「喂，小兄弟，你別騎着馬兒開溜啊！你要請我喝酒，到底預備上哪一家喝去？」

「你難道想上沁園春、狀元樓去？」黃士雄代幼誠回答。「什麼樣的人穿什麼樣子的衣服，上什麼樣子的館子！綠川東街的騎樓下有成排的小吃攤，你如果跑得快，就在那裏等我們好了。」

黑皮咕嚕了一句：「又不是你水牛請客，要你出主意？」用手背抹抹嘴角，而那裏騎樓下的一片菜香也就迎着風撲過來。呃，水牛的話，可也不錯，在騎樓下的小攤子喝酒、吃飯，原有一種放肆的快樂：曲腿而坐，或者哼哼小調，或者說幾句粗話，誰都不會覺得不應該。倘使上那種大館子去，縱然裝得斯斯文文的，但他黑皮的這張臉，就夠讓人斜着眼睛瞧的，多沒趣！

往台中是下坡路，踩起來可一點兒也不費力。幼誠讓車子輕快地滑下去。上小攤子去喝酒、吃飯，在他是件新鮮的事兒；要不是黃士雄替他作了決定，他少不得也會上京滬餐廳或者吳抄手、眞北平一類的三流館子去。當然，那是因爲他從小就不會在小攤子上吃過東西，每次從成排的小攤子邊走過，就感到煙霧騰騰，讓人喘不過氣來。玻璃櫃子的上層，幾隻大盆子裏放着滷菜、煮熟的鷄肉、鴨肉和魚丸等；下層，一塊長方形的冰塊上放着鮮魚、蝦仁、生肉、魷魚等；全部的東西比他家大冰箱裏的東西多不了多少。洗碗的水老是混濁濁的。別的他不怕，就怕這樣的洗碗水；心裏老想，那些光顧的客人怎會視若無覩呢？他們當中究竟有沒有人因此下痢的？

現在，他非得面對這種畏懼不可，他非得去學習這種跟他的工作相配合的生活習慣不可。如今，他既然已從母親和大哥中間走出來，那就非得走進跟他同類的一羣人的生活中去不可，否則，他就永遠不能成為他們的圈內人。以前，他會熬過打包工的最初幾天，現在，他又要去闖這一關了。

把童年的一切舒適忘掉，連同那種根深蒂固的衛生習慣，你在開始蛻變成一個新人，他對自己說。他的那種勇敢，是非常悲壯的，但也不是別人看得出的。

單車從公園的另一側繞道馳到市中心去。現在坐到攤子邊去，實在還嫌早了些。於是，他們就在流動冷飲攤旁站下來，一手牽着單車，一壁喝着冬瓜茶。

「天馬上要轉冷了，你怎麼辦？」幼誠問那個賣冬瓜茶的。他老替別人擔心，自已也知道眞是多餘。公園門口，從春末到深秋，有不少流動攤販出售冷飲，天氣一冷，他們就像被風刮走了似地，全都不見了。可是，到了第二年春末，他們却重又安然無恙地出現。

「可以賣烘魷魚和烤蕃薯，一季總有一季的生意。」那攤子的主人說。「你們是在哪個工廠裏？」他望着他們。是什麼象徵使他認定他們是在工廠裏做工的？

「東昌紡織廠。」

「噢，挺好的紡織廠，」他說，然後給另外一個顧客倒上一杯冬瓜茶。「有一個長工作就不愁刮風下雨了。我也在那裏做過幾個月的清花工，每天黏了一身的棉花，受不了，結果，還是回到老位上來。做小生意比較自在些，反正是圖個溫飽，總不會太難的。」

幼誠把玻璃杯放在活動推車上。他有點羨慕他們，黃士雄、黑皮和現在賣冬瓜茶以後要賣烘魷魚什麼的，過得並不舒適，但却活得很單純，只要不愁吃、不愁穿，他們就很快樂。他此刻眞的很欣賞那種胸襟。那就是說，他也要抱着這種胸襟去努力，那末，即使他的努力得不到什麼，他也不會以這種生活爲苦了。

「天冷的時候，到紡織廠門口來賣烤蕃薯啊，生意一定不錯。」

他們把車子放在寄車處裏。大街像屬於他們那樣地，他們大模大樣地走着。看見那個補習班的招牌時，幼誠嚥了一口口水，祇一下子，他們就看到街燈亮了。貧血的街燈，但霓虹燈却把自身的紅、橙、黃、綠、青、藍、紫的彩色加了進去。白日仍留下一道裙邊，彷彿也想窺覗一下夜美人的冶豔。他們朝着那排早已存在他們心中的騎樓走去；只有在濃濃夜色的催促下，那裏的菜香才會稠起來。那些街頭廚師這麼元氣旺盛地用鑊鏟敲響着鍋子，宛似這是銅鈸。那種充實的聲音摻到飄忽的菜香裏，虛虛實實地勾引着那些用勞力工作了一天的人們的食慾。

他們挑了一個小食攤，在靠牆的一張桌子旁邊坐下來。那是黃士雄的意思，他說，這樣，就只能坐三個人，碰到什麼熟人，即使不邀請他，也不會見怪。要不，就未免……未免太叫幼誠破費了。黃士雄處處爲幼誠着想。有一天，在雙車並行的途中，幼誠曾問他：「水牛，如果你有一個弟弟，你將怎樣待他？」士雄毫不考慮地回答：「當然要讓他讀書。如果他的書讀得很好，我要讓他一直讀上去。」他又接下去問：「如果以後他的學問很好了，社會地位很高了，回頭卻瞧不起你這個做哥哥的，那時，你會怎麼辦？」士雄楞住了。他說，他從來不會有過這種想法，隨即，他笑了，他不必爲這煩心，因爲他沒有弟弟。

滷猪肝、炒魷魚、香干肉片……以及那街頭廚師的熱誠，拌和着那高粱辣呼呼的感覺，全輸送到胃裏去。幼誠早不在乎那洗碗水是怎樣的濁膩膩的了。母親冷厲的目光退去了，剩下來的只有士雄和黑皮的暖暖的眼神，還有另一雙暖暖的目光，那是鍾竹英的。

忽然，鍾竹英的臉跟宛宛的交疊在一起。不，他把鍾竹英的眼神放進宛宛的眼睛裏去。眞可笑，這時，他又記起宛宛來了：記起以前他跟她同去吃喜酒的那一次，他們面前的小酒杯裏也注滿了酒，兩個孩子岸然學着大人的樣，各喝了一杯。回來時，宛宛就不得不偎着他走路。那時，她好纖瘦，全依着他；他扶着她，覺得好快樂。噢，還有一些溫暖的記憶也浮了上來：父親慘死的那年冬天，他罹上了肺炎，發燒到三十九度半。母親把他裹在她厚厚的長大衣裏，坐車去醫院。她緊摟着他，喃喃着：「是我疏忽了？是我沒有照顧週到？噢，寶寶，我受不了再一次的打擊了。」母親洒着淚花的冰冷的臉頰貼着他火燙的臉。啊，在那個時候，他對她們也曾如此重要過——如此重要過。而此刻，他喝了酒，人就像風中的蘆花那樣想飄起來。許多眼前的事遠去了，許多遠去的事情重又圍了攏來。士雄和黑皮的聲音如在防風林的那一邊——風在防風林的那一邊噓溜溜地吹着，但總有些許穿過樹葉的空隙，來到這一邊。他就由這股微風馱載着，輕輕地上揚、上揚，脫離那窄狹的空間，翔向浩渺。

「汪汪，你喝上兩杯就醉了。你一點沒有酒量。」士雄推推他。他從半空中飄落下來，悄悄地駐足在騎樓下的板桌邊。

「我沒有醉。」他說──我沒有醉，我至少可以喝上五杯或十杯。我渴望喝上五杯或十杯。我很少喝酒，以後，或許也很少會來喝酒，那末，今晚，又何妨多喝一點？喝足了十杯之後，讓我睡在騎樓下吧，讓我睡在黃士雄的家裏吧，讓我睡在石凳上吧，或者，讓我睡在枝葉蓊茂的防風林上，跟小鳥兒作伴吧。

「眞不够意思，一喝就醉！」黑皮坐在幼誠的對面，說得很響。他斜靠在牆壁上，他的黑臉跟暗幽幽的牆壁似乎溶在一起了，而他的那雙奕奕有神的大眼睛就像從牆洞裏亮出來的貓眼。

「我沒有醉，你才醉了！」幼誠也大聲說，又伸手去拿酒瓶，却被黃士雄擋住了。「水牛，我沒有醉，我可以喝上十杯。」

「你當然沒有醉，但我們兩個可要吃飯了，吃完飯，我們得回家呢。」

「我不要回家，我要喝酒，喝足十杯酒。」幼誠吶吶嚷。我爲什麼要回家？家對我有什麼用？我不要受審判。我應該是原告，但我常常成了被告，我又請不到一位名律師，可以跟母親這位名律師對抗。一場必敗的官司，誰願意打？

「你當然也得回家去，我會陪你去的。」黃士雄說。

幼誠瞪了黃士雄一眼，他發覺黃士雄不是在陪他喝酒，而是在監視他。名義上是他請客，但什麼都得聽黃士雄的；同時，黃士雄居然還擺出非聽他不可的老大模樣呢。一碗熱騰騰的飯已放在他面前，桌上又新擺上一碗氤氳裊裊的豬肝白菜湯。「明天還得上工；汪汪，如果你想做下去，你就得振作起來。」黃士雄在向他說教嗎？他可不要聽，這些年來，他聽厭了這些。他不要聽！只因爲這些對他並不適用，因此，也就絲毫無法感動他。難道母親、大哥還不够，又得加上一個黃士雄？他突然站起來，搶過酒瓶，急急地把酒注到酒杯裏，但兩眼却仍望着黃士雄。酒從杯緣溢了出來，順着桌沿一滴一滴地往下滴，幸而瓶裏的酒已經不多。

「誰說我不振作，誰就是混蛋！」幼誠大聲嚷嚷。

黑皮擔心地看着黃士雄，後者却不動聲色地以快動作拿起幼誠的杯子，往自己的杯裏倒了半杯酒，然後舉杯向他祝賀。

「賀我什麼？」幼誠說。

「賀你還沒喝醉——沒有喝醉，才是英雄！」

一種特別新鮮的祝辭。幼誠的手一顫，半杯酒便潑到了地上。他喝下幾口熱湯，輕軟的感覺也就慢慢地消散，但兩眼却仍望着黃士雄。黃士雄開始獨自吃飯，然後是黑皮，最後才是他。黑皮知道不能再開玩笑了，便悶悶不響地吃着。夜市眞正開始了。附近的板桌旁，十之七、八坐滿了人。鄰桌的一個中年漢子，一邊喝酒，一邊哼起臺灣小調來，尾音淒淒涼涼的，它像一股冷風似地拂到幼誠的脊椎上。

「我該怎麼辦？我還是逃避不了的。」幼誠的語音變得細弱、搖晃起來。幽沉沉的騎樓繼續吞食着光亮，頭上那盞六十瓦特的電燈，也就顯得焦黃憔悴了。

「不要逃避。我陪你去。我們有嘴，都能說話。」黃士雄挺挺身子。他的聲音特別粗亮，彷彿是握得住的鐵棍。

「我們鬪不過我媽的，她是名律師，而且，我們總不能跟她頂撞。」

「我們不會跟她頂撞的，我們可以好好地跟她談。這是值得一試的。或許以後，她就能了解你了。」

幼誠默然不答。黃士雄的想法跟他的不同。黃士雄的思路通向樂觀的坦道，而他的則指向黯黮的山徑，這是因為黃士雄並不了解他母親。黃士雄只想活得平安、快樂，而他的母親，卻不僅要她自己、並且還要她的孩子們活得光彩、高貴。她的那種成見，形成了一個牢不可破的硬殼，使她不願了解兒子以及不願接受別人的規勸。有時，他認為，即使她了解他對「通過大專聯考」的無能為力的實情，她的痛苦也不會減少，而她對他的怨憤也將依然如故。她需要的是在人前的「勝利」，藉此去移補她對丈夫的愛以及去移補一個不完整的家庭的缺憾。

他對母親了解得越深，他們母子間的歧見就更無法調和。他今晚回去，不抱母親會對他曲予諒解的奢望。士雄說得不錯，家是非回不可的。明天回去，只會使事態更趨嚴重吧了。他細細地推測：大哥該在午前回到家裏。於是，飯後大哥會把他在工廠裏做打包工這件事告訴母親。母親喪失了一場午睡。她開始等他，一直等他。他是不能不回去的。他總不能讓她一直等下去。

「勇敢一點，汪汪。」黃士雄說。「這個月裏，我看到你工作得很起勁，你可不能在這件事情上砸了。」

鄰桌的那個中年漢子重又陶陶然地哼起一隻調子輕快的童謠來。有幾個逛街的人在顧客與街頭廚師夾成的狹路中間通過，一邊滴溜溜地向兩旁張望。那些支撐着騎樓的暗褐水泥方柱越發老氣橫秋了。

他要離開這裏——離開喧鬧、髒亂、油煙與自由，回到另有一格的家裏去。

在寄車處，他倆跟黑皮分了手。黑皮仍然無法明白幼誠發生了什麼事，他祇說：「謝謝你，小兄弟，可惜今晚還沒有盡興，下次有機會，你要再請客呵。」

「好的，一定。」幼誠心不在焉地回答。

「小兄弟，趁沒有老婆兒女扯住你的時候，吃點、喝點、玩點。水牛，你別瞪眼睛，我可沒有叫他糟蹋身子的意思。」

「你快走吧，你老婆正等着你哩。」黃士雄催促着黑皮。

他倆並排踩着車，緩慢地，但却不是悠然地。天上的星很多，街上的燈也很多，他們都沒注意，他們只注意他們前面的那方路面以及跟現在僅有一線之隔的下一刻鐘。黃士雄保持着沉默，無意擾亂幼誠。他是個思想精密的「粗人」。快到公園的時候，有輛計程車在他們的身邊擦過，駛向前去。幼誠的眼睛清晰地看到坐在車內的一對男女，一個是大哥，一個是宛宛。

他央求黃士雄，在公園的圍牆邊停下來，歇一會。黃士雄還以爲他想儲備一些回家的勇氣，而事實上，他只想平息平息自己的憤恚。宛宛的這一行動，只是她對他淡漠的延伸，說是意外，他不承認。他早有預感，而他的潛意識也常有對那件事一笑置之的準備。但，縱使這樣，今晚給他親眼看到，鬱怒的火花却仍不免在黑夜中迸開，濺得他滿身都是斑駁的創痕。他一直讓宛宛在他的心中保留着一席特別的座位，使別人不能佔有她，但這在宛宛看來，又是多麼可笑啊。在工作上，自己已在面對現實，但在這方面，自己又爲什麼永遠沉緬在夢裏？

「水牛，你瞧，以前，我就經常躺在石凳上，望着隔牆的家。」

「你是一個偏愛流浪的人。」

「實在是『有家歸不得』呀！」他嘆了一口氣。「這幾年來，我失去了很多、很多，這是你無法完全清楚的。」

「往另一個方向去爭取吧。」黃士雄說。「譬如說，現在，我是你的好朋友，但是如果你像你大哥那樣一帆風順，怕你就不可能有我這個朋友、這份赤誠的友情了。這也可以說是『失之東隅，收之桑榆』。」黃士雄打了兩個哈哈。

這雖是黃士雄自嘲式的勸慰，但剖開來却更見出他的赤誠。一生當中能交上兩、三個這樣的朋友，生命也就不能算是貧窮了。他把全身的重量壓到黃士雄的肩上。黃士雄是支持他的一種力量。「水牛，有時候，我想，我們如果能够聯合幾個要好的朋友來幹一點事，我相信以後也未始不能闖出一點名堂來的。」

「爲什麽你又有這種想法？」

「書讀不成，但別的事却未必幹不成，唉，說起來，我畢竟是我媽的兒子，畢竟要比你多些慾望。」

「所謂成家立業的慾望？」

成家？他在黑暗中笑得很苦。少年時代的友伴背棄了他，要他再去愛誰？時間跟愛情同樣殘酷，只有一剎那才是永恆的。他曾想得多麽美好：當他最消沉時，宛宛來了。她能了解他、愛他、鼓勵他，跟他同享一種古典式的愛情，然而，宛宛却開始就讓他明白：「現在不是過去。」

「還沒想得這麽遠。」幼誠說。

但家就在不遠。車又緩緩前進。黃士雄一直陪着他進入屋裏。如他所猜測的，母親正坐在事務室的大寫字檯後面，審閱案卷。她眞的在審閱案卷嗎？她是在等他。幼芝坐在一邊，例外地在翻看畫報。

「媽，我回來了。」他說。氣氛很沉悶、嚴肅，眞像要審判什麽似的。

母親慢慢地抬起頭，目光從他的臉上移到黃士雄的臉上，然後再回轉來，嘴角硬雕出一絲笑紋，那是給黃士雄看的。

「很好。今天回來晚了一點。」

「媽，我在外面吃了飯，也喝了一點酒，但我沒有喝醉。」

「沒有喝醉總是好的。你的這位朋友是特地陪你來的吧？」母親的聲音沒有波動。她的右手支在一本紅面的「六法全書」上。

「是的，伯母。」黃士雄小心翼翼地說：「我不放心，所以陪他一同來；而且，因爲他在外面喝了一點酒，心裏不免有些怕。」

「沒有關係——噢，沒有關係。逢場作戲，只要不喝醉就好。眞謝謝你，承你一路上照顧他。」司徒律師的聲音很溫和。她從寫字檯後面走出來，那樣子就是準備送客。黃士雄對幼誠看了一眼，就轉身過去。司徒律師一直送他出門，嘴裏不住地說着一些感謝的話。

幼誠仍木木地站在那裏。他明白母親的一切全是僞裝的。她絕不會當着別人的面發怒。這是「家務事」，她絕不會讓別人看熱鬧。她要維持她的儀態與聲譽。從她那方面來說，她是用心至苦的。

幼芝丟下畫報，走過來，用手戳戳他：「二哥，媽對你很生氣。」

「我知道。」他垂下眼皮。

「我也在想，你為什麼要去做工呢？」

「因為除此以外，沒有別的路。」

「如果你要工作，你也應該找個像樣一點的。叫媽替你想辦法，不好嗎？」

「媽會答應嗎？」他反詰。

幼芝沒有話說，然後低聲地：「至少也可以托霍伯伯吧，找一個像宛宛那樣的工作。」

「妳別向我提宛宛好不好？以後，妳千切不要向我提宛宛好不好？」幼誠眼中的光使幼芝後退了一步，隨即，她知道發生了什麼事。

幼誠仍直直地站着。無論如何，此刻，他像一個犯人。他不能隨意離開這裏，他要等待母親回來盤問他。窗外的孟宗竹的葉子在夜風中撲擊，很像兩個人在互相廝打。事務室裏的磨石子地的陰冷從脚底心傳上來。他有身處地窖那樣的感覺。

於是，母親回來了。她白白的臉給黑緞的旗袍烘托得猶似冰磚。彷彿沒有看到他，她在他的旁邊擦過，走向大寫字檯去；倏然，她轉過身子，話語就像石子那樣地扔向他：

「噢，你還站在這裏？你居然也知道自己錯了！我還以為你執迷不悟哩。你瞞着我在外面幹這幹那，我又怎麼知道你以後不會瞞着我去殺人放火？今天要不是被你大哥撞上了，不知道那隻悶葫蘆幾時給打開來？我現在要搞清楚的一點是：你是不是存心跟我們過不去？你要做工嘛，什麼地方不好做，就偏要挑中項廠長的紡織廠？你不要臉，我和你大哥可要見人！」

「我不是去偸、去扒，做工有什麼丟人的？」幼誠願意自己的話說得很軟、很軟，但一出口，牠却是硬綳綳的。

「我就是受不了有個做工的兒子！」司徒律師的話語變成了針刺，刺傷了幼誠，也刺傷了自己。「好啊，母親是東昌紡織廠的法律顧問，長子是紡織廠的工程師，而你，却是紡織廠的打包工！」

「你們是你們，我是我。大哥今天在紡織廠裏假裝不認識我，這不證明他早就不把我當作一家人了？今天，我還是在這裏說淸楚的好：我不要考大學，我要做工——我要做工！」

司徒律師衝前兩步，啪啪地摑了他兩個耳光。幼芝一籌莫展地站着。玻璃門外晃過伯聰的臉。幼誠仍倔强地站着沒動。

「你——浪子！」司徒律師喘息地說。

然後，她衝出事務室，衝入客廳，衝向樓梯。樓梯變得又高又黑。十幾年來，她一直在獨自攀爬它。爲什麼？爲什麼她攀得比別人苦？爲什麼不停下來歇一歇？重詩曾說——你又何必在哪一方面都要「勝利」？人生到底不是在打官司呀！——可是不勝利，一個人又爲什麼呀？不勝利，她幾十年的寡居又爲什麼呀？不勝利，那經常被寂寞煎熬着的生活，又有什麼代價呀？重詩不時來看她，他可以獨自默坐，也可以跟她相對低語。二十幾年的朋友，在她婚前就跟她相識了，豈止是關懷、勸慰？在靜靜的笑裏，在靜靜的凝視裏，彼此都已情意交融。在靜靜的談話裏，他沒有勉強的要求——要求她嫁給他，因爲他清楚，她是一個一心想維持尊嚴與家庭完整的女人。呵，她的兩腿好軟，身子好軟。她剛才給幼誠的兩下耳光，把她的恚怒、悲哀與力氣全豁出去了。清脆的響聲擊碎了空氣，也擊碎了她多年來要求完整的光榮的夢想。她陡然倚在樓梯的扶手上，兩串熱淚爬過她的雙頰，無限的孤寂在刹那間圍住了她。黑暗中，她只感到空虛的存在。她閉上眼。如果這是床，她願意躺下來。

彷彿只一會兒，又彷彿好久好久，樓梯間的黑暗驀地被燈光所取代。幼芝急促地跑上來，扶住她。

「媽，您何必這樣傷心呢？二哥也有二哥的苦衷。」

她無力地擺了擺頭。「我希望沒有養他這個兒子！」她固執地說。幼芝攙她到房間裏。她拉住女兒的手，說：「今晚，妳不要回到妳的臥室去，就跟媽一起睡吧。」

幼芝感到很難過。那是雙重的難過：爲母親，也爲二哥。

第十章

本來，幼誠在家裏已經無足輕重；自從這件事情發生以後，他的地位就更低落了。母親跟大哥很少同他談話，同時，他也設法避免跟他們見面。即使是早晚兩餐，他也提早或延遲來減少雙方面面相對的痛苦，心靈上所遭受的挫折，使他把所有的精神全放在本位工作上，但在工廠裏，却也未始沒有痛苦——當他看到已在紡織廠裏擔任工程師的大哥每日作例行巡查的時候。不管他對別人如何友善，但他們却似陌路。幼誠把原先縛在後座上的那包書籍丟到屋角裏，但他也從黃士雄那裏借來了幾本有關紡織的書；同時，黃士雄還隨時告訴他工廠裏各種機器的性能等。畢竟他是高中畢業的；有一天，紡織廠如果要招考什麼技工，他也可以去試試。

他已經不再去看宛宛了，明知她跟大哥相戀，也就不必為自已找尋屈辱。有好幾次，他佇立在暮色浸淫的庭園的園牆邊，他似乎瞧見在隔牆公園的濃蔭裏、大哥和宛宛正那樣親密地並肩散步、並肩而坐。他非常明白這是他的幻覺，因為在偌大的公園裏、以及在深深的幽暗中，他是無法用肉眼看到他們的。但他同時也知道，即使他們不在公園裏，他們也會在別處悠然消磨時光。大哥不乏財源，咖啡室、舞廳、電影院，不比公園裏有更多的情人？在大哥的身邊，宛宛的眼神將不再肅殺似秋，而是和煦如春了。那一情景，戳得他好深好疼。事實上，這些日子來，對宛宛，他也並不渴想她的紅唇，只渴想她溫暖的眼神，因為在那樣的眼神裏才會有愛的苞蕾，而在紅唇上，孳生的或許只是一些會在時間的推移中，很快變質的慾望。

在騎樓下喝酒的那個晚上，他會把鍾竹英的眼神放在宛宛的眼中去，那是不對的。鍾竹英的特徵：一種只予而不取的單純的親切；而宛宛，即使她熱情吧，那熱情也是很複雜的。

爲了找尋那溫暖的眼神，于是，有時，在晚上，他就前去鍾竹英的家。

「你沒去逛街啊！」鍾竹英開始總用這句話來招呼他。在她所說的「逛街」兩個字裏，包含着多種意義：你沒上公園吶，你沒跟朋友約會吶，你沒去看電影吶……在這句話裏，她什麼都問到了。

她連手也沒擺，只把身子往門邊一讓，他就進去了。他不會去得太早，所以他不會打擾她的晚餐或妨礙她的收拾東西，但她總會爲他端來一些水果：木瓜，或者橘子，或者蕃茄；這樣，他們的談話就很容易地展開了。

「你在銀行裏的工作忙不忙？」

「總是這樣嘛。即使忙，幹了這許多年，也練出來了。」

「霍伯伯呢？」

「霍先生的職位比較高，責任也比較重。最近我好久沒到他家去了，你呢？」

「他倒常常到我家裏來，但我却已很久沒去他家了。你知道，我去他家，眞是够尷尬的；碰到宛宛不好，不碰到宛宛也不好。」

鍾竹英沒接下去，這是她聰明的地方，她何必為別人的感情下按語呢。

「我跟宛宛完全吹了。吹了痛快！有一絲希望繫着，那根線就牽動你的神經；一扯，就會叫你痛徹心肺。」他望着她，一種推心置腹的痛快的激動。

她細心地吃着水果，眼皮半垂着：「唉，這就是各人有各人的打算。人哪有不為自己的？宛宛這女孩，秉性不壞，只是爸爸和媽媽鬧翻了，就缺少了一種安全感，所以她非得抓住一些實在的不可。」

「所以大哥代替了我。你看到大哥跟她在一起嗎？」幼誠顯然是更激動了。

「愛情是勉强不得的。如果你手頭有一支槍，你拿着槍對準她，說：『妳要愛我！』請問，那樣的愛情有什麼用？」鍾竹英抬起眼來，認真地，但也透着淺笑。「失戀的不止你一個人，許多人都有這種經驗。想用槍去奪回愛情，那怎麼成？愛情不是財物。想用哭鬧去要回愛情，又怎麼成？愛情不是大人手中的糖菓。失戀時，你最好按捺住性子，讓自己平靜下來。」

「鍾大姐，你有沒有失戀過？」這句話可眞是够拙劣的；一個人要沒有失戀過，她怎會成為老處女呢？他推想，她以前失戀時也一定是用此刻她勸他時的這種軟軟的口吻去勸她自己的。」

她那幽淡的笑容重又出現了，而且繼續了好一會。「我想，我的回答，你也猜得到的。」

「也像我這樣年紀的時候？」

「年輕人當然容易戀愛囉。」她把用來戳木瓜片的叉子放下來。「那時，我比你大一點，但也大不了多少。這已經是很久以前的事了。」

幼誠站起來，來回走了幾次，于是，突然在她的身邊站下來，手托在沙發的扶手上：「他一定是一個卑鄙的人！」他悻悻地說。

「噢，不要這樣批評一個人。我們總得客觀一點。」她拍拍他的手。「譬如，在我的眼中，宛宛就不是一個壞女孩。」

他沒有說話，再度坐下來。在她泱泱的寬容與愛心中，他的痛苦在逐漸減少。

「我現在已在東昌紡織廠裏做打包工，你知道嗎？」

他注意着她對他這類工作是否有詫異的反應，但她却出他意外地在另一方面向他提出了一個問題：「那末，你怎樣去處置你的薪工呢？」

「總不外乎吃吃喝喝，用光了事。媽並不希望我這一點錢，我自己又何必把它當寶貝？」

「那你爲什麼要工作？有一天，你得獨立生活呀！譬如說，有一天，你又愛上一個女孩子了！」

他茫然地望着她。他對金錢的處理一無所知。

鍾竹英沉吟了一下：「我替你出個主意好不好？你在銀行裏開個戶頭，每個月存五百塊，數目雖不大，但至少是自己賺的錢，自己血汗的結晶。」

幼誠恍然地笑了：「那好極了。我每個月薪工九百塊，我有穿，有吃，每個月存八百塊好了。鍾大姐，依妳看，我除了做打包工之外，還能做別的什麼？」

「當然，你以後還可以幹別的工作。你也很聰明，只是你跟你大哥不是同類人。你廠裏的項

廠長，為人怎樣？」

「一位難得的好廠長，對員工們總是和顏悅色的，所以廠裏的人事很協調。只是聽夥伴們說

，不，早先，媽也談起過，項廠長開這家紡織廠還是他太太出的錢，因此，他對他太太總有點兒

——總有點兒奉承。我就覺得我大哥是先博得項太太的歡心，然後才跟項廠長建立起關係的。當

然我說這話，並沒有什麼根據。大家都說，像我大哥那樣優秀的青年，沒有一個人會不喜歡他的

。父母、師長、上司、同事、朋友、女人……」幼誠說到這裏，感到不好意思起來，就頓住了。

「不說了，全說這些多無聊。不過，我要附帶說明一句：只有你和霍伯伯，還有幼芝，對我要比

對大哥好。霍伯伯還為了我的事跟媽賭過氣呢。而且，我相信，沒有一個人肯像妳這樣熱心地招

待一個打包工的街坊的。」

「不要老把打包工掛在嘴邊，好不好？」

「那是我的職業啊。」幼誠笑了。

除了跟黃士雄談話而外，沒有比跟鍾竹英談話更使幼誠感到愉快的。她的目光就彷彿是兩杯

暖酒，暖和了初冬的夜，也暖和了他的心。同時，他還從它們那裏找回了許多他失落了的東西。

出來時，已九點半，上弦月彎得很細巧，在夜幕上，顯得既亮又薄，好像是用柔黃色的絲線

綉上去的。他本來是不喜歡彎彎的月亮的。他總認爲，喜歡蛾眉月的人，應該是文縐縐的人，但他不是。可是今夜，他似乎眞的有點喜歡它，不覺得它矯揉造作，只感到它精緻清新。或許，他已多多少少地感染了鍾竹英的淡雅氣質，心裏竟也有些詩情畫意了。

時間還早，帶着些許喜悅，他順着這條坦蕩蕩的三民路往北蹓躂過去。到加油站，再向左折入五權路，路兩旁的圍牆裏，花木扶疏。這一帶是高尙住宅區，聽說其中有幾家，在光復之前就卓著聲望。他可以叫出每一家的名字來。他家跟他們之間雖然很少往來，但有時，當他們跟別人打官司的時候，他們也會成爲母親事務室裏的座上客。他記得，他們的官司多半是財務或選擧方面的糾紛。他們總是義憤塡膺，拉高嗓門，跟母親傾談着他們受害的經過。母親坐在大寫字台後面，靜聽着。在那個時候，母親的確是十分公平而富正義感的。有些案件，她接受下來；有些，她却勸告他們息怒罷手，免得勞神傷財。母親的話很有見地、很有份量。當然，在這一區域中，母親是位很受尊敬的女性。

唉，一位目不識丁的母親，有時會有一個才智雙全的兒子；但一位才智雙全的母親，却有他這麼一個無法替她爭光的兒子。人生就有這麼不講理！

他走着，散步在初冬的夜晚，眞有獨特的滋味，行人稀少，使他有種整條街道全屬一己的充實感。他穿一件開士米龍的羊毛衫，很好看的淺灰色。冷風刷過來，刷在他的毛衣上，却刷不到他的身上。他一直走過去，走到熱鬧的中華路，走着，走着，繞了一個大圈子，竟來到太平路霍伯父的家門口了。這會兒，霍伯伯是在他自己的家裏呢，還是又坐到他家的客廳裏、跟母親聊天了？宛宛是在霍伯伯家呢，還是跟大哥去逛街了？他都不知道。

他禁不住站在院門邊往裏瞧，客廳和書房的燈都亮着。這原是霍伯伯的習慣。以前，霍伯伯一個人住的時候，倘若他在晚上到外面去，他總是把燈亮着。他現在就把不定這屋子裏到底有沒有人；有人的話，是一個，還是兩個，或者三個？

沒有感覺到自己有按鈴的必要，待鈴聲響起時，自己才戛然而驚，但又不能像野孩子那樣，一溜了之。現在，他倒眞的希望沒有人在家，或者祇有霍伯伯一個人在家了。所以，當宛宛拉開門來時，他便急忙說：「對不起，我是來找霍伯伯的，他在不在家？」

「舅舅出去了。」

「那末，我走了。」他說。他幾乎沒有看淸宛宛的臉，轉身就走，但宛宛却忽然拉住他：

「這麼急幹嗎，不進來坐一會？」

這使他感到意外，但他仍堅持着：「不坐了，或許你正要休息。」話很平淡，但也暗暗帶着諷嘲。是呀，我汪幼誠是個沒出息的傢伙，以致被你瞧不起。旣然這樣，你現在又何必假惺惺起來？那幾次的冷淡可够我受的。我是人，不是木偶。你別得意，我今天就不是來看你的！

「還早呢，住在都市裏的人，哪有這麼早就休息的？舅舅馬上就回來，你進來等一等。」

「沒有什麼要緊事，隔天再來。」他到底倔强起來了。他究竟不是兩句好話就能被哄住的孩子。宛宛，這會兒，你即使要學七、八年前的那種撒嬌勁兒，我也不吃這一套了。或許你會說，友情是友情，愛情是愛情，那末，前幾次的淡漠又算是什麼？解釋沒有用，我們以前算是白要好一場。黃毛丫頭十八變，豈止是模樣兒而已。現在，我也不轉過頭來看你的臉，你怎樣美，怎樣嬌，讓別人去欣賞。我沒這福份。我已經很困難地把痛苦一塊一塊地割去了。我們之間，沒有以前，也沒有現在，更沒有未來；我們是熟悉的陌生，同我跟大哥一樣。

「我媽今天要回台北去，你不進去看看她？」她又說，這次的理由很充足。或許是因為理由充足，她把拉住他的那只手鬆了。那態度似在表明：她並不是一個反覆無常的女孩，她只是為了她的母親才邀他的。「舅舅就是上街去買東西的。」

現在，他再沒有不進去的理由。他學不到宛宛的冰冷；雖然，他對宛宛的母親也沒有好感。他有一種感覺，把年齡抽去，宛宛和她母親這兩個人，更像姊妹。他問宛宛：「那末，你的爸媽都回心轉意了？」

「也可以這麼說，照理，應該是由爸來接媽的，但爸推說業務忙，要媽自已去。事實上，媽跟爸之間的意見並非完全接近了。他們也不想日後尋求妥協，他們只想日後互不干涉罷了。媽這樣急着想回去，只是她需要一個完全屬於自已的家。她在這裏始終覺得她是一個客人。一個女人沒有自已的家，就等於喪失了一半的生命。」

「當然，這是指那些過慣了婚姻生活的女人。」幼誠說。「你就不是這樣，你不預備回去吧？」

「現在，一個好工作也不容易找；處在我這種情況中的人，任誰也不願回去的。」

兩個人都笑了，但似乎都帶着一點兒假。兩個人的感情一旦褪淡，虛僞就自然而然地出現了。他進去時，神態是僵呆呆的，好在宛宛的母親對他的模樣並未加以注意。她仍靜靜地坐在那裏，但卻飛揚着快樂。無論如何，這是一件應該慶賀的事。時間眞是奇怪的東西，他想，刺傷人的是它，治療人的也是它。

「啊，幼誠，我眞想不到我這麼快就會回臺北去。」她的聲音也比以前年輕了些。「我已經把所有的行李全理好了。」

她的行李眞不少。那時，她把所能帶的全帶來了，現在，除了宛宛應用的東西而外，她全要帶回去。她望望它們，說：「其實，有好些東西都沒有拆開過，譬如，縫紉機、吱呀，那時候，我覺得它是非帶來不可的，我可以獨立謀生呀，即使單靠這架縫紉機！」霍淑珍說話時有種有趣的勇敢——一種不知天高地厚的稚眞的勇敢。在這種神采的閃耀下，她那並不年輕的外型，就變得十分楚楚可憐。歌場裏有穿着古裝、高唱「孟姜女」的歌女，古典纖弱的霍淑珍也有力肩滿街繁華的豪邁。

「宛宛的舅舅捨不得我走。我是下午決定的，我是不得不走……」她解釋着。那是事關顏面的問題。要是被別人誤會是哥哥容不得她，那對兩人的面子都不好看。

「媽完全是因爲爸陪了不是才回去的，你知道不知道，幼誠？」宛宛對她母親開了一句玩笑。

霍淑珍不好意思地對女兒啐了一口：「幼誠，這件事大半還得歸功于你媽，要不是她勸住我……不論從哪一方面來說，你媽都是一個把事情看得透亮透亮的明智女人。」

幼誠沒答腔。這是完全對的嗎？他說不上來。幸而，這是一句並不一定需要回答的話。

母女倆今晚都很健談、親切，因此，他不得不把告辭的時間一直延後下來，但這却並不能使他感到舒適，因爲他不想在破碎中再去串綴希望。宛宛的母親進去以後，他們兩個還是對坐着。

宛宛今天穿了一條緊身的黑色原子褲，一件松綠的絲絨短衫。還是以前的那種髮型。她故意把頭髮往後一甩，露出她那光滑的前額。右額上那條短短的疤痕已經沒有了，他還以爲是給燈光掩住了，不禁伸過頭去。沒錯，已經消失了，幾使他懷疑以前的那條是畫上去的。

她笑了起來：「你怎麼這樣看我，我有什麼特別的？是跟以前不同了？」

「那條短短的疤痕——那條短短的疤痕，宛宛，我糊塗起來了，我似乎記得你右額上有……」

「已經動過手術，移補上去了。這樣不是很好嗎？你以前一直盯着看我臉上的那條疤痕，不，我是說，還有別的人。現在，讓他們看吧，他們已經看不到什麼了。現在我走路時可以把頭擡得高高的，」她笑得很響亮。「小時候，我比不上別人，所以我事事退讓，現在，我可以不輸別人了。你瞧，我哪裏還是以前的可憐的小宛宛！」

幼誠不喜歡她的這種態度。她早已不是以前的她，何必再用言語來表達？他承認他不反對現今女孩子的能幹，但也認爲她們實在不必這樣沾沾自喜于自已的成功。他也是高中畢業生。除了此時此地一個美麗的女性能够享受到殊遇而外，她能比他高明多少？

「你那時也不可憐，現在却更像一隻鳳凰了。聽說，你在那裏幹得有聲有色，竟把業務擴充到項太太的家裏去了，有沒有這回事？」

「有呀，但也是汪伯母介紹我去的。這樣的大戶頭，誰碰得上？」宛宛高興得直搓手。「啊喲，那天眞湊巧，你大哥也去她家。我們一起吃飯。」她猝然停住了。她明白用這樣的語氣在幼誠面前談到伯聰是一種虐待。

幼誠却堅强地笑着：「沒有關係，你儘量說下去。我知道最近你跟大哥很要好。你第一次見到我時就說我妬忌大哥。現在，我告訴你，我並不妬忌，即使在這件事情上。這樣，你該可以放心了吧？」

宛宛輕輕地說：「我很對不起你。我知道我使你痛苦，但你却不知道我的痛苦。我們這麼多年一直沒有通信，我在未來這裏以前，總以爲你早在讀大學了。而你，爲什麼你竟跨不過這一關？」她停了停，她的幽怨似乎很深，但幼誠却不相信。「想想我的那些同學吧，升學的除外，不升學的，哪一個交到的男朋友不是大學生？」

「大學生有什麼稀罕的？」

「就是不稀罕嘛。即使不稀罕吧，但你怎麼做不到？你多叫人洩氣！你知道我從小生活在什麼環境裏，我吃不得苦。這幾年來，爲了要使我長得胖一點、發育得好一點，爸媽曾化費了多少金錢。如果再過苦生活，又像以前那樣病懨懨的，那怎麼辦？難道我小時候被病痛折磨得還不够？想起那些跳不高、跑不快、沒有生氣的日子，我就怕。我不想傷害你，但我也不想傷害我自己，所以，我意識到我們祇有分手了。」

「而且當機立斷。」幼誠尖酸地。「我第一次來看你時，你已經暗示我了。」

宛宛閉了一下眼睛。「我不得不這樣做，因此，當我見到你的大哥時，我感到他就是理想中的你。你們在外表上如此地相似，當我愛他的時候，我老覺得我一半愛的是你。」

幼誠跨張地大笑起來。前幾次，他在宛宛的面前總是誠惶誠恐的，現在，他可以不必這樣了。

「宛宛，你真會編織故事，編得真美，可惜，我不大欣賞裏面竟不摻雜一絲醜陋的成份，因爲我自己本來就不是十全十美的。在這世界上，美麗的東西愈多，那末，產生美麗的故事的可能性也就減少。這句話，聽起來很矛盾，但你總能了解我的意思吧。我已經二十三歲了，除了考不上大學這一點而外，在別的方面，我也知道得很多。我曾經愚蠢過，但只要我不是白痴，我就不會永遠愚蠢下去。我很願意你爽直地告訴我：你討厭我，你不愛我，但我卻不願聽你那假情假意的謊言。老實說，我是一個粗人；我現在是紡織廠裏的打包工！」

「啊！」宛宛忍不住驚叫起來。

「你吃驚了！你放棄我，是完完全全正確的；這點，你可以自慰了吧。打包工跟工程師之間的距離可差得遠哩。誰能怪你呢？在如今的社會裏，愛情是一杯雞尾酒，絕不是一杯高粱酒！」

宛宛的臉上浮起了一層複雜的紅暈：羞慚、憤懣、激動。她的松綠絲絨衫是一塊月光下的草丘，現在正在起伏不定。她驀地站起，說：「噢，我心平氣和地跟你說話，沒想到引出你一套帶刺帶針的牢騷來！誰該是你的槍靶子！是呀，誰能怪我？人家不會說我宛宛這個人忘恩負義——我到底受過你什麼恩、什麼義？——人家會說，宛宛是一個有見識的女孩子。對一個女孩子來說，哪兒錯了一點都沒關係，就是不能在選擇對象上出岔兒。我真懊悔要你進來坐。」

「你早該想到有這種後果的。」幼誠也站起身來。「我不需要你的憐憫。」

「你不該按門鈴的。」

「我是來看霍伯伯的，這不是你的家，否則，你媽也不必回台北去了。」

「好，汪幼誠，你說話太不留情了。」

「我留什麼情？別人對我留過情沒有？我告訴過你，我不會永遠愚蠢下去的。」

幼誠說完，衝出門去。他正在激動的巔峯上。他把這許多日子來宛宛給他的痛苦全部摔還給她。他本來沒打算這樣做，可是，既然這樣做了，他也感到很痛快。是宛宛逼他開口的。鍾竹英說宛宛秉性不壞，現在，他希望她是壞女孩，很壞很壞的女孩。他在心裏說：很壞，很壞，很壞，很壞。

他順路走到鍾竹英的屋前，就在馬路旁的大樹下停了一會。屋裏仍亮着燈光，不是閃亮強烈的，而是朦朧淡弱的，樂曲在細柔地流淌，沒有擾亂別人，只淹漫了全室。他倚着樹幹，傾聽着那輕拍着沙灘的溫柔的海浪，狂怒過的他終于漸漸地進入一種半恍惚的狀態中，然後，他又向前走去。對宛宛這樣粗暴，他感到些許懊悔；畢竟她是女孩子啊！

回到家裏，才看到霍伯父原來又坐在他家的客廳裏，他旁邊放着一大疊糕點。霍伯父跟母親，怎麼談不厭的？

第十一章

項太太裘愛蓮悠閒地斜倚在沙發上，眼睛望着右手上的那張紙。從她怡然而笑的神情看來，那紙上的內容一定給了她很大的快樂。如果說，有時候，她看來像隻蒼鷹，那末，此刻，她倒像隻蜷臥在爐邊的小貓。她的腿有西洋女人的腿的修長、秀美，這或許是因爲她從小就愛游泳以及作各種柔軟體操的緣故。現在，她穿着中國式的冬裝：呢長褲，團花錦緞、盤花鈕的短襖。她前額覆着一排劉海，那是四十幾年前大陸流行的髮型，而如今，却又活躍起來了。她用食指在那紙上得得地彈了兩下，那清脆的響聲清晰地竄進坐在不遠處、正在閱讀「國際經濟月刊」的項子琳的耳中。他遲疑了一下，心想或許是愛蓮在用暗號呼喚他，于是，急促却又不十分樂意地轉臉去看她。裘愛蓮還是望着那張紙。那抹罕見的、帶着少女純眞的微笑，倒使他覺得驚奇。他問：「怎麼，又是你在美國的朋友來了信？」

裘愛蓮抬起眼來時，那微笑仍未消失。當然，在美國長大的她，有許多她未能忘懷的朋友，讀那類信，使她同時感受到喜悅與悲哀。她盈盈的笑眼裏每每漾着淚光，淚光裏含着繽紛的往事。這時，她的脾氣可能最好，也可能最壞，而需要她丈夫的愛撫與體貼也最殷切；因此，也最能敏感地觸摸到他的冷漠，即使是無心的冷漠。

不過，今天，她的笑容却是無憂無慮的笑容。她搖搖頭，又彈着紙。項子琳看淸楚這是一張不會經過摺疊的紙，所以斷定它不是信。

「要不要來看看？」裘愛蓮說。她心情好的時候，聲音總很甜。

「眞不知道你在搞什麼玩意兒！」項子琳放下雜誌，走過去。「是你寫了一首小詩？」

「別胡猜，我哪裏有這種雅興，在中學唸書的時候，倒有過做詩人的夢，但我沒有寫詩的才華，所以也就乾脆放棄。」

項子琳坐在沙發旁邊，半躺下來，把臉貼在妻子的臉上；于是，欣賞着紙上的那則小廣告：

免費教授英語會話

本人僑居美國多年，精諳英語，現願以餘暇，爲大專畢業同學補習英語會話。有志進修者可向四維街××巷×號報名。××日舉行口試，憑成績錄取五名，學費免收。

裘愛蓮　×月×日

項子琳坐起來，望着妻子。「你眞有這興趣？我始終以爲你是說着玩兒的。」

「有什麼不好？」

「沒有什麼不好。」項子琳十分鄭重地，因此，臉色也有點嚴肅。「只是怕累壞了你。說你沒有事做，但你至少擔任着廠裏的董事長，而且，到底還有一些推辭不掉的應酬。」

「這是小事，沒有關係。」裘愛蓮說。丈夫的態度使她滿意：關懷她，而不是阻止她。從小被寵慣了的她，心理上就有一種該比別人多獲得一些關切的「優越感」。她自已知道有點小心眼兒，一種屬于孩子氣的小心眼兒。在人多的場合，爲了惟恐洩露了這種稚氣，就披上一身凛厲的甲冑。有時獨自對着穿衣鏡昂首闊步，看看自己是否像個董事長？是否像個女企業家？她對這並不感到榮耀，但這是她父親加在她身上的責任。他把他大部份的財產給了她。他希望有個善于經營企業的女婿，但他却仍願意女兒對于這份財產享有控制權。爲了這樣，她這個教育系畢業的女人就放棄了從事教育工作的理想。現在，在祖國，在台中這個區域裏，她贏得了很高的社會地位，但同時也失去了許多生活的樂趣。

「當然，當然。」項子琳連聲應着，嚴肅立即轉變爲柔和的笑意。愛蓮不會眞的沒有時間，他何必反對？但他總得這麼表示一下。共同生活了六七年，他感到：對待愛蓮，就該像褓姆對待任性的小女孩。小小的疏忽，就會造成情緒上的劇烈波動。他倒不是有懼于她，只是，旣是場面上的人，他就怕吵吵鬧鬧地被人笑話。他對她一直懷着歉意。結婚時，金錢和愛情的比重相差太大。他一直對自己說，以後再把愛情堆疊起來吧。有了錢，有了事業，怕還不能把愛情築成一座聳入雲霄的烟囱？想倒是想得眞好，但婚後無數次的衝突，就把這一興建烟囱的工程荒廢了。永遠是這麼矮矮的一截。知道她嬌生慣養，知道她生就一副千金小姐的脾氣而原諒了她。但有時她狠狠地螫他幾下，螫中了他的要害，却也會使他恨不得沒有受過她金錢上的支援。事後，她雖然會說，她是無心的，她並不想藉金錢而使自己變得驕橫；只是，他自己總覺得她是上司，他是下屬。因此，他不得不竭力避免磨擦，面露微笑，保持着一種距離。有人說他怕太太，也有人說他用手腕籠絡太太，他總不置可否。他知道自己是越來越懷念他以前放棄的那份愛情了，那樣地體貼與尊重，那樣地信任與寬容——那個爲他而犧牲青春的女人。

裘愛蓮說：「我是很喜歡幫助人的，我待人實在也不苛刻，但我察覺我的面頰還是太瘦削了些，以致看來倒眞的像個很厲害的女人。」

「並不。面頰略微瘦一點，才算得上是瓜子臉；瘦一點，才更顯得年輕。」項子琳有些言不由衷地。「你一直是很熱心的；誰說你不熱心呢？」

「是我自己。有時候，我的確喜歡裝模作樣地擺擺威風，吹毛求疵地挑剔別人。那時，我總覺得我不是我，而是另一個人。爲什麼我一直不能像司徒律師那樣，又精明又和藹呢？」

「誰說你比不上司徒律師？我就認爲你們是勢均力敵的，都是女中豪傑！」

「不，不，我怎能跟她比？」裘愛蓮坐起來。「我是靠爸爸的餘蔭，而她，則是獨力闖天下的。苦戰羣雄，這可不簡單。我跟她交往了好幾年，談話、做事，她哪樣出過岔兒？該軟的時候軟，該硬的時候硬。上法庭時，儼然是大辯論家；跟她閒聊時，又是低低柔柔的，多親切。我知道自己不如她，不論是在性情上、學問上或者見識上。」

「啊呀，這是因爲你比她年輕哪。年紀大了，經驗見識也就隨着增加了。再說，你跟她在一起時，你總更受到別人的尊敬；這一點，難道你就看不出來？」

「那是因爲我有錢。那些奉承我的人，可能也是背後說我壞話的人。爸以前對我說過一句話

：寧可不識事，不可不識人。我的確並不希罕有些人對我的過份的尊敬。」裘愛蓮停下來，望着丈夫。「所以，現在，你該可以知道，我能够交往的朋友雖然很多，但我願意交往的朋友却並不多。」裘愛蓮把紙片摺成一個小方塊。「司徒律師是一個，她並沒有奉承過我。」

項子琳幾乎有點兒尷尬地笑着，不知道妻子所說的話裏是不是別有用意。她旣然如此淸楚她自己不如司徒律師，那末，他剛才對她所說的一番話，不就成了諂媚之詞了。他不禁走到桌邊，取了一隻烟，燃着了，抽起來：「這兩天，你怎麼老是提到司徒律師呀？我聲明在先，我不是存心阿諛：你絕對不必把自己看得這麼低，她是理智的女人，而你則是感情的女人。我相信你不要別人奉承你，但你又處處不願別人違拗你，這怎麼可能呢？」

裘愛蓮驀地抓住丈夫的手，問：「你是不是認爲我是一個很難侍候的人？」

「我只是說，你這種心理是矛盾的。」

「你一定認爲我是一個很難侍候的妻子！」

項子琳無可奈何地嘆了一口氣。「你怎麼又纏到這上面來了？剛才我說你好，你不相信；後來，我只說你的心理有點矛盾，你又懷疑我在嫌你。愛蓮，不要這樣自尋煩惱吧。即使別人說你是個難以侍候的女人，但我却挺愛你。這種小小的瑕疵又算得了什麼呢？」他丢下烟，俯下臉去，細柔地吻了一下她的額角。「我愛你，別疑心了。」

裘愛蓮用手勾住丈夫的頸子，低語着：「我老覺得……我老預感到……我老認爲……」

「什麼？」

「我老認為……不，我有時候認為，如果我不是一個有大筆財產的女人，我會更相信你愛我

項子琳一楞，但却笑得格外爽朗：「這樣說來，有錢的女人不就很難獲得愛情了？」

「獲得得很快，失去得也很快。」裘愛蓮眼皮低垂，她又悠閒地斜靠到沙發背上去，手指不自覺地理着那張紙的摺痕。「我願意相信我有這份幸福。在芝加哥，在那個飄雪的晚上，你跟我說，我們之間的愛情像白雪那樣地純淨。」

「噢，那白花花的雪片！」項子琳喃喃着。在異國的冬天，他被寒冷、孤寂和窮困的恐懼所包圍。那老華僑的慈祥掀起了他追求他女兒的慾望。那老華僑之看重他，正如現在他之看重伯聰一樣。那老華僑說：你是一個能夠做一番事業的青年。他問：哪裏來的錢呢？老華僑笑着：你是聰明人，你自己去想那個答案吧。

裘愛蓮又輕幽幽地說下去：「到了這裏以後，我沒再見到過雪花。我老想重溫那一晚，我和你，穿上大衣，離開那暖和的屋子，手挽着手，在屋前的街道上漫步。還沒有到聖誕節，但飄落的雪花却帶來了聖誕節的安詳與平和。外面的世界雖然這麼冷，但我倆的小世界却是這麼地熱。不錯，我是一個重感情的女人。父親的財產使我享受到不少樂趣，但也給我帶來了不少煩惱。」

「以後，我們會再見到雪的。我們到有雪的地方找雪去。愛蓮，你要不要我把那則廣告送到

報館去？」

「不要，我自己會送去的。你上班去吧，廠裏的車子已經來接你了。上午，我還要上銀行去。或許還要到工廠裏去一趟。」

項子琳把那本「國際經濟月刊」塞到公文包裏，穿上上衣，走到門口，想了想，又回過身來問：「愛蓮，你上銀行有什麼事？」

「一件小事情。朋友要買一筆土地，錢不够，要我湊一份。」

「噢！」項子琳停了停，又說：「愛蓮，你去銀行，碰到鍾竹英時，可不要再跟她提起婚姻的事啊！」

「爲什麼？」

「跟一個老處女談她的婚姻，是最不禮貌的。」

「我不知道，我只是關心她。」

「當然，你是好意，但何必引起她的傷心！愛蓮，你幾點鐘到廠裏去，我等你。」

「不必了。如果你那時不在廠裏，我會找伯聽的。」

裘愛蓮又在沙發上閒閒地坐了一會，展開那張紙，再一次地欣賞那則小廣告，想像着那則廣告刊出以後，會有一些什麼樣的人來報名？「學費免收」，是句多麼動人的話；那些有志于此的，將會放下一切，趕來報名。就如那一年，父親在自己店鋪的橱窗裏貼了一張招考店員的招紙，就來了好些趁假期打短工的中國學生；但子琳並不是其中之一，子琳是由父親的友人介紹才走進她的家庭裏去的。她始終認爲每一個想追求她的窮留學生，第一愛的是她的錢，第二愛的才是她自己。她不大相信他們的愛情。子琳在認識她以後的一年中，對她始終很平淡。可是，他的儀表、談吐和舉止，却使她自己先愛上了他。父親說：愛蓮，你跟着他回到祖國去過幸福的生活吧、那是我一直希望着的，不要像我那樣，在異國的土地上度過大半輩子。像父親那樣老一輩的華僑，乃是中國人中的中國人，他永遠把祖國供奉在心靈的神龕中。他永遠不明白，有些看來聰明聰明的年輕人，在住了短短的幾年之後，怎麼就歸化了。很多人都說，他們之這樣做，只是想減少生活的艱苦，但再艱苦又怎比得上他們當年十歲二十歲就赤手空拳來闖天下的艱苦。所以對于有些留學生，父親雖然愛護他們，却不諒解他們。

那末，在看到這則廣告、前來報名的青年羣中，又有幾個能像父親那一輩的華僑那樣具有愛國的胸懷呢？他們會得驚異：像她那樣久居美國、已能適應那邊的風俗習慣、而且已有如此鞏固的經濟基礎的女人，爲什麼會回到這裏來？而這，却正是她想告訴他們的，因爲她是華僑的女兒。

這樣說來，她之着手這一工作，不僅是一種消遣，而且可能還是父親加在她身上的另一種責任了。

她把紙片放進皮包裏，然後走到陽台上，憑欄眺望。冬晨的台中市是一片清朗。大多數人都騎着單車上班去，一派小城的安詳景象。風從她的左側吹過來，冷刮刮的。院子裏有一株梅樹，如今，只剩下零落的葉子，但在春節前後，一樹璀潔的白花，襯着一些細細的嫩葉，又會給庭院添上多少雅致！她的幾個高級朋友，大多在他們的後院裏搭蓋一個棚，培育着名貴的蘭花。他們自願送她幾株，但她却婉謝了。這不是她不喜歡蘭花，而是她自己知道沒有親自照顧牠們的興趣；旣然要假手于僕人，也就不想附庸風雅了。

她這個人就是這樣：有時過于「僞」，有時又過于「眞」；而且有時過於懷疑別人，有時又過於信任別人。即使對於自己的丈夫，也是這樣：有時完全信任他愛她之深，愛她之烈；但有時，她又認爲他並不認眞地在聽她的話，並不認眞地在對她說話，並不認眞地關懷她的存在與否。這使她非常痛心，而她突發的脾氣，一部份也正導因於此。

到底這是她自己的錯，還是丈夫的錯？她預感到：在他們的平靜的婚姻生活下面，還潛伏着一片暗礁！

她回到房間裏，忍不住打了一個電話給司徒律師：「司徒律師嗎？我是裘愛蓮。好久不見了，眞想念你。你一定很忙吧！」

「差不多，不過上午十點左右，還要替當事人出一次庭。」

「什麼案子？」

「騙婚案。你可有什麼事要我效勞的？」

「沒有什麼。眞希望跟你聊聊。上午十一點我在廠裏，你從法庭回來，要不要到工廠裏去看看伯聰的工作情形？」

「看兒子倒是不必。不過，有空的話，我一定到貴廠來看賢伉儷。聽項廠長說，最近棉紗、棉布的外銷情形非常良好。他又說，他計劃跟友人合夥，在附近創設一家化學纖維工廠，他跟你談起過沒有？」

「沒有。」

「或許他忘了告訴你，也或許他跟我說的話，只是臨時想到，隨口說說的。」

「是的。他常常有很多計劃，但都沒有兌現，等會見！」

掛斷了電話，裘愛蓮在電話機旁邊沉思了好久。子琳瞞着她想跟友人合資開設工廠，這不是不可能。他之這樣做，只是想表示：沒有她的支持，他也能够創辦事業。當然，這是他的幹練，同時，却也使自己憬悟到她給他的金錢上的幫助，已無形中成爲加在他身上的一種壓力。

至少，這不是她的本意。她並不想控制他。她只感到她有獲得比別人更多的關懷與愛情的特權。或許就是這更多的特權，無形中促成了她對他的驕橫。啊，不，不要爲了她的這一錯誤，而破壞了她跟他之間的愛情。她來這裏，是爲了各種不同的愛。她不是一個自私的女人，絕對不是。她是多麼喜歡幫助別人；在學生時代，她對於任何捐款不是向不後人嗎？對於任何義舉不都是率先創導嗎？她並不喜歡自己對丈夫的驕橫，也不喜歡自己對員工們的驕橫，現在，怎麼辦呢？

儘管袭愛蓮心裏突然堆聚起如許的煩惱，但她還是按時去了銀行。項子琳坐的是廠裏的車子，而她總用自己的那輛黑色轎車，自行駕駛，所以到哪裏去都很自由、方便。她推開銀行的玻璃門，走幾步，又這麼站一下，向四周掃上一眼。她馬上發覺許多雙目光都匯向她，裏面的鍾竹英站起來向她招呼，多麼和融的笑容！如果她不會親眼見到鍾竹英流淚的話，她是絕對想不到這樣的一個女人會得流淚的。然而，誰又會知道像她那樣驕橫的女人，內心竟是如此脆弱呢？鍾竹英從裏面走出來迎接她，輕輕地問她一聲好，輕輕地握她一下手。袭愛蓮喜歡用對待朋友的態度來對待她。當她們在會客室裏坐下來後，袭愛蓮感到她關懷鍾竹英的婚姻並不是多餘的。這樣溫存的一個女人而不結婚，對鍾竹英自己，以及對另一個可能成為她丈夫的男人來說，都是够可惜的。或許是她自視略為高了一點，但沒有人把眞正適合於她的男性介紹給她，也是一大原因。

「項太太，你今天有什麼事要我辦的？以後，如果是些小事，只消打個電話通知我一聲就好了。」

「反正我還要到廠裏去，順便過來彎一彎。」袭愛蓮說。「上次，我無意中惹起你傷心，眞抱歉。」

「那是我自己過分激動。謝謝你的關心。」

「要不要我幇忙？」袭愛蓮望着鍾竹英的淡雅、娟秀的臉。沒有任何人工的雕琢。「你實在比你自己想像的年輕。」

鍾竹英搖搖頭。「但心却不年輕了。」她說得輕悄悄的。「年輕時把愛情看得很重，年紀大了，倒也漸漸想透了。我已經習慣於這種單身的生活，一種簡單的自在的生活。項太太，誰像你那樣幸福呢？」

「我？」

「誰不知道項廠長對你有多體貼！」鍾竹英凝視着袁愛蓮的眸子，一陣悲哀又冲上來；不知道爲自己，還是爲袁愛蓮？

「啊，他嘛！他本來就有一副好脾氣，對誰都好。對了，鍾小姐，我正托他爲你留意對象。我們把條件訂得很高，絕對不會叫你受委屈的。」

鍾竹英淺淺笑着：「何必麻煩你們？我現在不很快樂嗎？」笑着，笑着。不能不笑，要是不笑，她準又會流下眼淚來。不能再流淚了，不能像當年收到他要解除婚約的信時那樣，哭得幾天沒有上班。好多年過去了。她連看也不敢正面看他，但，有一天，他突然到她家裏來看她。于是，一切重又開始了。縱使你不願牠開始，也辦不到。

「如果有人愛你，你會更快樂的，你不能太固執。」

「不是我固執。如果那個人愛了我，那他就不可能去愛另一個女人了。」鍾竹英又笑了起來。「呵，我們在銀行裏談論愛情，不太輕視金錢的萬能了？我們彷彿還沒談到正經事哩。」

于是，袁愛蓮告訴她，朋友想買一筆土地，數目不算太大，是八十萬。朋友要她湊一份，她已打算認三十萬，但也希望鍾竹英能搭一些，譬如十萬塊。

「爲什麼你會想到我？」鍾竹英問。

「沒有男人保護的女人更需要金錢做後盾。」裘愛蓮說。「那筆土地在馬路邊，一定會漲。」

「但我的錢都存死了，最近幾個月裏，可湊不出錢來。」

「沒有關係，只要你答應一聲，我這張四十萬的支票，十萬塊就算是你的份，以後你有錢時再還我，我不要利息。」

「那怎麼行，項太太，我不能占你的便宜。」

「一點點錢，你何必推卻？鍾小姐，你有空到我家裏來玩。子琳越忙，我就越寂寞了。」

「你瞧，你多不知足！」鍾竹英拍拍裘愛蓮白枘纖嫩的手。兩個人都笑了，但兩個人都不是很快樂的。

第十二章

項太太裘愛蓮的那則小廣告頓時產生了爆炸性的力量，大批湧到的年輕人使她在整整的一個星期中都處在繁忙、不寧的情況中。這眞使她感到又惹麻煩上身了。繼口試以後，就是錄取的問題，這又是非常難以解決的。每個人看來都需要「幇助」，而助人的不易，也正在這裏。除了汪伯聰是當然的學生而外，她考慮而又考慮，遴選而又遴選，終于錄取了幾個成績最佳、又是機智、風趣的人。她實在無意使這一工作，成爲撇不動的重負。

但在補習開始以後，情形却大不相同了。每個星期、三個晚上的補習，成了一種愉悅的聚會。教他們日常的英語會話時，裘愛蓮還準備了一些茶點和咖啡。在這個時候，她是老師、也是朋友，是貴婦、也像淑女。氣氛非常融洽、輕鬆，彷彿她又回到做大學生的時代了。在起初的幾天裏，她邀請丈夫列席，而在給了她十分的讚譽之後，他就謝絕參加了。他有他自己的事情。不是正因爲他有繁忙的業務，她才新創這種消遣的方法的？汪伯聰總比別人來得早，幇了她這個節目製作人不少的忙。伯聰辦事的週到，每每令她憶起婚前的子琳：並不慇懃，但却使你感到有他在旁，什麼事都不會出岔兒。七點半左右，當另外五個年輕人相繼到達之後，那個大餐廳裏就像是在放映外國影片，但聞一片英語聲。

這時，項子琳總在樓上的那間大書室裏。他不想跟他們在一起。他處理一些未了的公事，或者看一會兒書，八點左右，他就走下樓來。「太太問起我時，說我看朋友去了，」他對女傭說。他的態度非常自然。做女傭的也覺得既然太太有了自已的一羣朋友，老爺當然也該去看看他自已的朋友。「要不要汽車的鑰匙，老爺？」項子琳揮揮手。「或者太太等會要用，我會趁計程車的。」「那末，老爺，我打電話到車行替你叫車。」「不必了。在馬路邊就能攔住一輛的，很簡單。」項子琳原本是個和藹的主人；女傭覺得這位老爺一點也不搭架子，眞太難得了。

項子琳就這麼從從容容地走了出去，正如裘愛蓮想找回她年輕時代的夢那樣，他也願意去找回。他穿着橡膠底的皮鞋，在靜潔的巷子裏沒有擊出響亮的步聲。他發覺他的生活圈子跟愛蓮的分開來，那他就會快樂些。他跟愛蓮守在一起，明明在好好兒地談話，却會倏地冒出一個小衝突，但他跟另一個女人，却從不曾有過這種情形。

走出巷子，大街就紛紛擾擾地展呈在他的眼前。他沒猜錯，只站了一兩分鐘，沿路兜攬生意的計程車就滑了過來。他跨上去，雙手按着前座的靠背，對司機說：「三民路三段，靠近太平路那裏。」然後把上身往後一靠，眼皮便半垂下來。

鍾竹英在他的車子裏，在他的車子前，在他的車子左，在他的車子右。啊，竹英，多麽希望仍能像十年之前：一輛車子載着我和你。現在，我還能感到我正攬着你，你正偎着我。自相愛之日起，我倆從未爭執過。我說過，我再也不去愛別人。我說這話時是這樣地誠摯，而你又是這樣地信任。全是我不好，竹英，是我毀了諾言。如今，我是失信的情人，又是不忠的丈夫。

車子在鬧街上駛行，眼前始終是年輕的鍾竹英，柔柔的臉，柔柔的聲音。她永沒想到在他去了美國兩年多之後就給她一封絕情的信。這信是他婚前不久才寫的，那封又短又狠的信，他自己幾乎也不相信是出自他的手筆，他開頭就說：「竹英，我不是一個完美的人，也不是一個完美的愛人。我們曾經有過誓言，有過婚約，但渡過重洋，一切似被海水洗刷殆盡。現在，我已決定跟你解除婚約，因爲我已準備在這裏結婚，且不要問我這次的婚姻是由于愛情還是爲了事業……」他等待着她狂怒的回信，但他却只接到她的一份賀電。那樣沒有抵抗的溫柔，使他永遠無法排除自己的歉疚。回國以後，在台中住下來，第一次到××銀行去，看到她仍在那裏，依然是柔柔的眼，柔柔的臉，柔柔的聲音，而且，依然是沒有結婚。愛情眞是死了嗎？有時，愛情是復活得比什麼都快的。

車子駛到公園的近旁，一股清幽從四周撲來，路旁的鳳凰木在冬季仍鬱濃如夏，有碎碎的風聲從碎碎的葉間飄落。他終於下了車。在暗蔭中，他是一隻夜行的貓。白日裏，他總經由這條路前去紡織廠，但他欣賞這條路的黝黑的暗影，却更甚于牠白晝的葱綠。于是，在經過那惟恐被發覺的短暫的緊張時刻，他和竹英重又相見了。在掩上的門邊，他們緊緊地互握着對方的手；在黑暗的庇護下，他們默立良久。不去想毫無障礙的過去，也不去想可能再度分手的未來，他們只感到佔有了現在。不想探索對方能愛自己多久，只清楚自己還深愛着對方。

他們走進屋裏，音樂又播放起來。牠似一層布幔，也像一泓流水，掩蓋了也淹沒了他們輕微的語音。

兩個人坐在窗簾低垂的客廳裏。項子琳沒有辦法不細看着鍾竹英。眞的比以前老了？深愛過，痛哭過，現在又這麼委曲地接受了他這份不能公開的愛。頭幾次見面時，彼此都廻避着對方。他唯一的希望是能接到她的結婚喜柬，但是，無數的喜柬上就沒有她的名字。於是，有一天，他跟愛蓮吵了嘴，愛蓮雖是站在絕對無理的一方，但却不肯承認自已的錯誤。她盛怒時的尖銳的嗓音以及尖銳的話語，逼着他退出圍牆之外，逼着他踩着薄惱，踩着懺悔，踩着深夜的涼寂，來到這熟悉的門口。叩開了十年來未曾撫摸過的門，竹英驚懼着，滿想推他出去，但她竟連這一點力氣都沒有。她一觸到他的手，就渾身顫慄起來。那種把懼與愛混合成整體的哆嗦，竟是這樣地憾人心弦。「你是……你是……子琳。」她懇求。但他不走。他說：「竹英，這許多年來，我一直想親口跟你說一句話：我對不起你。」「沒有關係——沒有關係，你走吧。」他打算離開，但驀然間，他却把她摟在懷裏。沒有經過思考，沒有去想她會拒絕抑或會光火，沒有去想應該還是不應該，他只覺得面對的仍是他出國前的鍾竹英，而他，仍是出國前的他。然後，他聽到鍾竹英的啜泣——那種常常出現於他的想像中的又輕又怨的啜泣。她說：「你回去吧，不要一錯再錯。」但他却扶着她走進客廳去，一句「對不起」是不够的。

這是開始嗎？不，他只是把中斷了的銜接起來。不去想那中斷的歲月，他常感到他和竹英仍是年輕的。

「為什麼你老看着我？」鍾竹英說。

「我以前也是這樣的。」

「我跟以前有什麼不同嗎？」

「我就是想找出那不同的地方來，但我找不出。」

鍾竹英輕笑着。他不是找不出，只是不願找，或者說，他只是把以前的她覆罩住現在的她。哪會一樣呢？難道她還沒有一絲縐紋、一根隱藏在深處的白髮？

「我認為你是來得太早了些，以前你是九點多來的，我不願你冒險。」

「愛蓮這會兒正跟一羣年輕的朋友在一起，她在快樂的時候是不會想起我的。」項子琳起身把唱機的音量開得大些，使他們的談話不至于這樣受到拘束。「她的教授法的確新鮮、活潑，到我家來的那些年輕人，個個高高興興，好像是來參加舞會似的。我不願說愛蓮做這件事別有用心，但現在她却確實使自已找到了一份樂趣和一份刺激。既然這樣，我為什麼不能早點出來呢？難道我不該有我自己的快樂？」

鍾竹英平心靜氣地說：「不要這樣說了。有一天，即使別人發現你跟我在一起，我也甚至不願他們用不堪入耳的話來損我們的。愛蓮不是壞人，我們也不是壞人。我們都想在這種繁忙、紛擾的生活中找尋一點快樂。我跟愛蓮見過幾次面。她是一個有錢的女人，但並不太冷傲。有時候，她待人還有一份天眞的熱誠。」

「但她可不是一位能使丈夫幸福的好妻子。」

鍾竹英想說這是他當初就該考慮到的事情——要是他沒有創業的野心，他怎會把三個人都拖到痛苦的深淵裏去？但她却只說：「或許這是我的錯。我應該在得悉你們決定在這裏創業之後就離開的。」

「但你到哪裏去呢？而且，你又爲什麼要說這種話呢？」

「我們不能永遠這樣持續下去。即使我不嫁人，我們也不能永遠這樣持續下去。」鍾竹英站起來，去看那張橘紅色的唱片。它能持續多久呢？它不可能永遠轉下去。它現在正播出伊伯的薩氏管協奏曲的活潑、歡愉的旋律，可是，當這隻曲子終了時，它畢竟會停下來。「我們不能永遠這樣持續下去。」她說，對着唱片，然後走回來：「子琳，你覺得對嗎？」

項子琳揉着她的手，不願回答。他的目光是祈求，不是責備。

「你以爲我們不必爲以後擔心？」

「我想，有一天，我有能力去作妥善的安排。」

「這話是什麼意思？」

「何必問它的意思呢？竹英，此刻，我是來看你；此刻，我們在一起；此刻，我們深知彼此仍像以前那樣地相愛；這，不就够了？你說過，我們在一起，只是想找尋一點快樂，那末，我們又何必把痛苦引進來？」

鍾竹英沖了兩杯「雀巢」咖啡。淡棕色的液體，使她想起那個常來這裏看她、有張淡棕色的臉的年輕人。雖然，在紡織廠裏，子琳跟那年輕人有如此不同；但在她的客廳裏，他們却是同樣地自然。

「汪伯聰在廠裏的工作怎樣？」

「非常出色，他有工程師的頭腦、律師的手腕。現在他又是愛蓮的得意門生。噢，眞的，像他那樣的一個青年，實在叫人無法不喜歡他。」

「但我却更喜歡他的弟弟幼誠，或許，你又要說我出于同情了。」

「當然，除了同情，你還有什麼理由？」

「我欽佩他那不甘屈服的勇氣。或許你在工廠看到他時只覺得他可憐，你就沒有想到他那排除萬難、無視屈辱的堅毅，也是値得驕傲的。」

「啊，我從來沒有這樣想過。」

「希望你以後這樣想，給他一些鼓勵與機會。子琳，如果你注意到他的努力，你就會覺得他跟伯聰一樣好。」

項子琳點着頭，但他無法接受她的看法。幼誠怎麼會跟伯聰一樣好？在任何人的眼中，他們兄弟倆是不會一樣好的。他可從來沒有聽到司徒律師提起過幼誠。要不是他在出國之前就知道她有兩個兒子的話，他跟本就不知道幼誠這個人。司徒律師竭力想把這個兒子隱瞞起來，正如有些廠長在別人前去參觀他們的工廠時竭力想把廠裏的缺點掩飾起來一樣。但竹英要這樣想，你又何必去改正她。有時候，她有點兒特別；這種特別，他把它解釋做寬大，而她自已則把它解釋做客觀的透視。你不能用平面去了解一個人，子琳，她說。

他不必跟她爭辯。那次，他給她的挫折，使她變得深謀遠慮了。他承認她的看法比一般人的深入，但他仍無法把她的見解全部接受下來。他說：「你說得對。不過，此刻，且不要讓別人的事來困擾我們。竹英，這裏的咖啡總是比家裏的香，這裏的音樂總是比家裏的悅耳。讓我們靠近一點，讓我細細地看你：你依舊是十年前的你，你依舊是我第一次瞧見你時的你，你仍是一個歎柔如雲的女孩……」

鍾竹英半閉起眼睛。她什麼都不想，只願那柔柔的愛把她托舉着。霧裏、雲裏、風裏、月光裏，她飄盪、復飄盪。

何必去想以後呢？愛情是屬于今天的。

嗞嗞的電鈴聲如一把利鋸似地把他倆的依偎分割開來。會是誰呢？在這樣的將深未深的夜晚，走來找她？鍾竹英故意遲疑着，希望在遲疑中，那個訪客會自動退去。噢，現在，倒希望不曾播放樂曲，乾脆假裝已經睡了，不去應門。我又不是助產士，你總不能一遍一遍地按，硬要催我下床去。我沒有這份責任，去你的吧。

電鈴又響了一次。于是，她想起來了，是幼誠。這使她感到爲難。即使在這種小小的事情上，她也不願使他受到挫傷。她很清楚他的處境。他到她這裏來，只是來找一點即使在母親那裏也得不到的安慰。她常從他目前的情況想到她自己以前的情況。父母在她中學畢業之前就去世了，留給她一幢房子和一個需要她自己努力的前途。或許是自己的情況太明顯地需要別人的幫助，因此，親友對她的疏遠，也就如一夜形成的冰霜，來得異常迅速。而其中有一兩個，却又顯得過份熱心，一心想把俏麗的她送到舞廳歌榭去。雖然是短暫的經驗，却也給她以難忘的警惕。對于一個正遭受到各方冷眼的人，她是絕不願、且不忍虧待他的。

「是汪幼誠來看我了。」她把臉轉向窗口，窗帘低垂下，她看不到他的一絲身影，但却想像得出他悒悒的眼神裏的殷切。她站起身，項子琳拉住她。

「他常常來？」

「有時。他在家裏待不住時，前些日子是上公園或霍先生家去，現在天氣逐漸轉寒，晚上的公園太冷，而霍先生家呢，因爲他跟宛宛鬧翻了，又不願意去……」

「于是，你這個汎同情主義者就收留了他！」

「我反對你說『收留』兩個字，說實話，說『收留』他，這對他是侮辱。我承認同情他，而且更超過同情，我還欽佩他。我們是平等相處的朋友。」

「平等相處的朋友？」項子琳的過分的驚異使他的臉變得非常可笑。

「子琳，你說這樣的話，是站在廠長的地位，我說這樣的話，是站在街坊的地位。司徒律師是我們兩個人的朋友。他是她的兒子，你不能從現職上去衡量他。」

項子琳不甚贊同地撫弄着桌布的流蘇。「他給我的印象不深。我是在工廠的打包機邊才認識他的。我只知道他是一個認眞的打包工。」

鍾竹英低聲地說：「你記得吧，以前，你在讀大學時，暑期裏不也做過臨時抄寫員？我也告訴過你，我讀高二時，寒假裏，也做過糖廠裏縫包的女工。」

項子琳覺得很窘。他已經把以前的艱苦與低微拋在身後了。鍾竹英說得很婉轉，但也提醒他：不要像當年遺棄她那樣，把以前統統忘光。

「你、我、他，同樣都是力求上進的人。子琳，不要用勢利眼看人。我讓他進來，好不好？」

「但他會打擾我們的；何況我們之間的關係，也不能被他識破。我想，你還是推說你身子不太舒服，回絕他吧！」

「如果我不這樣呢？」

「那末，我從後門出去，但是如果被人碰到了，怎麼辦？」

鍾竹英微微嘆息了一下，看來她是不得不依項子琳的建議，委曲一下幼誠了。她用一塊羊毛圍巾裹住兩頰，用一塊小手帕掩着鼻子，拖着脚步，走了出去。開開門，先打一個呵欠，看見耐心的幼誠仍等在大樹下。

「幼誠嗎？我剛才躺在沙發上，幾乎睡着了。你看，雖然聽見你按電鈴，我還不敢馬上就出來，怕受寒。」

「你不舒服，鍾大姐？」

「可能是感冒了，渾身都沒力氣；早想睡了，又覺得太早，所以就放些唱片聽聽。」

「你一定是最愛音樂了！」

「也不是。音樂是友伴，可以解解寂寞吧了。」鍾竹英又打了一下呵欠。「你要不要進來坐一會？」

幼誠望着那張在淡黃色圍巾掩遮下顯得很年輕的臉。他下了很大的決心，說：「我不坐了。你不舒服，還是早點睡吧。」

「那末，請你明晚來！」

「過兩天再來。你好好地休息休息。」然後他從褲袋裏掏出八百塊錢和一個印章來。「今天我們發薪工，這次我沒有花什麼。這裏是八百塊錢，我怕抽不出空上銀行去，鍾大姐，妳替我開一個戶頭，好不好？」

「好的。」

「存摺就放在妳那裏好了，省得麻煩。我想，妳說得很對，我該積些錢。鍾大姐，妳快進去；打擾妳，眞對不起。」

鍾竹英還是目送他盡去。用這種手段去對待完全信任他的幼誠，她感到難過；而他那種帶着歉意的表情更加深了她扯謊的罪疚。要是他知道她是在設法躲避他的話，那對他將是一次更大的打擊。

回到房裏後，她並不因成功而顯得高興。她把錢和印章放到自已的皮包裏，才默然地挨着項子琳坐下。項子琳側過身，解去了她的圍巾。「他是一個很單純的粗人。」

鍾竹英瞅了他一眼。「你怎麼又要這樣說他了？金錢眞的使你成了道道地地的紳士！」

這句話刺得項子琳慚慚極了。那裏還包涵着另一種意思：你這個人雖然在我這裏找尋愛情，但爲了錢，你又非得回到裘愛蓮一手控制的生活裏去不可。你眞是個够複雜的紳士！

項子琳拉過鍾竹英的手來。「我最近要到高雄去一趟，接洽公事，你去不去？」鍾竹英不響。「那裏熟人少，不會被人發覺的。」鍾竹英嘆了一口氣。「你答應了，你是從不跟我爭執的。我知道你的犧牲與委曲。」

鍾竹英伏到他的肩上。「我怕我的犧牲反而引起別人的輕視。你瞧，司徒律師的犧牲換來了別人的尊敬，我的呢？」

項子琳附着她的耳朵溫存地說：「我不會讓你委曲下去的。」

項子琳出來時，走了好一段路，才攔住一輛計程車。這樣也好，使他的行蹤更加不易被人察覺。他到家時，並不太晚。他深知夜半賦歸是引起妻子懷疑的原因之一。他走到客廳裏，那羣年輕人剛剛散去，只剩下汪伯聰還在陪着裘愛蓮聊天。項子琳很自然地坐下來，彷彿他只在園子裏散了一會步似的。

「伯聰老侄，」項子琳說。「你項嬸嬸教會了別人倒不要緊；教會了你，可眞是得不償失了。」

「項叔叔，您這是什麼意思？」

「你的英語會話到了家，就容易通過『托福』考試，這樣一來，你或許又會改變原定計劃，提早出國。這對我們不是損失是什麼？」

「絕對不會。最早，我也要後年秋季去，項叔叔，我現在不僅捨不得離開媽，也捨不得離開你們。」

「還有，你也捨不得離開宛宛吧？」項太太笑着說。

伯聰笑了笑，沒有接下去。他既不承認，也不反對。大家似乎全知道了他跟宛宛之間的感情。其實，他們之間的感情，却不像外人看到的那樣濃。不錯，他愛上了宛宛，但他却不願一下子就愛得她很深很深。他認爲這樣會把女孩子寵壞，而且會被她認爲他的愛情竟是這樣地廉價。還有就是：母親對於這件事的態度的冷淡。她曾說過，她對宛宛的印象不壞，但她又說，像他那樣有才學的人，爲什麼這麼快就愛定了像宛宛那樣的女孩。「宛宛的學歷太差，」母親說。「伯聰，有一天，你去了外國；有一天，你得了博士；有一天，你發覺你同學、朋友、同事們的太太，全是學士、碩士、博士時，你會有什麼樣的感覺？」他沒想到這一點。母親想得比他遠——一直想到五年、十年之後。他不以爲母親說得不對，因爲他也是一個好強的人。

「以後，你帶宛宛一起來學會話吧，對於熟人，我特別通融。雖然，她開始時會跟不上，但年輕人學得快。」項太太又說。她自已對於伯聰，一向是另眼相看的；還有一個原因，她自已可不願說出來：在六個年輕的「男生」中間，夾着她這個才三十出零的女人，這在美國固然不要緊，但在中國卻容易讓人說閒話；如果拉一個宛宛進來，那就妥當多了。

伯聰深深地謝了她，然後，跟平日一樣有禮地，離開了他們。裘愛蓮享受過兩個鐘頭工作與娛樂攜手的欣舊之後，這會兒，極度的疲憊與莫名的空虛乘着燈光向她湧來。她注意到丈夫坐在對面的沙發上沉思地抽烟，悠悠地吐着圈圈的烟，有時，也漏出一抹微笑。他想什麼呢？笑什麼呢？紡織廠業務的發達嗎？還是那個籌設中的化學纖維工廠進行得很順利呢？有時，他抖動了幾下腿，警覺地使那抹微笑縮進嘴角裏去。她知道自已無法進入他的心中。他沒有把他所想的告訴她。或許她從未進入他的心中。求婚時、新婚時、以及回國定居後，他對她裸呈的心都是僞裝的。她又認爲，金錢無論如何總是一道障礙物，使她無法眞正地認識他。在美國，一個女人，常常爲了金錢而嫁給一個自已並不喜歡的男人；然後，在經過一段短暫的共同生活之後，又提出離婚，爭得一筆可觀的贍養費。但她跟他的情況恰恰相反，因爲她是女人，他是男人。表面看來，子琳的脾氣正如海綿，但他四通八達的多孔的思想，卻有着莫測高深的內涵。譬如，她明知他剛才外出過——女佣曾告訴她說是他出去看朋友，她倒很想問問他，他去看的是哪位朋友；然而，她卻突然害怕起來：假如他無意中透露出他去了舞廳、歌場或酒店什麼的，她又該怎樣？一場爭吵！吵了又怎樣？她覺得自己在這裏是非常、非常地孤單。萬一發生嚴重的事情時，可以求援的，只有司徒律師。

她打着呵欠，站了起來。丈夫仍在沉思，根本不在乎她哩！霍地，她轉過身子，不是走向樓梯，而是走向花園。噴水池邊，有一尊長着翅膀的愛神的塑像。她倒眞想問問他看：她所獲得的愛情，到底是眞的，還是假的？才只走了幾步，子琳就在後面喚她。她沒理他，而且還改變主意，轉到屋後最偏僻處那株松樹下去。「愛蓮！」她聽見子琳一路喚她。她固執地不肯答應。最後，小手電筒的小小的光圈卻追上了踉蹌而行的她，她就在疲乏與激動中，喘着氣，靠到松樹的主幹上。

項子琳手中的手電筒的光遲遲地不肯熄下來：「愛蓮，妳怎麼啦？剛才還是好好的！」

裘愛蓮一手抱住樹幹，搖着頭。「別管我，我自己也不知道。」

「你在生我的氣！是我在什麼地方得罪了你？」手電筒的光圈消失了，項子琳把左手搭到裘愛蓮的肩上。

裘愛蓮答不出來，因爲，在表面上，她的確挑不出子琳的毛病來。「我只想到外面走走，晚上，我很少到花園裏來。」

「那麼，妳又何必這麼匆匆忙忙的？妳只消說一聲，我就會陪妳出來了。」

「我在想，我何必事事要你照顧？」

「我聽不懂妳的話。我認爲這是應該的。」

「我怕無形中又在强迫你，正如我的大筆財產無形中强迫你愛上我一樣。」

項子琳苦笑着：「老在這一點上纏，我對你眞沒辦法。你要我怎樣向妳保證？有一天，我要把整個紡織廠交給妳，不管是業務、財務、人事，我全不管，好不好？」

「那末你呢？」

「我到別的工廠去做事，或者，誰知道我不能跟朋友合夥開個工廠？」

他畢竟吐露出來了！裘愛蓮也就覺得更悲哀。他的確在瞞她，可能還不止這一件事！

「我並不要你這樣。反正，你不能不管我的這個紡織廠。你知道，爸是把我這個人以及創辦的那個工廠全都託付給你的。而我，也是把我全副的感情交給你的。要不，我怎有這膽量獨自到這裏來？」

那幾句充滿了感情和信任的話，倒使從鍾竹英那裏帶回來滿滿愛情的項子琳怔住了。要他同時扮演兩個角色，可眞不容易。有時候，你陶醉在A角色的遭遇裏；有時候，你又跟B角色結合在一起。此刻的裘愛蓮一點兒也不任性、高傲，活像一個乖女孩。他又揑亮了手電筒，照射着他們脚尖對着脚尖的兩雙脚，然後，慢慢地使光圈往上移，待移到裘愛蓮的臉部時，她的眼睛因遇到亮光而毫無反抗地馴順地閉了起來，彷彿她已靠着樹幹睡着了。一個被父親寵壞了的隻身遠行的女孩。項子琳也不禁憐惜起她此刻的嬌弱來。離開美國時，他的確向她的父親保證過的。那老華僑的岳父說：愛蓮吶，半是大人，半是孩子，好的一半是她生就的，壞的一半是我養成的。你要多多寬容她啊！可是，他自己沒有，或許這正是他的不是。他該婉言勸告她的。她來的時候，才二十四、五歲哩。

他把電筒揑熄了，說：「愛蓮，我知道的。剛才，我只是說說而已。外面很冷，妳進去吧。」他用自己的額角去貼她的額角。「會招涼的，我扶妳進去。」

但裘愛蓮却忽然堅持起來：「我不冷，我不想進去。我要在這裏坐一會。你冷的話，你先回屋去吧。你不陪我，我不會怪你的。」黑暗中，她又像個壯碩的女人了。

他又亮了亮電筒，光圈中的她，仍是纖瘦的。她在訓練自己堅强。他把小手電筒揣進褲袋裏，他聽見她在說：「如果你願意我一個人留下來，你就走吧。」他沒有走，反而摸索着，待雙手捧住了她的臉，就把嘴湊近去，柔柔地吻她：「不要自找苦惱，跟我進屋去，上樓去。明晚，我們多穿些衣服，再到這裏來。要坐多久，就坐多久。」

「你有興趣嗎？你很久很久沒有這樣做了。」

「我有興趣。當妳喜歡時，我就會這樣做。」

「爲了討我喜歡？這樣，你和我不都太可憐了？以後，這個紡織廠，由你全權去管理，我要恢復純粹主婦的生活。我對於工廠的一切實在不想再過問。你以前說得不錯，我是一個感情的女人，我對事業沒有雄心。那種事業，是屬於你那種男人的，還有，是屬於像汪伯聰那樣的男人的。」

「愛蓮，不要低估妳自已。在現今這個世界上，女實業家多的是。妳是很能幹的——眞的，妳是很能幹的。」

「我並不能幹，並不，並不，」裘愛蓮摔開他的手。「把爸給我的財產除去，我也只是一個極其普通的女人。我並不是司徒律師。現在，即使有人對我說，我本身並不是一個怎麼值得愛的女人，我也能够相信。我只是我爸的獨生女，我只有在他的身邊，才配說我應該比別人獲得更多、更多。就是在你的身邊，在丈夫的身邊，我也沒有要求更多的資格。」

「妳今天的思想多叫人吃驚！妳雖然是生長在美國，但妳還是一個多愁善感的、典型的舊式中國女人。」

「我却認爲並不叫人吃驚。我是在慢慢地蛻變成一個現代的中國女人。」

最後，項子琳還是扶着裘愛蓮走到樓上的臥室去。他替她拿來了睡衣；她說，她以後要自已拿，她不該麻煩他。她在床上躺下來，睜着眼睛，安靜地瞧瞧這裏，望望那裏。她既不嘮叨，也不撒嬌。項子琳又聽到老華僑的岳父的聲音——愛蓮半是大人，半是孩子——今晚，聽她的那番話，她似乎決心要把那屬於孩子的一半丟棄。他望着她，望着她，他的歉疚就變成了脹滿的氣球。他伏到床邊去。

「愛蓮，是我不好，我使你難過。」

「不是你不好，是我不好。我不該在許多事情上挑眼兒。我早該知道你不是褓姆。」她的臉孔平靜極了。「而且，我也早該知道，對工廠裏的員工，我不該冷冰冰的。」她閉上眼睛。「今天，我眞很累了。我祈望明天，新的一天！」

項子琳用手指理理她的頭髮。不知怎的，他很感動。子琳，你自己去細細分析吧，難道你對這個生長在美國、一心嚮往祖國的女人，沒有眞的愛情嗎？有過的，確實有過的，宛似你對竹英那樣。竹英說：我們不能永遠這樣持續下去。最近，你甚至渴望愛蓮的脾氣逐日上昇，有一天到達高峯，於是，你可以名正言順地提出離婚，而在外界看起來，還以為這場婚姻的過錯，全是愛蓮一人造成的。你計劃得好週密呵！當然，你毋須擔心愛蓮嫁不到另一個丈夫，但你又如何忍心，讓她永遠懊悔自己的蠢愚與暴戾！

然而，子琳呀，你又想錯了，愛蓮並不是這樣膚淺的女人；你瞧，她畢竟已在反省中檢查過自己。那末，以後，你將怎麼辦呢？恆久地在兩個女人之間徘徊——辜負了這一邊，同樣也辜負了那一邊！

愛蓮彷彿已經睡去了，他從床邊站了起來。夜，已然很深很深了，也很冷很冷了。他自認是聰明人，能够解決許多別人無法解決的難題。然而，這件事呢？

第十三章

汪幼誠每天晚上把鬧鐘撥到五點。在鳥兒們還未醒來之前，那金屬的清脆的撞擊聲總把他催醒。早起對他並非難事，因爲在軍中服役的兩年中，他和軍中的夥伴們總是追在黎明之前起身。回家後的怠惰，並不是他的原意。當他遲遲地起身，走到圍牆邊，向公園望去，那些在大樹下寬闊的空地上練太極拳、在網球場打網球以及在水泥路上打羽毛球的中年男女，早已滿頭大汗了。一個高身材的中年漢子，距離圍牆較近，他可以清楚地看到整個的人。那漢子打拳時，鼻子還呼着大氣，呼！呼！呼！呼！像刮風似的，他不知那漢子練的是什麼氣功。可是他們那種無休無止的練習，倒使站在牆頭旁的年輕的他感到惶慚。他們從市區各處趕來，貪戀着這段晨光，而他倒像一個夜生活者，沉醉在床舖上。於是，他隨着鐘聲早起。他的興趣並不是在練太極拳上，而是在跑步上。他穿着運動衫褲和球鞋，在曙光中開門出去。他讓肺部吸滿氧氣，用不快不緩的步子向冷陰陰的公園路跑去，很快他就跑上了雙十路，而且在瀏覽晨光的輕鬆心情下，跑進了省立台中體育場。他跑下石階，這時，看台的鐵門猶未開啓，但那綴在黑色直條鐵欄上的黃、藍、紅、白相間的小小幾何圖形，已從曙光中顯現出來了。他彎向右方，一片被人經常踩踏、長不出青草來的黃土在他的脚下索索地作響。跨過高僅及腰的水泥圍柵，便是廣闊的場地。他就順着跑道跑起來。讀高中時，他曾代表學校參加市運動會的短跑，得了一個第三。他的體格本就很壯，如果那時母親能够鼓勵他，他或許可以奪得冠軍。他還練習得不够，因爲母親說，把全部的精力統統花在跑步上，那是划不來的。現在，五六年以後，他又回到這裏來跑步，一圈、兩圈……不是急遽地跑，而是悠然地跑：不是想奪取錦標，而是跑着、跑着，心中的許多積鬱就可以慢慢融化。汗從額上、身上滲出來、淌下來，彷彿又是滿眼人羣；塵沙從他脚底下揚起又落下。然後，在跑完了十幾圈之後，他終止下來。在跑道外圈的草地上，他走了一會。天色是越來越亮了，從灰色變成乳白，再後透着晶藍。場地上已經來了好些年輕人，正作着各色各樣的健身運動。他做完了三十下的伏地起身，這才翻過身，仰臥着。仰臥在這裏，跟躺在公園的石凳上，滋味截然不同。這是工作與工作之間的休憩；他想到的，只是一些永遠在努力往前跑的人們。看台頂上，那用密密鋼筋支持着的覆庇，倒像一頂巨大的方帽子。空空的座位靜候着人羣再度的蒞臨。

腕錶的指針移向六點半，幼誠才走出體育場來。吸着染上了葱茂樹葉的綠沁沁的空氣，踩着陽光的璀熠熠的碎片，浴在自己繁殖成的泛濫的信心中，他回到家裏，去澡間洗淋浴。他按摩着胸部與雙臂，牠們都比以前發達了。他現在的精壯已經不輸黃士雄。以前，兩人對坐着，手臂扣着手臂，互比臂力，他總支持不上半分鐘，就被黃士雄壓了下去。而現在，他可以持續到十分鐘，也不敗下陣來。黃士雄讚他：「汪汪，你已經成爲一個眞正的工人了！」他回答：「可不是嘛，我早就是工人了。你看，我在這裏工作，有比誰差？」

他用乾毛巾擦乾了身子，穿上衣服，走出澡間，在院子裏看書的幼芝走進來：「二哥，眞沒想到每天早上你都能起得這麼早。跑過了步，你感到怎麼樣？」

「渾身舒暢，好像一天的工作力氣全從這裏產生似的。」

「一點不覺得累？」

「不。」幼誠說。初冬的早晨，還穿一件半袖的運動衫。他亮出他胳臂上鼓鼓的肌肉。「妳二哥是個粗坯，注定要用粗工換取生活，所以必得練成一身銅筋鐵骨，來做本錢。哈哈！」

「老說什麼粗工、粗坯的，我可不要聽。做學問的，如果有你一副體格，不也是本錢？我班上的一個同學，功課不錯，就是身體太差，快到考試時，接連開了兩個晚上的夜車，等到考完了，就躺到床上，像害了重病一樣，眞可怕。我們都勸她以後不要這樣，別看那些身體棒的同學的樣。她苦笑着，說：有人說，健康就是財富；其實，健康還是學問呢！」

跟幼芝說話，氣氛總是和和諧諧的；在這個時候，幼誠就感到自己也很能幹。他用兩指打了一個榧子，「噼」的一下清脆的響聲就從指間彈出來。他挺洒脫、挺得意的：「等你後年考取大學後，早上也跟我到省體育場去練身體，練的結結實實的；等進了大學，不但可以參加各種運動，就是考試起來，也比較挺得住，你想，好不好？」

「好是好，但要我每天早上跑步，怕沒有這份耐心」

「你看，事情還沒來，你就打退堂鼓了。」

「誰能像你這樣有勇氣？就毅力方面來說，你實在比我們都強！」

「別瞎捧了。我們快點吃飯，讓我送你上學去，送到自由路和中正路的交叉處，我再回來，騎車上工廠去。」

「爲什麼你又要送我了？」幼芝偏着頭。

「因爲你是我最親愛的妹妹呀。」幼誠望着幼芝，笑了。

兩個人趕着用了飯，就快步走出去；經過公園時，他的目光不由得向亭子搜索一下，他好久沒有看見他了，或許他已找到工作。幼誠禁不住在心中祈禱着：但願你已找到工作了，朋友！我不願在公園的樹蔭下腐蝕和發霉。公園該是一條富於生命力的、流動不息的運河，不能讓你這隻或我這隻不想航行的船永遠停泊在那裏，否則，就破壞了牠的嫵媚與快樂。

「我懷念我們以前在公園裏玩耍的日子。」幼誠說。

「我也是。我希望有一天，大家仍舊跟你攜起手來。」

幼誠搖搖頭。要是他們的距離不能縮短，他們的手臂就永遠無法接觸。在母親和大哥壓下來的暗影下生活，他的快樂事實上也是含有幾分辛酸的，但眞要叫他搬到工廠的單身宿舍去，他却又捨不得這個家和親人了。這是矛盾，也是天性；所以，痛苦和快樂，也就不免糾纏在一起了。

他們終於又走到十字路口，店舖的門仍扮着冷臉，而冒着寒氣的寬寬的馬路倒被一羣羣生氣蓬勃的學生烘暖了。遠遠地，有幾個女學生向幼芝打着招呼。幼誠自動停下步來：「我該回去了，你的那些同學知道我是你的哥哥嗎？」

「當然知道。你有什麼事？」

幼誠沉吟了一下，終於說：「沒有什麼，你快走吧。」他望着幼芝走去。風吹着她的黑裙，飄飄逸逸的。他眞的沒有什麼要說的嗎？剛才他多麼希望問問幼芝她有沒有告訴她的同學說是他在紡織廠裏做工；如果告訴過，她的同學的反應又是怎樣？不過，這畢竟是個愚蠢的問題：愚蠢得一不小心就可能扎痛他們兩個的心。他現在急急於要把細細碎碎的煩惱打掃乾淨，怎麼能再去挖一畚箕進來？今天，十二月的冷峭的清晨，風鼓勵地、卻又警告地吹着：他已用不着像以前那樣地自我作對了。

因此，他再也不能像以前那樣，用散步的方式走回家去。太陽越昇越高，時間可珍貴着哩。他疾步回到家裏，推出單車，循着中豐公路馳去。路面緩緩上升，再加上迎面吹來的北風，那段行程並不輕鬆，但公路上多的是去工廠的男男女女的工人，其中也有一些是剛下夜班要趕回家去的。幼誠到工廠時，是七點五十五分。對着浮游着的飛絮，他又戴上口罩。昨天的成包已被搬到倉庫裏，此刻，打包機的四周空地很大。他把鋼條和尼龍麻布先舖在打包機的鋼板上，等候黑皮。到了八點一刻，平日比他先到的黑皮還沒有來，他少不得有點着急，生怕黑皮撞上了汽車。最近，這條中豐公路上，一連發生了幾樁車禍。一樁車禍所導致的離婚案件又由母親這位名律師受理下來。那件案子的內容是母親在霍伯父晚上來閒坐時說出來的。他好久沒去客廳坐了，因爲坐在那裏總搭不上一句話，像支惹眼的擋路的柱子，去受這種罪幹嗎？可是，那次霍伯父來的時候，母親正在事務室裏忙，霍伯父在客廳裏打了個轉，要到事務室去看母親；但霍伯父忽的停下來喚他，喚了他三、四聲，他就不得不從臥室裏走出來。一進客廳，霍伯父斜着眼，幽默地：「幼誠，你對霍伯伯竟也見生起來，這怎麼說得過去？」他的臉孔紅紅的，霍伯父又接下去：「幼誠，霍伯伯是客人，你來陪我坐一會，我們隨便聊聊。」在見過了多少回冷硬的臉色以及聽過了多少次冷硬的話語以後，那種語音、話意和態度，眞叫他感動。他坐下來，第一句話就是：「霍伯伯，你使我想起了父親。」

霍伯父嘆息起來：「唉，你父親是個好人，好人却遭到橫禍！我哪有他那麼多的長處，要是有的話，在大學裏讀書時，就該追上一個女同學了。現在，我確是心如止水了，就愛跟你媽聊些陳谷子、爛芝麻一類的事。」說着。拍拍他的背，揑揑他的肩：「你身子越來越結實了，年輕人，這樣才好。我欣賞你的幹勁。你大哥努力着，你也努力着，誰能抹掉你付出的血汗！你媽樣樣都講理，就是這點想不通！」

「謝謝你鼓勵我！」

「霍伯伯眞是疼你呢。我又沒有兒子，以後跟你媽說妥了，收你做乾兒子，你願不願意？」

「霍伯伯，在現在這種情況下，我實在高攀了。我不是不愛母親，我也相信母親並不是不愛我，但我需要一種寬容的、了解的愛。霍伯伯，你待我眞好。」他凝望着客廳的深處，彷彿有一道閃亮的泉水，曲折地流經暗紅的沙發、深棕的櫃子、淺黑的矮几，淌到他的脚邊。于是，他那積滿塵沙的身子、久涸龜裂的心田就漸漸地被滋潤、被浸淫了。他突的回頭，霍伯伯的目光並沒有離開他。那目光使他記起了鍾竹英。

這時，母親走進客廳裏來。他走也不是，不走也不是。霍伯父竟覺察他的爲難，便按住了他。母親說：「幼誠，替霍伯伯泡茶！」只要母親的語氣柔和一點，他就會舒服得多。母親接着又加上一句：「霍伯伯雖然常來，但到底是客人，有些禮貌，你可不能少。」一絲不苟、謹謹審審的婦人。自律很嚴，對兒女也特別苛求。幼誠泡了兩杯茶：一杯給霍伯父，一杯給母親。母親又說：「你大哥去項家學英語會話了。你空着，在這裏坐一會吧！」他竟然有很深的感觸，彷彿母親又把他當作小孩子那樣。他走到霍伯父坐的沙發邊，想坐下來，但一想不對，便又走回來，坐到母親的身畔。母親看了他一眼，寒意很少。他已經滿足，他不想要求很多、很多。

「怎麽、直到晚上還在忙，是什麽案子？」霍伯父說。

「撞車、賠償、離婚，三件事搞在一起，反正是物慾和情慾惹出來的禍。」母親說完，啜了一口茶。「所以說，一個人總得自制一點。」

「人總是人嘛，非得三番兩次叮囑自己不可。」霍伯父捧起茶杯，暖暖手，樣子挺悠閒的。母親微微笑着。「做律師的，知道的故事多；六十歲退休之後，我想改行寫小說，要是能在案卷裏發掘出一個好題材，寫一本像霍桑的「紅字」那樣的長篇，也就不虛此生了。」

「到底是怎麽一回事？說了半天，也沒有說出個大概來，你如果寫小說，楔子一定長得很。」

母親對於這個幽默，也報以微笑。「這裏附近，有家很大的藥廠，老板叫墨萬年的，你知道吧？」

「當然知道。以前在我們銀行裏也貸過款。窮的時候，對誰都打躬作揖；現在，抖了起來，架子也大了，見了人，總是挺着胸，要理不理地。幸虧幹我們這行的，人家求我們的時候多，輪不到我們去看人家的臉色。這樣說來，項子琳還是很難得的。幼誠，聽說項廠長對員工很和氣，對不對？」

「是的，大家都很喜歡他。」停了停，又說，「不過，他並不認識我。」

儘管有人插嘴，母親卻仍繼續說下去：「最近，墨老板出了事。那天，他去橫貫公路遊玩，沒玩成，他的二百五十CC的摩托車，却在北屯給計程車撞上了。受了點小傷倒不要緊，壞的是他隨身帶了一個舞女，于是，太太提出離婚，要求一百萬的贍養費；舞女因摔傷脚踝，乘機大敲竹槓，要求賠償三十萬；而他呢，則要求對方計程車行賠償醫藥費用。搞得沸沸揚揚的。」

「那末，委託你辦理的是哪一方？」

「墨老板的太太，一個很賢慧的主婦。我自已是女人，不免又要勸她打消原意了。那種離婚案件的酬金，我是不喜歡賺的。我說，你兩三個兒女都十幾歲了，你就爲兒女忍一忍吧。或許他只是一時糊塗，勸勸他以後別亂來。說怎麼，大家該爲兒女着想。」

「好啊，你這個律師眞是和事佬啊，那個女人該被你勸住了吧？」

「才勸不住呢。她說，要離婚，要贍養費，就是為兒女着想呀。那個墨萬年自從藥廠賺錢之後，就沒正經過。照這樣花天酒地下去，誰知道不久的將來，藥廠不倒閉！我現在拿一筆贍養費走路，以後，他要是沒有錢了，我便把兒女接過來，養他們，給他們讀書。」

「碰來碰去，好像全是好母親。如雪，這樣說來，這椿官司，你又是非打贏牠不可了。」

母親捧着茶杯，笑得很年輕：「可不是，說來說去，彷彿仍是男人的錯啊！不過，這條中豐公路上，車子的來往實在多。」轉過頭來向着他：「幼誠，路上騎單車要小心！」

雖然冷落了他，但母親畢竟是母親；就像是，他雖怨母親，但這份怨裏還是帶着親情。

他邊想邊把那些裝在透明塑膠袋裏、每袋廿四支、重十磅的絞紗整整齊齊地疊到打包機上。對于這個莽莽撞撞的黑皮，他可眞不放心。碰上了汽車，皮肉吃點苦，去醫院包紮包紮，還不要緊；倘若腿骨折斷了，肋骨斷了一兩根，啊，以後即使傷養好了，用力氣換飯吃的人……再也不敢想下去。要不要打個電話到派出所，問問看。

到了八點三刻，黑皮才來。一進門，先用粗話罵了一陣，等他罵完了，幼誠才問：「你罵什麼？我還以為你撞了車，進了醫院。現在你好好地來了，我倒認為你的額角亮，運氣好呢！」

「好個屁！眞他媽的霉運當頭。今天我老婆生病，要我代他上菜場，叫我買些魚丸呀、豆腐呀、白菜呀，再買些哄孩子的糖菓呀。也是我嘴饞，走過一家麵食攤，因為今早只吃了一碗爛稀飯，不過癮，就坐下來，叫了一碗陽春麵，另外加兩隻饅頭；等會了帳，一看時候不早，怕就誤上工，又怕挨老婆的駡，所以一看到一輛掛着菜籃的車子，就走過去開鎖，這一下可開出毛病來啦！」

幼誠不由得怔了一下。他知道黑皮一直粗心大意，他那輛老爺車的鑰匙和鎖並不是原副的，他車子的兩把鑰匙早丟了，他捨不得花錢配，保養室裏的一個朋友就替他用鐵絲拗了一把。那是最簡單也最萬能的鑰匙。

黑皮用拳頭敲了一下幼誠剛打好的那個成包。「好啦，這下，我在這邊開鎖，我的後領却被人拉住了。他大聲嚷着，說是抓住了偷他車子的小偷。我說，老子開的是自己車子的鎖，他不要瞎了眼！他仍拖住我的後領，我恨不得回身揍他一拳，但再一看，不對，那輛車子真的不是我的。那末，老子的車子呢？老子的車子還要過去一點。我連聲說對不起，我的確是看走了眼。他哪裏肯聽？硬說我耍花槍，說他的車子比我的好、新；說我用的是萬能鑰匙；又說我一副不正經相，不是小偷是什麼？扭着我要去派出所。人們都圍了攏來。我想，這下可真叫人贓俱獲、有口難辯了，怕要坐上幾個月的牢；更糟的是，老婆還在家裏病着呢。心一急，我就流下淚來，簡直是膿包嘛！」

幼誠越聽越替他着急。「現在怎麼樣了？說淸楚了沒有？是不是去了派出所？」

黑皮拚命用手掌擦着額頭。「差點去了派出所，因爲警察也趕到了，幸虧這時項廠長的車子馳近來，我一眼瞧見他，就喊救命……啊呀，快點工作，好多時間都浪費了，靠近九點，要是在平日，快打好十包了。」黑皮沒頭沒腦地撥起紗包來。

幼誠跟着他一起行動，一邊仍忙着問：「黑皮，你還沒說完呢，眞的是項廠長救了你？」

「不是他，當時我還能去找誰？他向我問淸情形，就對他解釋，說我確是心慌意亂，看錯了車子，因爲我是他廠裏一個非常勤快的工人，一個模範工人，絕對不會幹出這種事來，他可以保證。不要說一輛舊車子，即使一萬塊鈔票掉在我的身邊，他也能保證我拾金不昧。他又說，他還可以把我在工廠裏的歷年考績成績給他們看。你看，像這麼樣的一個好人，我哪能偷懶？」

「項廠長眞好，待每個人都好。」幼誠說。

這是小事情，但工廠裏的消息卻傳播得很快，到了下午，大家差不多全知道了這件事。每個人都很安心，彷彿以後自己無意中做了錯事，也能得到項廠長的保護似的。

幼誠也打算把這件事告訴母親，但那晚，大哥先對她說了。母親連連點着頭，對項廠長的作風完全贊同。她說：「項廠長做得對。一個人上上下下都應付得好，才算有本領。人事關係，要從下層建築起來，才算鞏固；如果光是對他那位身爲董事長的太太一個人好，是沒有什麼用處的！」

或許是因爲昨天晚上母親的態度太好了，他便大膽地插了一句：「聽人說，項廠長外面有別的女人。」

「哪裏聽來的這種話？你可不要跟着別人胡說。」母親臉色一沉。「說話不知輕重的人，到處會吃虧；以後，什麼話都得三思而言，否則，一場誹謗官司就吃定了。」

大哥是有意替項廠長闢謠：「我看，他倆的感情很好，在家裏也不爭吵。項叔叔很尊重項嬸嬸是眞的。廠裏的人只知道項叔叔對員工們好，但去過他家裏的人，才知道項嬸嬸對朋友也是够熱誠的。噢，對啦，媽，那天項嬸嬸對我說，要宛宛也去學英語會話，說是這樣她就有了伴兒；你以爲怎樣？」

「我不知道。伯聰，宛宛的事，你最好直接問宛宛去。」司徒律師的話語冷靜，既不表示反對，也不表示贊成。

幼誠站着覺得沒趣，就退出客廳來。夜已很寒，這樣的夜晚，在公園裏，除了幾對痴痴的情人而外，怕沒有什麼遊人了。他不禁又惦起那個把整個公園當作家的流浪漢來——太大的家却又談不上溫暖了。他多餘地披上一件舊的呢夾克，他要去看看流浪漢。如果那流浪漢依舊用塑膠布當作被子時，他至少可以把夾克送給他當被子。

開門出來時，他仍躡手躡足的。在門燈邊，他就碰上了宛宛。她穿了一件短僅及膝的奶黃長大衣，敞開的大翻領間透出殷紅的薄呢洋裝。而他呢，一件舊夾克，一件舊毛衣，一條藍斜紋的工作褲。他們兩人之開的差距是越來越大了。她看到他時，楞了楞。在他的感覺上，她是把他誤認是流氓了，因此，他也瞪了她一眼。他現在已經打定主意不在這方面吃虧。於是，宛宛不好意思地笑了：

「伯母可在家？」

「我媽在家。」乾脆說得痛快點吧，又加了一句：「我大哥也在家。」

「謝謝你。」宛宛說，又對他的那條沾着油垢的工作褲看了一眼，似在描繪他打包時的情形。

「你去看朋友？」

「是的。」

「女朋友？」

「朋友很多，何必管女的男的？」

「我是說，不要為了我的緣故，去交壞女人。」

「壞女人？哈哈！我會去交壞女人？老實說，我要交女朋友的話，就要交一個比你好的。你放一百個心，在臺中市，比你好的女孩子多的是！」幼誠說完就走，也不管這話會叫宛宛多難受。難受是她自已找的，活該！穿了一身漂亮的衣服，她以為比他「高級」了？照母親的說法，她也不過是個高中生，神氣什麼？

冬天的公園就像一個被冷落的人，到處清清靜靜、淒淒涼涼的，連茶棚也歇業了。他一度盤算過，如果那個流浪漢能在茶棚裏找到一個工作，那不是很好嗎？可是當他這麼想的時候，冬天已經來了。這會兒，要在這樣大的夜公園裏覓找那個或許仍然歇脚在亭子裏的流浪漢，怕只有像他那樣對公園十分熟悉的人才有辦法，但他還是沒有找到。他走到管公廁的老婆子那裏，塞給她一塊錢，問她那流浪漢到哪裏去了。

「搬走十多天了。」老婆子用「搬走」兩個字，好像公園本就是他的家。「說是去做工了；天知道他去做什麼工？老天爺有眼，我倒是巴不得他走呢。他每天要來這裏拉屎，可從來沒給過錢。要是每個人都像他那樣，我老太婆還靠什麼吃飯？」冬天的公園遊人少，公廁的生意淡，老婆子怨天尤人的。

幼誠又給了她兩塊錢，這才走開去。他覺得很惆悵，也覺得很安慰。有工作做總是好的。工作具有一種令人穩定的作用。如果那個人仍在臺中市的話，他有一天總會再碰到他的。他會拍他的肩，拉着他去喝幾杯，慶賀他們彼此都不是什麼流浪漢了。

好久沒有逛街了，趁着這個興頭，他就閒閒地向鬧街蹓去。去看看黃士雄呢，還是看電影，或是上綜合大樓去打司諾克？滿街都是今年流行的冬裝。不時有人向他的舊呢夾克和藍斜紋工作褲拋來不很友善的一瞥；他倒是很泰然，內心坦朗朗的，肋骨硬繃繃的，所以那種目光就傷害不了他。電影大多是間諜片，打鬪片、畸情片，他遲疑了一會，終於不想看，還是走到綜合大樓的四樓去打司諾克。有幾個美國大兵正在一家彈子房裏跟計分小姐打，那些小姐儘量拖延着時間，藉此可以多撈一些老美的錢。他在對面的一家打了一會，然後坐在牆邊的椅子上休息。一個三十來歲的男人向他走過來，扁扁的臉，大包頭，穿着棕色的長厚毛衣。幼誠直覺地感到那個人活像一隻虎貓：一種有貓的馴順、也有虎的兇猛的動物。那頭虎貓挨着他坐下，跟着就遞過來一支煙。

幼誠一抬手，拒絕了他：「謝謝，我不會抽。」

虎貓很覺意外，就把煙支收回去：「貴姓？」

「姓汪。」

「好像看到你在哪裏做工？」

「不錯，我在做工，在紡織廠裏。」幼誠的表情冷淡，眼睛只望着那綠絨檯上滾動着的各色彈子。他巴望談話到此爲止。

但虎貓不肯罷休，很內行地咧嘴一笑。「嘿，在東昌紡織廠吧，那個廠很大，我也去做過工。」用肘尖觸觸他。「是不是保養室裏的技工？」

幼誠很厭煩地皺皺眉。「不是技工，是普通工人。我這會兒要看別人撞球。」

那頭虎貓仍黏着他不放：「做普通工人，錢少，工作又辛苦，不值得。朋友，看你這麼棒的身子，怎不找個錢多一點的事？做這種小工人，一輩子也出不了頭。」

幼誠轉過臉去，瞪着他：「少管閒事。我做我的工，用得着你管？」

虎貓仍賠着笑臉：「我是好意。只要你願意，我給你介紹一個工作，一個月賺他三四千也不算多。我們可以慢慢地談，我請你去喝咖啡。」拍拍他的肩，友好極了。

幼誠把虎貓的手推開去。「我心領了。我不想賺。」

貓的馴順立即變成了虎的兇猛：「姓汪的，算老子認錯了人；放着好差使不幹，你是生成的窮命！」

幼誠也狠狠地扔還他：「你去問問看，我姓汪的是誰？幾千塊錢一個月，嚇得倒我？去問問別人看，知不知道臺中市有個司徒如雪大律師的？」

虎貓一下子呆住了，半天才說：「原來是司徒律師的公子汪少爺。我眞是有眼無珠，還以爲你是什麼工人哩，眞對不起。」說着，就溜到外面去了。

幼誠開始意會到這種地方很險，總有一個個的陷穽，一不小心，你就落下去了。要是這樣地落下穽裏去，那才是坍母親的臺，叫母親見不得人哩。

各色的彈子滾動着。在都市的萬花筒裏，人們常是眼花繚亂的。一下子的撞擊，觸到的恆不止一方，而是四面八方。剛才他打了一會，已經夠了，他付了錢，走了出來。在綜合大樓底層的生生皮鞋店的透亮玻璃櫥窗前，他看到一個熟悉的背影。她正在檢閱皮鞋的隊伍。他沒喚她。他走過去，站在她旁邊，跟她一同參加這種檢閱。她回過頭來時，他才親切地喚她：「鍾大姐！」

鍾竹英永遠不會忘記給他一個關懷的笑和兩股暖暖的目光。在冷亮的櫥窗之前，她的臉，在他看來，像是一具電熱器。她今天穿了一條黑長褲，一件墨綠短大衣，脖子上圍一條紅圍巾。那突然回來的青春像隻歸巢的鳥，讓他驚異不已。他也笑笑，並且忽然懊悔起今夜穿了這麼舊的一件呢夾克。

「我想買雙鞋，一雙便鞋，冷天在家裏穿着方便、暖和。幼誠，你幫我選選看，哪雙好看？」

他從來不曾陪女人買過鞋子，即使是母親——那當然是因爲母親並不重視他的審美能力。聽語氣，此刻的鍾竹英就像一個十分鍾愛兒子的年輕母親：竭力相信他所喜愛的式樣，也正是她所喜愛的。他有一些惶恐，但也有一些受寵的欣慰。他謹愼地估評着那些便鞋，然後他建議她買下那雙淺綠色的、面上有小結的軟底皮鞋，穿起來輕盈，看起來清逸。她欣然地接受了，還說他的眼光完全正確。她說話時的態度又是挺柔和的。

「我進去試穿一下。你有事情沒有？」

他沒有別的事，因此，他就陪她進去。平日，在客廳中，她對他的親切招待已使他難忘；如今，在這滿街如箭的目光批判下，她對穿着一身粗陋衣服的他的尊重與友愛，自更使他感動！他坐着，看她穿鞋，尼龍襪裏白晳纖巧的雙足，雖然趾甲上沒有鮮紅的寇丹的渲染，但却如兩隻小白鴿那樣樸雅可愛。穿上淡綠的軟鞋，就像鴿子躲到玩具船裏，俏極了。她在草墊上走了兩步，抬眼看他：兩眼如湖水，不是那綠膩膩的湖水，而是澄澈得能够把人的心漂得很遠的湖水。他忽然愣住了。他對她的一種奇妙的感情，從排着無數無數的鞋子的行列中躍出來、揚起來；這已不是對姊姊的感情了。

「很好看？」她問了一句，微側着頭，帶着殘餘下來的女孩的天眞。剎那間，殘餘的天眞、殘餘的青春像晚霞那樣地裝飾了她的生命。

「很好看——眞好看！」他迷迷糊糊地說着。站在草墊上的她，渾身都是柔和，都是輕逸，都是美。燈光不是爲幾百雙的皮鞋而閃亮，而是爲她。

鍾竹英笑了笑，仍坐落在他的旁邊。「把舊鞋裝到盒子裏吧！」她對店員說。

于是，穿着新鞋的鍾竹英跟着拎着鞋盒的幼誠一起走了出來。他們的意見一致。任憑北風吹不冷夜市，他們却願回去。紅色的街車載着他們走上歸途。兩人沒有說幾句話，只靜靜地並坐着。幼誠感到恬適、暖和。在鍾竹英的身旁，他找回了自我、自尊與安全。他對她的奇妙的感情，縱然是在燈光下突然呈現，但却是平日慢慢匯貯成的。

這是愛情嗎？——是的。爲什麼這不是愛情？

她足足比你大上十一歲哩！——是的，但愛情有什麼條件嗎？

你眞能像愛宛宛那樣愛她嗎？——我懂得不少，懂得容忍的、慰藉的、了解的愛。失過戀的人最懂得愛情。

他靠着她，溫暖而安全，覺得自己是躲在一個岩洞裏，外面風風雨雨的世界，他雖然仍要接觸，但在一場苦鬪之後，這裏將是一個休憩的場所。這跟躺在公園石凳上的消極的躲避不同。岩洞是最原始、也最堅實的避難所。

「幼誠，最近項廠長對你怎樣？」鍾竹英問。

「我不知道。我告訴過妳，他對大家都好，就是這樣。」

「他沒有特別注意或者關懷你嗎？」

「他不知道我是司徒律師的兒子、汪工程師的弟弟，他爲什麼要特別注意或者關懷我？」

「或許——」鍾竹英停了停，在暗濛濛的車廂裏有一個暗濛濛的笑。「或許，你這個人，正是做上司的所應該特別注意或關懷的。」

「希望那位上司是妳。」他禁不住說。

車子到了他家的門前，他沒有下車。他說他要陪她回去。鍾竹英沒有拒絕，只說：「我眞高興你最近的心情要比以前好得多了。」

「那是因爲妳鼓勵我啊！」他說得很輕很輕，有意要製造一種神秘的氣氛。

他扶她下車，拎着鞋盒跟進去。站在客廳門口，他非常理智地告訴自已：在這樣的時刻，他是不該再留下來打擾她的。她脫下墨綠大衣，裏面是件大紅色鑲黑邊的毛衣。她注意到他打量她毛衣的目光，便笑着解釋：「這是我年輕時穿的。你看，牠實在是很好看的，只是我現在老了，穿上牠，就叫別人看起來怪彆扭的。」

幼誠非常認眞地表示：「妳現在穿着，還是很好看。鍾大姐，妳現在仍很年輕，眞的很年輕！」

「年輕？」鍾竹英笑着。「三十四歲了，還年輕？」她脫下那雙新鞋，換上一雙紅皮拖鞋。

「幼誠，我看，你的眼睛有毛病。」

「沒有，沒有，在我看來，你沒有老，你永遠不會老。你穿着那雙鞋子時——」他驀地停住了。鞋子就放在牆邊——他的旁邊；他不由自主地蹲下來，用雙手揑着那雙淺綠色的新鞋，緊緊地揑着，他有一種把牠據爲己有的衝動。他的手心是濕濡濡的，而內心却是火烈烈的。好久，他才放下那雙鞋子。他覺得很疲倦。

他站起來，沒有望着她，只說：「那雙鞋子眞好看。鍾大姐，現在，我要回去了，再見！」

第十四章

日子又向寒冷邁進一步。有風時，風像刨刀似地刮着人們的皮膚；沒有風時，空氣也像冰塊似的寒沉。

幼誠仍繼續着早上的運動，繼續着有關紡織方面書籍的鑽研以及向黃士雄實地學習，並且繼續着每星期兩個晚上前去鍾竹英的家。他對宛宛之移情大哥，已能漠然置之了。常常，他雙手機械地打着包，心裏却幻想着有一天他跟鍾竹英生活在一起的情景：永遠受她的愛護與關注，永遠有她在耐心地聽他的委曲的訴苦，永遠不再有被落冷與遺忘的恐懼。當然，他無法掙很多錢，但她不會計較——你不是看得出來她從不瞧不起我嗎？——他相信她能愛他，而且，絕不會像宛宛愛一個人那樣。不管他與她之間有着年齡上的差距，不管他與她之間有着職業上的差距，他們是可以相愛並且生活在一起的，因爲他們都寂寞着。這種幻想使他的打包工作變得既不枯燥、也不沉悶。黑皮喚他：「小汪，，你每個月的薪水花到哪裏去了？」他沒有聽見。黑皮把聲音提高了些：「小汪，你聽到沒有：你每個月的薪水花到哪裏去了？」

幼誠楞了一下，然後才說：「我每個月在銀行裏儲存八百元，其餘的全零化了。」

「畢竟想成家立業了，是不是？」黑皮又瞇細眼睛看他。

「還早呐，總得多積點才好！」他說。他從不想把母親的財產割下一塊，併算進去。

「你最近常常笑瞇瞇的，碰上什麼開心事了？是不是在女工羣裏交上了女朋友？」

「才不是呢，我並沒有什麼女朋友。」他說得怪輕飄的，但他却又在心裏說：不錯，我確實愛上了一個女人。她跟這裏所有的女工不同，她跟所有的年輕女孩不同。你在她身邊，就像置身在爐火旁邊一樣，永遠不會被寒冷所侵襲。你懂得眞正的寒冷嗎？不是由于冬日的風、冬日的霜、或者冬日的冰雪；眞正的寒冬，就是你發覺在這個人擠人的世界裏，在這樣喧囂煩雜的街頭上，你是被人遺忘了的孤獨的一個。我曾經想，而且，即使在現在，有時，我還是禁不住這樣想：我的不幸，就是因爲我是生長在這樣的一個家庭裏，我破壞了整個家庭的和諧。我還沒有向你提起過，也沒有向別人提起過這麼一件事，但在深深的夜裏，牠有時會霍然竄了出來──在一個晚秋的下午，我們四個人，一羣穿着同色軍服、同時入役、同等年齡、同樣是高中程度的青年，圍坐在草地上，閒聊自已日後的打算。那時，如果你經過那裏，你準認不出我跟他們之間有什麼不同。他們全很高興，靜候那兩年軍中生活的結束。一個說，他家是在一個縣政府所在地的大鎭上，有一爿祖傳的老店，父親等着他回去主持店務；他父親從不在乎他成績的好壞，他讀高中，目的只想混個資格而已。而另一個，却跟黃士雄一樣，高工出身，他家附近的一家鐵工廠爲他保留着一個電銲工的工作。于是，還有一個便慢條斯理地說，他回去要做旅館的老板，因爲他的父親在高雄開着好幾家旅館，巴不得多幾個兒子哩。那末，退役以後的我呢？三個人都不約而同地把目光凝注在我的臉上。我答不上來。我沒有可憑攀援的支柱。我不像他們那樣地早在這裏紮下了根，可以無憂無慮地、平凡却快樂地過一輩子。母親是個拓荒者。同樣，我也被注定是個拓荒者。母親說過，遠離故鄉的人，都不得不成爲一個拓荒者。這或許正是她對我百般苛求的原因之一，但縱使這樣，她也不該冷冷地把我孤立起來。那個四人圍坐在草地上閒聊的秋日已然遠去。看來，我們是如此相同，而實際上却又是如此不同。此刻，當然，黑皮，我仍然不想跟你說這些話，一方面是你不會懂得，因爲你本身沒有這樣的感受；另一方面，是我總無法把話說得簡潔而透徹。你老問我是不是有了女朋友？想不想成家？我感激你，但我能够告訴你一些什麽呢？如果我告訴你那位汪工程師的女友就是我以前的女友，你會不會吃驚？如果我告訴你，我現在暗暗地愛上一個比我大上十幾歲、在銀行裏做事的女人，你會不會相信？你會說我是個奇人，也許我的確比別人特別，而這種特別，却正是由無數的辛酸所造成。但我又何必對你說呢？假如我說我這種生活是艱苦的，而說你那樣的生活是快樂的，這又怎麽稱得上公平呢？

「媽的，咋晚，我又把車子的鑰匙丟了。」黑皮罵了一句。從他那次誤開別人的車鎖、險些被當作竊賊以後，他又給他的舊車配上了一把新鎖。「也不知道是什麽時候丟的？幸虧還有一把，我老婆把牠擱在碗櫥頂上，今天，她在鑰匙孔裏穿了一根紅繩，硬要我繫在皮帶上，你看！」黑皮把茄克往上一拉，蛇皮紋的皮帶上掛了一條紅繩，繩子上的鑰匙剛垂在錶袋裏。「媽的，屁用！有一次，我連皮帶和褲子都丟了。」

「怎麼丟的？睡覺時被人剝去的？」

「去溪裏游泳時丟的，我把長褲和香港衫放在岸上，不知道那個缺德鬼把牠們偷了去；算我倒霉，我連報警都懶得報，眞是活見鬼！」

率眞正是黑皮的可愛處，幼誠不由得笑他：「那位小偷仁兄，一定早就看清楚你黑皮是個滿不在乎的人，才會幹這檔子事。黑皮啊，我想，你有一樣東西還沒有丟。」

「什麼東西？」

「車子。」

「哈，我那輛寶貝車子嘛，當也當不了七、八十塊錢，現在的小偷，野心大，目光高，大多着眼在嶄新的機車上；就是因爲我這輛車子差勁，所以我的車匙也就只得一逕丟下去！」

在這種友好的氣氛下，工廠的工作，對幼誠來說，自有另一方面的輕鬆；只有在伯聽進來的時候，他才拚命低下頭去，而在黃士雄進來的時候，他却又把頭昂得高高的。「喂，汪汪，黑皮有沒有榨你的油？」黃士雄眞是有兄長的風度的。

黑皮可急壞了，啐了他一口，但口水却黏在口罩上。他趕忙把口罩摘下來，在褲子上抹了抹。「水牛，你這話眞是豬八戒吹喇叭——不中聽。我黑皮是流氓不是？我黑皮幾曾敲過小汪的竹槓？你今天說這種話，我罰你請我吃碗牛肉麵！」

「你瞧，還不是榨人家的油是什麼？我只說這麼兩句話，你就要我請客！黑皮，你的臉比牛皮還厚！」

「我的臉皮厚也好、黑也好，反正都沒關係，我又不做你未來的新娘子！」

黃士雄一拳搥在黑皮的右肩上，黑皮反而高興地笑了。黃士雄正經地說：「黑皮，你跟我抬槓不要緊，要是在金葉面前胡扯，搞得她一氣不肯嫁給我，那我可要跟你算帳！」

「水牛，虧你讀了這麼多年書，我黑皮再笨，也笨不到去拆散你們的良緣啊！林金葉在梳棉機旁正在瞄着你哩，你快去！」

當黃士雄向成排的紡紗機、梳棉機……走去時，黑皮又向幼誠扮了一個鬼臉。「這頭水牛呀，人倒是挺好的，就是喜歡跟我抬槓，不能像我跟你那樣，好好地談。」

「如果有一天他不跟你抬槓了呢？」

黑皮思索了半天，隨後說：「我想，那也不好，就像我昨晚丟了車匙那樣，我會覺得很不習慣。聽說水牛快要結婚了，對不對？」

「可能。本來嘛，這裏有一句俗語：討個老婆過過年！」

中午，幼誠在大餐廳吃着廠方免費供應的便當和一碗冒着熱氣的白菜湯。雖然菜餚遠不及家裏的好，但大夥兒「濟濟一堂」的滋味，却是加在菜餚裏最好的調味品。每個人的食慾都很旺盛。黃士雄坐在他的旁邊；當他們談到快要過舊曆年時，幼誠忽然問：「水牛，你是不是打算在年前結婚？錢够不够？」

「你想幇我的忙？」黃士雄側過臉去看他。「怎麼個幇法？」

「還能怎麼幇你老兄的忙呢？只是，你知道，我已經在銀行裏開了一個定期儲蓄的戶頭，就把那幾期的存款提出來；反正也只不過損失一些利息吧了。」

「汪汪，你這些錢，是幾個月的苦工積下來的血汗錢呀。」

「那有什麼關係？水牛，我早說過，我做工，不光是爲錢，但我也不否認，我在這樣的生活中也體驗到了金錢的價值。」

黃士雄繼續吃飯。飯菜很香，友情更香，而大餐廳裏又暖和和地冒着歡樂。「我不要。」他說。「我媽已經替我準備好了錢。金葉家裏也不要很多聘金，我們也不想舖張。汪汪，你的錢，你自已有一天會派上用場的。」

「或許，但是要在很久以後。」他沉思地用筷子撥着飯盒裏的一塊煎魚。「如果我自已爲了不必要的用途竟中途去提款的話，我想，鍾大姐第一個會反對。」

「哪一個鍾大姐？」

「鍾竹英，她在銀行裏工作，是她鼓勵我定期儲蓄的。她是一個很好、很好的女人。」

「那個生得纖纖巧巧的老處女？」

「你也認得她？」幼誠驚異地。

「我不認得她，只是有一次聽到廠裏的出納員談起過她。」黃士雄忽然笑了：「噢，汪汪，彷彿你認得的都是一些『高級』的人物哩！」

「但這又有什麼關係？我又不是因爲她的『高級』而去接近她的。她待我好，十分好；她看我時，總是這麼暖暖地。你知道暖暖的目光跟冷冷的目光的區別嗎？假如你不曾做過受過奚落的人，你就體會不出這種區別所給予人的心理影響。那種暖暖的目光是跟幾句虛僞的好話完全不同的。」

黃士雄說：「現在，我看，那位鍾大姐的第一要務，就是物色一個男人，然後嫁給他。」

他眞沒想到任何人都會替一個老處女出這樣的一個主意。他幾乎忍不住要告訴黃士雄：或許，他正是那個男人。他曾冀盼過，霍伯父會成爲那個男人，而且，以前，他也確實相信鍾竹英對霍伯父有感情。這是對老處女和老鰥夫的一個很自然的安排。但，人，究竟不是機械，常會躍出這個規範。現在，站在另一個角度上去看，鍾竹英對霍伯父確實沒有超越朋友間的感情，而他也慶幸她沒有；否則，他又如何去處理自己的感情呢？

「選了這麼多年，她要嫁的話，一定會揀個特別愛她的男人。」幼誠這句話是爲自己說的。

一個鐘頭之後，他們又開始工作；直到乙班女工前來接替甲班時，他們這才注意到又是下午四點了。林金葉最近可能是在置辦嫁粧，幼誠看到她今天離開得特別快。過了一會，林金葉的好友，管理粗紗機的馬月琴，紅着睛眼、紅着鼻子，回來告訴他們：林金葉出了事！

「撞了車？」是幼誠的直覺，隨即，他抓住了馬月琴的肩胛：「妳告訴了黃士雄沒有？」

馬月琴是個娃娃臉的十八歲的女孩，平日談話不多，看見幼誠總是笑着點點頭，還帶着中學生的那份樸眞；這會兒，兩眼角裏的兩顆淚水將滴未滴，兩隻手扭絞着，更像一個無助的小女孩了。

「我還沒有告訴他呢，他知道了，怎麼受得了？」

幼誠急得直踩脚：「人在哪裏？傷得怎樣？送到醫院去了沒有？」

「不是撞車，啊呀，你這個人，怎麼會想到撞車上去？你怎麼沒有想到別的？林金葉被門警攔住在大門口，哭得好傷心。」

「門警攔住了她！她觸犯了什麼廠規？啊呀，妳這個人才叫人心急哩！只說她出了事，她到底出了什麼事？快點說出來，大家也好給她拿個主意。到底要不要去通知黃士雄？說呀，到底發生了什麼事，快說呀！」

馬月琴急得什麼似的。平日口齒清楚的她，這會兒說話老是打結：「好……好，我……我告訴你，剛才，她……她跟我，我是……說林金葉跟我，一起放工出去。在廠門口……門警照例要對我們檢查……」

「是呀，那還用妳說？」黑皮也急得用手直抹臉孔。「我們想快點知道，她到底碰上了什麼事？」

「林金葉的一隻圍裙口袋裏放了一些棉紗……」馬月琴的聲音突然微弱得像被冬風吹散了，

然後，她再也按捺不住，就用手遮住臉，抽噎起來。

黑皮跟幼誠互望了一眼；事態的嚴重性在這互傳的目光中全部透露出來。粗心大意的黑皮扳着馬月琴的肩膀，說：「姑奶奶，妳不要哭了，好不好？妳還沒有說清楚呢，林金葉拿了多少棉紗？」

馬月琴猛然抬起頭來，甩開了他的手：「你也說『拿』？她怎麼會『拿』？她只是一時糊塗，離開紡紗工場時沒把圍裙口袋掏乾淨。難道連你也把她當作那種人了？」

「啊呀，小姐，是妳沒有說清楚嘛，如果是線頭的話……」

「不是線頭，她又不是管紡紗機的，哪裏來的線頭？告訴你，是線，這麼六股絞在一起的幾尺長的一截線，原本是想做口罩的帶子的。事情也眞湊巧，今天，她的口罩丟了，想用小手帕臨時做一隻，就從筒子紗上拉了一些棉紗下來，後來，別人借了一隻口罩給她，于是，她就順手把棉紗往口袋裏一塞。等到門警從她的圍裙口袋裏掏出來時，她這才記起來。他們硬說她偷，怎麼辦？」

幼誠用手搔搔後腦，又用手擦擦褲管。怎麼辦？他又怎能知道怎麼辦？他上工廠的第一天，水牛就把一條廠規豎到他的前面：「員工不得携帶棉紗和棉布出廠，違者開革。」汪汪，這是連一點點也不行的——黃士雄目光炯炯地望着他，希望那條廠規深烙到他的心上去——你知道嗎，一點點也不行。

他當時楞楞地望着他，覺得如果是一點點的棉紗、或者是一點點的棉布，怎值得這麼大驚小怪？只說棉紗吧，小時候，他們兄弟倆放小小的瓦片鷂，會糟塌了母親多少的棉紗線！

一點點！——黃士雄似乎看透了他的思想，又說——汪江，一千多個人的一點點，又該是多少？你可是會做乘法的呀。

當然他會做乘法。他不再責怪那個苛刻的廠規了。每個人都記得牠，就像每個人都知道工廠裏「嚴禁煙火」一樣。

「呆蟲！」黑皮搥着成包。「準是水牛害了她。什麼年前結婚啦，搞得她心神不定的。這次，闖下了禍，怎麼了？」

紡紗工場裏的其他女工都圍了攏來，大家亂烘烘地商量一陣，又一籌莫展地回到自己的崗位上去。幼誠決定先放下工作，到保養室裏去找黃士雄；幾乎是在他意料之中的，黃士雄已經趕着去看林金葉了。他又回到打包機的旁邊，並且，一直苦思着：他能不能給黃士雄和林金葉一些幫助？

憑：大哥在廠中的地位？

母親對項廠長夫婦的影響力？

鍾竹英跟項太太之間的感情？

這幾個人都可能挽回這場突來的災禍，但項廠長卻也可能像黃士雄那樣，提出這麼一個問題來：你會做乘法嗎？並且可能再加上一句：一尊業已豎立起來的石像，要是被擊倒了，以後又怎能把牠扶起來？

那是說，開革是免不了的！

「媽的！」黑皮罵道：「比我丟掉車匙還要來得糟！」

「項廠長是個好人，」幼誠又從黑皮臨到過的事情上去找尋攀援。「黑皮，你說是不是？你說過，他是好人，何況林金葉只是無意的疏忽，並不是故意的偷竊，就像你那次一樣。」

這一個鐘頭裏，他們至少少打了幾個包。幼誠一直等候黃士雄到紡織工廠裏來，把事情的後果告訴他，但黃士雄始終沒有來，也沒有回到保養室去。他陪着唏噓着的林金葉先走了，因爲人事室主任雖在廠裏，項廠長却不在廠裏，甚至連汪伯聰工程師也不在廠裏，事情還得等他們來作最後的決定。

幼誠回到家裏，決定跟做律師的母親商量一下；或者說，向母親請求一次。她對他縱然冷酷，但平日裏，她對別人倒並不吝嗇同情的。他跨進事務室，却發現霍伯父竟已坐在他那特定的座位上了：大寫字檯右側的靠背椅上，而且管自在看一本「犯罪心理學」。

「霍伯伯，你也下班啦！」

「我們吃銀行飯的，星期六下午不上班。」霍重詩溫和地說。「天冷，你騎着車子回來，累了吧？」

他眞糊塗，連星期六也忘了；不過，也難怪他糊塗，因爲按日計薪，他連星期日也要上工。然而，霍伯父難道一下午就坐在這個位子上，獨自看他的書？爲什麼他對這裏的依戀遠超過他對自己家的依戀？而宛宛的母親，又爲什麼不能把哥哥的家當作自己的家？難道這就是男人與女人的不同之處？今天的這件事，在向母親懇請之前，是不是應該先聽聽霍伯父的意見？

「霍伯伯，」他喚。喚聲是懇求的。霍重詩對這很敏感，馬上放下書，站起身，跟他一同走出來。

「你可有什麼困難？」

「不是我，是我的一個朋友的未婚妻。」

霍重詩把他拉到客廳裏，彷彿這是霍重詩自己的家。他誠摯地讓惶惑不安的幼誠鎭定下來。他沒有催促，只用一種冀望的神態望着幼誠。

「霍伯伯，你或許已經知道，我所說的那個朋友，是我工作的那個工廠裏的工人，他的未婚妻也是那個廠裏的工人。」

「朋友是不分高低貴賤的，幼誠。」霍重詩的話並不矯情，而這句話對此刻的幼誠來說，尤具價值。

幼誠沒有接話，却走到客廳的那一端，泡來了一杯茶，因爲他記起來，母親曾說過，霍伯父是客人，最低限度的禮貌可不能少。雖然，他也注意到，今天在母親的事務室裏，霍伯父座位前面並沒有放着茶杯。霍伯父到底是個常來的熟客，每當工作過分忙碌時，母親和那個書記，也常常忽略這種最低限度的禮貌的。

「幼誠，爲什麼你先要倒茶呢？」

「因爲你在事務室裏坐了整整一下午，都沒有喝過茶。」

「爲什麼你知道我坐了整整一下午呢？」有時，霍重詩提出來的問話是帶着幾分孩子氣的。

「因爲……我不知道，只是我這樣感覺到。」

霍重詩微笑着：「你這孩子，誰說你笨？你實在是很伶俐的。我希望你媽換一個角度來看你。好，現在，繼續談你朋友的事吧。」

幼誠還是不想坐下來，他覺得站着說話更能把自己的焦灼與願望表達出來。他說，他最先想到的，是人情方面的請託，但此刻卻認爲這種偶發事件，如果廠方能夠予以諒解，給她一種輕微的處罰，却是更能使全廠的員工心悅誠服的。何況項廠長又是一位體恤員工的好廠長。

「這件事情，等會我跟你媽談一談，你媽會跟你大哥說的，而你大哥當然也會……你的意思很好。只要項廠長覺得這樣的處置對予廠規沒有嚴重的損害，我想，他是會答應的。」

幼誠這才寬下心來。他想，如果他跟黃士雄可以通電話的話，他會把這告訴他；但現在，不告訴他也好，因爲萬一傳了開來，別人還眞以爲項廠長是完全賣母親的面子，連廠規都給擱在一邊了。

霍重詩喝了半杯熱茶，精神就顯得特別歡暢，但他探詢幼誠的問題，卻是嚴肅而楔入核心的。

「你跟你大哥之間的隔閡，是不是消除了些？」

幼誠無可奈何地搖搖頭。「我們是兩個完全不同類型的人。」

「你們兩個人之間的失和，一半是不是為了宛宛？我自己是不贊成宛宛這種做法的，但我也不願干涉她的自由。」

「不，對于宛宛，我現在已經很能諒解她了。」他停了停，加重語氣。「我甚至還贊成她這樣做。」

「嗬！」霍重詩的詫異不是尋常的。「愛情變得很快；或許你現在已經有了女朋友？」

幼誠沒答腔。他想着鍾竹英，想着自己以前打算說服霍伯父去愛鍾竹英的可笑。他用幻想使鍾竹英此刻坐在他家的客廳中，看她到底適合于他們兩個人當中的哪一個？

「霍伯伯，鍾大姐現在還去你家聊天嗎？」

「自從宛宛的媽走了以後，她再沒有去過。公事上的問題，我們儘可以在辦公時間內商談。」

「鍾大姐為人怎麼樣？」

「非常好——非常好。有一個時期大家全勸我對她下點工夫——你知道吧，大家全認為我跟她很相配，但我們雙方都沒有這意思。」

「總有人會愛她的，」幼誠輕輕說。「我覺得沒有一個人有比她更和藹可親了。」

「我也希望有一個人會眞正愛她，只是那個人不是我。」

冬天，黃昏跟夜晚之間的距離很短。客廳本就灰濛濛的，此刻，他們是浸在一片暗霧中了。幼誠走去開燈時，聽見母親和大哥逐漸移近來的笑語聲。

幼誠相信霍伯父已跟母親和大哥談過這件事情，但那晚，直到母親就寢時，她對這仍沒透出一點口風來。他突然感到：自已和霍伯父的揣測全錯了。母親和大哥，因爲惟恐項廠長發覺他們的親人在他的工廠裏做卑微的打包工作，就連這件事都吝于伸手了。

但，除了這一途徑之外，難道他們自已那一羣就不能出一點力嗎？

夜晚很冷、很長。他聽見隔壁公園裏那些大樹們正不甘寂寞地在風中彼此呼喚，然後，紡織廠裏的機器的均勻的呼吸聲也摻了進去。他恍恍惚惚地沈迷下去，驀地，像被黑皮搥了一拳似地，他又醒了過來。

「黑皮！」他說，馬上發覺自已仍在床上。然而，在黑暗中，他依稀看到黑皮、黃士雄、馬月琴……以及好些別的女工都站在他的面前，而且圍成一個半圓。他們的亮亮的眼睛都提出同一個問題：

難道我們自已就不能爲自已的夥件盡一點力嗎？

他的思想竟變得非常敏捷，他如此確實地回答：當然可以，我們可以聯名上一紙簽呈。

第十五章

星期天的晚上，又是項太太裘愛蓮教授英語會話的時間。他們照例把晚餐提前了十分鐘，那十分鐘是預備給項太太化妝用的；但今天，項太太的神情却是懶洋洋的，不僅對化妝缺乏興趣，連對她設計的這一節目也感到乏味。她坐在客廳裏，一點也沒勁兒，夾在兩指間的香煙，彷彿隨時都會滑落下去

「怎麼啦？不舒服了？該找大夫看看。」儘管項子琳的心裏盤算着的是別的事情，不過，他的目光却仍謹愼地捕捉着愛蓮的神色，而且還那樣週到地走過去探探她的額角。

愛蓮把丈夫的手挪開了。「別大驚小怪了，我好好兒的，什麼病都沒有；只是像小學生一樣，想逃一天學，但又似乎逃不掉。」

「我在門口給你貼一張『因病暫停授課』的紙條，好不好？」

「不好，我又不是眞的生病，這會叫好幾個人白跑一躺，多不好意思。你今天要不要出去？」

問題忽然轉到他的外出上，宛似暗示她情緒上的低落，乃是他外出所引起的。雖然在心裏打了幾個漩渦，他却讓一個巧妙的微笑裝飾起自己的平靜。

「如果你不願意我出去，我不出去也無所謂，反正是些不太重要的洽談，一方面是爲了聯絡

聯絡感情。我的構想是這樣：你忙的時候，我就出去辦點小事；這樣，當你閒下來時，我也就有空跟你作伴了。」

愛蓮有些鬱鬱地說：「你可能並不喜歡我這樣做，要不，爲什麼每當他們來到之後的不久，你就獨自悄悄地出去了。我想，倘若你眞的不喜歡，你是有權利反對的。」

「啊呀，怎麼你又疑心起來了？你喜歡的，我當然也喜歡，怎麼會反對？如果你今天想休息休息，我贊成。我們上『臺中大酒店』去消夜、看表演。我們也有好些日子沒出去了。」

「你每次出去都是上『臺中大酒店』？」

「又是這一套！我眞拿你沒辦法！我一個人去那裏幹嗎？這個『臺中大酒店』，招牌雖是孔子的七十幾代孫寫的，但跟一般大酒店又有什麼兩樣？少不得熱舞啦什麼的，這叫做『掛羊頭、賣狗肉』！你要認爲這位孔先生完全接受了他老祖宗的家規，這就錯了。」

裘愛蓮並不願意上「臺中大酒店」，她說，對於熱舞一類的洋玩意兒，她以前在美國原是可以瞧個够的，但那時她都不想去看，何況現在？更何況這裏的一些熱舞，除了讓人熱得面紅耳赤外，連一點美的羽翼都抖落光了。

因此，項子琳就不再提議什麼，但她卻的確像失落了什麼似的。如果眞是他引起的，那他就更該小心一些了。

天氣很冷，他們甚至不敢用戶外散步來變換一下氣氛。就在他們這樣靜坐着、項子琳竭力想說點話却又不知道什麼話才是裘愛蓮愛聽的時候，紡織廠的人事室主任送來了一份許多工人聯名的簽呈。項子琳向人事室主任問清楚了這件事情的整個情形，然後，他說，明天上午他會批復的。

人事室主任坐了一會就走了。他明白項廠長不僅個人對這需要考慮，可能還要徵求身爲董事長的項太太的意見。一點兒不錯。項子琳把那份簽呈推給了太太，說：「你對這件事情是怎麼一個看法？你可認爲那個女工的疏忽值得原諒和同情？」

「那林金葉是個怎麼樣的女人？」裘愛蓮確實不是一個女企業家。她不對問題的核心推敲，倒繞到岔路上去。

「誰知道？廠裏一千多個女工，我怎麼知道誰是誰？我又何必知道誰是誰？我的意思是：既然大家都爲她說話，她也總有她的長處。是人總有同情心的；老實說，我答應了他們的懇求，也不過是順水人情。我一直以『工廠是大家庭，全廠員工都是一家人』爲理想目標。在可能範圍之內，我是絕對不願爲了一個成員的小小過失，而削減全體成員的向心力的。」項子琳站起來，在沙發椅旁來回踱了幾次。「他們看來都是很善良的。我走到哪裏，他們總是對我笑瞇瞇地。」

「你的人緣很好。」裘愛蓮有點羨慕，同時也懊悔起自己平日的裝腔作勢來。「大家對我就不是這樣。其實，我的心地最軟，我就是糟在太軟這一點上，因爲太軟，也就裝得特別硬。今天林金葉這件事，我當然跟你持相同的看法。再說，如果你不原諒她，那末，工廠裏的員工，不把這一責任推給我才怪！」裘愛蓮嘆着氣。「我此刻在細細地想：一開始，我對他們的態度就錯了。」

「怎麼，想來想去，你又想到這上面去了，好像工廠帶給你很多煩惱似的。你只想到別人對你的壞的批評，却沒想到別人對你的好的批評。那些受你教誨的學生，會在外面怎樣替你宣揚，你這就不思量一下？好啦，別洩氣了，快準備一下，他們馬上要來了；我替你把錄音機拿到餐廳裏去。」

裘愛蓮望着項子琳。她不由得不相信丈夫的每一句話都是出於衷心的。他是她父親跟她兩人、在許多青年當中挑選出來的。他應該比別人好。她有理由相信這一點。

經過這一串迂迴虬蟠的應付，項子琳倒也覺得有點倦憊了。要不是惟恐鍾竹英等着他，他眞希望上樓躺一會。

伯聰帶着宛宛比別人先到。兩個人甚至比主人還起勁，把什麼都佈置得舒舒齊齊的。接着，其餘的幾個也全到了。等他們進入餐廳以後，項子琳又把伯聰喚出來。

「伯聰老侄，你知道昨天傍晚工廠裏發生的那件事嗎？」

伯聰早已知道，而且確實因了幼誠的關係而打定主意不管這件事。要是他說知道了，那末，他的消息是從哪裏來的？探問下去，他原想隱瞞的，也就無法隱瞞了。

「我不知道，項叔叔，我昨天下午也早退了一步。」他說。這是他在出門之前就想好了的回答。

項子琳帶着一絲奇怪的神情瞅了他一眼。好傢伙，你弟弟幼誠也簽了名、蓋了章，你還會不知道？你想瞞我多久呢？其實，我倒不是一個心胸窄狹得因你有這樣的一個弟弟而會看輕你的人。愛蓮也不是這樣的一個人；一如她剛才說的，她實在是個軟心腸的人。這些日子來，你跟她接觸頻繁，也一定已經清楚她的本質了。你實在不必隱瞞的。伯聰老姪，我欽佩你的精明，欽佩你使自已立于不敗地位的深謀遠慮，但我不免有點兒為你擔心，因為，伯聰老姪，你看看我，我以前也跟你一樣，而我現在也並不是怎樣快樂的呵！

「項叔叔，廠裏究竟發生了一件什麼事啊！」伯聰假意的關切，除了項子琳，很少有人能夠識別出來。

「沒有什麼，只是一件小事，我已經處理好了，我們明天再談。」項子琳突然拍拍伯聰的肩：「快進去吧，你項嬸嬸可能正在等候你這位高足呢。不過，伯聰老姪，你是清楚項嬸嬸是完全為了『排遣』才授課的，你別忘了，怎樣保持她的興致以及怎樣使她能從那裏獲得快樂，這也是你的一份責任啊！」

「項叔叔，那個責任比工廠的責任更難擔當哩。」伯聰幽默了一句。

等到裘愛蓮在那羣青年中確確實實地恢復了她的快樂之後，項子琳才走上樓去。他上樓的目的，是要換一條領帶、披一件大衣；但他還是坐下來，燃起一支煙，克制住自已急想外出的渴望。一張柚木櫃子上擺着一只精致的相架，刻花鍍金的相框莊麗地衛護着裏面的他倆的結婚照。二十四歲的愛蓮並未隱藏起她閃爍的任性，而剛才愛蓮的惶惶的神情、幽幽的話語却在委曲而又耐心地向她自己的任性進行反擊了。她那一心想掌有他的切望以及惟恐失去他的憂懼，鮮明地描出了她的孤凳；只有一句話她沒說出口：有一天，你會離我而去嗎？

是的，他確在打算，有一天，他要離她而去。

然而，他却不希望這種探詢出現在她楚楚可憐的心境下，而是希望她出現在她盛凌氣人的蠻橫下；這，倒不是他想避免譴責，而是不願承擔過多的內疚。可是，果真長久這麼下去，又怎樣向鍾竹英交代呢？他跟她的結婚計劃，不又將沒入一片蔓草中了？

把那條解下的領帶和那條準備繫戴的領帶都搭在沙發靠背上，他例外地點起另一支煙，抽了幾口，把煙夾在指縫裏，閉上眼睛養神。不論怎麼說，這件事，錯的是他自己，要是他現在不受一點苦惱，可也不公平；但，這麼一想，他倒反而不覺得苦惱了。他把左手伸過去，撥弄着椅背上的領帶。好啦，子琳，抽完這支煙吧，別讓竹英久等了。

有人循着樓梯悄悄地走上來。會是誰？那個四十多歲的女佣人是很懂規矩的；晚上，沒人叫喚，是從不上來的。那截長長的煙支仍夾在指縫間，驚愕的目光守住房門；進來的却是愛蓮。

「哎喲，愛蓮，怎麼這會兒你撇下學生，上樓來了？是不是要拿什麼東西？」

「我來看看你，不知道你在做什麼？原來你是坐在這裏抽煙！」愛蓮彎下身，拉過來項子琳正在撥弄着的那條領帶。「有心事嗎？」

項子琳把剩下來的香煙往煙灰缸裏一按。「有什麼心事？像我這麼幸福的人，還有心事，那不是太不知足了？」

「眞的想出去？」

項子琳拉過來裘愛蓮的手，這麼親蜜地吻了一下。「我就在考慮這：離開這麼溫適的家，去嚐這麼寒冷的風，是不是値得？想起以前，冰呀、雪呀都嚇不倒我，我眞覺得自己老了。」

「老？有人說，人生七十才開始，你三十幾歲的人算老，這是什麼想法？我剛才正在思忖，爲什麼我不接受你的意見，出去玩玩？那一點點寒意是凍不住我們的。當然，我們未必要上『臺中大酒店』去，我只是說，我們可以一同去朋友家裏坐坐談談。」

「但你此刻怎樣把你的那些學生打發走？」項子琳一下子嚴肅起來；說他使用的是嚇阻政策也好，他的確不願在他決定啓步之前取消預定的計劃。「我早對你說過，在你門上貼張紙條。現在，事情到了這個地步，你又硬要攆他們出去，那怎麼行？愛蓮，如果你眞這樣做，別人準會說你怪僻任性。我明陪晚你出去吧。」

可是，對一個任性的女人來說，嚇阻政策只會產生相反的効果。裘愛蓮往沙發上一靠，氣嘟嘟地說：「讓他們說我怪僻任性好了，我可沒有收他們的一分錢，難道我連這一點的自由也沒有？他們要是對我不滿，乾脆不來上課好了。」她把領帶朝地板上一摔。「我不下去了，你去告訴他們：我突然頭痛了。」

「噯，這又何苦來？假如因爲我說錯了話，你也犯不着對他們使氣。」

「我不是對他們使氣，也不是怪你說錯了話，只是因爲今天提不起勁兒。每次，伯聰跟宛宛一齊來，我就會想到：宛宛就像當年的我，伯聰就像當年的你。可惜我們甜蜜生活過得並不長。我們什麽都不缺少，但我們還是時常吵吵鬧鬧的，那是什麽原因呢？最近，我一直在做反省的工作。我會對記得起來的這些年中的大小爭吵，作了一次全盤的檢討，答案竟使我異常驚異：我一向自認是個心地善良的女人，但我發覺在有些事情上，我却是非常地自私，尤其是對你。」

「你又在小心眼兒了。我早就把這些事情忘得精光，你還牢記在心裏幹嗎？千萬不要爲這種事情而失却了對別些事情的興趣，現在，我陪你下樓去吧。」項子琳拿來那條仍留在沙發靠背上的領帶，把牠圍在頸子上，很快地打好了結。他在着衣鏡前瞧瞧自己的笑容，體貼而自然，一個忠實的好丈夫。愛蓮猜得到他是一心想去會晤他的舊情人嗎？

「我不下去。」裘愛蓮很倔强。「或許我這樣做，是自私，但我願意自私一次。」

項子琳走近她，誠心誠意地望着她：纖長的、生長于外國却十足是中國味兒的女人，細眉下的眼，現在是兩個小潭，在美國時，牠們會是兩個小小的明鏡，如今，深潭裏却有游魚無數，而鬱悒則是其中最大的一尾。老華僑的岳父的聲音在他與她之間飄盪：愛蓮半是大人，半是孩子。不錯，即使她現在已經三十幾歲，她一半仍是孩子，她父親這麽信任地讓他帶回祖國來，他本身就當然負有保護她的責任。那末，寬容她、原宥她、愛她，讓一切重新開始？但自己對鍾竹英的那份感情呢？

「不管怎樣，你下去對他們說吧；用什麼藉口都可以，他們是不會太計較的。」

項子琳知道這已不是她的衝動，勸她會是一種浪費。他走下樓去，對那些準留學生說：裘老師有些事情要辦，她抱歉今天無法繼續爲他們講課。那幾個人畢竟都很敏感、識趣，就相繼離去。剩下來的，只有伯聰和宛宛了。

宛宛慇懃地問：「項嬸嬸是不是不舒服了？」

「好像有點心煩，或許我該帶她出去玩玩，但我也想不出去哪裏玩才好？去歌廳嘛，她又不願意；上電影院嘛，時間上怕又晚了一點。」

伯聰說：「到我家去怎樣？跟我母親聊聊；再不，大家就來一局橋牌。」

項子琳裝了一個鬼臉。「她的事，我可不能決定，還是問她的好；但可能性很大，她跟司徒律師最談得來。」

「那末，就去看司徒律師吧。」已經站在樓梯口的裘愛蓮說。大家都轉過臉來看她。她已換上一件印花的呢旗袍，手臂上挽着兩件大衣，一件是她自己的，一件是她丈夫的。

項子琳立即衝了上去，接過大衣，扶她走下樓來。或許，這是不必要的，但此刻他倒眞想對她體貼一點；他嫌的是她的固執和驕橫，而不是她整個的人。

四個人趁上那輛自備轎車，仍舊由裘愛蓮駕駛。她的旁邊是宛宛。宛宛歆慕地說：「項嬸嬸眞是什麼都能，以後有空，我也要學學駕駛；自己開着車子去兜風，多寫意！」

「而且旁邊坐着我們那位年輕的汪工程師。」車子駛近鬧區，裘愛蓮的灰黯給扔在車後了。「如果你們在這裏結婚、在蜜月裏又打算作環島旅行的話，我可以把這輛車子借給你們使用兩星期。」

「希望能這樣。」宛宛的希望熠耀在五彩的大街上。她跟伯聰相戀的時日並不長。在晤聚的時刻裏，她始終在竭力探索他，而且在竭力適應他。他們還沒有談到結婚這個話題上去。伯聰不是那種老光棍，認識妳十天半月，就在電影院、咖啡館或者公園裏顫巍巍地向妳求婚，彷彿他的新房已經佈置得妥妥當當、只待你去享受那樣地焦切。她的一個同學就曾遇到這樣的情形，嚇得她再也不敢跟中年男人做朋友。那個女同學說：「別人介紹我跟他相識，我只是想跟他做個朋友，哪裏知道他一開始就認爲我已做定他的太太，這怎麼受得了，簡直是太侮辱了女性！」那個男人也在向人抱怨：「我已是四十靠邊的人，我哪有年輕人的閒情去作愛情的遊戲！我交女友的目的就是找太太。我看她是個好女孩，我早早地向她求婚，難道這就錯了？她既然沒有嫁給我的意思，那就不該來應約；我又不是什麼浪蕩子，吃足豆腐以後就把她扔了。」她自己後來曾對這仔仔細細地研究了一番：殘酷的時間。她的結論如此。錯的是年齡上的差距。她們的青春正長，那些老光棍却已「遲暮」。她們需要的是愛情，而他們需要的則是一個家。不過，那些失戀過的女孩倒是很願意嫁給忠心耿耿的中年男人的。她早看清楚了，伯聰不是幼誠。對幼誠來說，只要妳愛他，妳對他發些脾氣，他是可以忍受下來的，但伯聰却不同。他很富優越感，也很理智，只要他不喜歡妳，就可以馬上跟妳分手。雖然這幾個月來他從未說過什麼令她難受的話，但她却也不免感到：如果她愛的是考不上大學的幼誠，她或許會更安心些。

以後，幼誠會愛上誰呢？一個女工。那是毫無疑問的。一個男工，準是跟一個女工相愛的；以後，租一間小房子，共同生活一輩子。就是這樣。幼誠的將來就是這樣。

而伯聰呢？他的將來如同太平洋那樣浩瀚無涯。一年半載之後，他去美國深造；然後，他在一個著名的大學裏得了一個熱門學科的博士學位；然後，把這個已經成爲他妻子的她帶到國外去；然後，他又回國講學，並且省親，並且還說，他們在國外是多麼地懷念祖國；大家都很感動，並且都很感激。那些直如繁艷的夏景那樣的消息，每年夏季都在報上大幅展示。叫人好目眩呵！爲了要使自已有一天也能擁有這麼一幅，現在就該還就伯聰一點；是的，就光爲這一點，不也是值得的？

裘愛蓮駕駛得非常平穩，此刻，車子已經穿過臺中市的心臟地帶了。後座上，兩個男人正在談論工廠的業務。

「伯聰老姪，你現在該可以看出來，我們工廠的出品，不論是棉紗和棉布，都簡直是供不應求。外銷佔百分之七八十，美國雖是產棉國家，但他們的人工可貴呢。」

「項叔叔，你應該計劃添置設備，增加產量。中部地區的人工，跟臺北的比起來，畢竟要低得多了，因此，成本也就比較低廉。」

「可不是，我也有這個打算，不過……」項子琳的話語滯緩下來。「我現在這個工廠，佔地三甲，雖然還有不少空地，但要擴充的話，少不得還得收購旁邊的土地。伯聰老姪，你是知道我這個人辦事喜歡穩紮穩打，免得步上有些工廠的後塵：擴展得太大了，結果搞得週轉不靈。」他不自然地細笑了兩聲。

伯聰這一次沒有發覺項子琳吞吞吐吐的難言之隱，只顧依着自己的意見說下去：「項叔叔，你太客氣了，即使再開一家像東昌紡織廠那樣的工廠，對你又有什麼困難？不過，或許你的興趣不在擴展，而是想另創一家，譬如，製造尼龍、奧龍一類的化學纖維工廠，前途就非常光明……對啦，彷彿聽說你有這打算，有沒有這回事？」

項子琳戴着皮手套的右手揑得吱嘞吱嘞地作響，他不安地望着前座正在開車的愛蓮：愛蓮的雙手與臉頰都不會爲這幾句話激起一絲微顫，他這才放了心。因此，他剛才不自然的細笑頃刻間也就變成了爽朗的大笑了，笑得要讓愛蓮知道他的內心的坦率。

「沒有這回事，你哪裏聽到的？其實，也眞有一些朋友，喜歡東猜西測的，以爲我項某這幾年在紡織業上賺了一點錢，現在又想投資到別的企業上去。沒有這回事，我這個人喜歡穩紮穩打……不過，如果有一天，你項嬸嬸計劃這樣做，那該又當別論了。愛蓮，妳說對不對？」

車子正滑行於臺中公園的旁邊。冷沉沉的路上只傳來大樹們對黑夜的了不畏縮的、嘿嘿的笑聲。裘愛蓮遏制自己不立即作答。她先把車子慢慢地在司徒律師的屋前停下來。她要訓練自己趨于成熟、習于忍耐，不要把自己的悲哀洩漏在人前。

她轉過上身，用溫柔得如同一片月光的聲音說：「子琳，你知道我是以你的意見為意見的。」在微弱燈光下的兩眼，仍是兩個小潭。

在司徒律師的客廳裏，並不是只有司徒律師坐在那裏。他們進去時，那裏已有長期的客人霍重詩和難得來到的客人鍾竹英。坐在靠近鍾竹英身邊的一角幽黯處、用靜靜的深情注視着鍾竹英的，是幼誠。

四個人的到來，引起了一陣小小的騷動：熱烈中夾着一點慌亂。司徒律師在迎向項廠長夫婦的途中，迅速地瞥了一下幼誠；幼誠也早就猜測到，已然站起，趁着大家鬧哄哄的當兒，悄然地退向客廳後面的臥室去。鍾竹英用暖暖的安慰的目光送他，不過，她更清楚，今晚上，她自己扮演的角色倒是最艱巨的。

「呃，好極了，沒想到鍾小姐也在這裏。」裘愛蓮跟司徒律師握過手後，就走到鍾竹英的面前來，那語氣完全是關懷的親熱。緊緊的握手，細細的注視。在外國，朋友們說她是個十足的中國女性，但自己在這裏結識了鍾竹英以後，發覺鍾竹英才更是十足的中國女性呢！舉手投足之間，言談笑語之中，散發着的那股溫雅嫻靜的氣氛，又豈是缺乏內在修養的人所能學來的？噢，自已老惦着要為她找一個配得上她的中年男人，但到現在，卻仍沒兌現呢。「我說，鍾小姐，你一個人在家太寂寞了，應該出來走走，譬如這裏司徒律師家，譬如我的家；眞的，妳為什麼不上我家去玩？」

「上了一天的班，回來再做點家事，也就累了，便賴在家裏，不想出來。今天，我順便進來坐一會，馬上就要走的。」

「不過，現在我們來了，妳總不好意思早走了吧，對不對？」裘愛蓮在對那個人親暱時，那股孩子氣又自然而然地裸露了出來。「我早跟子琳談起過，鍾小姐旣溫柔、又大方，完全是賢妻良母型；子琳的朋友多，為什麼不……」

項子琳拉了愛蓮一下。「愛蓮，霍先生在招呼妳吶！」

霍重詩趕忙點頭微笑，向她寒暄了兩句。剛才他站在一邊，正在納罕這兩個女人是怎麼建立起彼此之間的深厚感情的？鍾竹英應該恨裘愛蓮，但她沒有；裘愛蓮去銀行時是一派貴婦人的高傲，而獨獨對鍾竹英卻是如此和藹可親。而項子琳呢，又是一個多麼八面玲瓏的人，在兩個女人中間週旋自如，那簡直有資格走上政治舞台去。

于是，司徒律師非常鎭定地請大家坐下。自幼誠離開客廳後，就再沒有什麼事可令她慌張的了。霍重詩詠諧了一下：「今天的客人除我而外，都是不速之客，眞是要來的都來了。」司徒律師立刻吩咐女佣阿珠打電話去叫餛飩，阿珠問她要叫幾碗，司徒律師瞪了她一眼：「客人再加上家裏的人，該叫幾碗，妳自己去算！」回過頭來，笑盈盈地向着裘愛蓮：「項太太，回到祖國以後，這幾年來，妳是不是常吃餃子、餛飩？」

「當然常吃，現在，連我家女佣也學會怎麼做了。」

「啊喲，那末，換樣新鮮的。年糕上市了，就叫排骨年糕吧，阿珠。」

「幾碗，太太？」

「剛才餛飩要幾碗，年糕也就要幾碗。妳這個人今天怎麼搞的？」

「我是想問個仔細。以前幾次……」

「快去，阿珠，今晚再加上妳的一份！」司徒律師揮揮手。那個阿珠，今天就有這麼笨的，以後還得多多關照。在項廠長夫婦面前，萬一把幼誠抬出來，那可怎麼得了！

從阿珠開始，司徒律師充分地體會到今天的愉快的晤談下面却是危機四伏。她和重詩兩人，是這裏唯一知道項子琳和鍾竹英有一段舊情的人。鍾竹英是個安靜的女人，即使在以前，她跟項子琳的戀愛，可也不是沸沸揚揚的。她是一朵生長在溪邊的淡雅的藍色小花。那時，重詩只知道鍾竹英有了男朋友，却不知道他是怎麼樣的一個人。我不必去探聽，如雪——他說——我對別的女人的男友都不想去探聽，因爲我不想去愛別的女人。可是，在項子琳出國之前，她和重詩都接到了一份請柬；筵席設在項子琳的家中，主客一共只有五個人：項老太太、項子琳、鍾竹英以及他們兩個。項子琳懇切地希望他們兩位在他出國期間能够多多照應他的母親和他的未婚妻鍾竹英，尤其遭逢到什麼事故的時候。當然，大家全沒想到後來鍾竹英遭逢到的最嚴重的事故竟是他給予她的，而鍾竹英竟又婉拒了她以律師的立場寫信去譴責他。在許多事情上一向都願奪取勝利的她看來，開始認爲鍾竹英的這種無言的容忍乃是懦弱；而以後，她才明白那正是柔性的堅强，一如重詩這十幾年來對她的那種不想索取的愛那樣——他們確實已把愛情提昇到物慾與情慾之上了。然而，最近一兩年來，她又發覺項子琳又在跟鍾竹英接觸了。是項子琳發覺以前的錯而在設法補救呢，還是鍾竹英甘願在愛情上吃剩菜冷飯？打項子琳出國前的那次筵席以後，十年過去了，除了業已過世的項老太太，今晚是他們四人重聚一室的第一次。說他們沒有感觸嗎，那是不可能的；說鍾竹英更值得同情嗎，那末，迢迢地、自千里之外歸向祖國的裘愛蓮又何嘗不是？

司徒律師鎭靜地坐着，微笑地，也是戒備地。談話已由重詩引領着往淸淸的溪畔緩行。她看看項子琳，又看看鍾竹英。他們都是出乎意外地恬然。項太太拉着鍾竹英坐在一起，問她這樣、問她那樣；雖然自己還比鍾竹英年輕幾歲，却是一副老大姐模樣。鍾竹英仍是這麼溫溫順順的；在項子琳出國前是這樣，如今也是這樣，將來姑不論事情怎樣變化，怕也仍是這樣。項子琳靠着重詩而坐，雖然，他現在的社會地位要比重詩的高，但他仍保有着那次筵席上對重詩的那份尊敬。重詩藏着取之不竭的、永遠新鮮的笑話，特別是，關于守財奴和浪蕩子的。然後，司徒律師就談起今天受理的一件案子，這是一個矗立在「現實」的塔尖上的故事。

「是男人和女人的故事？」裘愛蓮這時插了進來。

「是的，而且是丈夫和妻子的。」

「丈夫暴發了，丟下了土里土氣的黃臉婆！」宛宛畢竟年輕，所見不多。

「不是。丈夫英俊，有一個很好的職業；妻子漂亮，手頭也有一點錢。他們結婚十年，相處得一直很平和，不過，最後，問題仍出在錢上。」

司徒律師剛要說下去，排骨年糕來了，阿珠向樓梯口一喊，正在樓上讀書的幼芝就蹬蹬蹬地跑了下來。她很有禮貌地向每一位長輩問好，待輪到宛宛時，幼芝只淡淡地點頭一笑。司徒律師知道女兒是站在二兒子那一邊的。幼芝簡直比當事人幼誠更不能諒解宛宛的移情別戀。幼芝端着那盆排骨年糕，向大家一鞠躬，便退到後面去了。司徒律師清楚她是去跟獨處一室的幼誠作伴的。突然間，她感到一陣難忍的心疼。果眞如重詩所說，她對幼誠太冷酷一點了？假如此刻，幼誠也有資格坐在客廳裏，她自己會多麼欣慰！她第一次去體味在高朋滿座的家中他被冷落的那份鬱怒。倘若他不這樣丟她的臉：不去做打包工，而找個略爲像樣一點的工作，那她今天就願改變心意，讓他在項廠長夫婦面前亮亮相。但現在，她又有什麼辦法呢？

「司徒律師，妳怎麼不說下去了？」項子琳先吃了兩片年糕。那年糕味道不壞，但跟那軟滑而不黏牙齒的紹興年糕又怎麼比？

「我說到哪裏了？」司徒律師很少有這麼心不在焉的。

「媽，妳說到夫妻兩個，才貌和經濟情況都不錯，但問題仍出在錢上。」伯聰說，一邊把自己的一張大手絹舖在宛宛的膝上，權充餐巾。

「錢是越多越好的呵，」霍重詩又幽默了一句。「項廠長，項太太，我說這話，你們可別介意啦！」

司徒律師沉緩地說下去：「他們並不算很有錢，就是有些土地、房子和存款什麼的。女的一想，不愁吃穿，但如能夠找個事情做做，讓名字響亮一點，不也很好？於是就千方百計地在那個地區的總工會裏搞了個貸款部主任的職位，開始倒還幹得不錯，後來由于裏面的人偷偷地把公家的錢往自已的口袋裏塞，她也就不甘落後，陸續吞了二三十萬，想不到事情畢竟被人揭發了，她這一下子才知道那是要坐牢而且還要查封財產的！」

「這彷彿跟臺北某信用合作社出紕漏差不多。」項子琳說了一句。

司徒律師用她律師的果斷的聲音，說：「不，下面可不同啦。女的聰明機警，在法院還未結案之前，就把價值約七、八十萬的土地和房屋全部轉移給丈夫；轉移之後，還覺得不放心，又跟丈夫假離婚。離婚手續就是在我這裏辦的。現在她坐了一年的牢，總算出來了，但卻氣得不想活。」

「爲什麼？」

「她的丈夫調職到臺北，他乾脆賣了她以前的不動產，在臺北市買了幢新房子，而且還跟一個比她年輕的女人結了婚。她的丈夫是名正言順地擁有了她的財產以及他的新婚夫人。這吶，無以名之，姑且叫做『黑吃黑』吧！」

那最後的結論使大家楞了一會。到底是女的咎由自取呢，還是男的鮮情寡義？或者說，兩個都被金錢迷住了？

「那男的做得太絕。」項子琳說。「我只聽說過，做丈夫的坐牢時，太太把細軟一捲、跟人私奔了；但却沒有聽說過男女換了一個位子，而男的在法律上又佔盡了『利』。」

「是呀，做女人的可得小心啊。不管怎樣，我是同情那個女的。」宛宛說。

這一故事，使大家對夫妻間的信任、互愛以及本身的行爲足以影響到對方的聲譽作了一些討論。要是把愛情與聲譽放在金錢之上，那末，任何一方就不會幹出這種事情來。那是一個蠢材造成的悲劇。

那晚的話題很廣泛，從項太太的英語會話講授又轉到留學的問題上。司徒律師自嘲地說：「我自認是很愛國的，伯聰的爸爸生前也當過青年軍。我以前對于伯聰的出國與否，壓根兒不放在心上。可是，這些年來，看到別人家的孩子多半出去了，而且得了什麼碩士、什麼博士的。我是一個好强的人，不讓伯聰出去得個博士，就彷彿對不起他死去的爸爸。我不贊成他長居美國，但這怕也由不得我作主。有時候，我覺得報紙也該負一部份責任，牠們一面呼籲人才不要外流，一面却在爲那些在國外得了學位的人捧場，即使是幾句話，對青年人來說，總是一種誘惑。」

項子琳笑了起來：「可不是嘛，說不定記者先生們也在羨慕他們呢。現在，像我這個留過學、仍然回到自己國家裏來的人，對這倒可以說幾句話。青年們所追求的，只是前途，但是無論是在國外或國內，前途都得由自己去創造。我很不贊成有些留學生，不但本身就是一個美國迷，而且也入了美國籍，可是回國期間，硬是表現出一副「忠貞愛國、舍我其誰」的姿態，竭力勸告青年以國家爲重，不要出國；不料語音猶裊裊在耳，他們却又趁上噴射機走了。這樣一來，難不成只有他們才配得博士、賺美金、談愛國，而別的人就不配？這種說法，眞是拙劣極了。我想，沒有一個人會受感動。」

裘愛蓮不耐煩地嚷了起來：「別說下去了，我不要聽。我在美國時，聽留學生們談中國，如今在這裏，却老聽別人談美國。眞煩死了。我是生在美國、長在美國的，但現在，我却在祖國住下來。我無意說留美的中國學生不愛國，但說他們把自己的前途看得比國家的前途更重，却是錯不了。那些大聲疾呼勸告青年不要出國的人，如果自己是回國講學的學者，那就不妨以身作則，毅然決然地留下來；如果自己是政府官員或者教育家什麼的，那就叫自己的子女不要出國去，或者得到學位後趕快叫他們回國來服務。行動比空口嚷嚷更有效。當然，今天，我也在嚷嚷，但我有資格說這些話，我可以很坦白地說，許多人都沒有這資格。」

當然，許多人都沒有這資格，所以這個話題便在這一點上膠住，談不下去了。

每個碟子上都剩下一些年糕，因爲這一話題的重量，都橫梗在胃部了。司徒律師很佩服裘愛蓮的那一番話，但她也很慚愧自己未必做得到。姑且推開她的大筆的財產吧，裘愛蓮本身也是値得人愛的，雖然任性了些，但有個性，有熱情，而且，誰知道她沒有知過能改的勇氣？

鍾竹英坐在一邊，還是那副溫嫺樣兒，跟能慷慨陳詞的裘愛蓮完全不同。她慢條斯理地說：「就某些情形來說，一個人對國家，有時幾乎跟對雙親沒有兩樣：年輕時，如果不盡一點力，年老時，就難免感到，活了一輩子，愧對一些什麼。」說了，輕笑了一下。「我說的，也未必正確，不過今晚，有機會聆聽各位的高論，我眞幸運。我因爲家裏沒有人，不放心，恕我先走一步。」起身之前，跟裘愛蓮拉拉手。「項太太，你眞是一位不平凡的女性。」

「我？那怎麼敢當？我只不過有個眞正中國人的父親吧了。」

司徒律師站起來。她沒有挽留鍾竹英。她明白鍾竹英的提早離開，正是她聰明的地方，她避免了可能發生的麻煩；但當鍾竹英走到門口，裘愛蓮忽然說：「我知道鍾小姐的家離這裏不遠，子琳，你替我送鍾小姐回家好吧？」

項子琳僵坐着，由于過分意外以及過分驚懼，他喚了一聲：「愛蓮！」

「那是禮貌呀，子琳！」

似乎再也不能遲疑了，項子琳陪着鍾竹英走出門去。兩個人誰也沒開口，誰也不瞧誰一下，一如包圍住他們的黑夜就是包圍住他們的陌生。他們在圍牆邊停了一下，依然不說一句話；但在重新啓步時，却不約而同地往公園路的方向走去。他們不走公園的園門，只踩上石沿，就輕易地跨過了路邊那排短短的鐵欄。那些大樹仍在風中嘿嘿地、威武地笑着。他們又被凝凍在濃黑中了。鍾竹英打了個哆嗦，項子琳伸手把她拉得更近自已。

「那些大樹，應該還認得我們，竹英。」

「可是，這夜太黑，恐怕牠們已經分辨不出來了。」鍾竹英憑着自已對公園的熟悉，小心地躲開了可能碰上的樹幹，但她有時仍忍不住去摸摸牠們。大樹啊，你在風中笑什麼呢？是笑人們因貪心而造成的煩惱？但我並不貪心。我可不是糾纏在大樹上的葛藤，我忍受過、寬恕過、犧牲過；在這樣的黑夜裏，我曾倚在你身旁低泣過。我知道你並沒忘記。我相信自已一點也沒貪心，但我現在卻也有了煩惱。

「我們還是到湖邊去坐一會吧。」項子琳的語音裏有着感慨。「今晚眞太意外了，我們這四個人，全都在司徒律師家裏碰上了。」

鍾竹英沒作答。他們避過一棵大樹的主幹，但她仍忍不住摸摸牠。意外嗎，大樹？什麼是意外呢？你年紀大，見識廣，你靜立在這鬧街的幽處，你見過歡樂時來你翅翼下暢遊的人，你也見過黯悒時在你胸懷中求慰藉的人，那些初戀的、熱戀的、新婚的男女以及恩愛的中、老年夫婦，那些失戀的、喪偶的、仳離的以及孤單的人們，還有那些你伸展着雙臂表示熱烈歡迎的孩子們……你什麼都見過、聽過：聽過他們的話聲和他們的心音。你說，什麼是意外呢？我那夜的哭泣，還是我今晚的低訴？大樹，你那樣挺然地站着，在風中嘿嘿地笑着；你把什麼都看透了。大樹，你知道我並不貪心，我甚至也不願說什麼是意外。

「竹英，妳剛才看來很泰然，現在彷彿又不快樂了！」

「爲什麼你會這麼想呢？」

「妳的緘默。」

「以前我說話也並不多。你說你欣賞我不太愛說話這一點。你的理由是：一個太愛說話的女人不是想在別人的面前表現出自己的能幹，就是想表現出自己的膚淺。你說，你不喜歡那樣。你說，女人應該含蓄點。」

「但不是在現在這種情況下，竹英。假如妳對我有什麼不滿，妳就痛痛快快地說出來吧。」

「沒有什麼，眞的沒有什麼。如果我對你有什麼不滿，那也是以前的事。你聽，大樹們在嘿嘿地笑，我們也該嘿嘿地大笑，慶幸在這樣的夜晚，又能重遊這公園！」

大樹下的郁暗是片深海。項子琳惟恐一個浪頭襲來，會把竹英沖走，就用整條右臂摟着她。竹英穿得不多，一套黑灰點子的厚呢洋服，裏面襯着毛衣。她本不打算在司徒律師家裏久坐的。

湖邊，一株老樹的主幹向湖面斜伸過去，旁邊是修成圓形的矮樹。他們在那裏坐下來。不遠處，有盞路燈，漾來層層微光。湖面很冷幽、很寂寞。今晚，這會兒，這公園是屬于他們的，沒有人會來打擾他們。項子琳解開大衣的扣子，把半幅衣襟裹在竹英身上。

「妳瞧，愛蓮說話總是很尖利的。」

「並不。今天她說的話很適切，而且，她對我也特別親熱。」

「她爲什麽要這樣討好妳呢，竹英？」

「子琳，請別說『討好』好不好？她完全把我當作一個朋友。」

「我不明白今天妳怎會袒護起她來？」

「我以前也沒有怨過她、恨過她，因爲我清楚，以前，她跟你結婚，錯的是你而不是她。」

「唷，竹英，聽妳這麽說，好像妳快不愛我了。」

鍾竹英不再說話，只偎着他，很暖，也曾希望永遠這樣地暖，在寒夜，在風中；但現在要這樣想，怕是奢望和自私了。大樹們在風中不斷地笑着。她聽着靜寂，也聽着不息的笑聲。大樹，我並不貪心。這樣的日子，可能不會太久了。有一天，我或許又會獨自來聽你的笑聲的。我不會再哭。畢竟，我已不是受不住打擊的年輕人了。在無風的假日裏，我會跟你們當中的一個並坐。我是一向寂寞慣的，從爸媽去世以後。我會安排自己，寂寞擊不倒我。

「竹英，愛蓮近來對我夜晚的外出，彷彿在起疑了。」

「那是很自然的事。如果她是一個關心你的妻子，那她早晚會對你的行爲起疑的。」

「我在等她向我開火。竹英，我在等待一場能够解決一切的暴風雨。」他儘量把大衣的衣襟拉過去，裹住了整個的鍾竹英，宛似大衣外面，風雨正狂。「妳不必吃驚，妳在我的庇護下，絕不會受到絲毫傷害的。竹英，妳放心，妳用不着害怕。」

「我不害怕。」鍾竹英說。是的，寂寞擊不倒我的，她繼續想；重過以前的生活。黃昏回家來，自個兒做飯、吃飯、聽音樂、看報刊、小說。沒有等待，沒有希望，沒有歡樂，也沒有驚悸，但仍保有那份遺存下來的幻想。播放貝多芬的「月光曲」吧，舒伯特的「小夜曲」吧，孟德爾遜的「仲夏夜之夢」吧，讓自己夢遊于音樂組成的夜裏；比現實的夢更美。回憶和想像有時也會把寂寞變得豐富而熱鬧。那樣的夜晚，我自己度過無數、無數。我不害怕。

「竹英，」項子琳重覆着。「我只是在等待，妳知道就好，我只是在等待。」

「等待，是的，我知道。」鍾竹英含糊地應着。她看見子琳坐在他家洋台上、客廳裏、臥室裏……他逡巡四周，目光如鷹。有人走過來問他，你坐在這裏幹嗎？他說，我在等待。你等待什麼？當然是暴風雨。他昂着頭，驕傲地。那個人撇撇嘴，走開去：等待暴風雨、期有所獲的人，不是獃子，就是痞子。

「你先回去吧，子琳，你出來好一會了。愛蓮可能眞在等你了。要是她等得急了，去了我家，那才糟呢！」

項子琳一怔，倏地攙着她站起，大衣的衣襟也自然地從鍾竹英的身上縮回到他的身邊。一片細霧樣的淡光簇擁着她。她孤弱，但却安詳。項子琳又猶豫了。

「回去吧，有些事，我們以後再好好兒地商量。子琳，什麼事，你都不要操之過急。」

項子琳開始邁開步子。他又用大衣的衣襟裹住了鍾竹英。大樹們依舊毫不畏縮地嘿嘿笑着。在未跨出公園之前，他們還能在同一件大衣的溫暖中，諦聽那些大樹在風中的笑聲。

第十六章

項子琳讓自已的雙手從皮手套的暖室裏擺脫出來，然後，他又讓牠們像互相取暖的小動物似地彼此摩擦、擠揑了一番。寫字檯的右角上，那隻玻璃茶杯裏的茶葉正在飢渴地吸收着水份，企圖恢復牠們往日那翩然的體型。項子琳伸出右手，一揭杯蓋，那杯茶就在早上的靜冷中呵出白色的熱氣。東首的那排磨沙玻窗，有一扇敞開着，竄進來的不是風，而是一幅黃柔柔的光緞；而在那些關閉着的玻窗上，則華麗地黏貼着陽光，間或還添上幾筆芭蕉的葉影。他很想把昨夜公園裏大樹們豪邁的笑聲捕捉回來，然而，在無風的晴晨，那笑聲飄得很遠、很遠、很遠，他的想像追趕不上。

那末，你，子琳，你且別去捕捉吧，何況這裏也不是你捕捉風聲或者其他跟風聲連在一起的事情的所在。喂，子琳，喝幾口燙嘴的濃茶吧。這裏，還有其他不同種類的、要你捕捉的東西呢。除了這間漂亮的廠長室以外，工場裏，還有那些飄浮不停的棉絮咧。

項子琳銜着杯口笑了笑，而且，跟自已非常合作地，喝了半杯濃茶，來暖和身子。同皮手套放在一起的，是公文皮包，也是柔軟的小牛皮製的，跟市面的塑膠公文包，在形式上可能有點類似，但在品質上——憑現在的他，還會買贋品嗎？昨天傍晚送來的那個簽呈還在那裏。想起這位伯聰老姪在明眼人的面前還要堅守秘密，簡直要溜出一串哈哈來。不過，自已的秘密——啊，不想也罷。在司徒律師和霍重詩的眼中，不又是透亮透亮的？畢竟司徒律師和霍重詩是有修養的人，深知世界上的糾紛已經够多，不願再去加上一些。

一邊打開公文皮包，一邊又忍不住按下對講電話的揿鈕：「請汪工程師來一趟。」

簽呈放在玻璃墊板上。伯聰一進來，就明白了是怎麼一回子事。他起先打算不提，但他馬上感到那可不對。他是這個工廠裏的總工程師，今天上班也快半個鐘頭了，假如裝作一無所知，似乎不太合乎情理。所以當他走近寫字檯時，臉部表情的嚴肅，是跟情況非常合適的。

「項叔叔，我猜想，你此刻想告訴我的，就是昨晚沒有對我說的那件事：那個叫林金葉的女工想把棉線帶到廠外去。」

「你知道了就好，對于這件事，我是不贊成從嚴議處的。人總難免有錯，更何況是出于疏忽，而且那些工人還聯名上了一個簽呈。我請你進來，只想讓你看看這份簽呈，文情並茂，字也寫得很好，工人羣中出了個秀才，眞沒想到。」

伯聰從項子琳手中把那份簽呈接過來，那筆熟悉的字在他心中引起的是無法爆發的憤恚。一大隊名字的領隊是汪幼誠。好哇，在學業上、考試上、不能逞能，却來這裏出風頭！母親那邊的路走不通，自己就招兵買馬起來！那個黃士雄是你的知己朋友囉，一個技工，有什麼了不起的！當然，現在，你長大了，我無權管你，但你可也不要惹我的麻煩啊！

「項叔叔，或許我的修養不够，我眞看不出這份簽呈有什麼了不起的地方來。反正是，現在年輕一輩的技工，都受過教育。那樣的文章，到處都見得到。」

項子琳斜睨了伯聰一眼。那張簽呈仍然回到他的玻璃墊板上。噢，伯聰老姪，你太精明、太吝嗇了；在這種事情上，你誇獎你弟弟幾句，又有什麼不好？兄弟吶，雖來自一脈，但長大後，兩個人聚在一塊兒的日子能有多少？這是我的實在話，但遺憾的是這會兒我却無法對你明說。

「彷彿是領銜那個人寫的。」項子琳微笑，目光却犀利地逼着伯聰。

「這個，我不知道，」伯聰不安地站起來。「項叔叔，你是不是要我去問問看？」

「噢，不必了，反正我等一會就要叫他來談一談。」

伯聰打惶恐中掙扎出來，兩眼閃爍，力圖揣測項子琳要幼誠前來談話的目的。噢，畢竟麻煩惹到自已頭上來了，早就說過，兄弟倆在同一個工廠裏工作，怎麼瞞吧，早晚總會被人發覺的。他項叔叔長的是一副什麼樣的眼睛？有着一副什麼樣的頭腦？以前沒留神，現在一注意，哪會察不出他們兄弟倆的相似來？以後，項叔叔碰到他，會拍拍他的肩頭，揶揄他：「伯聰老姪，眞沒想到那個打包工人……」也好，等眞的下不了台時，他就乾脆辭職。他不是幼誠，他有的是去處；那時，懊悔的不是他，而是項叔叔了。

「項叔叔，你眞是處心處意地想了解工人生活和情緒的好廠長。我替你傳話就是。」伯聰猝然笑了。那麼文靜而機伶的笑，露出他那口討人喜愛的白牙齒，但牙齒雖白，却有點冷冷的，好像在這種天氣裏用手摸大理石：細緻的冷。

項子琳望着伯聰從容地退出去，他攝下了伯聰光亮的笑容，也攝下了剛才驟然印在伯聰臉上的不安和不快。他自已的笑容在陽光滿窗中也是挺挺亮的。伯聰老姪，你低估你項叔叔了。你精細，但你項叔叔也同樣精細得能看穿你的心呢。的確，我在慢慢地喜歡你的弟弟了：去接近他、鼓勵他、幫助他，不管我這樣做是不是受了鍾竹英話語的影響！不過，我却絕不會不喜歡你。現在，伯聰老姪，你精細地把你的那份秘密埋在你那裏，而我，也同樣地把我的那份藏在我的心裏！我們互不侵犯。啊，請瞧瞧我浮在光亮中的笑臉吧，還有在光亮中特別豐足、旺盛的青春吧。我無意做一個過份嚴肅的廠長，使臉孔像上過漿那樣——其實，即使在漿紗時，還得摻進去牛油柔軟劑呢，何況其他？

他又把臉向着對講電話：「趙人事室主任，請你轉告打包工汪幼誠馬上到我這裏來一趟。」

在幼誠還未來到之前，他迅速地看了看公文夾裏的幾張定貨單。他工廠出產的細棉布，很受用戶的歡迎，因爲品質優良，極少毛邊、蛛巢、跳花、漿斑、油汚、稀路、方眼、雙經等缺點。怎樣達到產品的無瑕，這是他一直在努力着的事；工廠的設備、員工的技術，呃，還有他們的工作情緒，都是原因。他這會兒要「領銜」的汪幼誠前來談話，不也正是提高員工的工作情緒的一種方法嗎？

這些時日來，他已完全清楚汪幼誠的模樣了，比他哥哥粗壯得多，臉型縱使大致相似，但氣質上的不同，却如粗紗之與筒子紗。做哥哥的是細緻而洒脫；做弟弟的却是爽朗而勤樸。哥哥的蘄新西服與弟弟的油污工裝更拉長了他們兄弟倆的距離，而今天，他則希望能藉這次談話，使自已這個廠長跟他這個打包工之間的距離縮短些。

這時，汪幼誠出現了。他注意到幼誠是跨着大步子進來的，彷彿後面正有無數的夥伴的手推着他。他目光中所閃耀的異樣的勇敢，正透示出他對於友伴們的熱愛以及準備承受任何打擊的堅毅。他把伯聰的臉複印在幼誠的臉上，他對伯聰的淡漠驀地有點兒厭惡起來。

「請坐！」項子琳伸出右手。他那下柔和的手勢拋出一根友善的繩索，無形中把企圖站在彼岸的幼誠拉近了些。

幼誠坐了下來。他沒有想到在廠長室這個特殊區域裏，項子琳竟也這麼平易近人。啊，母親，如果項廠長在這裏並不計較他工作的貴與賤，那妳又何必苦苦地把我跟他隔離開來，使我這一陣子來始終成了一個隱埋母親姓名的人？

「廠長，我想，你是爲了昨天的那張簽呈叫我來的吧？」他說話輕重適度，在一種需要講究禮節的場合，他仍不自覺地流露出他那出身于良好家庭的形跡。

「不錯。這簽呈是不是你擬的？」項子琳明知故問。

幼誠紅起了臉。「廠長，確是我寫的。我們都是粗人，很少會舞文弄墨的，實在寫得很拙劣。」他在桌子底下不斷地搓着雙手。讀過這麼多年的書，做過這麼多篇的作文，就沒有一次像昨天那樣地有被沖擊、激勵的快樂。肺腑之言，即令寫得不好，但總是滴滴熱情。

「這個簽呈寫得很好，眞的很好。」

「廠長，你的意思——如果簽呈寫得不够明白，我就再向你解釋一遍。我對這件事情很清楚，筆寫的究竟比不上嘴說的來得明白。」

「不必了，對于星期六傍晚發生的那件事，我已完全明白。你這份簽呈寫得很詳盡、眞摯，洋溢着同仁的情愛。」

「廠長……」幼誠互握着雙手。他面前的項子琳不愧是個善體工人意願的企業家。他的臉容仍是光亮亮的，他嘴角邊微笑的線條很迷人。幼誠堅決地要用「迷人」這兩個字。他的態度、聲音與微笑，無形中征服了別人。他跟他之間的距離要比他跟大哥之間的距離來得近。

「在我剛剛得悉這個消息的時候，我也覺得很難處理。」項子琳的目光移到公文夾上。「因爲即使是我，我也無權一手毀掉廠規；要不然，我以後又怎麼管理全廠？但既然大家都知道她是由于疏忽，那我又怎麼忍心讓一個好好的女工留下恥辱離去？」

幼誠激動起來：「廠長，你是說，你已答應不開除林金葉了？」

項子琳忽然輕嘆了一口氣，但臉容仍是光亮而有生氣。「我就這樣決定了。我希望大家能够相信我之這樣做，並不是破壞廠規，而是有感于你們的熱情以及顧及她的前途。我要你來這裏，是希望你能轉告他們：這是唯一的一次，以後，大家都得格外謹愼。工廠是我的，同樣也是你們的。」

「廠長對大家的愛護，我們全都知道。我們會努力工作的。廠長還有別的吩咐沒有？」

項子琳和氣地說：「沒有了，希望你別忘了。」

幼誠站起身子。東首玻璃窗上的陽光依舊黃得很迷人，他故意沿着窗邊走，而且悄悄地踩上那幅閃閃的光緞。他忽然聽見項廠長在喚他：

「汪幼誠！」

幼誠站下來，那幅閃亮的光緞就裹披着他。他轉過身，看到項子琳早已離開座位，向他走來。他絲毫沒有廠長的架子。幼誠驚奇而感激地望着他走到自己的身邊來。啊，我要永遠記得這一點：一個好的廠長，就是不要記得自己是廠長。

項子琳把左腰貼着窗沿，左臂却橫在窗檻上。他非常認眞地說：「我早已注意到，你工作得很努力。」

「謝謝廠長的誇奬。」原來他只是爲了想跟我說這句話！

「爲什麼你要來這裏做工？」

「因爲我需要一個工作。」這個問題似乎有點可笑。

「打包是種很辛苦的工作，一種粗工。」

「我不在乎。」除了空虛以及被人輕蔑和冷落而外，我什麼都不在乎。世界上，比這更辛苦的工作還多的是。

「我看你跟別人有些不同，你不是做這種粗工的人。」

「那是你廠長的看法；我沒有什麼不同。」我跟這裏的夥伴有什麼不同呢？不同的，是我跟大哥。我要使自己跟這裏的夥伴們一樣，否則，我到哪裏都是孤獨的。

「你打算在這一工作崗位上長久幹下去，還是另有計劃？」

「噢，計劃？是的，我在進修，在學習，我在這裏有很要好的朋友！」一個眞正的朋友，一個像好兄長般待我的朋友。以前，我永遠不會想到一個有兄長的人還要到外面去找兄長。我簡直不願去回想我跟大哥之間的陌生；那很可怕。

「那很好，我們在這裏過了春節，還要招考幾個技工，或許——」

陽光貼在幼誠的臉上。他敏感地笑笑。或許，或許我也該去試試——但他沒有說。如果項廠長沒有說，爲什麼他要說下去？

項子琳故意問：「你的爸媽呢？」

「我不想提起他們，我會叫他們丟臉的。」

「你是一個好青年，你絕不會叫他們丟臉的。」

「有一天你會知道他們的，你會知道我的母親的，但我現在不想說。」

「也好，請把我的話傳給你母親：你是個好青年。」

幼誠走後，項子琳又打開了一扇窗子。他在窗畔站了一會。昨夜的風、今晨的陽光，改變得可眞不少。二十歲的他，假期裏，在一家商行裏做寫鋼板的臨時工。鐵筆在臘紙上一下一下劃下去，烙下自己的決心。那商行經理是個驕傲的人，眼角的餘波裏哪有他的影子？那時，他對自己說，有一天，要是自己果眞爬高了，可不要像這個經理那樣。半年前，他們在一次宴會中遇到了，那個經理還是老樣子，只是始終沒有認出他來。他永遠不會想到當年做臨時工的他，現在已是大工廠的老闆兼廠長了。

然而，對那個經理，他可以驕傲，但對汪幼誠，他又有什麼可以驕傲的？汪幼誠付出的痛苦與堅毅，都比當年的自己多得多；一個拓荒者。

回到寫字檯邊坐下來，他禁不住撥了一個電話給正在銀行辦公的鍾竹英。

「竹英，我剛才跟汪幼誠談過了。」

「很好，你覺得他怎樣？」

「很能說話，也很熱心，不過，他還有點兒自卑，他始終不肯說出他母親的姓名來。」

「我想，不是自卑，而是驕傲。」

「驕傲？妳別發謬論了。妳怎會有這種想法？」

「他不想沾他母親和大哥的光。他清楚，他在你廠裏謀到這個位置是靠他自己的努力，而不是憑誰的面子。」

「呃，這話也不錯。」

「昨晚你們一到他家，就把他逼到臥室裏去了。呃，對了，後來，我回家時，又發覺他站在我家門口等我。」

「為什麼？」

「當然是為了寂寞，想跟我聊聊。」

項子琳停了一下，然後說：「竹英，千萬記住他是一個男人。」

鍾竹英不介意地笑了兩下。項子琳又說：「竹英，剛才我想捕捉一下昨晚大樹的笑聲，卻怎麼也捕捉不住。這會兒，聽到你的笑聲，牠們又自然而然地回到我的耳邊來了。」

鍾竹英沒有回答，就把電話掛斷了。他知道他不該說這種話，叫她為難。此刻，是陽光明燦的上午，而他又是在明燦的廠長室裏。

有時候，他的確忘了他是一個廠長。

第十七章

黑皮把鋼皮嵌到打包機上的槽轍裏，然後轉過頭來。他的白色口罩顫巍巍地懸垂在右頰的旁邊。

「小汪，你再說一遍。你沒騙我？」

「喲，黑皮，你要我說幾遍？廠長已答應不開革林金葉了。你聽清楚沒有：不—開—革—林—金—葉了！」

黑皮的黑臉在白口罩的烘托下烏亮得很可愛。他的微笑具有一種吸人的魅力，那是一種眞正的笑。黑斑點透着點兒殷紅，每一顆都是活蹦活跳的。

「小汪，今晚我要水牛請我喝酒。你記得吧，那天晚上，我還沒有喝個痛快呢。」他用袖口抹抹嘴角，說着說着，口水彷彿眞的就要掉下來了。

幼誠推了他一下。「你別窮開心了，好不好？剛才我去保養室看水牛，他不在那裏。他昨天上班失魂落魄似的。你知道不知道，昨天林金葉在家裏悶了一天，飯也沒吃，茶也不喝，說她這輩子就這麼完了。你不替他想想看，却只知道喝酒喝酒的！」

黑皮把眼珠子一瞪，那些黑斑點就呆呆地綻在臉上。

「堂屋裏掛帋——你這還像話（畫）？我黑皮是生鐵鑄的還是熟鋼打的？難道我這兩天就沒

爲他擔過心？聽你的話，噢，好像只有你跟他才够交情，我黑皮跟他就不够？不說別的，昨天的那個簽呈，我黑皮不也虔心虔意地簽了名。我說要他請我喝酒，只是聽到這個消息，心裏替他高興，你倒編排起我的不是來了？」

「好，好，老兄，是我冒犯了你，請你多多原諒。我只是急着想把這個消息告訴水牛，他請不請你喝酒，這是他的事，回頭你當面跟他說好了。」

「我黑皮是生成的厚臉皮，討點酒喝有啥關係？廠長既然告訴了你，天大的事不也結了？他還愁什麼？信不信由你，這一次要他請客，眞是罎子裏捉烏龜——十拿九穩的！」黑皮又咧嘴笑了。

兩個人又開始打包，等牆邊的行列裏又多了兩個新隊員時，黃士雄跑了進來，一手抓住幼誠的肩頭。

「小汪，你是說——是說——他們告訴我說——」

「廠長答應不開革金葉了。」幼誠讓激動的黃士雄安靜下來。「剛才你去哪裏了？」

「在餐廳那邊悶坐，我知道今天上午廠長一定有個決定，只是不知道是兇是吉，所以靜不下心來。金葉平日挺好說話的，這次卻哭着說是我害了她；萬一眞的不明不白地給廠長開革了，那以後叫她怎麼見人？她還說，婚禮也只好取消了。你瞧，眞搞得我焦頭爛額的。」

黑皮走過來，意外斯文地，雙手抱拳向黃士雄拱了拱：「水牛，吉人天相，化險爲夷，恭喜恭喜！」

「黑皮，你這麼文縐縐的幹嗎？有話快說！」

「既然是喜事，就該請客，你說對不對？今晚，在騎樓下的小攤子上，請我喝一杯……哈哈！」

黃士雄沒答腔，但他眼神中的難色，幼誠却已看出來了。以前，黃士雄經常做他的盾牌；今天，就該輪到他做黃士雄的盾牌了。

「黑皮，我看這樣好了。你要喝酒，我請。水牛不是不肯，只是他今晚一定得去陪林金葉；在這節骨眼兒上，你硬拉他陪你去喝酒，怎麼行？」

「不行就不行。那麼，小汪，就喝你的。那次我沒喝個痛快，今晚，咱們倒可以好好地喝一通！」

但黃士雄却不答應。他說，該他請的，就不該叫幼誠來作東。而且黑皮喝酒一向不知節制，他不去的話，就難保幼誠不被拖着落水。黑皮醉了不要緊，幼誠却不能醉着回家。黑皮眼看兩頭落空，急得跳脚。他說，黃士雄太不够交情了。為了林金葉，他想盡辦法，現在只想喝這麼一點酒，還要推三阻四的，自己不肯，又叫別人按住口袋，那樣的朋友，簡直是過河拆橋嘛。他戴上口罩，氣虎虎地去撒布匹。黃士雄倒真的感到虧待了這個朋友了。

幼誠說：「這樣好不好：你傍晚下班，先去看林金葉，然後陪她出來；我吶，也回家先吃飯。我們三路匯合，在老地方吃些點心；黑皮要喝酒嘛，就讓他一個人喝個醉。這樣，愛情、友情不都兼顧了？黑皮，如果你要先去那裏喝，也不要緊；一句話，你的帳，我們會！」

　　這樣的安排，總算是面面俱到了。幼誠覺得很得意：這兩天來，他所做的幾件事，都還稱心。昨天，草擬了那份合情合理的簽呈；今天，廠長室裏的切當的對答；這會兒，把夥伴間的感情縫合了。項廠長說，春節過後，廠裏還要招考幾個技工；他一定要去試一試。士雄告訴他，考試分作兩部份：筆試和現場考試。他仔細地研讀過實用紡織學和實用機織學這兩本書，在工廠裏，黃士雄又經常給他機器方面的指導，他是信得過自己的實力的；更何況，那項廠長對他也似有好感呢。

　　那種苦苦得來的快樂，鼓舞着他；傍晚回到家裏，他就把這告訴了剛剛考完期考的幼芝。幼芝攀着幼誠的肩頭雀躍：「二哥，我知道你會慢慢地表現出你的才能來的。」

「快不要說什麼才能、才能了，幼芝。這幾年來，我嘗過多次失敗的痛苦，我的慾望很低，我只想以後做個出色的技工而已。」

「你一定做得到的，二哥。你看，你只要對某個工作感到興趣，你總能幹得很出色的。其實，誰能對自己不感興趣的事幹得很出色的？」

　　不管幼芝的誇獎有沒過分，接受她的讚美就等於接受她的手足之情；他是這麼心甘情願地接受下來了。飯後，她要他陪着逛街；他說，他要到綠川東街騎樓下的小攤子邊去會他的朋友。「

是我在工廠裏最要好的兩個朋友，其中一個朋友的未婚妻也要去，就是那個差點演出悲劇來的林金葉。」

「我跟你一起去，好不好？」幼芝誠懇地說。「反正我今晚得鬆散一下。我的有些同學也在那種小攤子上吃東西，還說什麼炒米粉呀、陽春麵呀、蒙古烤肉呀、臭豆腐呀，又便宜，又好吃。我跟你一起去見識見識！」

暮色一層層地壓下來，等他們兄妹一起走出大門時，天已黑了。夜很冷，幸而他們都穿得很暖和。幼誠穿的是件海勃絨領的尼龍夾克，而幼芝則披着半長的灰格子呢大衣。幼芝很興奮，不斷地說話。她說，看到工作給予二哥的活力之後，她決定在她考上大學之後也要在暑期中找個工作做做，不管是打字員、會計、文書，甚至是廠裏的女工也好。幼誠說，計劃雖好，只是母親未必肯答應；那是眞話，因此，幼芝就不再談論這件事情了。

「林金葉是怎樣的一個人？」幼芝突然問。

「等會你就可以看到她。她是個很好的女孩。」他停了一下。「以後也會是個很好的妻子。」

「二哥，你還愛着宛宛嗎？」

幼誠搖搖頭。「大哥愛她會更合適。她那麼嬌滴滴的，我是一個工人，能給她什麼？」

「我現在也不喜歡宛宛了。」

「爲什麼？以後，她還是妳的嫂嫂呀。」

「我不知道。或許我是慣于站在你一邊的。你瞧，我總喜歡跟你一起逛街，而不喜歡跟大哥。」

「我有時倒覺得妳也應該站在大哥那一邊的。那是實力充足、註定勝利的一邊！而我的呢，則是註定失敗的一邊。」

「你不該說這種洩氣話！」

「當然，我也不怕失敗。從少爺降到打包工，何止是一落千丈？最苦的苦都吃了，以後還有什麼難得倒我的？」

公園已被遺留在後面。大街在接近春節的日子裏是不怕冷、不怕夜的。同樣不怕冷、不怕夜的人們全擠在各式店舖裏添購東西。過年的快樂，有時無非是某種物慾的滿足。幼芝不貪戀別的，只貪戀一些玲瓏別致的小擺設：瓷製的、布做的、尼龍線編的、木刻的，甚至是黃蠟澆成的。她在一家出售工藝品的店舖櫥窗前停下來，欣賞着那些小玩意兒。

「我想，那些東西，我統統要。」她說。

「你很貪心。」

「或許；但我不要錢。」

幼誠笑了：「孩子般的天眞的貪心。妳是一個有很好、很好心腸的女孩子。我想，即使以後妳多有錢、多有學問，妳也絕不會看不起我。」

「當然，那還用說！」

冷冷的空氣中有股熱呼呼的菜香游泅過來。鍋鏟的有節奏的敲擊聲響亮在各種不同的聲音中。競賽於鬧街兩邊的五彩光華却在此處無力地褪淡下來。在感覺上，他們似乎走過一座華邸，現正慢慢地步入樸淳的村舍。這裏沒有虛幻炫耀，只想給你一些眞實的享受。

「我想，這會兒，大哥大半約着宛宛去喝咖啡了。」幼芝的鼻子癢癢地，走得越近，那菜香就越朝着她的鼻子衝。

「那是他的派頭，我只配來這裏。平日，我連這裏都不來。」

當他們走到騎樓下窄窄的通道時，攤子主人的熱誠幾乎使他們想在任何一個座位上坐下來。他們非常吃力地抗拒着恭敬與熱誠。於是，他們看到一張桌子旁邊，黑皮正背着他們在喝酒，淘淘然地，幾乎忘了他是在等人！

「嗨，黑皮！」幼誠喚，完全是工人那種粗獷、親切的語氣。幼芝覺得很新鮮，扯着幼誠的袖子，緊跟在他後面。

黑皮看到幼誠，響亮地拍了一下手，臉孔也隨着泛起一種快樂的紅色。「好哇，小兄弟，你眞有一手，神不知鬼不覺地，瞞着我們，交上了這位漂亮的小姐。今天，我要喝雙倍的酒！」

幼誠對幼芝瞅了一眼。黑皮就是這麼魯魯莽莽的，眞拿他沒辦法。自已以前不是對他說過他有一個十七歲的妹妹？實在應該先問問看，然後再開口。妹妹會不會想：眞是工人嘛，一開口，就是這麼粗裏粗氣的。

「黑皮，她是我的妹妹。我妹妹可不像我，書讀得呱呱叫，以後要向大學進軍哩！你別喝得昏頭昏腦的。」

黑皮一驚、一喜、又一慌，欠着身，張着嘴，楞着眼，那遍佈于他身上的惶恐加深了他的憨態。半晌，他才說：「汪小姐，難得妳來，妳請坐。我是粗人，說錯話，請妳……」

「沒什麼，你坐呀。」幼芝大方地。「我今晚剛有空，就跟二哥出來逛逛街。二哥老說起你：你是他的好朋友，爽直又熱心。」

被她一誇獎，黑皮的黑斑就更生氣勃勃了，剛才的尷尬立即消失。他用自已的手帕把另一邊的一隻竹凳子拭了一遍。「汪小姐，妳先請坐。妳是千金小姐，要妳來這裏，眞不成話。早知妳要來，我們就該找個像樣一點的菜館。對不對，小汪？」

「沒關係，我妹妹不會計較這些的。」幼誠在幼芝旁邊坐下來，看見幼芝不像一般女孩子那樣，一會用手指觸觸桌面、一會去摸摸碟子筷子、表示自已高人一等，他很安心。幼芝是個肯合作的、不矜持的女孩。在他的朋友面前，這是很重要的。

黑皮給幼芝斟上一杯酒。「汪小姐，妳今天也喝一點，好不好？我黑皮是耗子嫁女兒——講吃不講穿的。粗人嘛，就是這個調調兒。今天這一頓，是我向水牛敲竹槓敲來的——呃，怎麼搞的，客人到齊了，主人還沒來！」

黃士雄和林金葉略略來晚了一步，晚得還不致於叫他們心焦。林金葉驟然憔悴好多。雖然那件事已然過去，但對她來說，總不能不算是一種打擊。她怕有兩個晚上沒有好睡，眞不該拖她出來的。幼芝拉着她坐下，向她介紹自己是幼誠的妹妹。林金葉知道幼誠是生長在一個很有名望的家庭裏，因此，幼芝的平易，倒無形中給悒鬱的她帶來一些歡愉。

「林小姐，我向妳敬酒，替妳壓驚。」幼芝伶俐地。「喜事就在眼前，嫁妝都準備好了吧？」

「汪小姐，妳怎麼什麼事都知道？」

「二哥跟我說的。二哥待我挺好。二哥也老跟我提起黃先生待他像兄弟一樣地好。」

黃士雄反而不好意思起來：「怎麼說這種客氣話？幼誠老弟不搭架子，心腸又好，否則，我這種人怎配跟他做朋友？」

幼誠吩咐攤主人先端五碗魚丸湯來。「儘說客氣話做啥？我們先吃一點熱東西，暖暖身子，那才最實惠。我、水牛和黑皮是名副其實的「三脚棚」，缺一不可。不過，今天，我的確應該向林金葉敬一杯酒，當初，我們着實爲她揑把汗呢。這次項廠長表現得眞够風度，一方面是體卹，一方面是鼓勵。以後，大家還能不謹謹愼愼、努力工作？」

大家都喝了幾口酒，吃了一碗魚丸湯。于是，黃士雄說：「你們瞧，這條中豐路上，最近兩三年來開了多少家工廠。現在，熟練技工的流動率很大，前幾月，就有人來邀過我，出我兩千塊一個月——比現在要多幾百塊——但我一口回絕了。我不是不想多掙些錢，只是在這個廠裏做工，叫人舒舒服服；別個廠裏的廠長，我又不知道是什麼脾氣，萬一做得不痛快，我怎麼回得來？」

黑皮一口一口地喝着清酒。他剛才獨酌時，要了一碟油炒花生米，現在，靠牆的一邊桌上，全是軟軟的紅褐色的花生衣。他湊近桌面，尖起嘴一吹，絕大部份的花生衣就順着他的心意乖乖地墮到了地上，有幾片却飄到黃士雄那隻空空的魚丸湯碗裏。黃士雄瞅了他一眼，黑皮憨傻傻地笑了笑。

「水牛，過幾天，你就結婚了，怎麼喜帖還沒發？到時候，你叫我們去哪裏喝喜酒？」

「明後天就發。這兩天，搞得我焦頭爛額；再說，金葉還逼着我不要發。我也有點怕，萬一客人全來了，找不到新娘怎麼辦？」

林金葉拉了他一把。「別提這件事了，好不好？你們請慢慢用，我還要到店裏去買幾樣小東西。」她抱歉地笑着。「不是不想陪各位，只是只剩下兩天工夫了，白天又不能不去上工。」

「金葉想去買一件羊毛衫和一雙皮鞋，還是請汪小姐做顧問吧，不知道汪小姐肯不肯跟金葉一同去？」

幼芝很樂意地答應下來。兩個女人走了以後，三個男人就喝起酒來。沒有酒量的幼誠，也被勸着喝了兩杯。酒的暖熱，加上飯菜的暖熱，以及各種聲響匯合成的暖熱，把冬夜的寒冽擋在外面了。黑皮一再勸幼誠趁沒成家之前，吃點、喝點、玩點，別像他那樣，現在要吃點、喝點、玩點，就得敲別人的竹槓；而回到家裏，還得受老婆百般盤問：這喝酒的錢是哪裏來的？加班費嗎？借支嗎？獎金嗎？向人借來的嗎？不義之財嗎？不是，不是，是向朋友敲竹槓的；這樣才能平息下來。天老爺，千萬聽我黑皮的話，沒娶老婆之前，吃點、喝點、玩點。水牛，你快失掉資格了。小汪，你現在不妨儘量吃呀、喝呀、玩呀，沒有人來向你囉嗦的。喝得醉醺醺的，回家躺到床上，用人還會端給你一杯濃茶解解酒。小汪呀，你幾世修來的好命？我黑皮，命苦，從小就是有一頓、沒一頓的。到打鐵店裏去學徒，碰上老闆和老闆娘吵架，他們就拿我來出氣，鋤頭柄捶下來，你吃不吃得消？我就這樣逃出來了。回家也沒有好處，晚娘的拳頭一樣兇。後來到了臺灣，起初幾年，也是這裏打打零工，那裏打打零工。小汪呀，哪裏有你這樣福氣？你是有福不會享；家裏不要你做工，你却偏要做工。像你這樣的人，我還是第一次見到。再說你的妹妹，眞是大戶人家的小姐，知書識禮的！小汪呀，你又用不着養家，趁現在吃點、喝點、玩點——來，大家都「門前清」！

「黑皮，小心，你快醉了。」黃士雄說。

「無醉不歸。我現在還沒醉，今晚我要醉了才回家。喝酒是要盡興。你們兩位小兄弟，待我一直很好，我黑皮的臉雖黑，心倒是透亮的。誰好、誰壞，連這一點也分不清，還了得？我們的廠長，大好人，對我黑皮，對林金葉，都好。聽說他外面的那個女人，也是好人家的小姐，我眞替他着急，那樣不上不下地拖着，也不是辦法呀！」

「黑皮，你醉了！」幼誠說。

黑皮不承認，急忙斟滿了酒，一飲而盡。他臉上的褐紅斑點，鼓翅欲飛。一大碟青椒炒腰花也被他吃掉了大半。幼誠很節省地吃着一碟干絲，黃士雄也吃得很少，因爲他們全飽了。

「怎麼，你們不吃，專留給我吃？」黑皮停下筷來。「是不是認爲我黑皮不够朋友，趁火打刼？水牛，你帶的錢到底够不够？」

「够，够，我們已經在家裏吃過飯，都飽了。你慢慢喝、慢慢吃，等汪小姐和金葉回來，我們就回去。」

黑皮又喝了兩杯，已經醉意朦朧了。忽然，他悄悄地對黃士雄說：「水牛，前幾天，有人告訴我，說是看到了你的老子。」

黃士雄的臉色驀地黯沉下來。他的眼皮半垂着，目光望着桌面。「我知道，好些人都經常看到他。」

「你這次結婚，有沒有通知他？」

黃士雄的臉色沒變，姿勢沒變，音調沒變：「我想，這是我媽的事情，我沒有資格決定。」

熱氣和市囂仍在繼續，但這個角落却突然冷清起來。幼誠望着士雄。有好一會，士雄一動不動地坐在那裏，然後才緩緩抬起頭，對着他笑了笑。那種悽愴的笑，他自己也會有過，因此，他的眼睛也忽然酸酸澀澀的，彷彿有生洋葱的味兒直往他的眼睛撲。

「有母親的愛，已經足夠了，水牛。」那句話，對嗎？愛是不怕多的；但這句話，錯嗎？他是只願、只願有母親的深深的愛的！

在滿廊熱騰騰的懽欣下，只圈出這一角的蒼悒。噢，這可不能長久延展下去呀。說些輕鬆的，幼誠催促着自己，說些好笑的，啊呀，你難道就沒有一些笑話嗎？沒有一些幽默感嗎？搜索一下，捕捉一下。讓歡樂再度在這張桌上冒出熱氣來。啊，你這傻瓜！此路不通，就試着往另一條路走，製造一些把握得住的快樂。

黑皮陡的說：「媽的，我眞該死！在你高高興興的時候，我提你老子幹嗎？老實說，我黑皮是不上賭場的，否則，碰到你老子的話，嘿嘿……」

幼誠瞪了黑皮一眼：「黑皮，你別儘揀這些話來說，好不好？」

黑皮一拍腦袋，吐了吐舌頭，然後夾了一塊鴨翅膀堵住了嘴。暗舊的方柱子傻楞楞地站着，一支淒涼的歌從鍋鏟聲中昇了起來，「流浪者之歌」，音色並不圓潤，又嗄又澀，像砂皮那樣地剉着人們的耳膜、人們的心膜。幼誠低下頭去，他從不知道自己是倔强還是脆弱，或許，永遠是倔强而脆弱，他往往受不了那樣的歌聲——一個眞正的流浪者的心聲。

他曾是半個流浪漢，當他那麼百無聊賴地腐蝕在公園樹蔭下的石凳上的時候。那還是不久以前的事。那記憶依然是青綠的。現在，他認為他仍是四分之一的流浪漢，即使是躺在自己床上時！

呵，什麼時候不再是呢？什麼時候自己才有不被放逐的感覺呢？

幼芝和林金葉的回來，把散落了的欣愉重又檢起了一些，但畢竟是散席的時刻了——在千百種音響中，時間的輪聲仍趕過了牠們，奔向前方。在五個人當中，幼芝是惟一擁有純粹的快樂的人。她年輕的雙眼亮亮地反射出她結識林金葉這位新友人的喜悅，而且明確地表示：在黃士雄和林金葉即將來到的婚禮中，她將跟二哥幼誠一道去道喜。

幼誠兄妹倆回到家裏，是十點半，一個非常合適的回家時刻。在紗般的壁燈光的披覆下，母親獨坐在客廳裏，面對電視機的瑩光幕。淡紫色的玻璃煙灰缸裏有兩、三截煙蒂。無疑地，霍伯父曾來過這裏。幼誠想，霍伯父要不是常來看母親，她在晚上將會如何寂寞呢？反過來，霍伯父要不是常來看母親，他在晚上又將如何寂寞呢？從語音、從眼色、以及從其他各方面來說，霍伯父是了解母親最深的一個人。那樣的友情，哪裏去找？

「幼誠，把電視機關上吧。」一個節目剛完，廣告就令人煩躁地號叫起來。司徒如雪用拳頭搥搥腰部，伸展了一下身子，一邊說，「噯，看看電視也覺得累，更不要說看電影了。」站在母親旁邊的幼芝就說：「可不是，媽整天忙，也的確是够受的；新春裏，總得輕鬆一下，媽，你想去哪裏玩？」

幼誠關上電視機，也轉過身來。「霍伯伯剛才來過了吧，媽，他有什麼建議沒有？」

司徒如雪沉默了一會，她的目光在煙蒂上逡巡。剛才煙灰缸裏還有一星殷紅的火。沒有誰在他倆身邊時，重詩的話就更少。他的沉默就是他的深情。他們已不年輕，他們已把烈酒化爲淸泉。他們觀賞一張小孩子看的電視片，于是，她聽見重詩說：「如雪，妳看，又是一年了。」

她沒有作聲。她明白，這不是普通的感慨。對他們來說，農曆年最使他們緬懷往昔。

「如果十年之前，我有膽量向妳提出的話，那該……那時，我們都才四十左右呢。」

「何必再說這種話？」

夾在重詩手指間的煙支燃去了半截，但他仍沒有去吸。「我不明白，爲什麼妳不能同時愛兩個人；一個是妳死去的丈夫，一個是我。那是並不衝突的。」

「事實上，我現在也的確同時愛着他和你。」

「我哪一點不配做你孩子的父親？」

「或許是因爲你並不是他們的親爸爸。或許是由于我的驕傲，我願獨力負起一切，而不願別人說我一句。」

「呵，如雪，妳現在是很滿足了？」

「滿足于你能體貼我，使我不致寂寞。想到你始終在我身畔，我就不覺寂寞，我沒有改嫁，但我並不寂寞。」

「如雪，如果十年之前，或者說，如果二十多年之前，那該……有時候，我不免想到很久以前的事。雖然，我也常常想：我能這樣經常守着妳，我該滿足了。」

瑩光幕上，孩子們在笑，大人們在笑，而他們則在別人的笑聲中低語：淡淡的低語，因爲一年又將過去了。他們不是孩子，不是青年。老年人的深幽的、隱匿的、芬芳的愛。重詩留下幾段煙蒂，走了，但她永遠記得亮在煙頭上的星火——他建議過什麼？

「霍伯伯也跟媽一樣，五十歲的人了，哪像你們兄妹那樣，想去哪裏玩兒玩兒的？我想，最多去谷關玩一次！」

「我們大家一起去。」幼芝說。「不知道宛宛要不要回台北過年？」

「這可不知道。」司徒律師仍望着煙灰缸。往年除夕夜，她總邀請重詩來吃年夜飯，一位會像主人那樣地替她安排小小餘興的客人，他陪着他們一家守歲，到凌晨兩三點，連最結實的幼誠都撐不住、上床去睡了，但重詩跟她却仍守到天明，爲了珍惜一年當中僅有一個這樣樂也融融的夜晚。「你大哥回來，問問他看：宛宛回不回去？要是不回去，就跟霍伯伯一起來我家過年。」她抬起頭來，又問：「幼芝，今天你們去看電影了，還是逛街了？好像幼誠還喝了一些酒，這是怎麼一回事？」

「呀，媽，妳沒發覺我也喝了幾口嗎？今晚，我們根本不是去看電影，也不是去逛街。二哥跟朋友有約，在綠川東街騎樓下的小攤上會合。我也跟着二哥一同去那裏，喝了半杯酒，吃了一碗魚丸湯。那裏，媽，眞是別有風味哩。」

司徒律師猝地站起身來。「是你二哥要妳一起去的？」

「當然是我自己要去的。我今天大考完了，應該玩玩囉。」

「是些什麼人？」

「二哥的兩位好朋友，一個綽號叫黑皮，一個綽號叫水牛，還有水牛的未婚妻，也在紡織廠裏做工，人挺好，我還陪她一起買東西。媽，那個黑皮，戇直得挺可愛呢。」

司徒律師僵立在那裏，目光呆鈍。狂飆在她體內吹刮，還是在屋外吹刮？她感到昏暈。她看到無數熟人在竊竊私語。她走過去，走過去。她問：出了什麼事？大家都冷冷地朝她笑，却沒答理。是不是出了命案，她問，這麼議論紛紛的？

不是命案，有人說，司徒律師，事情發生在你的家裏，你回去問問妳的女兒吧！

司徒律師的目光驀地變得幽銳。她衝到幼誠的面前，兩手抓住了幼誠的衣襟，驚懼地叫着：

「我知道，你存心想害你妹妹，你存心想害你妹妹！」

「媽，我不懂妳的意思。」

「那末，幼誠，我跟你說明白：你不上進，你做打包工，照說應該够了，現在還想拖你妹妹下水。憑你，哪能交到什麼像樣的朋友？會打架的，愛喝酒的，賭牌的，說髒話的，吃女人豆腐的，全是這一類的貨！你把妹妹也拉到你們這一羣人裏去，你想想看，以後引狼入室，怎麼得了？你是不是想把你妹妹一輩子坑在你的手裏？你妹妹過年才十八歲。她不像你，她還要進大學，她還要留學，她要比我强，你就不替她想想看！」

「媽，妳別怪二哥，是我要跟他去的，而且，二哥的朋友也絕不像你想像的那樣壞。他們對我好客氣。」幼芝插身到母親和二哥的中間。她驚奇于母親那種突發的無理可喻的暴怒。她始終認為二哥的朋友就是她的朋友。現在，母親却這麼嚴格地把他們劃分開來了。

「妳懂得什麼？他們待妳好，他們喚妳幾聲小妹妹，妳可知道他們存的是什麼心？那些不曾結婚的工人，醉酒的時候就像水手！啊，我有一個工人的兒子，已經抬不起頭來，難道還要我把女兒賠進去？」

幼誠此刻才完完全全地明白了母親恐懼與憤怒的原因。他悲哀的不是因為母親罵他，而是因為母親對于他的行為、品德，已經不復信任了。她以母親的愛心來保護幼芝，而且這麼像煞有介事地構架起幼芝的險境，他還能說什麼？他做了工人，竟也連帶失去了跟妹妹同遊的權利！母親這樣做，不正是慢慢地把惟一親近他的妹妹從他身邊拉開去了？

「媽，工人羣中，好人也多着呢！我永不承認，我結交的朋友會比大哥結交的朋友差。以後妹妹可以不跟我出去，但你用這種話來說我那兩個朋友，對他們實在是種侮辱。」

「侮辱？你慢慢地去打聽他們的私生活吧。我知道的事情可比你的多！」

幼誠看到母親以惟恐失去幼芝的姿態拉着幼芝走上樓去，然後，他聽見母親把房門喀嘞嘞地關上了。他霍地拉開尼龍夾克的拉鍊，用母親抓住他衣襟的姿態，使勁地撕着自己的襯衣。他聽見棉布綳裂的聲音，幾粒小鈕扣隨即滾到了地上。

第十八章

他發覺自己站在法庭裏，濕黏黏的雙手揑住審判臺前那低低的被告席的欄杆。我做了什麼事？我犯了什麼罪？他聽見自己激動的語音，而由于激動，他就氣喘起來，並且感到兩旁的窗子都緊閉着，空氣宛似沉甸甸的膠水。

但審判臺上沒有法官，沒有書記官。他有點惶惑。那末，是誰叫他站在那裏的？他回頭去找尋。找尋誰？當然是母親，穿着律師服的母親。她挺然地坐在那裏，像往日她爲別的當事人辯護那樣，保持着一種充滿信心的沉穆。他喚：「媽，妳是來爲我辯護的吧？」

母親說：「不是，我不是爲你來辯護的。」

「那你爲什麼不爲我辯護呢？我受了寃枉。」

母親微笑着：「我當然不會爲你辯護，因爲我正是這件案子的原告。這場官司不必由法官來審，你是輸定了。」

他用力搖撼着那木質的低欄，他要把牠搖得坍下來。他不願輸，不該輸，因爲他沒有罪。法官在哪裏？只要有法官，他相信他輸不了。

然而，這是一次奇特的審判，只有滿庭的旁觀者，却沒有法官。木質的低欄在他手中折裂，他撲倒在尖凸的木條上……

滿身痛楚，滿臉汗水，滿腔悲戚；裹在棉被中，幼誠的雙手依然抓着襯衣的前襟。襯衣上的幾個鈕扣仍留在客廳的地上。他靜躺着，讓自已的喘息平了下來。別人都羨慕他那個位于公園旁邊的家，但在這寒夜裏，陪襯着那呼溜溜的風聲，哪裏有比這裏更愴涼的？今晚，他沒有失眠，已是奇蹟；今晚，他的惡夢是現實的衍展，原在意中。他猛地起身，開門出去，走到寒森四逼的事務室裏去。那是一個純然屬於理智的大房間，在一隻櫃子裏，母親安放着幾大疊她歷年受理的案卷。可是對他，母親的精密的理智分析又到哪裏去了？或許偏見也是一種理智。誰知道呢？

他坐在母親大書桌後的旋轉椅上，燈光白慘慘地亮着，爲每樣立體的東西繪出突出、清晰的輪廓，略帶迷矇的清醒使他益發覺出這個房間的空洞。從視界內延續到視界外，從現實接連到夢境。他是法官，又是受害人。是的，一定要有一個法官。有時候，多數的意見並非絕對是對的。

他伏在書桌上，抬起頭來時，冷冷的玻璃墊板上有他熱熱的淚。窗外，青黑的夜空上，也有無數金亮的淚。在黎明到來之前，牠們不會消失。風聲嗚咽着、嚎叫着，迴旋在他寒夜似的心頭，但他總不能光是置身在風聲中呀，總有一點暖暖的東西他可以去尋找、去獲得。譬如，暖的有酒，暖的有朋友的情誼，暖的有鍾竹英的微笑的眼和溫存的關懷。

客廳那邊有細碎的聲音，他忽然坐直身子。起初，他認爲也許是幼芝。她離開他時的那種求恕的目光使他想到在這個晚上她也不可能獲得甜靜的睡眠，但從開着的門口走進來的，却是大哥伯聰。他穿着紫色的絲絨長睡袍，仍然保持他白日的沉穩與冲漠。他在大書桌對面的椅子上坐下來。

「我聽見你走到這裏來的。」伯聰說。

「我睡不着，我做了許多惡夢。」

「做了錯事的人才會做惡夢。」伯聰非常肯定地說。「你昨天做了好幾件錯事。」

幼誠半低下臉，翻着眼睛看他，表示他對大哥的話語完全無法贊同。

「有一種人永遠不曉得自已做了錯事，就像你。」

「我？不見得吧。我想，假如我果真做了錯事，一半還該由你來負責。」

「你永遠不爲家庭的榮譽着想。你坐在這個房間裏，你不會覺得你是置身在母親的榮譽的光環中。譬如說吧，那些銀盾和匾額，就是那些當事人爲酬答母親爲他們爭取勝利而致贈的；但你所作所爲，却無一不是想把屬于母親的榮譽一片一片地撕破。」

「我並沒有。母親有母親的光榮戰蹟，我有我的生活標的。」

「你的標的是什麼？」

「盡我所能、篤篤實實、勤勤勞勞地做一個人。」

伯聰笑了起來，笑聲像風聲那樣：「只是想做一個人？那還不是廢話？你只想混過這一輩子。我爲你可憐，別人的母親不注意教養自已的子女，做子女的變壞了，倒還有理由可說，但我們的母親呢，你自已說說看。」

「媽豎起一道高欄，要我跳過去，但我却跳不過去。這是沒有辦法的事。我何嘗不願像你？但我假若果眞像你，也有一個像我這樣的弟弟，那我就絕不會去責備他，反而會轉過頭去勸勸媽。」

「你這麼一說，倒像是我在媽跟前挑你的眼兒了。你把我看得這麼自私自利！你呀，整天跟眼光如豆的人泡在一起，爲他們寫簽呈，爲他們請願。試問：你眼裏還有我這個哥哥？昨天上午，我差點在項廠長前下不了台。你故意跟我過不去。你的私心才重呢！」

幼誠站起來，繞過大書桌，走到那扇面向院門的窗口。「誰自私？你！什麼都要跟我搶，即使是一個宛宛！」

伯聰躍起身，把幼誠扳過來。「你說得清楚些，我跟你搶宛宛？我還不至于因宛宛這樣一個女孩子而跟別人拚。宛宛是自動來追求我的。如果要我再去找一個像宛宛那樣的女孩，那也並不難！倘若你只爲這而自甘墮落，那我可以把宛宛還給你。」

幼誠把伯聰放在他肩上的手摔開，伯聰再次抓住他，他再次把牠們摔開。他望着自己的大哥，兩眼像醉漢的一樣。

「我不騙你，我可以把她還給你。」

「閉嘴！」

「我絕不後悔，而且保證以後絕對不再接近她。」

幼誠撕着睡袍裏面那件掉了鈕扣的襯衣。「你以爲我要你施捨？你以爲我非愛宛宛不可？我告訴你，我已經不愛宛宛了。宛宛已經在我心中死了。但我要替她叫屈，她對你這麼委曲求全，而你竟會說出這種話來！」

伯聰連忙說：「我現在確是愛她的。」

「以後呢？」

「什麼以後？」

「如果以後，你在還沒有跟宛宛結婚之前就去美國了，在那裏，認識了一個女孩子，各種條件都比她的好，你那時會愛誰呢？」

「彷彿你想的比我還要多。」

「因爲你是我的大哥。我們是一起長大的，我比宛宛更了解你。」

伯聰坐下來，雙手抱着膝頭：「這很有趣，我的事，你想的比我自已還多……」

幼誠接下去說：「要是那時，你的一些同學的太太都是一些學士、碩士甚至博士的話，那麼，宛宛就太剝奪你的榮譽了；同樣，現在，我也太剝奪宛宛的榮譽了。我還有人可以愛，而且又是值得去愛的呢；放心好了，大哥。」

他們傾聽着屋外的風聲，凄凄而又凄凄的。冬夜裏總有那麼充沛的風聲。伯聰終于說：「我不了解你，我承認我是越來越不了解你了。」

「你幾時想走進我的心裏來過？我，非常單純。如果你愛我，我感激你；如果你憐憫我，我可不需要憐憫。不過，爲了有些事，我刺傷了母親，我是十分難過的。」幼誠說完，就疾步走出來。他從來不會跟大哥正面衝突過，然而，許多事情都驅逼着他，驅逼着他不得不說這許多話。他恨大哥嗎？有時，但不是經常。他走進自己的房間，掩上了門。他半靠在床頭上，把棉被拉到胸口。他沒有聽到大哥尾隨而來的步聲。大哥大概仍在事務室裏細想他的問題。那個房間曾幫助別人解決過許多問題，但對他們自家的問題，牠能有什麼幫助？

于是，在好久之後，他聽見大哥回到隔壁的臥室裏。他們之間只有一堵薄薄的牆，但近幾年來，即使面對面，他們也沒有什麼話可說，何況隔着一堵牆？

他讓身子慢慢地溜下去、溜下去，鑽進被窩裏；這時，他聽見牆上有幾下叩擊聲，是大哥在喚他：「幼誠！」

他沒有回答，因爲他開頭並不相信大哥會喚他。大哥沒有需要喚他的理由。

「幼誠！」

「什麼事？」他問。「明天我們兩個都要工作。我的打包工作很吃力。」

「我想，你剛才說的，有些是氣話。」

「你是指哪一些？」

「關于宛宛的。我想，你很愛宛宛，你以前跟宛宛是很要好的。」

「那是以前。宛宛說過，殘酷的是時間。」一如我跟你，以前我們也是好兄弟。這句話可不必說出口，你想想就知道。

「如果你放棄打包的工作，我想，宛宛可能又會愛你的。幼誠，去做生意吧！我勸媽替你租間店面，開什麼店都好：百貨店，食品店，五金店，文具店；怎麼樣？」

「我不要！」他嚷。「我要自食其力。你以爲我一輩子會做打包工嗎？我告訴你，我對紡織廠裏的機器也摸得差不多了。」

「即使你做了一個技工，又怎麼樣？」

「各人所愛，沒有別的。假如我是一匹龍頭細布，我就願意是一匹龍頭細布；我不要漂白，也不要印花！」

一堵牆，一堵白色的牆插在他們的中間。幼誠把被拉到臉上。他告訴自己，他要睡去，他要睡去，睡去，睡去；在黎明之前，他必得睡上兩三個鐘點。繼續了好久的跑步，只好中斷一次。我並不願意，但現在卻不得不。我早該想到清早還得跑步，要是早想到，我就不會到那個大房間去，也不會跟大哥說這許多話。在煩惱的時候，我只消專心一意地去想跑步，這就好了。我不是一直在跑嗎？耐心地、竭盡全力地。當然，我不是猛衝，我不是卓越的選手，我是一匹龍頭細布。爲什麼我又要去愛宛宛？我是打定主意不愛她了。如果大哥要甩開她，他儘可以把她介紹給他的朋友。那不是挺滑稽的：昨晚上，他們還一同去喝咖啡甚或一起跳舞呢。噢，那樣的愛情！怎麼又要去想這些了？現在想想那片廣闊的體育場吧，那裏，就在那裏。一大片。你看到沒有？不要動，望着牠；對，就這樣地望着牠……

那片廣闊的體育場就一直在他的面前。醒來時，快七點鐘，他掀開蓋被，看到枕邊放着妹妹留給他的一張紙條。

二哥：

對於昨天晚上的事，我能說些什麼呢？牠是我引起的，但媽的責罵却落到你的身上。

我相信，在行爲和品德上，你跟你的幾位朋友，都是很好的好人。

我起來時，發覺你正在睡覺，沒去跑步。我推測你很晚才睡着；我也是，我還哭了一場哩。

但你不會知道，媽也哭了。媽比我們還傷心。我始終不明白，我們原可以快快樂樂的，譬如昨天晚上，但結果却搞得每個人都痛苦不堪。

幼芝留條。

難道我們非這樣下去不可嗎？

誰知道我們以後會怎樣？幼誠把紙條放進抽屜裏，然後走向窗邊。從窗口望出去、他看到的不只是自家小院的景色；他總是把頭抬高一點，讓視線接觸到公園中那片蓊鬱茂密的樹葉，以及侷促在大樹與自家小院之間的那塊小小的天空。風勢已滅，樹葉斯斯文文地輕曳着。天空是白灰灰的藍，是晴天。太陽並未從雲裏出來。誰知道牠是什麼時候出來？鳥鳴聲像露水般地從樹隙中滴溜下來，另一種則是在公園中作各種運動的人們的聲音。六點五十分。平日，這個時候，他已跑步回來。然而，此刻，別人既然還在鍛鍊身體，他又爲什麼不可以跑一會？任何習慣，一次中斷，有時就會引發另一次的中斷。他迅速地換上運動衫褲，跑了出來。體育場就在不遠。在他還未跑到體育場之前，他在路上碰見了鍾竹英。

「早啊，鍾大姐！」

鍾竹英拎着一隻小小的尼龍絲網袋，她笑着說：「咦，想不到是你。遠遠看來，剛才我還以爲是體專的學生呢。你每天早上都跑步？」

「平日五點出零出來，今天起晚了。」

「可有別的什麼目的？譬如，參加比賽什麼的？」

「沒有，只是練練身子，練練耐性。書讀不上去，別的事却不能不做下去，對不對？近些日子來，我的身體棒多了。」

鍾竹英端詳着他的那身運動裝：暗藍運動衫，純白長褲，看他這會兒的勃勃生氣，跟躺在公園石凳上時的沉沉暮氣，可怎麼比？「很好，我眞高興你有這種想法。身子棒，做什麼事都方便。」她又微笑起來。

幼誠也微笑着——爲什麼自己的母親從來不用這種態度和語氣讚美他幾句？就說早上練身體

吧，這總該是件有意義的事了，但母親就根本當作不知道有這一回事似的。也可能她是克制着自己提及這，因爲一開口，她的話語總不會好聽：唉啊，花這麼多的時間去練身體，要是把這些時間花在讀書上，不早就把書讀好了。別人練身體都有遠大的目的，但你却死心塌地地想做工人。我是什麼都不想管了……如此這般。

「鍾大姐，妳這會去哪裏？」

「去買燒餅油條，拿回家去，配着牛奶慢慢吃。你吃過早點沒有？今早我請客。你跑完步，到我家裏來。」

他原想推辭一下，但這是虛僞。鍾竹英是不喜歡虛僞的，尤其是，他也不願意對她虛僞。因此，他先謝了她。現在，太陽業已露面；在陽光、樹影、鳥鳴聲以及遽然來到的滿心的寧靜感中，他跑進體育場去。在跑道上，他不快不慢地跑着。他感到看臺上彷彿坐着鍾竹英，她正在看他。他竭力使自己的跑姿優美。他覺得春天已提前來到。陽光很柔，風也很軟。她不再像昨天晚上那樣地發抖；他整個身子都泡在溫泉裏，漂盪、漂盪。鍾竹英坐在看臺上。她戴着墨鏡，穿件鵝黃旗袍，她撐着一頂墨綠的綢傘，像一片亭亭的荷葉。在他看來，她總是年輕輕的、涼淳淳的。有時，他推測着她少女時代的模樣：把宛宛的優點放進去，把宛宛的缺點撇除掉：一個苗條的、嫺雅的女孩。誰愛過她呢？後來，她與他之間又是發生了什麼而告分手了？分手的原因，不可能是爲了她的驕傲，不可能是爲了她的任性，不可能是爲了她的愚蠢，這是別些女孩常犯的過錯。

但他相信她絕不會這樣。呃，這會兒，他跑着步。他想像她正坐在看臺上。不管她以前愛過誰，那已經過去了。如今，他愛着她，而且要她相信這是不變的愛。他要她告訴他：她也愛着他。她不再是個獨身女人了。這體育場很遼闊，這世界很遼闊，陽光裏揉合着金粉，把一地黃沙染得閃閃亮亮的。於是，他昨天晚上的悲哀就在陽光下慢慢兒地融去，融去！他猜想他至少已經跑上十幾圈了。他頻頻地滅過以前開省運動會時安放聖火臺的基石前面，老覺得聖火仍在那裏，在陽光下燦麗地舞躍着。牠亮在以前、現在和未來。陽光下的無畏的信心。然後，他抬起頭來，望向看臺。他還以爲是幻覺，鍾竹英正站在看臺的第一排前面。她已換了一件黑呢旗袍，披了一件白毛衣：在廣而靜的體育場的淸晨中，那宛似一張照片。他跑過去，呼吸和心跳是更急促了。他減低速度，在鍾竹英的前面停下來，喘着氣，踏着步。

「你竟來了！」

「我買了燒餅油條，還買了豆沙包子，而且也冲了牛奶。等你不來，怕你失約，就走到這裏來了。」

「失約？」幼誠笑了起來，用運動衫的袖管擦着汗。「那怎麼會？我跑過步，正餓得緊，眞想狼吞虎嚥一頓呢！」

「那末，現在就去。」

他沒帶手帕，她便遞給他一塊淡靑色的小手帕。沒有香味的女用手帕，似從晨空中裁下來的一方藍天，純柔得叫人很想偎牠一下。幼誠小心地揑着牠，用牠去印印額際，按按雙頰和下巴，然後又放在鼻尖上，聞聞那沒有香味的香味。他依舊踏着步，氣喘也就漸漸平息下來了。他仍然把手帕貼在額角上，偎偎那沒有熱氣的歎暖。

「怎樣，累得很嗎？」

「不，只是想緩一口氣。早知道要妳跑這一趟，我就不該跑這麼久的。」他仍然偎着那條手帕。「妳常來這裏看運動會嗎？」

鍾竹英搖搖頭。

「爲什麼？」

「我不大習慣擠在人羣裏。」

「如果有一天，妳知道我竟是那次運動會中的一個選手呢？」

「那末，即使在六月的大太陽下，我也要來看。」

幼誠笑了，但感激之情却凌駕於欣慰之上。他把手帕還給她，輕輕說：「謝謝妳。有妳這麼一句話就很够了。」

他們並肩走出體育場去。一個是幽靜、纖巧的女人，一個是朝氣洋溢的靑年。一路上，大樹搖落下來的微風護送着他們。走到鍾竹英家的門口，一個報童騎車過來，交給鍾竹英一份當日的報紙。鍾竹英把報紙挾在腋下，推開院門進去。小院裏，樹影播下了一片輕飄飄的湖綠。幼誠貪婁地吸着鼻子，說：「我沒想到清晨的小院比晚上的更美。畢竟，所有美好的東西，都該在早晨欣賞的。」鍾竹英始終保持着她的那抹淺笑、那份端麗。她掏出鑰匙，幼誠馬上把牠接過來，替她開了門。她站在他的背後。他覺得他是在開自已家裏的門。一個小小的、屬於他倆的家。他非常自然地走進客廳，並且順勢往沙發上一倒。

「嗬，眞舒適！」

鍾竹英站在對面，衝着他看：「不想吃早點了？時候不早了呢！」

「端到這裏來吃怎樣？反正只有我們兩個。」他仍閉着眼睛，用手指彈彈沙發的靠背；有一股淡淡的香味從那裏漾過來。當然，花瓶裏插着花哩。

鍾竹英這次却眞的笑了：「看你一點也沒有做客人的謙遜風度。在我這裏可以，在別人家裏可不行。」

客人！他驀地坐直身子。睜開的眼睛特別烏亮。客人！當然，他還是客人！他還是不能隨隨便便。他還得小心翼翼，以免惹起她的厭煩。然而，就在他起身要去飯間時，鍾竹英却走過來，用手按住他。

「不要起來，我把早點端到這裏來就是。你是第一次在我這裏進早點，我應該特別客氣，對不？」

「我不應該添加你的麻煩。」

「不麻煩，只是兩個人的東西。」她輕巧地轉身走到飯間去，用一個盤子把要吃的東西全端了出來。坐下來時，她又笑了笑。「早上，我有時只吃兩片麵包、一杯牛奶。」

「一個人吃，太寂寞了。」

「噯，幼誠，你比我小十一歲，聽你的語氣，彷彿你對這很內行。」

「我二十三歲了。」

「還是一個大孩子。」

「不。我是一個大人。二十三歲跟三十四歲一樣，我懂得很多。」

鍾竹英把大部份的早點都推到了幼誠的面前，只給自己留下一套燒餅油條，但她並沒有吃，却光喝牛奶。

「我知道你懂得不少，譬如，你或許會說，你懂得寂寞。你所處的環境使你過早地嘗到寂寞的滋味。可是我的寂寞却跟你的不同。你才二十三歲，你的寂寞會很快地消失，而我却是三十四歲的女人。」她苦笑着。「那是一杯喝不盡的苦咖啡。」

「不，不。」幼誠分辯着。「我完全懂，真的，我完全懂，懂得我自己，也懂得妳。」怎樣對她說呢？怎麼告訴她他愛她呢？他只對她暗示是不够的。他喝着已經冷却的牛奶，但汗珠重又在頃刻之間綴滿了他的額際。「我懂得很多，很多；很多，很多；多得叫妳想不到。」

「不要激動，幼誠，去浴室洗個臉吧，再慢慢地跟我說。」

她陪他到浴室，替他在盥洗盆裏放滿了水，遞給他一條毛巾。又是淡青色的。清涼涼的檸檬葉的芬芳。他用毛巾把半個臉摀起來，就像把臉埋在青綠的葉子堆裏，但他的內心還是燙人的熱以及蝕人的酸。他霍地拉下毛巾，轉過身來，頭就靠在鍾竹英的肩上。

「是什麼事？剛才還好好的。」

「昨晚，我又跟媽起了衝突。」

「何必呢，你要了解你媽的痛苦。」

「爲什麼她不想了解我的痛苦？我自認沒有錯，一點沒有錯，但她卻怒不可抑。你們當中沒有一個人看到過她暴怒的可怕，你們只看到她冷靜的一面。」

「每個人都有脾氣。」

「你沒有看到媽兩手抓住我的衣襟時的樣子。他又叫幼芝不要接近我。難道我會叫幼芝去結交壞人？」

鍾竹英仍然婉和地勸慰着：「司徒律師是一時的氣憤，她只是恨鐵不成鋼，以後你就讓瞧你也是鋼。」

幼誠抬起頭來。「我寧可喜歡這裏。」

「是呀，你可以常常來玩。」

「我喜歡……我喜歡……」幼誠忽又推開她，跑到客廳裏。他伏在長沙發上：「我該怎麼辦？我該怎麼辦呢？」

鍾竹英站在他的背後。「什麼事，慢慢說。幼誠，我說過，慢慢說。」

幼誠直起上身。他的雙腿半跪在沙發邊。他請她坐在他的旁邊。薄薄的淚水使這個壯碩的青年看來活像一個大孩子。

「英姐！」

鍾竹英把臉低下了些。

幼誠動了動嘴唇，但他沒有說話。倏地，他抓起鍾竹英的兩手，把牠們貼在頰上、頸子上。鍾竹英哆嗦起來。幼誠說：「我又錯了嗎？英姐，我不能愛妳嗎？我知道，我是站在山崖上，誰都想推我下去，但我沒有跌下去，因爲我攀着妳。妳不願我攀着妳嗎？」

「……」

「妳這麼美、這麼溫柔；讓我攀着妳。一定有人愛過妳，但沒有一個人會愛得像我愛妳那樣深。我現在雖然低微，但我會力爭上游來報答妳的。」

「幼誠……」

「我不願聽妳的勸解。我什麼都清楚。我愛妳已經很久了。如果妳不要我愛妳，那妳現在就撵我出去。我會乖乖地走的。我會離開臺中，去做流浪漢。我到處可以找到工作：路工、礦工、衛生工……我都願意幹。」

鍾竹英不再說什麼，含着淚把他拉起來。她把早點推到他面前。「你畢竟還是一個孩子。」

「我二十三歲了。在以前，二十三歲的男人早已結婚了。」

鍾竹英拍拍他的肩：「我的確沒有想到你會愛我。你以後仍舊可以常常來。不過，且讓我慢慢地培植我對你的愛。我們以後的日子長着哩。我有一個條件，你還得好好地在工廠裏工作啊！」

鍾竹英沒吃早點，又走進飯間，去拿方巾。在那裏，她默默地流了好一會淚。她不知道自己爲什麼要哭？或許是因爲她的悲哀是幼誠所無法了解的。

他只二十三歲！二十三歲的男人是無法了解三十四歲的她的。

第十九章

那天早上，鍾竹英仍用暖暖的淺笑把幼誠送出門去，對於這個依賴她如此之深的大男孩，她不忍殘酷地加以拒絕。在重重寂寞的包圍中，他在她這裏尋求溫情，難道也是他的錯？她清楚他心靈上所受到的凌辱的創痛，而且，她也絕對相信，今天，她只消輕輕一推，他就可能跌到山崖下去。粉碎了的勇氣與信心，還能重新拼湊起來嗎？她不忍，也不願。然而，在以後的日子中，他對她的日益加深的愛，又叫她如何擔負得了？她對自已跟項子琳之間的那段不足為外人道的感情尙且不能解決，現在竟又加上另一種不正常的愛！嗬，她願意自已現在是二十三歲；是二十三歲的話，或許她會愛他，甚至斷然跟他結婚，藉此去了結她跟子琳之間的那段情。但這原是一種可笑的想法。要是她只二十三歲，剛大學畢業，那就不會發生這些事。如今，她有機會認識項子琳與汪幼誠兩種不同的男人。項子琳變心過，然後又回到她身邊；汪幼誠呢，或許眞正愛她的是他，然而，他們又如何受得了一般人的指指點點？有人會說，她有錢吶，養小白臉嘛！

銀行九點開門，她在八點一刻又用熱水洗了一個臉，蒙着淡淡水氣的長鏡如一扇紗窗。她的臉就隱約地從那裏透出來。隔着那層朦朧，那盛放的青春似又回來了。整個的臉，秀俏而柔滑，嵌一雙星般的眼睛，使牠如沐在柔光中。啊，她曾年輕得像初綻的桃花，希望則是一條彩帶，撒往天際。在那年輕日子的年輕早晨裏，她讀書，幻想，品嚐着項子琳給她的鮮汁般的愛情。誰說那是遙遠的呢。此刻，在那蒙着水氣的鏡面之前，一切似乎都仍存在。她把雙唇貼近鏡面，移去時，蒙着水汽的鏡面上便畫出一雙輪廓分明的嘴，微啓着。渴望着什麼呢？曾經有人吻牠，現在還有人希望吻牠，只是她自己知道牠已褪色。橘黃色的唇膏近在手邊，讓自己略嫌蒼白的嘴唇增添一點色彩吧。她拿起毛巾，往鏡面上向下一抹，就像除下一張面網，晶亮的鏡面映出她那略微鬆軟的雙頰和已經減弱的眼神；當然，由于白晢而纖巧，她看來並不憔悴。歲月還沒有把她碾碎。這些年來，她如有意結婚的話，也早就做了別人的妻子。嫁個四十左右、略有地位、略有經濟基礎的男人並不難。只是她自己既能養活自己，又何必來勉強自己的感情！她明白她跟項子琳的愛很澀很苦，惟其愛他，所以也就寬恕了他。子琳的妻子裘愛蓮要比她想像中的好。她的缺點雖如珠寶，燦然輝耀；但她的優點，也如珠寶，明麗閃熠：驕傲中透露親切，任性中蓄含善良。這樣的一個女人，她能虧待她？能爲自己而犧牲她？

而今，在她暖暖的笑容後面，她的悲哀最濃。溫暖是給予別人的，淒清却是自己品味的。她八點半出門，亂紛紛的心緒使她不想走到不遠的站牌邊去擠公車，只在路邊站下來，想攔一輛計程車去銀行。驀然間，一輛熟悉的淺藍色汽車在她面前煞住，她一楞，項子琳已從旋開的車窗中探出頭來：

「等車？」

「是的。」

「早上的野鷄車不多，我送妳去吧。」

「不必了。如果沒有，我就坐三輪去。」

「別客氣。」項子琳笑着，却也看出了鍾竹英的黯悒情緒。「噢，今天，我本來就要上銀行接洽一件事情，現在碰到妳正好。」

鍾竹英明知這是藉口，她想拒絕，但在有些場合，躲避却更易引起別人的懷疑。於是，她點點頭，那麼謙和地把項子琳迎進門去。

項子琳掩上門，一走進客廳，就捏住她的肩膀問：「竹英，看妳的神色，像遇到了什麼事？」

鍾竹英不願告訴他，只搖搖頭。

項子琳把她拉近胸前。「竹英，不要難過，我們的事，總能圓滿解決的。」

鍾竹英的眼睛漸漸潤濕起來，爲了想忍住眼淚，她笑了：「決不是爲了這，你不要多心。」她推開他。「你應該直接去工廠的，晚上再來我這裏。」

「或許晚上我跟朋友有約會。」

「那末，明天晚上來看我，或者後天晚上、大後天晚上。」

項子琳喟嘆起來：「竹英，妳總是在克制自己。我害了妳。我負荆請罪地來找妳，沒想到我給妳的痛苦比快樂還要多。現在，我用車子送妳上銀行吧。」

「難道不會太惹眼？」

「只這一次。今天我們是談『公事』，司機也知道的，答應我吧。」

鍾竹英依順了他。多聚一會，原是他們共同的願望，只是正如他所說的，她是在克制。面對他，她願意這世界隱去，只剩他們兩個。初戀的蜜蜜芬芳，始終廻蕩在她的心深處。有時候，她也眞怕克制不住自己，衝破一切藩籬。愛恆與痛苦長存，她想。

鍾竹英熟稔裘愛蓮那輛黑亮的克雷斯勒牌的轎車，儎負着她的財富，睥睨羣儕；而這輛淺藍色的青鳥牌汽車，那末爽朗朗、淸越越地，每使她昇起一種飄然之感。在重重的廻避下，她雖跟牠相識，却很少機會跟項子琳同坐在牠裏面。今天，他們肩挨着肩，讓牠馳去。她閉着眼睛。噢，車子向前滑去，向前滑去，繼而像鳥般地飛了起來。飛起來了，掠過公園路兩旁的樹梢。藍天之下，牠輕盈得猶如一隻燕子。車子飛着，飛到哪裏去？是要儎着他倆，擺脫一切的煩惱？她彷彿看到往昔她繪構的圖片了。在靜靜的小屋裏，他們靜靜地生活，喧雜的市囂被摒在圍牆之外。她不再工作，有一對小兒女在她身畔嬉戲。他們是儉樸的，但却是豐足的。沒有汽車，但散步在夜的街道上，他們將永似一對情侶。相互從對方的瞳仁中找尋自己的笑、對方的愛。

猛地一震，青鳥從空中跌落下來。她揉揉眼睛，汽車停在鬧街的十字路口；交通燈亮着充血的眼。她轉過臉去。項子琳深邃幽沉的目光正望着她。

「快要到了。」項子琳惋惜着。「剛才，妳彷彿正在思考什麼。」

鍾竹英想起剛才破碎的幻想，嘴角不由得顫抖起來。她趕忙掏出手帕去掩嘴，然而，擡起的手也是戰慄着的。項子琳的臉色驀地變了。

「不是在思考，只是在幻想，幻想一些以前所幻想過的。我們女人總喜歡幻想。」她自嘲地笑着，每條笑紋也是這麼顫顫簸簸的

項子琳連一下苦澀的笑聲都發不出來。車子又前進了，他掏出原子筆，在手心上寫了一行字：「幻想總會成爲事實的」。

然後，在銀行門口，項子琳送她下了車。他向她揮手時，鍾竹英依稀感到自己是在十年前的松山機場上。他也向她揮手，這麼依依地、依依地。她用全身的力氣忍住那直向外冒的淚水，拋給他一朶柔柔的笑。他說——對她母親以及對她——他不會去得太久的。白雲在藍天下施施然地遨遊，許多事就都這麼無形地消蝕了。

回來！一切全能回來嗎？

此刻，她仍在微笑。銀行的巨大而冷漠的廻廊覆蓋在她的上面，陰陰地給她敷上一層疑慮。這裏是象徵財富的重地，許多人都跟金錢對抗過，想馴服牠，但結果却常成了牠的戰利品。

她說，再見，微弱地，就匆匆地走向側門。跨進門檻之前，再別過頭去，他已經回到汽車裏，而趕來上班的霍重詩却順着廻廊走來。他看到了他們同坐一車？或許霍重詩早已猜到她與子琳會分而復合。他知道得她最清楚，也最有資格勸誡她，只是他是一個很有涵養的人，從不跟她提起這。因此，她並不廻避，仍謙謙地跟走近來的霍重詩打着招呼。兩人邊談邊走地來到自己的座

位旁。日光燈照亮着辦公大廈，紫紅色的厚絲絨窗帘分向兩旁，鐵門嘞嘞嘞地被拉開，一天工作于焉開始。舊曆年底這幾天，也是銀行裏最忙碌的日子。

鍾竹英竭力使自己靜下心來。最不能馬虎的是數字，一不小心，你將會永遠陷身在牠圍築的小小深井裏，爬不上來。她喝着剛沏上的茶。碧碧的茶水是小小的湖，映着汪幼誠的影子、項子琳的影子、裘愛蓮的影子。乾脆把茶喝光吧，別讓那些影子纏着她。

新春裏，自己好獨個兒出去玩玩。去合歡山或日月潭。多少年沒去日月潭，就怕勾起那次子琳出國前跟她同遊的回憶。毛家花園裏兩人穿着山地同胞的服飾拍照，儼然是王子與公主。小舟滑行在暮靄中的潭面上。子琳說，他已選定，以後蜜月的第一站就在這靑山環繞的日月潭。後來，在突變中，她雖焚掉了所有的照片，却焚不掉鐫在她心頭的他的影子。他不該留給她這許多又甜又酸的回憶。

「鍾小姐！」裘愛蓮靠着櫃台喚她。

鍾竹英從來沒有這樣吃驚過。她以爲裘愛蓮是從她的茶杯中走出來的。她揉揉眼睛。旁邊的同事戳了她一下。她睜大眼睛，眞實的裘愛蓮正友善地向她微笑。她這才猛然覺察到自己的失禮。

「呀，項太太，我想我該配副眼鏡了。」她故意瞇了一下眼睛，並且可愛地笑了笑。眼前的項太太穿着棕色的長大衣，頸子上裹着棕褐色的狐皮圍巾，綴在大衣上的一枚胸針是翡翠的，那翡翠碧得能把一杯白水染綠。

「妳有沒有空，我想打擾妳幾分鐘。」裘愛蓮輕輕地拍了她一下。「我看不是妳該配副眼鏡，而是妳有什麼心事？」

「心事？啊，我這個人是心如枯井了。」

「我已經在櫃台邊站了好一會，妳眼睛平視着，却沒有看見我。我想——或許是我多疑——在這年前年後，許多人都有感觸。」

鍾竹英笑着否認。「我剛才是在考慮一件公事。項太太，說實話，這許多年來，我的感觸已經變得遲鈍了。人是遲鈍一點的好，對不對？」

在潔淨無瑕的會客室裏坐下，項太太端詳着這位潔淨無瑕的老小姐。

「鍾小姐，我是早就把妳當作朋友了。」

「我完全知道。」

「不能爲妳幫點忙嗎？」

「但我什麼都不缺少。」

「那是假的，妳孤單單的一個人，我說過，我和子琳都在爲妳留意。」

鍾竹英握住裘愛蓮的手。「謝謝妳，謝謝妳，但這能够强求嗎？」

「不是强求，而是緣份。」

「但我倒也淸靜慣了，有時——是不是我跟妳說過這句話——我倒也依戀這種孤單自在的生活。」

「似乎說過，但我總覺得這是自欺欺人。我看得出妳不是一個事業心很重的女人。」

「我不是指事業方面的。我是說，我這樣做，就不必去遷就別人。譬如說，二十幾歲結婚，男方總是遷就妳；而現在，三十四五歲了，妳就得一心一意地去遷就男方，因爲他認爲妳是幸虧他才得擺脫老處女的困境的。或許這是我自卑的想法。」

裘愛蓮抿着嘴淺笑。「這哪裏是遲鈍，我看妳不僅敏感，而且想得很多。要說遷就嘛，那就拿子琳做例子吧，表面上他雖對我百般遷就，但骨子裏他何嘗願意？我最近正在細心研究這一點。女人有自尊心，男人也有，而且更强。男人總覺得他們應該多享受一點，這可能就是歷代遺傳下來的男性優越感。」

「但妳却有獨生女的優越感呀。」

「毛病就出在這裏。」裘愛蓮瞄了她一眼。「今天，妳很忙，我不想跟妳詳談這一點。我今天主要是來請妳在大除夕來我家吃年夜飯。妳不要推辭。鍾小姐。在芝加哥，我們常常請一些單身的中國留學生來我家過節。我們沒有什麽別的用意，只希望在我們歡度節日時，我們的朋友也不會寂寞。」

「我說過，我並不寂寞，項太太：而且，要去打擾賢伉儷……」

裘愛蓮乾脆截住了鍾竹英的話：「不寂寞的證明，就是：妳有了男朋友；要不，便是假話。

妳還不知道我們的家在哪裏，我會叫子琳開車子來接妳的，妳放心。」

鍾竹英欣賞着裘愛蓮的專制的笑容。任性？呃，有一點，但卻是可愛的任性。邀丈夫的初戀對象去吃團圓飯，多有趣！不過，最好先關照子琳一聲，那晚上可別喝醉酒，否則，像沒嘴葫蘆那樣地把什麼藥都倒了出來，可怎麼辦？一頓笑呵呵的年夜飯豈不成了悲劇的序幕？

裘愛蓮打開皮包，拿出一張支票來，得意地說：「非常週到，滿意了吧。這八千塊錢要用來過年的。豪華一點，我喜歡過舊曆年。」她把支票遞到鍾竹英手中。「麻煩你一下，我在這裏等。」

鍾竹英走出來，把支票交給付款部。霍重詩不放心地走過來，問：「項太太來找妳，沒有什麼事吧？」

「沒有什麼，只是提款，還有聊幾句家常。」

「妳沒有告訴她：妳早上碰到了項廠長？」

「沒有，彷彿沒有這必要，對不對？」

「鍾小姐！」霍重詩的話裏含有警戒的意味，這還是第一次。

「謝謝你！」鍾竹英含蓄地回答。

項太太離開時，鍾竹英仍送她到大門外。棕褐色的圍巾柔和地波動着。外面是冬天應有的乾巴巴的冷。思緒觸到了項子琳，鍾竹英顫慄了一下；冰凍的蒼白馬上封住了她的臉。裘愛蓮怔了怔，忽的卸下自己的狐皮圍巾，堅決地圍在鍾竹英光光的頸子上。「你穿得太單薄了，鍾小姐，這算是我送給你的年禮，還是新的。」然後，黑亮黑亮的小轎車就迅速地駛走了，留下了鍾竹英站在巨大建築物的前方。訝異？悵惘？困惱？感激？各種感情像浪花那樣奔突、追逐。她用手摩挲着那很軟很暖的狐皮圍巾，像撫摸一隻活的貓。愛蓮，你爲什麼要對我賜恩惠？我不該受的。我的冷是因爲我內心的無依。在會客室裏，你也彷彿已經看出來了。我只是不想坦然承認吧了。我認爲一個人的寂寞，應該由他自己來承當，尤其像我。誰能眞正幫助我？那條狐皮圍巾很名貴，幸而，我已經知道你的眞摯，否則，在別人的眼中，又會以爲這是你自炫財富的行爲！那末，這條柔柔的毛皮便將成爲一道溝壑。愛蓮，什麼時候你會清楚子琳的過去與我的過去？子琳的現在與我的現在？那是我們眞正接近的一天，還是我們眞正分手的一天？

這以後，一上午，鍾竹英就在數字的隊伍中，把分分秒秒的時間送走。排得緊緊的工作使閒思遐想不得不讓出位來。這些年來，她之能够平靜地度過白晝，還不是工作給她的思想以一個固定的範疇，使牠們沒有氾濫成災。

中飯向來由行方供給。十一點半，輪到第一班用飯時，鍾竹英便走到餐廳裏。最近，菜很豐盛，只是她的胃納總是給鬱重的心緒塡塞了大半。火腿炒蛋她連碰也沒有碰，只吃了一些菠菜豆腐湯和水果。他們吃的是自助餐，坐在他對面的霍重詩倒是吃得挺快的。

「怎麼，鍾小姐，沒有不舒服吧？」

「沒有，或許早上吃得太多了，一上午儘伏在案頭上，吃下去的全沒消化。」她故意按按胃部。「今早吃多了油膩，悶悶的，以後該小心了。」

霍重詩剝着橘子，一瓣一瓣地慢慢吃着。他的涵養工夫就在這裏，他不必再對她表示關懷，也不必再對她作深一步的探究。明知道她說的並非事實，然而，處在她那種情況下，你怎能指望她眞實？他雖然沒有結婚，但銀行方面所要求于他的精審的工作，却使他知道如何去細緻地揣摹女人的心理。今早上班時，項子琳用車子送她，他看到的；她喝茶時的恍懩懒惘，他瞅到的；項太太送她的狐皮圍巾，他注意到的。她該怎樣呢？他問自己：她該怎樣呢？這個女人，他很早就認識的，或許鍾竹英還不知道，在她十幾歲的時候，他就看到她穿着褪了色的制服去上學。忽然，幾年後，她考進這個銀行，那時已是一個二十三歲的大學畢業生。她懂得很多，懂得待人的恰如其份，懂得在同事面前不炫耀自已的才能，懂得人生中的苦苦樂樂。懂得如此多的女孩，他是祈求她能獲得幸福的。從這方面來說，他無法原宥項子琳。他一直關切她，伯叔輩的關切，不過却是很含蓄的。有時他想，一個年輕的女人怎會逐漸老去：像鍾竹英，窈窕娟秀，當年若百合；像司徒如雪，清揚明妍，當年如水仙。青春是怎樣消蝕在嘀嗒的時間裏的？

一碟溫熱的方巾放在餐桌邊，鍾竹英和霍重詩都各自取了一塊。于是，鍾竹英猝然問：「霍先生，今晚上，宛宛在家裏吃飯吧？」

霍重詩陡地停住了手，方巾正貼在右嘴角。他思索了一下，從嘴角移開了方巾，說：「啊，近來宛宛的行止可說不定，我簡直無法預測她回不回來吃晚飯，不過，如果妳有事，我會在她晚上回家時叫她去看妳。」

「我也沒有什麼事，」鍾竹英掩飾地笑笑。「只是想跟她聊聊。年輕人嘛，總是這麼活力充沛的；跟她談談，我感到自己也年輕了些。不過，要她來看我——」「不行。如果晚上項子琳去看她呢？碰到了，宛宛固然不會懷疑，但宛宛的交遊廣，說開了，知道的人一多，麻煩就來了。「霍先生，要她來看我，倒也不必；萬一我不在家，不是叫她白跑一趟？」

霍重詩專心地用方巾揩揩手心，又擦擦手背。他沒有擡頭去看她，免得使她躊躇不安。他清楚這是她的託辭，但他還是原諒了她。他剛才正在思索青春是怎樣消逝的，現在他也不相信宛宛的青春的華采能感染鍾竹英！不管她如何改變，她總已失去她最明亮的一部份。只是，鍾竹英特地提出來要跟宛宛談談，那就證明這並不是一種普通的聊天。他敢斷言，她找宛宛，一定有事。

「我打電話去問一下，她幾點回家，好不好？」

「去問誰？你不是說她行止不定嗎？」

「去問汪伯聰，宛宛什麼事都跟他說。舅舅不及男友親密哪！」

鍾竹英站起來，決定放棄原先的計劃。「不，霍先生，那樣未免太小題大做了。」

只是霍重詩並未接納她的意見。他也站起來，把電話接通了，並且跟伯聰說，鍾竹英要跟他說幾句話。

鍾竹英感到霍重詩熱心過人，她只好接過聽筒。「鍾大姐，妳有什麼事嗎？」從聽筒裏傳來的伯聰的語聲有些急促。鍾竹英知道此刻是十一點五十五分，正是大家準備離開辦公室的時候，她怕要在伯聰那裏討個沒趣了。幹練的汪伯聰怕還沒學到司徒律師的那份修養吧。「我是伯聰，鍾大姐，如果有什麼事要我效勞的話，請別客氣。」語氣忽又沉緩下來；畢竟是個謹愼的人，隨時都在檢點自己。做母親的，準會喜歡這樣的一個兒子的。

「伯聰，實在也沒有什麼要緊事，我只是想跟宛宛聊聊。傍晚五六點鐘的時候，她回家吧？本來，我是不該向你探問的。」

「問問也沒關係，我們最近走得的確勤一點。今天上午她打電話告訴我，下班時她在『好萊塢』大飯店等我，但因爲我有事，回了。」

「那末，她是準備回家吃晚飯了？」

「也說不定，這樣好不好，你下班時，請去『好萊塢』二樓的咖啡廳，我設法跟她連絡，叫她在那裏等你。」

鍾竹英覺得自己不如伯聰聰明。找宛宛並不是閒聊，而是要跟她商量一件事，或者說，央求她一件事；這本就應該找個像樣一些的地方，花點兒錢，叫對方覺得你是誠心誠意的。一句話，你總得預先付出一些。自己久久沒去那種地方了，那種地方會更使自己覺得寂寞。同樣是寂寞，又何用到處找尋？她不贊成那些花錢找尋寂寞的單身男女。

事情就那麼決定了。他回過頭去看霍重詩，她已離開餐廳。在任何情況下，他是不希望別人感激他的。

下午，鍾竹英又是在一堆數字中進進出出。寂寞變得異常地單純。黃昏來臨時，那條狐皮圍巾給了她很多溫暖，也給了她適合去「好萊塢」的高貴。在二樓的卡座上坐下，唱機正在播放一首修曼的「夢幻曲」，一支電蠟燭在桌上的雅致的燈罩中亮了，推給她一圈幽靜。「一杯濃咖啡，一客葡萄乾布丁。」以後，她是不是値得冒一次險，跟子琳同來這裏坐坐？然後，就在最美的時刻分開，好像人影在霧中隱去，留下一份似幻若夢的悽麗。她把狐皮圍巾放在椅子一邊，左手則擱在牠上面。以後，去養一只貓吧，因爲貓畢竟是活的。

呵，咖啡濃得够味，她一連喝了幾口。或許宛宛不會來。不來也好。她哪能指望像宛宛那樣的女孩會絕對守約。如今，她對任何的失約已能不感到失望了。不期望于期望，她倒反能享受獨坐的悠然。想像春三月，杜鵑花灼然盛放，她在校園的樹蔭下，靜靜地看書，輕輕地哼歌。想像夏日露營在小山上，深夜靜臥時，傾聽蟲聲、樹葉的簌簌聲，小草的茁壯聲……想像在秋冬季節裏，公園的大樹下，有金黃的落葉無數，她走過去，綷綷地如踩在碎冰上。她天性喜愛恬靜的情趣，正因爲這樣，她有時也能把寂寞浸在果汁裏品嚐。當寂寞變得淡黃的透亮透亮時，打牠那裏窺去，外界的一切也就顯得淸淸晰晰的了。

咖啡將完，布丁垂盡。她開始揣測宛宛可能跟伯聰一同來。那麼，她這次邀請宛宛，將是一件浪費——精神上的——了。此刻想來，這種可能性很大。他們倆將挽着手進來，黛綠的、飛揚的一對，他們會向她恫嚇地招呼：「好啊，鍾大姐！」恫嚇？她笑了。對她，恫嚇還不太適用吧。這會兒，把最後一口咖啡喝完如何？在她看來，這裏是沒有她談話的對象了。今晚回去，她就等明天宛宛和伯聰的道歉好了。但，正有人喚她呢。細細一看，伯聰已走到她的旁邊。她微微一愣。只伯聰一人？她有什麼要跟他談的？她之來這裏，原想知道宛宛對幼誠是否還殘存着些許感情。用這去問伯聰，那不是太可笑了？

「鍾大姐，我跟宛宛聯絡不上，所以在幾經考慮之後，還是我自己來了。」伯聰這麼一解釋，讓人明白他的來，並不是冒失而是爲了禮貌。他從容地坐下，一邊拍手招來女侍。他的熟練顯示他對這種地方已經並不陌生。

然而，幼誠呢？鍾竹英從幼誠的每月定期儲蓄上知道他是節省得連喝一碗紅豆湯都得盤算再三的，但她更知道沒有人會說幼誠節儉，也沒有人會說伯聰浪費，除了她！

鍾竹英笑着：「伯聰，你是忙人；要你自己來，眞不敢當。其實，你打一個電話給我就行。」

「那怎麼行？是我要妳在這裏等的，當然該由我親自來道歉。宛宛的事情，呃，或許不只是些公事，她被別人約了去了。」他無可奈何地攪動着咖啡，語音是從匙柄碰着杯口的細碎聲中緩緩地流出來的。是怨？是氣？在朦朧光線中，一切都是模糊不清、難以分辨。

鍾竹英坐直身子，神情比伯聰更爲焦切。一向說話婉婉和和的她，這次卻也迫促起來：「伯聰，你怎麼說出這種話來？宛宛最近不是跟你頂要好的？你一次找不到她，就這麼胡思亂想的，這不是自找煩惱？我對宛宛雖然不太了解，但我知道她並不是三心兩意的那種女孩。」

伯聰突地停住正在攪動的茶匙，戛然而止的動作透露出他對這些話的未能同意。他問：「妳眞的相信宛宛不是那種女孩！」

「眞對不起，如果爲了我的事而讓你們之間有了裂痕，那我是會感到不安的。伯聰，我現在就回去，等我知道她回家了，我馬上通知你。」

「鍾大姐，妳何必這樣認眞？我並不煩惱。宛宛不來也好。今天我來這裏的主要目的，就是想跟妳談談宛宛。」伯聰自嘲地笑笑。「對一個人我們總想知道得清楚點；把妳知道的宛宛，加上我知道的宛宛，合併起來看，不更完整一點？」

鍾竹英打量着這個年輕人。他說話的技巧比他弟弟的高明。她得好好地應付。更完整一點！當然，每一個人看到的角度都不同。但這麼說，霍重詩看到的宛宛，不是比他們更要多些？

「伯聰，我想，宛宛並不是一個複雜的女孩，所以我們也就不必對她分析、再分析。倘若要清楚她生活上的細小嗜好，有空不妨到她舅舅那裏去一趟。」

伯聰把頭伸過來，嚴肅代替悠怡駐足在他的臉上。幽黯中，眸子含有諸多慧黠的思想。「鍾大姐，你說宛宛不是三心兩意的那種女孩，但她以前愛的是幼誠，後來又怎麼改變的？」

這是一句該由她提出來的問話，因此，鍾竹英的驚訝也是很明顯的。她看着他：在他跟宛宛交往之前，他早就知道這件事；如果這也算是一個問題，那他應該在那時考慮，而不該在目前追究。她陡地發覺：說這話的伯聰，並不是想追究宛宛的改變，而是因爲他自已想在這件事上改變。

鍾竹英的話一下子變得鋒利起來：「你話中的意思以及你話外的意思，我全明瞭。假如一個人想放棄什麽，那他最好不要找藉口，把責任全推到別人的身上。」

「妳誤會了我的意思，我想向你請教的是：我能不能叫宛宛再回到幼誠的身邊去？」

「那要由宛宛自已來決定。現在，老實說，我倒的確有些懷疑：你對幼誠的愛和對宛宛的愛是否發自衷心？伯聰，你似乎太聰明了些。」

伯聰很馴服地聆聽鍾竹英的譴責，然後向椅背一靠，無可奈何地嘆息着：「我是聰明，還是愚蠢？我只認爲這樣做，可以使自已安心一點。或許我以前錯了，但我不願再錯下去。宛宛應該去愛幼誠，而幼誠也應該去考大學。」

「不過，幼誠曾對我說過，他是不準備再去參加大專聯考了。」

伯聰用手抓抓下巴，忽然笑了兩聲，然後拿起咖啡杯，一口氣喝了個光：「他比誰都倔强，對不對？這就是我的弟弟！」

「是的，他跟你全然不同。」鍾竹英簡截地說。

第二十章

鍾竹英眞正地感到這次的談話是種浪費。錯的，或許正是她自己。她應該順着伯聰的話把宛宛爭取到幼誠這一邊來；她應該說，是啊，伯聰，宛宛確是一個三心兩意的女孩，你犯不着愛她，宛宛不是你的理想對象，讓她仍然回到幼誠的身邊去。然而，她却竭力爲宛宛辯護，毫不顧及她原定的目的。爲什麼她要這樣？在坐計程車回家的路上，她一直問着自己。爲什麼要這樣說？妳想幫助幼誠找回愛人，現在妳却再也不用想了。她並不滿意宛宛對幼誠的態度，更不滿意伯聰對宛宛的態度。啊，關鍵就在這裏。現在，她去同情誰呢？或許，別人會說，你就慢去同情別人吧，同情同情自己才是眞的。一個老處女，在爲別人的婚姻躭心，那簡直有點反常！

鍾竹英有點疲倦。從早上開始，她經歷了一連串的感情上的冲激；現在，她不願對牠作一回顧，也不願對以後作任何蠡測。車子馳着，她沒有幻想，只看到被霓虹燈割裂成無數碎片的空間。人生，總是這樣被割裂着；一整塊的人生，去哪裏找？她感覺到這些，也感覺到割裂着你的，也正是點綴着你的。你無從選擇。

她跳下車子，頭昏暈暈的。太餓了嗎？伯聰本想請她在那裏晚餐的，但她婉謝了。生氣的回絕，謹愼的伯聰會發覺，但她不在乎。好脾氣的人有時也會憤怒，今天她正是這樣。她明知廚房裏今晚除了早上剩下的早點而外，只有幾枚鷄蛋，而她又睏乏得幾乎什麼都不想做。噢，寧可打開鎖，面對一屋的淸冷吧。

跨石階時，她給絆了一下，雙腿一軟，身子也就斜倒下來，腿骨上的劇痛直刺心坎。她費力地伸出右手，攀住門沿，這才慢慢地托着坐在石階上，雙手緊按住受傷的部份，忍着，不肯哼出聲來。小時候，她也摔過跤，一點點的痛就誇張地大哭大嚷，老認爲母親的驚慌與心疼是應該的；母親越驚慌越心疼，自己就越滿足。多殘酷！慢慢地，親人都遠去了，自己再摔得痛些，痛得眼淚直掉，也强忍住，不吭一聲。妳哭吧，誰知道引來的是關切還是嘲笑！今晚，她是註定要在幽幽的燈光下啃個冷包子來當晚餐了。

她支撐着開門進去，腦子的混濁恰跟肌肉的銳痛形成了兩個極端。看到墨綠的沙發就如看到一片草地，整個身子便撲到牠軟厚的懷裏。狐皮圍巾和塑膠皮的手提包全溜到地板上。她很疲乏。此刻，對她，睡眠比食物更爲重要。她的小腿定被擦破了皮，但她卻不想動。休息，休息；空白，空白。她聽着心跳。她像被棄置在荒野上，一種空漠的悲愴逐漸地淹沒了她。她想踢開牠，便猛地站起來，但受傷的腿部却使她整個身子滑坐到地板上。於是，她枕着沙發，淚水就一串串地流下來。她不再克制，也不想擦拭，讓她的不快與不適隨着淚水淌出來。在晶瑩的眼淚沖洗下，平靜將會復甦。

於是，她在平靜中睡去；醒來時，身上蓋着毛毯，圍巾和提包都放在沙發上。她一動身子，兩隻手就馬上伸過來扶住她。她轉過臉去。

幼誠說：「是我，英姐。」

她看看他，搖搖頭。該怎麼對他說呢？這個一向依賴她的大男孩剛才竟把她當作小女孩那樣地守護着。他不該再來的，但她却不能對他這麼說。

幼誠又說：「英姐，我看妳的水瓶裏沒有水了，就替妳用電壺燒了一壺；我看妳還沒有吃過飯，又替妳在電鍋裏熬了一些稀飯。」

「你樣樣都會，」她誇獎他，一邊揉着發麻的雙腿。「請你扶我坐到沙發上去，我倒眞的想喝一些開水。」她被扶着在沙發上坐下來，才看到矮桌上早已涼着一杯開水。誰說幼誠不是一個細心的人？難道這又是愛情的力量？她感動地注視着他用打包的粗手替她遞來了茶杯，彎着身子，端詳她，很安份，也很關切。

「妳哪裏不舒服了？剛才我摸過妳的頭，你沒有發燒，只是，妳一定不舒服了。」幼誠說。

「我不過摔了一跤，摔倒時以爲很厲害，現在倒也不覺得什麼了。」鍾竹英這時才開始檢查雙腿，發現絲襪破了，右小腿上一大塊烏青，左膝頭上擦破了一些皮。她自嘲着：「你瞧，只這一點點，譬如你們在工廠做工時擦破點皮，眞算不了什麼。」

他沒說話，却替她拿來了放在飯間裏的紅藥水，半跪着，給她擦了，然後端來了稀飯和白糖。她吃下大半碗稀飯，精神好多了。幼誠又替她拿來了擦臉的毛巾以及爲她泡了一杯茶。

「幼誠，你好能幹！」

他羞赧地微笑着，一邊隨手拿起那條狐皮圍巾，把牠圍成一隻手筒。「我要替妳做許多、許多事。」他突然說，聲音很急促。「許多、許多，妳喜歡的以及妳不喜歡的事。」他讓她的手藏在手筒裏面。「許多、許多，妳知道嗎？」

「你的朋友水牛是不是馬上要結婚了？」

「後天，就在後天，所以我後天晚上不能來。有一天，我也會結婚。我要替我的新娘做許多、許多事。」

鍾竹英聽着。且不去管現實的荊棘，現在那幻想的雲朶是多麼美。「許多、許多！」

「是的，妳知道，我有的是力氣！」他把右袖管擄得高高的，手臂慢悠悠地向內彎。「妳摸摸看，像棍子一樣結實。她不高興時，儘可以用拳頭搥它，我絕不會痛。」

鍾竹英發覺自己已被幼誠的眞情所吸引，能說這不是愛情嗎？她愛他已經勝於愛一個弟弟。一天中成長的、熱帶性的葱綠的愛情嗎？蓊鬱得使你免於日晒和雨淋！她驚奇於自己竟能同時愛着兩個異性，內心裏旣沒有矛盾，也沒有衝突。

鍾竹英把臨時圍成的手筒丟到一邊，輕輕地拉下幼誠的袖子。「幼誠，你說的，我全信。如果你會替她做許多、許多事，她哪會狠起心腸來搥你？」

幼誠高興得在她旁邊直轉，然後小聲地說：「當然，她是一個比誰都可愛、比誰都溫柔的女人，她不忍罵我、搥我，但我却會牢記住，那不是我眞的好，而是她眞的好。對不對，妳說？」

鍾竹英笑了：「這就是你的長處呐。愛你的人，準會知道你有各種長處。」

「那末，媽是真的不愛我？」

「有一天，她會知道的；有一天——幼誠，你別心急——有一天，她會知道你也是一個好兒子。」

有一天？幼誠悵惘地嘆息起來。

幼誠離去時，已快十點。鍾竹英等到他已走遠，勉强站起來去關門，有一輛汽車從南首駛過來，她下意識地以爲是項子琳的，呆了一呆，隨即，牠又馳去了。她在關上的院門邊站了一會。現在，她哭過了，睡過了，吃過了，除了腿上的微痛，她的精神幾已完全恢復。說她沒有快樂嗎，她倒確確實實地擁有彼愛的快樂。只要她憶起幼誠的眼神、幼誠的語氣，她就感到無數的歲月雖已悄然逝去，但她仍是一個年輕的女人。項子琳說她年輕，是把她放在曩昔的玻璃罩裏；而幼誠說她可愛，却是讓她站在現實的陽光中。那樣至誠的讚美是足够讓她在冷夜裏咀嚼復咀嚼的。

或許是由於內心的豁然開朗吧，在一年的最後兩天裏，她竟一反往例，爲自已這個簡單的家，買了不少年貨，連帶還買了三份禮品：一份是送給霍重詩的，另兩份是分別送給司徒律師和項太太的。司徒律師一接到禮品，就馬上打電話來向她致謝，而且跟裘愛蓮一樣，邀她吃年夜飯。

鍾竹英面對着聽筒，遲疑了。往年，司徒律師除了邀請霍重詩而外，是從不讓別人去破壞她家除夕團聚的歡樂氣氛的；換句話說，她的邀請也是一件彌足珍貴的禮品。拒絕她跟拒絕裘愛蓮一樣，都是很爲難的。

「司徒律師……」

司徒律師說：「妳早知我不是一個虛僞的人，妳該不會懷疑我的誠意吧。」

「不是，司徒律師，妳聽我說……」

司徒律師說：「何必客氣，妳是熟悉我家裏的每一個人的；今年，除了霍先生，宛宛也要來。」

鍾竹英瞧見幼誠因渴望而發亮的眼睛，隨即裘愛蓮的臉就代替了牠們，於是項子琳推開了裘愛蓮，貼近地站在她的跟前——竹英，妳是在逃避吧，有這麼難得的機會，妳却不肯到我家裏來，那末，妳幾時來？

鍾竹英說：「司徒律師，不瞞妳說，我在幾天前，就答應項太太的邀請了。」

「裘愛蓮？」鎮靜的司徒律師也感到驚異了。

「是的。我不能拒絕。」

「那末——當然，我不能叫妳爲難，不過——」司徒律師沒有說下去，但她分明有話要說。

鍾竹英反而變得大方起來：「司徒律師，我的一切，妳都清楚；妳有什麼話，儘管對我說吧。」

司徒律師用她的律師語調，非常清晰地告訴她：「鍾小姐，我想，裘愛蓮也可能是個複雜的女人，妳去她那裏，可不像來我這裏這麼簡單。妳自已得小心啊。」

這幾乎是鍾竹英猜得到的忠告，但她還是痛了一下。她十分感激司徒律師的好意。作爲一個律師，司徒如雪希望她不要陷到糾葛裏去；這是絕對正確的。但說裘愛蓮可能是個複雜的女人，那就未免失之籠統了。是說裘愛蓮在友善的表面下隱藏着另一種動機？想趁這個團圓夜裏給他們三個人的關係作一個明朗的剖釋？或者想藉這一次的聚餐來證實那些斷續地飛揚到她耳中去的風言風語的眞實性？她不願這樣想。裘愛蓮縱有缺點，但却不是在對她的態度上，否則，她自已就不會感到如此難以取捨了。

無論如何，她得實踐這一諾言。她得勇敢地到項家去，即使這是惟一的一次。

她沒有所謂出客的衣服。多少年來，她都沒有參加過像樣的宴會。這次去看同情她的裘愛蓮以及久戀她的項子琳，似更不必講究服飾什麼的。換一襲暗黃呢旗袍，披一件深灰呢大衣，用一條棗紅的圍巾來抵擋冷風的侵襲，她連一副素淡的珍珠耳環都不佩。如果這是一場談判，那末，她的素雅適足以證明她並沒有用外型的妖冶去引誘子琳；如果這是一次聯誼，那就更用不着去改變她一貫的風格了。她知道，在心理上，自己倒是應該披甲戴盔、武裝一番的。在任何情況下，她不能哭，不能卑屈；要敗嘛，也要敗得硬朗，表示她沒有什麼不可以放棄，既然能讓十年的青春平白流逝，又何妨聽以後的歲月悄然隱去！

她並不在專心地守候，免得別人誤認爲她心裏焦急。她故意留下一些小事情給自已做做。現在，她開始整理沙發上的海棉墊子，然後是攤鋪桌布。門是半掩着的。項子琳就這麼昂首闊步地走進來了。顯然，今天，他是有資格堂而皇之的。

「我是奉命來的，汽車就等在門外。」

鍾竹英管自鋪好桌布，又把一瓶花放到桌上。驀然，她轉過身來，扶着桌沿，沉靜地凝視他。今天，他理過髮，穿着剪裁合身的西裝和大衣，嘴角邊的笑意更是年輕。十年，沒有使他改變什麼，只使他變成了自己的情人，別人的丈夫！

「我幫你關窗子。」項子琳拉攏了客廳中敞開着的一扇窗子。「愛蓮叫我來接妳，我確是很感意外的。」

「你不反對我去吧？」鍾竹英遞給他一支煙，態度異常地冷。「你看，我還沒有準備好；只要你說一聲不，我可以找出充分的理由讓你去覆命。」

「爲什麼妳要這樣想？這樣說？」項子琳把香煙揉縐了。「如果可能，每個節日，我都願意邀妳參加。要是妳以爲我想避免麻煩，那我又爲什麼要常來看妳。竹英，我進來的一剎那，就發覺妳今天並不高興。」

鍾竹英搖搖頭，理了一下圍巾，從衣鈎上取下大衣來，而且拒絕項子琳的幫助，自己穿上了牠。「不是不高興，只是我需要冷靜。你該清楚我內心的困惱，我要使自己在最容易激動的場合裏凍結起自己的感情。老實說吧，去參加你家大年夜的團聚，是一種重大的考驗，甚至可以說是一種殘酷的考驗。」

于是，項子琳的笑也就變得很中年了。「妳是往壞處想，我是往好處想。我只願有妳跟我在一起。我明白這是我的自私。從我對妳負情以後，我一直承認自己是個自私的人。」

鍾竹英沒答腔，一直往外走，項子琳跟着她。在門邊，她說：「你可知道，今晚，你該注意的是什麽？」

「我並沒有想到這一點，但我從不魯莽。」

「我希望你記得，我是裘愛蓮的朋友，不是你的。」

「噢！」項子琳悲哀地笑了。

鍾竹英的冷漠是心理上的防禦工事。在項家，她依然是親切謙和的鍾竹英。從遙遠的異域銜枝而來築巢的裘愛蓮赤誠地想把自己小巢的溫暖讓這位孤獨的友人分享，她完全用平易近人的中國風來歡迎鍾竹英，而且對鍾竹英那純粹中國女性的溫順、嫺靜，備致讚頌。

飯後，他們轉到客廳裏去坐。話題仍由裘愛蓮主動地扯開。

鍾竹英那晚是帶着如此堅厚的護身盔甲前去的，因之，她的和藹謙遜，倒成了她的面具了。她非常小心地維護着牠，但當裘愛蓮懷着孩子般的熱誠把好幾本她和項子琳的婚前、婚後的照片簿拿給她看時，她的護身盔甲和面具却險些掉了下來。

裘愛蓮說：「子琳喜歡拍照，而且常常有出人意外的佳作。婚前，他替我拍了一張人像，題名爲「中國少女的夢」，你剛才看到過的；我眞的非常喜歡牠。」

「我想，項廠長不僅是企業界的鉅子，而且還是一個藝術的愛好者。那樣子的兩美兼具，無怪乎你們的家庭生活，有別人想像不到的美滿，到達別人所無法企及的美的境界。項太太，你說對不對？」

項子琳坐在另一邊，不斷地抽着煙，想用絲絲的煙霧編成一幅薄幕，把自己隔離起來，但那些話語却仍針針刺刺地戳着他。他應該說什麼；或許說什麼都不適宜。竹英說過，她今晚是愛蓮的朋友，那末，他該眞正可以順理成章地袖手旁觀了。

裘愛蓮倏然把話箭指向他：「子琳，你在想什麼？怎麼老是抽煙？今天吃得太飽了！」

項子琳從煙霧中脫身而出，順手把煙支捻熄在煙灰缸裏，情急地想出一個理由來：

「倒不是太飽，只是感到鍾小姐是客人，飯後光是聊天豈不是太單調了些？」

「那你是說——啊呀，你該早說的，現在恐怕連『臺中大酒店』裏的位子都告客滿了。你看，你看！」

鍾竹英馬上說：「我比較保守，不大喜歡欣賞唱歌、表演一類的玩意兒。我倒覺得坐着聊天，要比任何餘興的節目都有趣，而且，你們的盛情和親切，使我在這裏如在自己的家裏一樣。」

「但願你眞有這種感覺。」裘愛蓮說。

她眞有這種感覺嗎？——只有她自己知道。那個團圓夜所告訴她的是屬於她個人的破碎的人生。

第二十一章

汪幼誠發覺自己並沒有忘記那個流浪漢。那並不是說「那個流浪漢」在經常纏繞他，而是說「他」如泡沫那樣，驟然往水面冒躍一下，然後又沉落下去。當泡沫這麼竄騰起來的那一剎那，他就爲自己的無能而痛苦。從這裏到那裏，他看到過許多流浪漢。他完全明白，在任何地方，都不缺乏幾個無家可歸的人；然而，在他看來，那個流浪漢却是一個特殊的例外。一個誠實而耿直的男人，蒼茫的前途是那無義的友人替他舖設的，而不是他自己的怠惰、荒唐所造成。他，汪幼誠，在那段不堪回首却又不禁常常回首的時日裏，曾跟他共同在樹蔭下、在颯颯的樹葉聲中度過。在一個大樹狂笑的冷夜裏，他曾獨自坐在窗前沉思；他讓自己矚目於那悽悽的公園中的亭子、寂寂的車站內的長椅、狹狹的屋簷下的水泥地。那裏，流浪者的身子因濃寒而蜷成一球。他追憶着那些把希望埋在枯葉下霉爛的日子，自己曾幾次興起出走的意念；但沒有工作，沒帶金錢，那他一定也會陷身在那種境況中。那末，他跟那個流浪漢之間的不同又在哪裏呢？惦念着他，不就如惦念着另一個自己？

然而，他的那種思想，却不是別人所能了解的。別人最多以爲這是同情，但這却是一種比同情更深一層的感情。有一次，當他跟幼芝談起那個流浪漢時，連善良的她也頻頻搖起頭來：她以爲他又懷念起以前的頹喪生活來；那就更不要說是向母親透露了，如果他向母親說。他在惦念一個流浪漢，正如惦念一個故友那樣；怕母親不會把「六法全書」丟過來，排揎他：「好書不看，好友不交，却跟這種癟三朋友往來，眼看汪家就要敗在你的手裏了。」

當然，他沒有對她說。且不管母親和他尖銳的衝突，正如那鋒利的兩面刀片，割裂着雙方的內心；但在新春的幾天假期裏，他仍品嚐着一段小小的風平浪靜的歡樂。他衷心欣賞着，雖然他也懂得這是母親精心製成的糕點。你就不要去分析牠在你口中能被咀嚼多久吧，只要接受那份美和那份甜，不就够了？

參加到熙熙攘攘的人羣裏，他們全家也去看了一場電影。一部喜劇片。出來時，陽光在馬路上璀熠，他感到自己又回到了童年——這些年來，他從沒有像此刻那樣，希望新年長留不去。那樣他就不必懊喪這些年來許多的「失去」。轉彎處的騎樓邊有個瘸腿的中年男人，拿着一疊上面寫了「恭喜發財」的紅紙信封，向人們討利市。伯聰說是迷信；母親說是變相欺詐；幼芝說，多好玩，新春裏稀奇的事兒可眞多；而他，或許只看到那瘸腿男人的落寞的眼神以及他在喧聒着歡樂的街道上的乏人爲伍的悽感，便突然抽出一張十塊鈔來，買下了一隻紅紙信封。這時，伯聰便偏過頭來，譏誚他：「幼誠想發財啦！」

幼誠不響，把紅紙信封塞到褲袋裏。司徒律師注意着他，她忍了忍，終於也開口了：「一個人想靠運氣來出人頭地，那簡直是做夢。」因爲是新春，所以說得很輕柔。「不鶩實的人，才有這種念頭。」

幼誠用手把褲袋裏的紅紙信封揉成一團，把母親和大哥的話揉了進去。他不想辯護。只消他心裏明白他自已並不是這樣的一個人就好了。

就在這時，那個流浪漢的身影在腦中冒了一下，又冒了一下，像個善泅者破水而出。他那水淋淋的臉針對着他，他的聲音就浮在一切之上：

你說你惦着我嗎？我不相信。你要是眞的惦記我，那又爲什麼不來找我？你怎麼知道我不在這個都市裏？

幼誠停了停脚步。滿街人羣，哪裏找去？

沒有一個人會惦念一個流浪漢的，你也並不例外。那就忘了我，把我沉到水底去吧。

我無法完全忘了你，也無法去找你。

流浪漢笑了起來。鬧街上寂寞的笑聲！那回聲就落在他的心上。

你現在不就閒着？你現在不就可以乘機找我？我需要一個朋友。我用不着說出什麼原因來，因爲你自已也一定有過這種經驗。

幼誠望望鬧街上那些穿得漂漂亮亮的、歡歡樂樂的男男女女。不管怎樣，他應該嘗試一下，應該去尋訪一下。如果失敗了，至少他已嘗試過。

幼誠看到母親和大哥正向一家咖啡室走近去；那垂着紗幔的玻璃轉門裏是沒有流浪漢的。他趦趄了一下。幼芝用手和眼色同時推推他，他不由得跨前一步，但在玻璃轉門的光影裏却又閃現出流浪漢的身影，阻止他進去。於是，冒着可能把三天來堆積起來的歡樂碎於瞬間的危險，他向母親提出了自己的意向：

「媽，我想去買一樣東西，不跟你們一起去喝咖啡了。我不會很晚回家的。」

母親轉臉盯他。母親常想用這種目光去看穿他的眞正目的；他在母親眼中已成了一個刁猾的兒子：「你口袋裏帶着多少錢？」

「一百多，足够了。」

「小心，別跟你的那些朋友去喝酒；還有，也千萬別去玩牌！」

他訕笑着：「我不是去找朋友，我是去買東西。」

「我也不是不允許兒子去看朋友，昨天你大哥就去了項家，還有他的幾個同學家。只是你的那些……」母親揮揮手，索性走進玻璃轉門裏去了。

幼芝是最後進去的一個。她把他拉到一邊。「二哥，我現在站在媽和你的中間，可眞爲難。你是不是眞的去買東西？」

「不是。」

「那末，是眞的要跟朋友去喝酒什麼的？」

「也不是。我只是去看看朋友，大家聊聊；目的很單純，跟大哥的一樣。」

「那爲什麼不照實跟媽說？」

「我只是不想使媽不高興。」

「但媽現在已經不高興了。二哥，你這不是弄巧成拙了？」

幼誠只漠漠地笑着，來抵抗席捲而來的悲哀。「這，也可能並不算是弄巧成拙。總之，一個人不幸生了一臉痲子，那末，不論你從哪個角度去看他，他註定是不順眼的。事實上，我倒十分珍視這幾天來的快樂，但如果牠要收場，那我又有什麼能力去挽救？」幼誠用大拇指打了一個響亮的榧子，然後無可奈何地一攤手：「你看，我就是這樣的一個人，有什麼辦法！」

幼芝望着他。這個二哥，她是爲他的孤寂而更深深地愛眷他的，老希望自已的纖弱的翅膀能爲他掩擋一些什麼，只是他現在顯然不需要她那幼稚的保護了。可是，當歡樂正攀向高峯的此刻，他竟願默然地接受諷嘲，那多令她難過。

「不要替我難過。」幼誠說。「我已能忍受許多許多的痛苦與挫折，爲什麼你還要替我難過？進去吧，你二哥是不會去做壞事的。」

幼誠把兩手插到褲袋裏，深深地，深深地，來增加自已的堅强。他在幼芝仍呆立在那裏的時候就走開了。他不必爲她擔心，她馬上會得進去的。至少，音樂和咖啡和談話或多或少地會得冲淡她對他的掛念。今天，他去找那個流浪漢，跟昨天大哥去看項廠長又有什麼不同呢？然而，如果給別人知道了，他們總不免要說，他在自甘墮落。人是多麼勢利呵！他穿過斑馬線，從對街走回來，彎到中華路上。人擠人、人看人，新春裏，最値得觀賞的或許就是各色各樣的人了。但是該往哪裏去找那個流浪漢？至少要先揣測一下他現在可能在幹的行業才對。在街頭的冷風中兜售獎劵？在馬路上叫賣一大紮努力想掙脫他掌握的五彩氣球？或者在路邊擺個攤子出售孩子們的玩具或者供人們投擲籐圈等等、等等。

哪一種都可能，但也哪一種都不可能。他幾乎笑了起來。沒有比找流浪漢更難找的。每一個地方都是他的家；這社會有多大，他的家就有多大。離散了的親人倒還可以登報尋找，但對于這一個到處爲家、姓甚名誰的人呢？不錯，別人會認爲他今天的舉動有些瘋狂；那末，就算是瘋狂吧，好在近半年來他已做了好些在別人看來幾近瘋狂的事了！在工作中，他已漸漸想透了：他是他自己的主宰，何必去管別人是怎麼個看法、怎麼個想法以及怎麼個說法？

他邁的是散步者的步伐，拋出去的却是獵犬的嗅覺般的目光。他很幸運沒有患上近視症，他靈活地運用着雙眼，敏銳地搜索着！有時，他瞧見一個孩子們簇聚着的地方，就停下來，擠進去，看個明白，他們多半是在抽獎，滿望獲得多一點，但結果總把壓歲錢統統花了。小時候，他對抽獎也有濃厚的興趣，站在大紙板前，望着扣在上面的洋娃娃呀、飛機呀、輪船呀，口袋裏的錢也就蠢蠢欲動起來。于是，一毛、二毛、五毛、一元、十元；錢都溜出去了，雖然也換回來一些，但是却比向玩具店購買的更貴。或許，眞眞得到的，還是期待拆開小紙劵時的那份喜悅。倘若這也算是替自己製造希望，那也未免太可憐了。

如今，他一路走去，倒也在替自己製造一個個明知很快就會破碎的希望：幻想着一彎入另一㝯街或者擠進另一堆人羣時，那個流浪漢就猝然被他撞上了。他緊緊地握住他的手，他一定不會料到自己是專誠來找尋他的。于是，要是他在擺什麽小攤子的話，自己就會等着他把攤子收起來，拍拍他的背，說：「好惦記你啊，今晚我做東，請你吃飯，順便……」要不要喝酒？喝了，回到家裏，媽一聞到酒氣，話就變得磚塊那樣硬了：「我說的對不對？你又跟你的那些下三爛的朋友去喝酒了。這次可是叮囑過你的呀……」那末，「對不起，老兄，順便——吃些汽水！不是我小氣，我是奉命辦理啊！」笑話！新春裏喝兩杯酒難道也算過分？我就不相信大哥在項家吃飯就滴酒不進！喝這麽兩杯，再來一點汽水漱漱口，媽要聞得出來才怪！「……是的，老兄，順便請你喝兩杯，祝你新春萬事如意！」對一個落拓潦倒的人，「萬事如意」這幾個字是否有點太那個了？且別管他了，也許對方會說：「別萬事如意了，一事如意也就心滿意足了。」他們仍舊要到綠川東街那條暗暗的騎樓下去吃；他的確已經愛上了那裏自由自在的情調。媽知道了，又會說：「臭猪頭嘛，自有爛鼻子來聞；眞是湊上了。」嗯，他得把媽會責備他的話丢開，別讓牠傷害到他們重晤的欣喜。

他一壁走，一壁看，希望的彩球就一個個地昇起來。他趕緊搶了一把。事實很明顯：他隨身帶着一百七、八十塊錢，正可以好好地吃一頓。挑兩隻他倆都喜歡吃的菜。「老闆，紅燒鴨、白切鷄、滷猪肝……」然後向對方眨眨眼睛。「你別心疼我的，放鬆褲帶吃吧，我帶的是自已掙來的錢！」「當然，最好再加入黑皮和水牛，那就更熱鬧了。于是——「來，哥兒們！」他跟大家碰杯。黑暗暗的騎樓下是大家亮光光的眼睛，亮光光的牙齒，亮光光的笑語。

昇起來的彩球，一路上飄過去，高高地飄在人們的頭上，飄着，飄着，又一個個飛走了。飛走了就不再飄回來。他經過大街，也經過小巷。他尋覓復尋覓，希望眼光是鈎子，在一堆人羣中，把要找的人鈎出來。突然，一條金黃的龍竄了過來，浪裏波裏地翻騰着，噹噹噹的鑼聲熱情地鼓勵着牠。幼誠拚命擠近去，細看着隊伍中那幾個頭纏白布、身穿紅衣黃褲、爲舞龍壯聲勢的中年男子，看得太過分了，其中有個人豎起眉、瞪大眼，喝了他一聲。他不由得踉蹌地退了兩步。哪裏找去？鞭炮的劈拍劈拍的炸裂聲也在問他這個問題：哪裏找去？他苦笑笑。中國的吉訶德先生啊，你的騎士精神、你的理想，似乎也該稍爲節制節制啊！

他繞到火車站去。候車室中座無虛席。這裏是那個流浪漢曾經逗留過的地方，然而，今天，他一排排地檢閱過去，却幾乎全是穿得漂漂亮亮、體體面面的。他檢閱到最後，一個警察的眼光就盯住了他。當他剛要離開車站時，那個警察就走過來，跟他說話了：

「你到處看，幹什麼？」

「找人。」

「找什麼人？」

「朋友。」

「那朋友叫什麼名字？」

「我不知道。」

「這就奇怪了，是朋友卻不知道他的名字。他是什麼樣子？」

「我也說不上來。他大約三十幾歲，臉色蒼黃，穿着也很壞。我是在公園裏認識他的。」

「他是幹什麼的？」

「他什麼工作也沒有，不過，我希望他現在有工作了。」

警察沉思了一下，很有把握地說：「很好，你要找的朋友，我知道。或許你也正是我們要找的人。」

「我聽不懂你的話。」

「你會懂的。你是幹什麼的？叫什麼名字？」

「在東昌紡織廠裏打包，我叫汪幼誠。」

「這就對了。打包很吃力，所以你想幹點輕鬆的活兒。告訴你，跟我到所裏去，我有話問你。」

幼誠開始並不介意，還以爲自已跌入在幻想中。剛才他在幻想中不是曾跟流浪漢朋友懽忭地把晤過？難道就不能在幻想中跟警察作一次可笑的談話？他是不必害怕的，他沒一點兒錯。他笑着說：「對不起，新年裏，我怕沒空去貴所。」

一隻有力的手抓住他的右臂，話語也就如刀尖一樣，把幻想和現實劃劃成兩半：

「別耍花樣，跟我走！你的朋友在那邊等着你；上午，我們就把他請到所裏去了。」于是帽簷下的眼睛斜斜地瞄着他：「小夥子，別以爲你的手把子强，你這一套，我們全會。」

他清醒得宛似從冬天的冷水中跳出來，而且感覺到車站前面的風正冷森無情地刮向他。他對這件事情的幽默感已隨風而逝。他怕警察嗎？當然不，一點也不。他沒有做過錯事，他是毋需怕的。然而，這會兒，他是陷在汚泥堆裏了。他那高貴的理想竟在中途被人目爲鄙劣的意圖，即使以後證實是誤會，但也够他傷心了。他的雙眼濕潤起來。他的身子變成一個氣球，失了重心，空蕩蕩地飄浮着走。他又看到自己在省立體育場那方遼闊的操場上跑步，黎明銀灰色的光披着他，朝陽淡金色的光浴着他，一圈又一圈、一圈又一圈；他在追求什麼？沒有觀衆和錦標，多麼寂寞的追求！

幼誠推測，那個坐在派出所櫃臺後面的警察，就職位來說，要比抓他來的那個高一點。他彷彿看到過那警察，又彷彿沒有；大概是因爲一律穿着制服，要不是太高或太矮、太肥或太瘦，就不容易認清楚。那個警察打櫃臺那邊輕蔑地望着他，認定他已犯了罪。因此，他就歪着頭，更不在乎起來。那個警察像蒙受了侮辱似地，顯得非常地不高興；而受過訓練的兩眼，也就炯炯地逼視着他，猶似要他求饒似的。他有什麼要求別人饒恕的？

你叫什麼名字？你幹什麼行業？你住在哪裏？你的朋友叫什麼名字？等等、等等，重複地問了一遍，並且被筆錄下來。

「你問的，我都說了。我現在問你：你們抓我來，是什麼原因？」

「你行跡可疑！」

「可疑的在哪裏？簡直是捕風捉影嘛！」

「我們上午捉到了你的同夥，他們說，下午，你或許會在車站出現。「花蛇」，你認得嗎？哈哈，還有「毒蚊蟲」！現在，怎麼樣，承認了吧？他們在裏面等你。」

「等我個屁！我根本不認識他們。你們在門縫裏看人——把人看扁了。就因爲我找一個流浪漢，就認定我也是一個雞鳴狗盜的！皇帝老子也有草鞋親，難道我就不能有個窮朋友？」

那個警察如觀賞他演戲那樣地笑了，乜着眼揶揄他：「門背後拉屎，等不到天亮，等會兒，他們出來，他說是認得你，那你臉上可沒光彩啦。你家裏還有什麼人？」

「媽媽、哥哥和妹妹。」

「要你賺錢養家？」

「如果要我養家，那事情就好辦啦。剛才我沒跟你說得挺清楚。告訴你：公園旁邊那座兩層樓洋房就是我的家。我媽是司徒如雪律師，或許你也聽到過她的名字吧。嗨，你不信，就打電話去問問看，有我這個兒子沒有？我這個兒子，除了剛才這一段時間外，這三天來，是不是始終跟她在一起？你們仔細調查淸楚。我不願看到那些無賴，我也再不願回答你的問話了。」幼誠把夾克的拉鍊「嗞」的一聲拉了開來。瞧我，大冷天裏我都氣得快冒汗了。你譏笑、你調侃，滾你的蛋，現在原封不動地送還給你去消受！這會兒，你打你的電話吧。馬上你就可以明白我爲什麼能够毫不在乎地面對着你、以及毫不在乎地欣賞你鑄成大錯之後所表現的尷尬相了。你現在也拿出手帕來擦汗了？告訴你，你們是找錯對象了！

那個警察說：「我打了電話，司徒律師全家都出去了。女佣推說什麼都不知道。你看，還得委屈你坐一會了。」

「那麼，你們打電話到太平路的霍重詩先生家裏去，他是××銀行的儲蓄部主任，他該有資格給我作證吧？」

警察點點頭，又打了電話，答覆很快地就來了。汪幼誠的確是司徒如雪律師的兒子，而且平日行爲端正。警察一直說「是的，」「是的，」「謝謝你。」然後把聽筒遞給幼誠，因爲霍重詩先生要跟他說幾句話。

「幼誠，他們帶你上派出所，是怎麼一回事？」

「我也不太清楚。剛才我在車站候車室裏找朋友，結果却被他們看上了，把我帶到這裏來。」

「你受驚了沒有？」霍重詩異常慈祥地問他：「你受驚了沒有？」

「沒有，霍伯伯，謝謝你。我沒有，因爲我相信我沒有犯法。」

「好的，我相信你是一個好孩子。你等一會，我馬上坐計程車來接你。你不要跟我客氣，霍伯伯是很疼你的。」

霍伯伯！霍伯伯！霍伯伯！放下聽筒，他仍不住地在呢喃。頭低下去，打抖的門齒抵住揑緊的拳頭。哦，霍伯伯，爲什麼你要這麼愛我？只有你，只有你和竹英知道我在這個時候是多麼需要聽到別人毫不猶疑地說我是個好孩子。我的確沒有受驚，但獨自跋涉的孤孑倒眞的壓倒了我；而你竟又知道我此刻最感需要的就是有人陪伴，於是，你就輕易地放下你正在享受的新春歡樂，搭車前來。霍伯伯，你叫我怎麼說呢？感激，你不要；報答，你也不要。你要的——只希望我是一個好孩子。

紅色的小計程車，在冬日的風裏堆起一簇春色。鬧街的繁華比不上車內的恬美。幼誠靠着霍重詩而坐，他的左臂被霍重詩握着。霍重詩沒有再問他什麼，因爲他對什麼都已了解。

「霍伯伯，」幼誠終于說。「我是不是一個獃子？」

「不是。」

「你待我好，有什麼用呢？我立不了大業的。」

「因爲我喜歡你的本性。」霍重詩停了一下。「你要不要先到我家裏休息一會？你媽可能還沒有回家。」

這句話突然把母親推到他的面前。他立即領悟到霍伯父說這句話是有涵意的，好使他在見到母親之前種有心理上的準備。

「或許。」幼誠沉默了一會。「宛宛在家嗎？霍伯伯，我不大願意看到她。」

「你恨她嗎？」

「沒有那麼嚴重；只是看到她，再沒有什麼話好說。我原諒了她，也不再愛她了。痛苦過去得這麼快，對我是種解脫。」

「你是一個堅強的孩子。」霍重詩說。「希望你好自爲之。既然你不想去我家，那我就跟你一起下車；倘使你媽還沒有回來，我們也可以坐着等她呀。」

沒有拒絕，也不該拒絕，霍伯父跟他一同走下車。突然，他看見母親筆直地站在大門口。霍伯父趕忙上前幾步，一邊說話，一邊陪着她走進屋子去。幼誠呆立了一會。他已從母親眼中看到了冰冷的雪光和閃熠的火光。她已經知道他去過警察局。這已經够了。她不需要知道得很多。光是這一點，已經足以構成他的罪名。她不要聽他的解釋或辯護。不進去也好。如果他進去，說呢？還是不說呢？

他離開大門，緩緩地走到公園去。黃昏中，大樹們在輕輕地訴說高處不勝寒的孤寂。他走過去、走過去，於是，他瞧見僻處的一株樹下的石凳上，坐着一個人。

他悄悄地走過去，站在那個人的背後，低低地喚她：「英姐！」

鍾竹英回過頭來。她那青白的臉色告訴他她已在冷風中坐了很久、很久；長大衣緊緊地、緊緊地裹着她的身子。

「英姐，妳在等人嗎？」

「沒有。每個人都有他的家和家人。我只是在這裏閒坐。」

「我陪你。」幼誠輕柔地說。他繞到前面，在石凳的另一端坐下來。他又說了一遍：「我陪你，一直等這段黃昏過去。」

第二十二章

幼誠終于說：「到底是我不該原諒自己呢，還是我不該原諒母親呢？」

他跟鍾竹英一起坐着，中間留下半尺的寬度安放着她的皮包。他們用久久的沉默來强調對方存在的重要性，薄暮如輕紗那樣地從草坪上舒捲過來。公園裏，留下來的遊人已經不多。鍾竹英爲幼誠的話吃了一驚，因爲不論是就其語音或語意來說，都有些特別。

「冷靜一點！」她說。她的聲音像從樹叢中飄下來，輕靈靈地在他們中間打了幾個圈兒，又落到草地上。

幼誠乾脆站起身子，攀住旁邊的樹幹。家的那方，燈火已然亮起。他已够冷靜了，再冷靜下去，就無異是把自己扼死。他用拳頭擂着樹幹，痛不痛？痛不痛？

「幼誠，不要這樣！」鍾竹英又說。「不要猜疑、悲憤。或許你媽早已原諒你了。或許，坐在這裏，才是你眞正的錯誤呢。」

「不，不！」幼誠急遽地繞着大樹，走了幾圈。隔着暮紗和疏落的枝葉，家的燈光顯得旣近又遠，很美，也很令他心酸。「妳不懂得媽。如果她已原諒了我，那她早就叫幼芝來公園找我了。」

「可能她正等着你去向她求饒呢！」鍾竹英拿起皮包，拍了拍。「假如你這會兒回家的話，我也就回家去。」

幼誠跳過來，抓住鍾竹英的手。「英姐，老實說，我今天有什麼要媽寬恕的？倘若說我今天下午的行動和想法是錯的，不等于說我這幾個月來的努力也是錯的？」

「我沒有說你錯。」竹英用歉涼的聲音去熨貼那灼傷的幼誠。「我只是想，你總得回家去；還有我，我也得回家去。」

「不，讓我們再坐一會，在這黃昏的最後時刻。英姐，最近，我發現，大哥甚至冷漠得可以對我的痛苦微笑了。難道說，我的痛苦就是他的勝利？別說我在恨大哥，我沒有；我眞的不願恨他；恨他，我能快樂嗎？我甚至已經不再怪他搶去了好些本該屬于我的……」

鍾竹英沒有說話。對伯聰，她也知道很多。小時候，聰明、伶俐；長大了，用功、穩健。太多的讚美，會造成人的驕傲與自私；但從子琳的口中，你却只能聽到伯聰的優點：謙遜而溫和。幾天前，在咖啡室裏跟伯聰的晤談，予她的印象很深：他是一個很成熟、很會處世的人。

這原也是意料中的事。多年來的艱苦努力，他願毀掉自己嗎？而對于知識的熱中追求的結果，他幾誤認知識就是品德。因此，在不知不覺中瞧不起那些知識淺薄的人。她對那次的會晤並不感到愉快，只是她仍認爲伯聰是個優秀的青年。他竭力希望自己好，但也像子琳那樣，有時不免要被自私所征服；起先寧願選擇那條最有利于自己的路，到最後，却不惜回過頭來懺悔。他只眞心地愛一種人：跟他自己相似的、沒有什麼缺點的，但他哪裏知道自己也有缺點呢？他對幼誠的冷漠，她想像得出，但要說他能欣賞自己弟弟的痛苦，這却是幼誠的偏見！

鍾竹英嘆息了一下。「你的痛苦，我全知道，因此，我也更難勸慰你。爲了你的緣故，我也的確不再喜歡伯聰了。難道你現在要我對你說：他很壞、很壞？」

「不，他並不很壞。」

「那就好了。當然，他有缺點，但我們也不免有成見。不要憑空想像，以爲在你想哭的時候他却想笑！」

幼誠回身抱住樹幹，臉就貼在粗糙的樹皮上。他閉着眼。他看到小時的自己踩着大哥的雙肩爬到樹上去掏鳥蛋。大哥說：小心，小心站穩脚啊！「英姐，是他對不起我，是他對不起我；我一直是把他當作兄長看待的。」

「幼誠，你不是想再坐一會嗎？爲什麼不坐下來談呢？我倒想問你一句話：你大哥給你的最大痛苦，是不是因爲他從你手中奪走了宛宛？」

「妳這會兒怎麼會想起這件事來？」

「事實上，宛宛這女孩也有値得愛的地方。那時候我看得出你的痛苦來！」

幼誠坐下來，挨着鍾竹英。「妳以爲我還愛着宛宛？」

「我不是這意思。我是要你回答我：你是不是認爲他最對不起你的就是這件事？」

「不是，眞的，不是。在日常的許多許多事情上，大哥都使我痛苦。宛宛的事，我已經想過了，而且也想通了。宛宛不能愛我這種『沒出息』的男人，其餘的，也就不必說了。」

「如果宛宛——」

「別說宛宛會改變，除非我改變，宛宛是不會改變的，但我却不想改變。過些日子，我還要去參加廠方的技工考試呢。我自己也覺得奇怪，我竟一點也不喜歡宛宛了；我不騙妳。起先，連我自己都不相信這件事。」

鍾竹英不再作聲。夜色中，有他在旁，她感到很安全。她諦聽着他瀑布似的傾吐，讓他的心靈祼呈在她的面前。然而，她能用什麼方法把自己對項子琳的以及對他的那種矛盾錯綜的感情告訴他？

「我陪妳回家去。」幼誠說。「太晚了，妳會餓的。」

幼誠攙着鍾竹英站起來。她眞的坐得太久了，雙腿軟痲痲的，就倚着他站了一會；然後，在夜色的掩蔽下，他們走回家去。這兩天，鍾竹英吃得不多，有點虛弱，一進門就靠到長沙發上。幼誠替她把電鍋裏的剩飯熱了，並且還爲她生了火鍋，把鷄肉、肉片、包心菜、筍片，統統放了進去；結果，這頓熱騰騰的飯菜，兩人都吃得很多、很開心。

飯後，幼誠躺在長沙發上，右首的扶手成了他的枕頭，他的脚就擱在另一首的扶手上。他是多麼希望就在這裏躺着睡去啊！經過這些波折與失敗之後，他渴望有個靜靜的甜息之處。他說：

「我眞希望不回家去，就在這沙發上睡一夜。」他注意到鍾竹英爲難的神色，馬上又接下去說：

「不過，我知道妳是不會同意的，因爲妳怕別人說閒話。」

鍾竹英說：「我陪你回去，好吧？」

「不要；要去，我就自己去。我看得出，妳還有點怕我。」

鍾竹英央求地：「別說怕，好不好？你知道，我是三十四、五歲的女人了。」

幼誠盡力壓低了聲音，雖然，他的語氣是沉鬱的：「請妳不要老把年齡掛在嘴上，好不好？我說過，我不在乎。」他望着她那幽亮的眼睛，突然從沙發上滾下來，爬過去，抓住她的膝蓋。「妳不愛我，英姐，妳並不愛我，是不是？」

竹英幽亮的眼中容涵着人世間的滄桑。「一個三十四、五歲的女人，是永遠不會忘掉她的年齡的。縱使她愛你，她也不會忘記她的年齡。」

「那末，妳說，我們以後呢？難道說，我們就不能在一起？」

「以後，日子長得很，再慢慢兒地談。幼誠，不要想得太遠，能把握住今天，就是幸福。譬如說，今晚，我本來要冷冷清清地獨自度過的，但有你陪我一起吃飯，我就快樂得多。你老是說，我給了你很多，但事實上，你也給了我很多。你使我知道：世界上竟有這麼一個男人在那樣無私地愛着我，我覺得自己很充實。幼誠，我可以幫你忙的，我都幫了，但如果在這件事上也幫你的忙，那對你絕不會有好處，試問，我能做嗎？」

幼誠慢慢地站見來。「難道我自己還痛苦得不够，再忍心叫妳痛苦？我走。如果這裏的沙發我不該睡，那我只好走。」

鍾竹英送他到門口。「原諒我，幼誠。不是我無情，也不是我殘酷，我一直尊敬司徒律師，我唯一的冀求就是希望她能接受你的解釋。」

幼誠想說什麼，但結果却什麼都沒說。她站在圍牆邊，像條魚那樣地躲在海藻叢中。沒有看清她，離開她也就容易些，他一下決心，就邁開步子朝前走。

新春的晚上，有人在公園裏放焰火，剛才一度清靜過的公園，此刻又有人湧向那裏去。昨晚九點多，他們一家人就坐在自己的庭院裏看焰火。焰火竄得老高，在夜空中變幻燦熠，「玉樹銀花」、「銀河騰珠」、「大爆布」、「孔雀開屏」……瑰麗得如七彩星星所綴成，然後又似金雨那樣洒落到樹叢中。昨夜的快樂只是瞬間的燦爛，讓他追憶，讓他嘆息，讓他今晚在近家的馬路上躑躅又躑躅！

「幼誠！」慈祥的喚聲。霍重詩的手抓住了他的胳臂。如果說他是浪子，那末，這隻手該是一隻拉他回家的父親的手。「幼誠！」

「我沒有錯，但我怕回家去，霍伯伯。」

「你媽正等着你。」

「是爲什麼原因等着我？是爲了要責備？要審判？霍伯伯，不是我沒有勇氣接受責備或審判，如果是我的錯，我會乖乖地跪在媽的面前，求她饒恕！」

「幼誠，我想你說的，全不是。你媽只想跟你談談。幼誠，爲了你的事，我跟你媽談了很久、很久；我們總有更好的解決辦法，對不對？」

「更好的？或許有，但究竟是什麼呢？霍伯伯，我知道你爲了我的事，一再在勸媽，一再想說服她，一再希望我們母子之間的意見能趨一致。霍伯伯，你這麼說，我現在就更怕回家去。」

「怕什麼呢？」霍重詩竭力想在微薄的光線下看清幼誠的臉孔以及他的思想。「你還怕什麼呢？」

「怕幻滅，霍伯伯。你瞧，焰火又開始了。」

兩人都擡頭觀望，墨玉般的夜空上，迸濺出銀花朵朵。牠們瞬息萬變：初綻、半開、怒放；更明、更麗、更大……然後凋萎在無際的空中。霍重詩望着比剛才更黑且濃的夜空，而抓着幼誠胳臂的手也就捏得更緊了。

「不要儘看焰火了，霍伯伯陪你進去。你媽今晚只吃了半碗飯，又坐到事務室裏去了。」

幼誠陡地感到雙重的難過：爲母親，也爲自己。事務室是母親的工作場所，也是她的避難所。對他，事務室是他引以爲傲的地方，也是他憎惡、嫌恨的所在。他們走進院門之後，霍重詩鬆開了手。幼誠迅速地走進屋去，他的急遽碰響了事務室的厚重的門，卻沒驚起正在查閱案卷的司徒律師。司徒律師的鎮定這時又近于峻峭了。幼誠只好木立在房間的中央。

霍重詩緊跟着走進來，打着圓場說：「如雪，幼誠回來了。」

司徒律師慢悠悠地用一支玻璃鎮紙把案卷壓住，然後又慢悠悠地抬起頭來。她用左手往背後的開關一撥，兩盞日光燈便刷地雪亮起來。在通明的房間中，她沒說話，只一味望着幼誠，望着這個不肖的兒子。愛他？恨他？想自已痛哭一場，想對他大駡一頓。她背後的壁上是她丈夫的遺像。她前面的右方是默默地愛她垂二、三十年的霍重詩。假如他果眞是她原先的丈夫，那她就會把教管這個兒子的責任全部都交給他。然而現在，他只是她最忠實的朋友。光爆流瀉，一室滄栗。透亮透亮中，她仍無法看透這個跟她生活了二十幾年的兒子的心。怪自已的眼睛不够烱利？怪他用厚厚的黑幕把內心遮蔽了？聽得出，公園裏又有一個焰火在騰空了。多美，這焰火，有人會說；她也說過，多美，這個小臉蛋！她抱着胖嘟嘟的他，看着他烏溜溜的眼睛；而這會兒，怎麼竟無法在他的身上找到幼年時的他！一塊玻璃跌碎在地上，小脚掌一不小心地踩了上去，滴下來的血，點點滴在他的心裏。如今，滿地都是玻璃碎片，他竟敢任着性子走！難道他不怕流血？不怕痛？呵，他已不再是她熟悉的兒子了。

「幼誠，你坐下來。」霍重詩幾乎是兩面奔波。「你老是站着幹嗎？」

這大房間裏有好些沙發和椅子，他不知道坐在哪裏最適當。坐在母親大書桌對面的那把椅子上嗎？隔着書桌，不就是隔着那道永遠推不倒的障礙？

「媽，我回來得晚了。」他說了第一句，也是最難說的一句話。他不願意說自已錯了，而母親却又斷定他錯了；一開口，不就挖掘了一道溝？

司徒律師紋風不動地：「幸而你還知道回來，這也很不容易了。」

氣氛仍然太冷。幼誠希望母親不要太依戀那把旋轉椅，要是她能够從這個寶座上走下來，那末，他們的談話就不致于這麼生澀。他坐着，凝望母親交叉着五指的雙手。一陣巨大的期望之濤從他的心中昇起。如果母親會走到他的面前來，把她的兩手按在他的雙肩上，他就會把臉埋在她的胸前。他多久沒有哭了，他渴望一場痛哭，把心深處的悒鬱推出體外。他會告訴她，他是愛她的、愛她的。他絕不是學壞。然而，眼前的母親却是一派冷冷的臉色、冷冷的語氣。她既不問起他下午所經歷的事，他也就無從說起。她是對他絕望了，還是別的什麼？

外面繼續在放焰火，七彩的火星帶着人們的歡樂上昇；貼近窗口，或許還可以覩見一抹璀麗；因而，這裏的凛冽的明亮，也就叫人更難忍受了。

「媽，你是不是想知道我……」幼誠用力推動着這些字眼，但却比推動四百磅重的紗包更爲費勁。

「我不想聽你訴說下午的事，那是我家的恥辱。」母親毫不猶豫地攔截他。

「如雪！」霍重詩說，「請你聽聽幼誠的剖白。」

「你總不希望我太遷就兒子吧。他以爲這些都無所謂，但我却不是。他可以忘記，但我却不能。他提一次，就無異用刀子戳我一下。」

幼誠把指甲掐進沙發的座墊裏去。白色的光淋得他渾身發抖。這不是責備和審判是什麼？難不成母親沒有想到她自己的話也是犀利的刺刀？是的，他的有些想像曾欺騙過他，有些却沒有。他曾想像過「幻滅」，現在，他正逐漸接近牠。

「媽，霍伯伯剛才說你等着我，現在我才明白你並不希望我回家。」

「幼誠，你說話也太放肆了。」霍重詩說。「你該靜下來，好好地跟你媽談談。」

怎麼個談法呢？一開始就是相互刺殺；原不希望這樣，却仍免不了這樣。

司徒律師說：「我希望你回來，但我並不希望你提起這些事。我自認從來不曾忽略過對你的教導，也從來不曾忽視過你的前途。」

「……」我知道，我知道，我早知道！你以爲我笨得什麼都不知道？

「我今天不得不再問你一次：你是決定不想考大學了？是決定做工作了？」

「是的，媽，我不是大哥和幼芝，我無法朝那個方向前進。」

司徒律師說：「好，你既然沒有興趣讀大學，那我也不再勉强你。我是一個開明的母親，我答應你去工作。」

「媽……」

司徒律師喝着茶，感慨着：「窮人家的兒女，即使想讀書，還讀不起呢！你對工作的興趣，眞使我驚奇。旣然這樣，你以前的事，我就全不追究。隔天讓我再爲你重新安排生活。」

幼誠驟地震慄了一下，隨又舒散下來。他身旁彷彿放了一隻電熱器，有暖流慢慢地送到他的身上來。光亮的大房間中似有焰火的瑰麗的投影；這裏已不再是冰天雪地。他看到母親交叉着手指的手鬆了開來。纖長的、未老的手指敏捷地移開玻璃鎮紙，闔上案卷，把牠推到一邊。霍地，她撕下一張案頭日曆，用原子筆在牠上面圈劃着；她那眞正屬于五十歲的女人的眼皮一會兒垂下，一會兒收起。最後，像夾煙支那樣地，把原子筆夾在她的中指與食指之間，圈圈笑意也就浮上了她的臉。

「幼誠，至少，我們可以把生活安排得比以前好一點。我不願你走曲折的路來浪費你的時間和精力。我既然正式答應你工作，也就得正視你的工作。幼誠，這一陣來，那打包的工作，怕够你受了吧？」

幼誠拚命搖着頭。他不知道怎麼回答。苦？不苦？這一工作確會使他苦得不想再幹下去，但他已從苦中掙扎過來，宛如他以前穿越的是段必需手脚並爬、而又僅容一人通過的狹窄岩洞，但在流過汗、滴過血、披掛過滿身的創痕之後，却忽然發現岩洞的另一端別有天地，他正可以適然地追憶那段日子裏自己的痛苦與堅毅，品嚐並享受如今自己的汗的甜與笑的樂。母親是站在岩洞另一端的人，她無法目覩，也無法意會。

「我知道你很苦，我替你另外去找一個工作。」

「媽，我不怕苦，而且，我過些日子還要去參加技工考試。我相信我考得上。不論是筆試或現場考試，我都準備得很充分。媽，我也一直在努力，我已熟讀過好幾本……」

司徒律師揮了揮手。「別說下去了。即使你考得上技工，又怎樣呢？幼誠，我要爲你找一個工作，一個比技工更好的工作。我要替你安排一個前途，一個比你想像的前途更好的前途。」

幼誠站了起來，輕微的顫抖重又開始。有許多的話一下子衝了上來，堵在他的喉間，因此，他的臉也就這樣給彆紅了，但母親的聲音却更穩定：「這樣，你總安心了吧。對你的以往，我願意忘記，但你對你的以往以及你的那批朋友，也要一刀兩斷。我做事喜歡乾脆！」

外面的焰火還在繼續。幼誠的眼前是七彩星星，飛騰、殞落；飛騰、殞落。他又在穿越着一個極短、極短的岩洞，不僅山石嶙峋，而且荆棘蓬蓬。他掙扎着，喊出了聲：「唷，不，不要！」

原子筆啪的落在地上。跌碎了什麼？白光四濺，滿室又是冰天雪地。飛鳥絕跡，外面的焰火霍的飛到千里之外。在一色的白中，他瞧見兩盞小小的燈火——母親的一雙眼睛。

「唷，不要，不要！」他的「不要」裏含有很多意思。啊，母親，請你不要這樣瞪着我，不要生這麼大的氣，不要提出這樣一個辦法來。我不要破碎和痛苦。我不要那個「更好的」工作，因爲我已鑽過那個仄隘的岩洞。你不知道洞外自有天地，因爲你在那端，而我却在這端，你的目光無從穿越。不要以爲我在撒謊，存心騙你，不要這樣想。我不要「更好的」，我只要自己的「那個」。

「那末，你要什麼？」司徒律師尖銳地。

「媽，我只要我自己的計劃、自己的生活、自己的工作！」

司徒律師重重地哼了一聲：「憑你能有什麼好計劃？我要把你從泥淖中拉上來，而你偏覺得那裏軟膩膩的挺舒服，你那麼勇敢地叫着：不要，不要！這麼慷慨地把前途送掉！」

「媽……」幼誠央求着。

「不要叫我。我從沒想到我會有你這麼一個兒子。我對你不再懷抱任何希望。」

「媽，我請求妳一件事：我想我還是搬到外面去住一個時期吧。」

「我沒有意見，對你，我不再有任何意見。」司徒律師驀地站起來，朝着僵坐了好久的霍重詩說：「你瞧，你的努力不是已經失敗了，重詩？」

「如雪！」

「你別再想說服我了。你是我多年的老朋友，讓我們現在到客廳裏去坐一會，談談別的吧。」

霍重詩在離開事務室之前，還走過來拍拍幼誠的肩：「幼誠，或許我對你還了解得不够透澈，但我對你卻仍抱着希望。」

「謝謝你，霍伯伯。」

司徒律師和霍重詩走後，幼誠在房間裏站了一會。他非常清醒。他不再思考什麼。如果他是對的，他就不必去懊悔。終于，他走了出去，走向喧嚷、擁擠的公園。他在人堆裏穿進穿出。他擦着他們，挨着他們，貼着他們，他聽得見他們的笑聲和話聲，但他們全不認識他。

焰火已經放了很久，離結束怕也不會太久了。轟然一聲，又一個焰火騰空而上，迸裂在黑絨般的夜空中，七彩繽紛，令人目炫。他雜在人羣中，凝望那片璀瑰，讚美着，並深深地喟嘆着。

第二十三章

幼芝把自己最心愛的、也是自己編鈎的玩具狗熊塞到幼誠的箱子裏。箱子已給整理過兩次：幼誠自己理一次，幼芝覺得不理想，又重新替他理了一次。幼芝紅着眼睛，她哭過了，哭得很兇。幼誠不敢去看她，怕自己脆弱。舖蓋已給捲好，裸露的籐床荒涼涼的；他凝望着那人字形的花紋，望久了，變成一片微盪的水波。

「二哥，你下午眞的要走了？」幼芝的聲音如一個傷風患者的聲音。

「是的，房子已經租定了；旣然決定要搬，就不如早些搬。我本來是想住到工廠的男工單身宿舍去，只是舖位已滿。現在想想，住在外面，也有好處，一個人一間房，妳來看我，也要方便些。那邊全是男人，妳一個女孩子去找我，怎麼行？幼芝，妳就把我當作是爲讀書去外地寄宿吧。大哥去台北寄宿，妳也不曾哭過。我住在這個市區裏，每個月總得回家一次來看看媽。我惹得媽這麼傷心，我自己何嘗不難過？我如果要哭的話，眞要哭上一天一夜。不過，我知道我不能哭。妳也不要哭了，幼芝。」

幼芝的淚滴到箱子裏那些摺好了的衣服上。「我忍不住，二哥。我喜歡你住在家裏。爲什麼我們非這樣不可呢？」

「不得已啊。我住在外面，對媽和我來說，都要好些。幼芝，妳二哥大概是註定要坎坷一生的。我離開家，並不等於我不愛家。」

幼芝的眼睛酸痛，她也轉過臉去，瞪着那張光禿的床。她可從來不會這樣過，即使在二哥的服役期間，牠也總是舖得好好的。媽會不會在二哥走後，用另一套被褥舖在牠上面？二哥在外面，是不是有張舒適的床？

「二哥，你租的房間有多大？有沒有四蓆半？」

「沒有。四蓆半每個月要兩百塊的租金。我租的房間是在閣樓上，三蓆大，每個月只要一百塊。」

「有床，二哥？」

「有一張竹床，還有一張板桌和一隻椅子，很够用了。」幼誠笑了幾聲。「妳不要難過，妳知道妳二哥是不怕吃苦的。」

幼芝把手帕折成長條，掩住兩眼。她決定不再哭了。不再，不再！要像二哥那樣堅强才好。不再，不再！不要怕二哥受不了閣樓的幽黯與低矮，不要怕他受不了自己所受不了的。

一方薄紗手帕濕得像雨後的花瓣，她把牠收起來，放到口袋裏，然後謹愼地闔上了箱蓋。一隻箱子，一個舖蓋，一個網袋，一切全在這裏。二哥不想帶走什麼，但帶走的却仍多。他一走，一個家就不再完整了。這會兒，母親去出庭，大哥不在家。二哥是故意要選這樣的一個眞空時刻離去的，因爲對母親的辭別在他委實是太困難了。

「幼芝，妳代我向媽說……」

「我知道。讓我送你一程。」去年秋天的清晨，踩着滿街的樹影，他送她上學去。那天才開學，他捨不得她離開。她一上學，他的寂寞就更濃了。現在，她也捨不得他離開，他一走，她的寂寞也會逐漸滋長。「我送你，二哥。」她重複地說。公園裏的石凳上，曾躺過頹喪的他，她曾擔心他是落葉，而現在，他却是石凳。

此刻，不是黃昏，而是下午，是既像冬天又像春天的下午。陽光在風中並不暖和，憂悒的淡黃色，被風刮過來，黏在身上，如貼上金屬片那樣，冷颼颼的。幼芝提着裝雜物的網袋，幼誠拎着箱子和舖蓋，他們走在公園路上。旁邊的公園裏綠影沉沉，綠影裏驀地出現幾襲敝衣。有一天，二哥也會像睡在亭子裏的那個流浪漢那樣，過着流浪生涯嗎？幼芝被許多可怕的幻想吓住了。她不由自主地停下步來，網袋的棉線根根都成了鐵蒺藜。她枯澀地問：「二哥，工廠裏的工作靠得住嗎？」

幼誠一揚眉，說：「那還用說？何況打包的工作，我也不會永遠幹下去的。過些天，我就要去參加技工考試！」

「如果沒被錄取呢？如果那個打包的差使丟了呢？如果你身邊的錢又用光了呢？」幼芝拋出一連串的疑慮。「如果這樣，你會回家來嗎？你不會用塑膠布當被子去做流浪漢吧？」她伸出另一隻手來，攀住舖蓋的繩子，她又生怕他的離去了。不管這個家對他已無多大的溫暖，但家，本身總是一種安全呀！

「不會的。妳怎麼儘往壞的方面想？」幼誠把舖蓋放到地上。「我不騙妳，我的確準備得很充分。幼芝，妳不相信妳二哥？」

「我相信，但我還是怕，因爲你是我的一個哥哥，一個好哥哥。」

幼誠揑住她因用功而始終瘦細的胳臂。她有她的成熟和她的稚眞，而這兩者正匯成了她的如此深邃的友愛。在離家的此刻，她予他的安慰與痛苦乃是相等的。在別人看來，他是因一時的氣憤而離開家庭；事實上，他是掙扎得够久了。

「幼芝，不要擔心我。妳還是一個孩子，而我已是一個大人了。」

幼誠雖然樂觀得很，但聲音却是黯然無光的。他把箱子也放在地上。路兩旁，鳳凰木已經蒼老，剩下來的一些葉子像沾裹着泥巴的羽毛，隨時都可能被風打下來。光光靑靑的枝幹佇候着繁春時節的新葉的簇擁。他站在那裏仰望，只覺得天空猶似一塊碎了的大玻璃，到處是脈絡分明的裂痕。過去不遠，公園的轉角處，背着風，停着幾輛三輪車。縮着頸子的車夫正在車上打盹。

「二哥，你要往哪個方向走？」

「往北，離工廠近一點。我們等一會再叫三輪。」幼誠回頭去看自己的家。隔着公園裏的那片樹叢，連家也顯得蒼邁、困頓了。不愛牠，不可能！他會是這個家的一分子。那末，不管他走得多遠，家的影子還是跟在他的身邊，坐下來時，牠就會悄悄地躍到他的膝上。或許該說，正因爲愛牠，他才暫時離開牠的。「幼芝，妳要對媽好好地說明，我住得並不遠。」媽聽說他走了時，她的表情會是怎樣呢？她會木然地坐上一會，然後便開始處理她的業務。晚上，霍伯伯來了。媽會說：你瞧，重詩，幼誠畢竟走了。這孩子不愛家，也不愛家裏的人——風吹過來，陽光就冷閃閃地顫動着。從公園裏傳來了孩子們的笑聲。幼誠覺得有許多往事浮上來、浮上來，染着憂鬱的淡黃色，於是，又慢慢地沉下去、沉下去。「幼芝，我並不想叫媽傷心，並不……」聲音也像被風吹着，打着旋渦。

幼芝跟他一同眺望公園，眺望家園。她不願回想，否則，她那乾了的眼睛又會濕潤。「二哥，我會跟媽說得很好、很好，我多麼希望大家都快樂。我多麼捨不得……」

幼誠搖搖手，阻止她說下去；然後，他大聲喚來了一輛三輪，把皮箱、舖蓋和網袋全放到踏脚板上去。「幼芝，我什麼都清楚，但我還是得走。這紙上寫着我的地址，路雖很近，却是一個冷僻得叫妳們女孩子望而却步的地方；所以我想，以後妳還是不要去找我的好。」

幼芝先不看地址，漫不在乎地一揚頭，說：「二哥，你能去的地方，我也能去，我怕什麼？你說冷僻，最多像鄉下那樣吧；但話又得說回來，你既然住在臺中市，哪裏還有這麼冷僻的？」

「在忠烈祠的後面。」幼誠輕輕地說。「妳不要嚷。我找過幾個地方，還是選中了牠。那裏對我頂合適。」

幼芝扶着車座，半張着嘴，半晌才說：「你怎麼想到住到那裏去？很多人都不願到牠後面去租房子。唷，很可怕吶。晚上，黑暗、陰森，不僅我們女孩子不敢去，連大人也怕走。黑夜裏，風吹樹葉響，好像成隊的人在走路。有一次，一個同學告訴我，深夜裏有人經過那裏，忽然看到……」

「幼芝，她是胡謅着想吓妳，但她吓不倒我。再退一步說：我有什麼可以怕的？我做過什麼虧心事沒有？」他坐上三輪，伸出手來，搭着幼芝的肩。「幼芝，妳別爲我擔心。我想過了，那裏有很多好處：便宜，安靜，省體育場就在馬路對面，眞眞是近在咫尺，淸晨我去那裏跑步，省事多了。幼芝，妹妹，再見！」

「再見！再見！」

被風吹拂着，「再見，再見」的聲音在鳳凰木光青青的樹幹下廻漾了一會，然後溶入淡淡的陽光裏。踩三輪的是個中年人，裹着一件藏青燈芯絨的舊夾克，一鼓作氣，迎風踩去。車子從公園旁邊繞過，駛上了雙十路。路面更寬闊了。幼誠靠着車背，半閉着眼。這條路，他太熟悉，他不願回顧。任何回顧，對現在的他，都是徒增紛擾而已。很快地，車子從雙十路彎入力行路，在空軍子弟小學門前，車子放慢了速度，然後車夫依照他的指點，轉入忠烈祠那條坦蕩蕩的甬道上。兩旁永靑的松樹和永靑的榕樹挺拔而立，茂密的枝葉架起一片帳篷。風，挾着千古不變的莊嚴撲向他。他翟的坐正身子，凝望前方那兩扇黯舊的赭紅色的祠門。門上什麼都沒有，但也什麼都蘊含了。

三輪在石階前停下來。祠左方的園柵開着一扇側門，但嫌狹了些，無法讓車子通過。幼誠毫不猶疑地從車上跳下來，拎起那隻份量最重的皮箱，衝着踩三輪的，笑笑說：「拉不進去了，好在我住的地方就在後面不遠。我們兩個把行李拿進去就好。」

他們邁上低低的石階，擦過同樣是赭紅色的柱子，在寬寬的簷下走了幾步，於是，經過那側門，繞過祠堂，走向後面的住家。一些屋子不太整齊地挨在一起，全是小小的窗子、矮矮的閣樓。在那也算是通路、也算是前院的空地上，晾着衣服。還沒走到那裏，黃士雄就從第三座屋子裏蹦出來了。

「嗨，汪汪，我姨媽還說你不會來住，你是住慣大房子的，怎會看中這裏？我不信。我說你會來的，你就是一個說一不二的人。」黃士雄從幼誠手裏奪過皮箱，幼誠又從車夫那裏接過行李；等幼誠付了車錢，兩人就開始向那間屋子走去。黃士雄接着說：「眞的，汪汪，要不是我摸清了你的個性，我昨天傍晚怎麼會陪着你來這裏找房子？」

「你沒有把我媽的名字告訴別人吧？我現在的確不希望別人知道我是司徒律師的兒子。」

「沒有。我對你說過了，你的苦心，我全明白。昨天你跟我談起租房子這件事，要不是我剛結婚的話，我就要你住到我家裏去了。」

他們互看了一眼。幼誠知道黃士雄說的是眞話。不管他在家裏怎麼受奚落，但他永遠是黃士雄家的貴賓。這倒不是由於他的出身，而是出於黃士雄對他的一片摯情。他們的友誼開始就建築在平等的基石上。沒有平等，也就沒有友誼。士雄對他的種種幫助以及他自己爲衛護林金葉的名譽所作的努力，目的都不是想獲得對方的感激。

黃士雄以房東代表的身份跟他一起攀登閣樓。「上午，姨媽已把閣樓統統打掃過了。她說，實在小了一點，你來住，眞是委曲了，但下面又騰不出一個房間來。汪汪，我看，現在是冬天，閣樓還可以將就將就，等天氣漸漸熱了，我們再上別處找找看。」

兩個人同上了閣樓，把行李放下來。黃士雄又忙着替幼誠打開鋪蓋，在床上鋪上雪白布套的褥子、淡黃格子的「三花」床單，印花綢面的蓋被，還放上一隻綉花的枕頭。在暗沉的閣樓中，那原先粗陋的竹床竟耀眼得如同新人的床。黃士雄捨不得坐下去，只在被單上撫摸了幾下，終於嘆息起來：「汪汪，那些不了解你的，確實會說你是一個怪人；好房子不住，好工作不要，像苦行僧那樣地拋棄榮華富貴……可是，你並不信教，那是爲什麼？」

幼誠沒有回答，只環顧着這個屬於他自己的小小的空間。經過打掃之後，這閣樓却也乾淨得可愛。住在這裏有什麼不好？如果別人在這裏住過，那他又爲什麼不能住？他可不是什麼視榮華富貴若浮雲、以拯救世人爲職志的苦行僧，他只想救他自己一個人。如果他依照母親的安排去生活，那他必將永遠失去自己。他打開小小的玻窗，灌進一樓的風。以後，在有風的晚上，他在小樓上能夠聽見忠烈祠前面古樹的呼嘯；擁着這些睡去，他會覺得自己又睡在公園旁邊的家裏了。夢中的家，會是濾除了一切不快的、童年時代的家。

「水牛，我很喜歡這裏，我不騙你，我覺得這裏實在很舒服。」幼誠弓着上身，雙手抓住窗檻，神態那樣陶然，彷彿這是一座濱海的別墅，他似看到藍海、白帆、海鷗，他面向着的是無限大的宇宙。他轉過身來時，臉上的笑紋很鮮明。黃士雄很驚奇地望着他，於是，幼誠就走過去，拉着他的手，一齊在床邊坐下來。

黃士雄說：「汪汪，你的確有點兒跟別人不同，的確。」

「我想——我想，別人是順着風走，我老是逆着風跑；別人是希望獲得彩聲，而我，却從來不會期望得塊獎牌。」

幼誠又站起身，打開箱子，拿出幾本書，放到板桌上，又把幼芝給他的玩具狗熊擺在床頭邊。他又說：「水牛，事實上，我並不很孤單。我有你，有黑皮，有一個好妹妹，有霍伯伯和英姐……」他突然停下來。他從來不曾跟黃士雄提到過鍾竹英，即使是現在，他也不想談起。他換了一個話題：「水牛，我曾很自信地說過，我一定考得上技工；你看，到底怎樣？」

「我也認爲你不成問題。你能到保養室來，我眞求之不得，只是黑皮這下可寂寞了。」

「可不是？我準要好好地請他喝一次酒，你可不能再阻止我了。」

「當然囉，連我也要喝上三大杯呢。年前，我和金葉結婚，我看得出那天，你們挺爲我高興，你是喝的斯文酒，黑皮哪，猜拳打了幾個通關，聲震屋瓦，那天眞爲我增光不少。」

說到金葉，幼誠就催着黃士雄快回家去。他們結婚才十來天，這個新春裏，他一直克制着自已不去打擾他們，但結果還是打擾了黃士雄。幼誠拉着士雄站起來，要趕他回去。士雄說：「金葉這幾天儘跟媽閒聊，婆媳倆談得好親熱，我就不想岔進去。難得媽疼她，她孝順媽，我這個做兒子的眞想到天妃宮拈香拜佛，謝謝菩薩的恩典。我媽苦了大半輩子，現在總算熬出一點眉目來。想當年，爸在家時，家裏也沒有隔宿之糧。媽說，他走了也好，少受閒氣，少受折磨；嫁個賭鬼丈夫……汪汪，我記得我從來沒向你提起過他。」

「是的。」

「但你好像早已知道了這件事！」

「黑皮告訴過我一些。我想，你不提是對的，免得難過。你把這件事從心上移開，就當牠沒有發生過。」

黃士雄嘆了一口氣。「可不是？不過，在我結婚那天，我倒着實怕爸走上門來。要是眞來喝杯喜酒，再要我磕上幾個頭，我都無所謂，怕的是來一場全武行，媽怎麼受得了？謝天謝地，總算是太太平平地過去了。媽說，他們已分開這麼多年，她也不要這種名義夫妻了。倒不是她到了這把年記還想鬧離婚，她只是想保護這個她千辛萬苦建立起來的家。在法律上，她也願一清二楚，不知可有什麼妥善的解決辦法？」

「我想總有辦法的。對於這種事，我媽最清楚。以後，我叫幼芝替你問問看，說不定她會免費受理這件案子。」

「免費？」

幼誠突然側轉上身，臉就倚在窗欄上。「媽會的。我相信媽會這樣。水牛，她的確是位好律師，除了對我苛求之外，他對別人都好。她是一位公正的人，除了對我懷着偏見。我想，如果沒有我這個兒子，她會成爲一個完人。我們是一對可憐的母子：她逼着我，我彷彿也逼着她，但我不願因我而讓別人把她看成一個不近人情的人！」

黃士雄拍拍他的背，說：「我知道你離開家很痛苦。其實，不要說是家，就是在某個地方住久了，離開時，也都會依依不捨的。我想，我媽現在希望跟爸辦妥離婚手續，但要眞的辦妥了，回到家裏，說不定她也會大哭一場的。她要離婚，完全是爲了我和金葉，還有，以後，我們的孩子。有時，媽眞怕爸回來毀了這個家。有時，我猜想，她也在盼望爸能改邪歸正，換個面目回來，享受一點晚年的安樂。只是，那份恐懼總是太強烈了。」

「是的，我們常常免不了生活在矛盾的痛苦中。」

大家都沉默下來。風更冷厲了些。幼誠又走到窗前，把小窗關上，小樓又變得暖和和的。他們又談了一會，黃士雄就以突擊的方式，向幼誠提出好些問題：什麽曲拐軸與天窗該成什麽角度？與線軸又該成什麽角度？紗上漿前該注意的是些什麽？烘筒乾燥式上漿機跟熱風式上漿機的區別在哪裏？特點在哪裏？織機自動停止是什麽原因？梭子怎麽會飛出機外？……細細碎碎，幼誠開始呆了呆，隨即意會到，這是黃士雄的好意，給他在正式考試之前，來一次預習。等他逐條地答覆之後，黃士雄一拍巴掌，說：

「好極了，全部O·K·我們已經排演純熟，只等正式登場了。」

第二十四章

一開春，司徒律師就爲受理的兩樁重大的案件出了兩次庭。在法院執行法定的職務乃是她業務的不可或缺的一環。在那裏，她如一個傑出的鬪牛士，用睿智、沉着與利劍，把對方擊倒，讓勝利屬於自己。每一次勝利總使她感到驕傲以及那份不負當事人重托的欣慰。當她脫下律師服、戴上墨鏡、步出法庭時，每每顯得容光煥發，精力充沛；好多前來旁聽的人，竟常忽略了訴訟的兩造，而被這位女律師的才幹與風度吸住了。這次，她所受理的兩件案子，一件是爲一個拖了兩個小兒女的寡婦向已故丈夫的合夥人要回被侵佔的一份財產。這件案子拖了一年多，被告曾用盡方法企圖湮滅證據；而現在，她受理下來，兩次短兵相接，就把對方的疏漏之處一一揭露出來。案雖未結，但離勝利却也不遠了。

霍重詩那兩天正好休假，也做了旁聽席上的聽衆。退庭後，他陪着她走出法庭，幾個記者忽然擁了上來，擺好架勢，要爲司徒律師拍一張照；說她公正不阿、仗義執言，那種爲孤兒寡婦的權益所作的努力，不僅使當事人親沐其惠，而且使他們非常欽佩。他們準備爲她來個「專訪」，好在「三八」婦女節那天讓人們知道有這麼一位傑出的女性，在默默地爲人權、爲眞理而奮鬪。司徒律師搖搖手，婉謝了他們的盛意，說，這只是她的責任或本份，千切不要以爲她眞有什麼了不起的成就，或者眞有什麼特殊的貢獻。讓照片上報，啊，萬萬使不得。她不是明星，而且說到出鋒頭，她也已經過了這個年齡了。

記者們聽了這位謙遜的女律師的話，很受感動，結果終于順從了她的意思，不再勉强，雖然她是足有資格在「專訪」中出現的。她在他們的包圍中脫身出來。走出法院的大門時，其中有個記者又匆匆地追上來，向她提出這麼一個問題：「司徒律師，妳是否可以告訴我，妳最初是抱着怎麼樣的一種理想來獻身于這一事業的？」

司徒律師扶着墨鏡，向這位年輕的女記者仔細地看看，然後又慈藹地笑了。

「年輕的朋友，我的回答可能會使妳失望。我當初幾乎沒有什麼理想，我做律師，只是爲了我的幾個孩子。」

「孩子？」那個還未結婚的女孩感到驚奇了。

「是的，家和孩子們。」

霍重詩已爲她叫好了計程車。在那個年輕女記者還未從詫愕中淸醒過來時，司徒律師就趁上了車子。她把公文皮包交給了霍重詩，就順勢靠到車座的背上，喘息起來。車開了，霍重詩說：「沒有想到那些新聞記者這麼會纏人，幸虧妳能幹，輕易地就把他們對付過去了。」

司徒律師沒答腔。她眼前是團團煙雲，宛似暴風雨前的天空，風雲追逐，瞬息萬變；墨鏡也重得如一副鋼軛，壓得腦門一片脹痲。剛才的雄辯恍如久遠的事。她抬起手去摘墨鏡，手因無力而哆嗦着，墨鏡滑落到膝上。霍重詩馬上替她檢起來，這才注意到她臉色灰敗，雙眼緊閉。

「如雪！」

「我不舒服。」她摸索着手提包裏的手絹，觸到的却是霍重詩的手；思想敏捷的霍重詩立即把手絹遞給了她。

「到醫院去？」霍重詩望着她那起皺的眼皮，眼皮裏的眼神定是倦憂交織。她從來不曾這樣過，從來不曾這樣過！假如他是她的丈夫，他要用手去撫平牠，但是他不是。

「不，回家去。」她截然地回答，每個字都像一塊長、寬、高均等的木頭，站得穩穩的，別人就別想推倒牠們。

「妳太累了！」

「不是，我以前也有比今天更累的時候。剛才，我簡直擔心我在法庭上會支持不住。我想，萬一我倒下去的話，」她掙開眼睛來，睏倦地苦笑了一下。「幸虧今天你也在這裏。」

最後一句話，聽來平淡無奇，細想一下，却是饒有深意的。霍重詩本在焦急，現在更突然感到難過——難過今天自已的疏忽。在整個的開庭期中，她那滔滔的雄辯征服了很多人，連他在內；他當時甚至想，如果這是一次演講，勢將引發一連串的掌聲。他從未想到她正因扭轉別人的命運而自已處在跟體力搏鬬痛苦中。啊，他實在是應該想到以及覺察到的：因爲自從幼誠離家以後，她的心緒一直十分惡劣。

「如雪，怪我糊塗、我始終沒有注意——因爲妳今天的辯論特別精彩，那是一場漂亮的仗……」

「我不得不這樣，重詩，我不能懈怠或疏忽，使委託人受到損害；何況，委託人是個寡婦……她對我說，她要爭回這筆財產，不是爲她自己，而是爲她的兩個孩子。」

「無論如何，不管當事人是誰，妳總是勝利了。」

「重詩，連你也說我勝利了？那末，我的失敗呢？別人只看到我在千百人面前勝利的光榮，而不知道我在家庭中失敗的慘痛；不知道剛才在法庭中口誅舌戰的司徒律師，此刻正頹倒在汽車裏，幾乎站不起身來。」她用薄薄的手帕印去額上的冷汗。今天額上的縐紋應該很深、很多吧。「我可以說，絕大多數的人都喜歡看到英雄。」

這次，霍重詩握住了她的手，鬆鬆的、友善的。對她，還有誰比他懂得更清楚的？所有她的成功的歡樂，他一直都在分享；所有她的挫折的悲哀，他也願意負擔一半。愛她，如一個情人，也如一個朋友。他爲自己的那份愛情驕傲。透過濃俗，牠已化爲山綠水清那樣恬澹雋永了。

「如雪，你應該休息一陣。我也知道，眞正困擾你的，是幼誠的離家。」

司徒律師又費力地戴上墨鏡，她不願讓人看到她眼中的淚光。墨鏡把世界的華彩濾去。一片灰黯，正是她此刻的心境。遙遠的歲月中的艱辛，常在忙碌的業務中淡忘，但有時，牠們又會猝然挾雷霆之勢向她襲擊。說她是個理智的女人，她不否認，但理智的主宰却常常又是感情。她喜歡把火埋藏在冰天雪地之下，讓自己的堅强映在別人的眼中是座石碑。那個失去丈夫、失去生活保障的未亡人，那天帶着典賣首飾所得的幾千塊錢來到她的事務室，一開口就淚流滿面（丈夫橫遭車禍，沒有留下片言隻語，半生心血卻爲友人侵佔），而她自己的心也一下子被揉得稀皺稀皺——呵，請妳把那筆錢帶回去，酬金可以慢慢地來，不要以爲我做律師的只認錢——剛才那個年輕的女記者問得很好：妳當初是抱着怎樣的理想來獻身于這一事業的？——孩子們。這是一個意外的回答，對未婚的女孩子，這是够她思索很久的。她不願違背自己的良知，硬說當初她是懷着一種多高多高的理想。雖然，十幾年來，在執行業務的過程中，她所堅守的原則已然超越了小我的範圍，使她得能卓然地站在人羣面前而了無愧怍。

然而，儘管怎樣的光榮，又豈能補償一個兒子離家的損失？以後，或許她得用更多的精力去從事法定的業務，藉此塡補這種缺失，但塡補和損失畢究是兩回子事啊！

「重詩，我始終以爲他要離開家，只是隨便說說。我始終以爲他不會這樣大膽、無情，到底這是他生活了二十幾年的家呵！」

「如雪，妳以爲他還是一個孩子，什麼都可由妳安排；事實上，他已長大了。」

「是的，一切的不幸都是因爲他已長大了。我從沒有想到他會對我這樣。他怎麼能够這麼輕易地忘掉二十幾年來我花在他身上的心血，難道只因爲他長大了？」

「他並沒有說他已忘了。妳知道他並沒有這樣說。妳千切不要這樣想，來折磨自己。」

天氣很壞，有股寒流籠罩本省的上空。下午可能會下開春以來的第一場雨。車子在冷風中急馳，很快就到達她家門前。雖然司徒律師竭力想振作起自己，但結果還是由霍重詩扶她下車。

「這幾天來，我睡得很少，我感到我老了許多。我像被人重重地打了一拳，連還手的力氣都沒有。」

「妳想得太多了。有些事，妳是根本不用去想的；有些事，妳又不必儘往壞處想。說怎麼，幼誠還留下住址呢。」

「他留下住址，是想我親自上門去請他回來嗎？如果他這樣想，那是大錯特錯了。」

霍重詩扶她走到客廳的躺椅上躺下，並為她卸下墨鏡，細看她的臉、她的眼，憊乏中仍交錯着憂憤。在任何情況下，司徒如雪仍是司徒如雪，強烈的自尊心覆蓋着她的哀與樂、憎與喜；你想要她撤除這自尊，那正如她所說的——是大錯特錯了。

他倒了一杯溫開水，給她吞了些萬金油。女傭上街還未回來，幼芝去學校了。年輕的書記進來了一次，但也幇不了什麼忙。作為這個家庭的一個老友，他義不容辭地負起照料她的責任。他到伯聰臥房裏拿來了一床毯子蓋在她身上，又打了一盆熱水替她洗了個臉；問她要不要灌一隻塑膠熱水壺暖暖脚，她說不用了。

霍重詩搬了一張椅子坐在她的旁邊，輕輕而又輕輕地說：「如雪，妳最好睡一會。妳一直這麼果斷，現在，撇開一切煩惱，好好地睡一會，等中午伯聰回來，我們再商量一下，要不要請個醫師給妳看看。」

「不要，眞的不要，我會好好休息的。」司徒律師說，語音低微而堅決；一個感激的笑才形成，疲乏的眼皮就緩緩地闔上了。十幾年的辛勞從沒使她慵懶過，而這兩天來迅速繁殖的倦意卻淹沒了她一身一心。那天傍晚回來，幼芝慇懃得過了分，替她倒茶，替她拿拖鞋，甚至問她是不是累了，要為她搥一會背。她伸出右臂，摟住女兒——幼芝，有妳這麼一個乖女兒，媽還會累嗎？媽不要搥背，妳坐下來，讓媽看看妳。這幾天的假期是不是使妳胖了一點？媽多希望妳在這個寒假裏能夠重上兩三公斤啊——幼芝捋起厚毛衣的袖子，這麼勇敢地把一條瘦瘦的胳臂亮在她的眼前——媽，妳瞧，我真的胖了好多了，妳不信，捏捏看，硬硬的，還有肌肉哩——看着幼芝的稚真勁兒，她忍不住笑了起來。還有肌肉？那樣纖瘦的女孩子還有肌肉？哈哈，這妮子當媽是什麼人？忽然，她覺得不對勁。幼芝的笑像貼上去的，跟眼睛的神色毫無關聯。那笑是張太薄的紙，隱隱約約地透露出後面的焦慮。她心頭一怔，臉上卻仍笑着。她說：幼芝，既然妳這麼結實了，妳就該端一隻小凳來，替媽搥一會兒腿。幼芝依着做了。她又說：妳幹嗎這麼乖、這麼週到？幼芝說：媽，我希望妳快樂，我希望妳很快樂，我希望妳非常、非常快樂……快樂……幼芝的聲音越說越低，宛似一隻越飛越低的鳥，低低地掠着。突然，幼芝把臉貼在她的膝上，身子顫抖着。她自己雖也驚恐起來，但這畢竟是她預料得到的驚恐。她不動聲色地把驚恐壓了下去，雙手則細緻地托起幼芝的臉。女兒光滑的雙頰上黏着點點淚痕。

幼芝，妳是很少哭的。

媽，我忍不住，我很難過，媽，妳千切不要難過呀！

到底爲了什麼？是丟了錢了？摔壞東西了？即便這樣，也不必這麼痛哭流涕呀！

二哥走了──媽，二哥走了。他留下了地址。

她右手上揑着幼芝遞給她的那張小紙片，所有的表情與感覺全都凍結。好久，那張紙片鬆落到地上，她也不去撿，只極慢地搖搖頭：「幼芝，我不難過，不難過，不難過。」她扭動了一下身子，揑揑幼芝的胳臂。突然，她感到全身痠痛，每根神經都想休息，但她還是說：「我不難過，不難過……」幼芝走到她的背後，輕輕地搥着她的背與肩。搥有什麼用呢？痠痛雖未增加，疲乏倒突然漫天漫地地撲過來，她整個身子就在牠上面浮沉。她一抬頭，幼誠正站在乾乾的岸邊。浪頭又奔過來。這次是憤怒的浪濤，聳得高高的，比什麼都突出醒目，都聲勢奪人。她投向牠，只願自己是海水，是浪濤，是一切可以產生巨大威力的東西。幼誠！呵，不必喊他。他在遠遠的彼岸，然而，他的輕蔑的笑聲却又跨着浪頭，奔向她。她想摔破幾樣東西，不，她只想抓起幾件東西，向他扔過去，但她沒有力氣。幼芝繼續搥她的背、她的肩；一疊串的碎拳怎能摧平山高水低的悲憤！

幾天來，她就這樣在海裏翻翻滾滾。白天，用業務當屏障，硬生生地把牠擋到隱秘的一邊；但晚上，牠還是衝了出來，潰瀑、澎湃。有時，幼芝走過來，勸慰她：媽，二哥說，他離開家，並不等于不愛家，妳不要老爲他難過。她幾乎勃然大怒：誰說我在爲他難過？他不愛這個家，這個家就沒人愛了不是？說了，又軟下心來，把幼芝拉到跟前：妳是媽的乖女兒，媽最近脾氣不好，妳是知道媽的。伯聰有時也說：媽，妳放寬心，我和幼芝會比以前更聽話、更孝順的。她倒想問問伯聰，這幾天幼誠在紡織廠裏怎麼樣了？但她畢竟抑制着自己不說出來。她不是一個可以被兒子左右的母親。她能饒恕幼誠的無情？不能！

她閉着眼睛，人像浮在空氣中那樣，虛幌幌的，而那淹漫她身心的疲乏，就像那黏濕濕的霧粒。睡去吧，她對自己說，睡在年輕的歲月裏，睡在沾着露水的青草地上，身邊的丈夫說：「如雪，不要爲明天的事煩惱。」「那末，要是今天有了煩惱呢？」「把牠交給我，如雪。」說這話時，他們是在嘉陵江畔，水青青，天藍藍，白雲如小白兎，一羣一羣地簇擁着。讓她睡到那些日子裏去吧，把煩惱推給水，推給天，推給雲，推給年輕力壯的丈夫。十幾年了，她該休息一會了，靜靜而又靜靜地。已經這麼久遠久遠了，她沒有讓自己接觸過那種完全寧謐的世界；使自己全然成爲一隻透明的空瓶吧，不要成爲一隻菜籃，把所有現實上的繁繁瑣瑣統統裝進去：自己的煩惱、別人的煩惱，林林總總的，囊括在一起。她眞該歇歇了，如果在透明的空瓶裏，她眞想裝點東西進去的話，那末，最多只裝幾隻夏夜携着小燈的螢火虫。柔美的藍色光暈，閃呀閃的，在朦朧的夜裏，優雅有致，而那隻瓶也便因此而更其晶亮了。你現在需要的就是這份沒有渣滓的安詳與皎潔。歇歇吧，讓她躺到那種境界裏去。

她迷糊了一會，眞以爲自己是在夏夜的庭院裏，有許多螢火虫在矮矮的綠樹叢中飛舞復飛舞。她趕着去追撲，牠們却一下子全飛到另一邊的樹叢裏去了。重詩說，妳歇歇吧，妳何必跑來跑去地累自己；如果妳非要牠們不可的話，就讓我替妳去撲幾隻。她回答，那就不必了，我本來只想捉幾隻來玩玩，年輕的時候，我就常常捉來玩……她醒來時，感到舒服了些。她沒有睜開眼，非常小心地保持着那份無波的平靜，但她却知道重詩仍在客廳裏。倒不是他弄出了什麼聲響來，而只是她直覺地知道他不會離開。她老覺得重詩有眞正的紳士風度，不是指職業的高尙和學問的淵博方面的，而是指待人的悃誠方面的。他最大的固執就是不讓他自己試着去愛另一個女人，過一種正常的家庭生活。

她勸過他，並且劃出兩條路，告訴他，走另一條也能獲致眞實的幸福，但他却說，他不想走，所有的理由就是「不想」。他說，「正如妳不想在家裏穿洋裝一樣，儘管妳知道牠有許多方便，但妳所有的理由只是「不想」。」以後，她就不再這樣認眞地勸他，因爲那種勸說對他是種虐待。

匯聚她對他的全部觀感，她唯一不滿意于他的地方就是他對幼誠的袒護，而他則說是衛護。他有才、有智、有識，他爲什麼要袒護幼誠這樣的一個孩子？爲什麼？爲什麼？她有一天十分激動地詰問他。他說：別說袒護吧，幼誠是個好孩子，爲什麼不該衛護他？爲什麼我不該比別人更疼他？他也用兩個爲什麼來跟她對抗。那樣毅然地揹起幼誠保護人的責任！在幼誠離家的那個晚上，他照常來了。那晚，她特別指望他來，又特別憎嫌他來。一聽見他那熟悉的步聲，她蒼白的臉色就更其蒼白了。樓梯就在客廳的近旁，如果她能够，她要一步跨上樓去，而她却頹乏得無法移動。她靠在長沙發上，讓一本翻開的雜誌半蓋住她的臉。她想，他一定還不知道這件事，她是否一開始就該告訴他？但當重詩坐下來後，第一句話就是：「如雪，妳把雜誌取下來吧，我已經知道幼誠走了。」她那時的心情好複雜、好體躁，只要重詩說句責備她的話，她就會勃然大怒，趕他出門。她恨他平日對幼誠的袒護。她渴想把滿腔怨氣淋到他身上：是你袒護他的結果，你現在總該知道他是一個怎樣不肖的兒子了。然而，重詩却說得很體貼：「這個消息，幼芝打電話告訴我的。妳要看開一點。世間事哪有盡如妳意的？看開一點，給自己脫去一重鐐銬。話再說回來，世間事也不一定如妳想像中的那麼壞。山自青、水自流，有時候，幾經曲折，倒會給妳帶來一個意外的驚喜！我的意思是，事情既然發生了，就不必太難過。十幾年前，妳遭到的那件事有多痛心，但妳也咬着牙熬過來了，現在也就再咬着牙熬一熬。今天，我不說幼誠的好處，也不說他的壞處，這些，待以後再下判斷。我只知道妳現在很難過，而我却要勸妳，妳要想開一點，不要太難過，以免傷了自己的身子。妳本是聰明人，凡事擔得起、放得下……」重詩沒有一句話責備她，沒有一句話說幼誠好或者壞；她靜靜地聽着，靜靜地把憤怒與悲哀併化成一陣嘆息。聽她悠悠地吁了一口氣之後，重詩又說：「這些年來，妳也够辛苦了，是不是可以暫時丟下業務，去東部、或南部走走，散散心。我本有幾天休息假，任什麼時候請都可以。妳去，我可以陪妳去。路上有個伴兒，總熱鬧點，也好對妳照顧點。不過，到底怎樣，還得由妳自己決定，我沒有一點勉強妳的意思，而妳也不是一個肯受人勉強的人……」她仍靜靜地躺着、聽着；然後，她看到了那個年輕未亡人的淚眼。她曾答應過她要替她打贏這場官司。她對重詩說：「謝謝你，我並不過分難過。再過幾天，我還要出一次庭；這幾天裏，我還要探究案情、搜索證據，我走不開。我想，我們這會兒還是不要再提幼誠吧。」

然而，不提他，又有啥用呢？不提他，他的問題照舊存在。在她心裏，這是一件懸案。有時候牠像已經悄然斂隱，但事實上牠卻始終在暗暗地啃嚙她。瞞重詩有什麼用？瞞他與不瞞他，他心裏還不是一淸二楚的？這會兒，她忽然聽見輕輕移近的步聲。她睜開眼來，重詩正俯視着她。

「妳睡了一會了，好一點沒有？」霍重詩說，這樣哄孩子般的聲音，這樣逗孩子般的眼神，平日是很少有的；因爲平日她總是這麼硬朗，不想依賴任何人，即使是他。現在，她不舒服了，他竟突然有資格去保護她。那是一種特殊的經驗。他有幾許自覺有罪的快樂。他又說：「我看妳睡去了——看妳呼吸均勻了，才坐到沙發上去。阿珠已經從街上回來了。」

司徒律師閉了一下眼睛，算是回答。那是最簡潔也最動人的回答：感激之外，還有情意；哀抑之外，又顯得楚楚堪憐。霍重詩再度用手拍拍她：「如果妳想睡，就再睡一會吧，離中午還有好一會呢。我叮囑過阿珠，等會替妳下一碗鷄絲麵。」

司徒律師動了動嘴唇，聲音却給悶在口腔裏，但霍重詩還是懂了。他說：「我在不在這裏吃，妳都別操心，我到底不是什麽客人了。要是我不上飯館去吃，那末，伯聰他們能吃什麽我也能吃什麽。我看，現在要注意的仍是妳自已。等會兒還是請個醫師來看看吧，打針複合維他命，接接力，或許也有點兒用處。妳是爲當事人爭取權益而累倒的，名正言順，怕人家說什麼閒話？」

司徒如雪苦笑笑。那最後的一句話簡直是自欺欺人，但對別人，除了這個理由，她還能說出什麼別的理由來？她倏地撐着坐起來，說：「無論如何，我沒有爲了自己的私事而疏忽了別人委託我的事。我知道的，除了幼誠，多少人相信我——相信我能扭轉他們的命運！」她站起身，在重詩來不及扶她之前，她衝了兩步，坐到沙發上去。重詩在她的背後塞進去一個海綿墊子。

「反正有地址，我抽空去看看他，妳認爲好不好？」霍重詩說得非常婉和，一邊撥弄着香烟。司徒律師一皺眉，他馬上體會到她的思想，又接下去。「我是說，只是我去看他，不關妳的事。我是獨立的，不受任何人的指使或暗示。幼誠跟我之間的感情一直是很好的。」司徒如雪把目光往下拉，一隻手則抬上來，按住額角。「關于妳的近況……」

「希望你不要提到我這幾天正不舒服。」司徒律師忽的把目光往上一挑，疲倦中仍是那麼冷嚴，如一位盛宴後的侯爵夫人。「你剛才說得對，你去，只因爲你要去，我可沒有要你捎什麼訊息。」她撫在額上的手一路滑下來，那幾根無力的手指終于托住了那抖動的下巴。「不要這樣望着我，也不要問我爲什麼，我就是這樣。我不能遷就兒子。如果這幾天他生活得很好，爲什麼我就不能？」她的手再度溜下來，落到胸前，然後緊緊地捫住脹悶的心口。

天空中的雲層很厚。雖近中午，卻有天色已晚的感覺。風呼溜溜地滿街跑着、滿樹鑽着，只是雨始終不肯落下來，好像在跟風、跟樹、跟地面上的什麼賭氣，一味陰沉着臉。

第二十五章

雨，終于下起來了，而且連接下了好幾天。風、雨同行，風常把冷晶晶的雨簾子整幅整幅地掀起來，然後跌碎在行人的衣、褲、鞋、襪上。公共汽車裏，觸目都是濕淋淋的雨傘、雨衣、以及那些黏着爛泥巴的雨鞋、球鞋、木拖板……車掌小姐的目光像雨刷那樣，左右來往了兩次，臉冷得快要飄雪。

「喂，喂，你這個人長了眼睛沒有？稀髒的脚怎麼踩到人家的鞋上來？」車掌小姐忽地嚷了起來，尖嗓子簡直像她吹的響叫子。

那個站在門邊踏板上的年輕男人，佔着一個僅足容身的空間，背朝車掌，左手握着滴水的雨衣，右手抓住光滑的柱子，一雙眼睛直望着窗外，還根本不知道車掌說的是誰呢？他旁邊的一個乘客推推他，他這才驀地一驚，急忙低下頭去，發覺自己的球鞋後跟正踩着車掌小姐的皮鞋尖，但在傍晚滿滿的車廂裏，同像有寸土寸金之感。他很困難地把脚移開了些。他那張沾着雨絲的臉，在寒沉沉的車廂裏，紅潤潤的，顯得特別溫暖。他笑了笑，說聲「對不起」，但是車掌小姐只把眼珠兒往旁邊一斜，臉色仍是冷森森的。

那個年輕人自嘲地眨了眨眼，一點也不生氣，又去望窗外了；一臉的笑影子，在車行的簸動中浮晃不定。他在看什麼呢？他在看車外那平淡無奇的雨景？玻璃窗上同樣把他自己那傻傻地微笑的臉映在他的眼中。他也不禁問着自己：我笑什麼呢？我在欣賞什麼呢？

他不需要自己回答。有許多不同的聲音來自四方：別裝蒜啦，幼誠，那是因為你考取了技工啦。誰說的？他自己還想抵賴：今天上午筆試，下午現場考試，公告最早要到明天才貼出來，何況應考的有十幾個，只取三個，誰能擔保我榜上有名？——那還不簡單！剛才在現場考試時，誰看不出來？你表現得棒極了，簡直像熟練的老技工那樣。筆試嗎？水牛也告訴我們了，你是準備了又準備。最重要的一點，剛才廠長為什麼叫你到廠長室去談話？你說說看。你這不是鐵定了？過幾天，我們弟兄們要湊個份子，吃喝一頓，為你慶祝慶祝——雖然飄着雨絲，紡織廠的廣場上倒是鬧哄哄的。

車子在北屯停了停，有幾個人下車，只有一個人上來。幼誠終于晉了級，站到上面來了。他很安慰，他再不會踩到車掌小姐的皮鞋尖了。其實，那個車掌剛才也確實過火了點。他自己的球鞋雖然沾滿了爛泥，但她的那雙皮鞋何嘗不是舊得七皺八歪的？倘如在半年多前那些鬱鬱的日子裏碰上這種盛氣凌人的車掌，他少不得要跟她爭吵起來。

車子馳過去。窗外的一切都是他稔熟的，只是看來要比平日模糊了些。有些單車冒雨疾馳，在那些騎車的人當中不知可有他工廠裏的同事？搬家後，他發覺自己眞正忘帶了一件東西，那就是單車。黃士雄叫他趕快回家把牠騎出來，不過，他却不想馬上回去；因此，這些天來，他跟黃士雄就只好各走各的路了。今天下班以後，他送黃士雄上路。黃士雄說：汪汪，你要有車，那該多好，我們可以一路騎，一路談，多愜意！今天，我們一定有許多話要說，對不對？這場考試，你眞鎭定，步子一點不亂。說起來，我簡直是蠢貨嘛。未考前，我一直在擔心你會手忙脚亂。反正，任何事，你都準備得够充分；要是臨陣磨刀，心裏一緊張，那就完蛋。汪汪，今天，我看得出來，你還有一股別人探測不出來的潛力。他搖搖頭，否認了：水牛，我只能說，今天，我的運氣很好。黃士雄瞄了他一眼，還以爲他在謙虛。其實，他一點也不是謙虛。未考前，他自已也擔心得要命，惟恐這場考試是由大哥監考，要是面對大哥那張對他越來越冷漠的臉、那雙對他越來越冷厲的眼，他怎能靜下心來？又怎能不慌成一團？幸而，監考的是項廠長本人，大哥今天出差去了台北，連臉都沒露一下；事情就有這麼湊巧，簡直是有意安排似的。黃士雄終于騎着單車走了，他在站牌邊等公共汽車，黑皮也牽着車子走過來了：小兄弟，這次我們可要拆夥了，我眞捨不得你走，換個新人來搭檔，眞不是味兒，但你是高陞，我怎麼捨不得，心裏却還是很高興的。黑皮又苦又樂地笑着，把他的手緊緊握了一會，就像他明天就要離開工廠似的。他說：黑皮，在事情還未定局之前，可別亂猜，萬一……黑皮說得可肯定：還有什麼萬一？如果會有萬一，那位項廠長也就不會是我們敬愛的項廠長了。誰好？誰能幹？他最清楚。正說着，項廠長的車子便開出來了，一眼看到他倆，就友善地笑笑，而黑皮也就說得更理直氣壯了：「你看，對不對？項廠長是最通人情的，也是最公平的。剛才叫你進去，雖沒明說，却把瞄頭甩給你了……小兄弟，你放放心心地回家去……」話還沒說完，公車來了，他脫下雨衣，匆忙地先上了車。

現在，車子在霏微的雨中穿行，項廠長的笑容和黑皮的話仍在眼前、耳畔。黑皮說項廠長挺通人情，那是一點兒也不錯的。今天，他自己領略得特別深。下午，在他考完了現場考試之後的不久，服務生來找他：項廠長請他到廠長室去談話。他先一怔，隨後猜想談話的內容總不外乎是有關于這次考試的事情。他略爲拉拉衣褲，就走向廠長室去。項廠長坐在大辦公桌前，一看見他，就說：「近幾天老看你在站牌前等車，莫非你的那輛單車丟了？」

「放在家裏沒拿出來。」他一出口，才知道漏了底，于是不得不接一句：「我爲了貪圖方便，已經在前幾天搬到離這裏近一點的地方住。」

項廠長也沒探問下去，只靜靜地衝着他笑；他好像什麼都知道，又好像什麼都不知道。忽然，他輕輕說：「你今天考得眞不錯，出乎我的想像之外。你很努力……」

「努力？我？」

「不要客氣，努力總是有收穫的。如果今天汪工程師在場——」他活生生地把半句話截斷了，順手端起茶杯，喝了一口茶，又說：「是我臨時派他出差的。本來是想請他監考，也眞湊巧，廠裏剛巧有點事……」

「廠長……」

「好自爲之。你今天實在考得很出色，沒有使關心你的人失望，眞是値得驕傲的。」

項廠長的口吻，眞摯、親切；在某一點上，像是霍伯父在跟他說話。他漸漸地迷失在他的語音裏。外面，細雨紛飛；這裏，玻窗緊閉，光線勻淨，矮几上一瓶火紅色的唐菖蒲把外面失落了的春天都捕捉進來。他感到安全、欣慰，充滿希望。他抓着鴨舌帽，站起身子，項廠長仍靜靜地望着他笑。霍然，他完全明白過來。項廠長已經清清楚楚地知道他的底細了，再仔細一想，剛才項廠長的每一句話，都已暗示了他，單差一句話沒有說出口——「汪幼誠，我知道你是司徒律師的兒子，汪伯聰的弟弟！」——你想想看，像項廠長那樣精細的人，他肯說這麼一句硬棒棒的話？要說，也該他自己說。也許，項廠長這次召他談話的另一目的，就想引他說出自己的身份來，從而爲他跟他母親、哥哥作調人。

說到調解，那項廠長可把母親的個性估計錯了。他們之間越是插進一個外人來作調人，那末，那份隔閡就越無法融化。唯一配爲他和母親調解的霍伯父倘且無能爲力，別人就更不用想了，因此，自己只能對項廠長報以微笑，一種對上司的恭敬的微笑，故意把項廠長的暗示撇到一邊去。

項廠長終于又說了一句：「汪幼誠，你家裏的人都贊成你做這份工作？」暗示的意味更强了，笑容在俄傾之間凝凍了，完全是探討重要問題時的嚴肅表情。

他捏着帽子的手抖了一下，立刻，除了帽簷之外，整頂帽子就捏在他的手掌裏。他緩緩地抬起眼睛，非常大膽地探究着項廠長的嚴肅，但項廠長却又笑了，站起來，倚着桌角問：「怎樣？」

他深深地受到了感動，爲他的關切。他知道，只要他願意，他這會兒就可以喚他一聲「項叔叔」。然而，爲什麼要在剛參加過技工考試的現在去攀這份交情？他的苦戰只想踢開一切的憑依，像櫸樹那樣，挺然地生長。有一天，他也可能抱歉而誠懇地喊他一聲「項叔叔」。他不知道那會是哪一天，只是斷定絕不是今天。他把揉成一團的帽子鬆開來，把它拉得好好的，說：「廠長，我想，工作只是我個人的事。我喜歡這個工作，我喜歡這裏的工作環境。」

「很好。」項廠長說。是對他的倔强稱讚，還是對他的隱瞞感到失望？他可無從揣測。

他就這樣從廠長室裏走出來了。

車上有人焦急地接連拉了幾下鈴，那脆脆的鈴聲在悶悶的車廂空氣中跳躍了一陣，好多張木然無表情的臉部都驚覺過來。抬起初醒似的眼睛往車廂中搜索那個拉鈴的人，幼誠這才驚覺車子已經過了加油站——這是他應該下車的地方——快到「商專」了。他急忙轉身，面向前方，兩腿維持着平衡，等到車子一停，他就尖着頭，鑽到車門邊。當車掌從他手中接過車票時，她還不忘剛才的「一脚之恨」，狠狠地向他白了一眼。

他又站在馬路邊了，雨絲兒飄得俏盈盈的；經過這一段悶沉沉的旅程之後，那些拂到臉上來的細雨絲，就清涼得叫人感到非常舒服了。他乾脆不再穿上雨衣，就橫過馬路，沿着省一中的圍牆走過去。這個擁有廣大校園的著名學府，是大哥的母校，而他却從來沒有資格成爲牠薰陶下的學生。走到省一中的圍牆的盡頭，就是雙十路了。往北走，右首是棒球場、體育場。即使細雨霏霏，但在這些年輕人鍛練身體的場所上，倒仍有一些學生和社會青年在活躍。而他自己，每天清晨例行的跑步，却因跑道積水而中斷兩三天了。經過體育場的側門，他不禁彎進去看看，積水已退，跑道旁邊萎頓了一冬的小草竟然也有些許綠意了。天氣已有放晴的跡象；明天清晨，他不是又可以跑步了？

他突然大笑起了，向小草，向樹木，向細雨，向雲層，向體育場的廣大空間，作一種情緒上的豪放的投擲。此刻，他很快樂，快樂，快樂！等一會，他要把他的快樂用電話告訴妹妹，用電話告訴霍伯父，用電話告訴鍾竹英——啊，竹英家裏是沒有電話的，他要告訴她，就該自己去。

口哨聲自然而然地從他的口中流轉出來。他好久好久沒吹口哨了，好久好久以來，他已忘却年輕人應有的飛揚的快樂，而現在，那失去的一切彷彿重又回來。他踩着泛濫的快樂，踩着口哨聲舖成的甬道，踩着細髮般的雨絲，踩着運動場的石階，走了出來。對面，忠烈祠大樹的長手臂高高地伸出到電線之上。在雨水長久的沖刷下，那裏更有松柏長春的感覺。他走上那條綠蒼蒼的甬道，甚至仰起臉，去迎那不時自樹葉上滑下來的水滴，牠們像冷軟的手指頭，一下一下地觸摸他的臉，有幾滴落在他的唇上，他就用舌尖去舔嚐。于是，他聽見有人在喚他的名字。那喚聲像是從樹葉叢中漏下來的那樣。是他的幻想嗎？然而，喚聲又起，一聲、兩聲。他拉平視線；就在前方，在忠烈祠的大門之前，站着一個穿藏青色雨衣的男人。幼誠抹去一臉的雨水細看，不由得嚷着跑過去：

「霍伯伯！霍伯伯！」

霍重詩把濕漉漉的雨帽脫下來，笑意如水花般地四濺，他像捉魚一樣，一手抓住幼誠的胳臂：「幼誠，你離家的時候也不通知我一聲，叫我好傷心呵！」雖然這麼說，但笑容却仍沒改變。霍重詩說話本就幽默，而此時此地，尤其需要一點幽默來冲淡「幼誠離家」這件事的悲劇性。

幼誠期期艾艾地：「今晚我原要打電話給你，眞的，我剛才決定的，今晚我要打……打兩個電話。」

霍重詩爽朗地笑了一聲。「哎啊，那樣說來，我是早來一步了。要是我晚來的話，接到你的電話，我就不用跑這一趟了，嘿嘿，當然也就看不到你了。」他甩甩帽子上的雨滴。「幼芝告訴我，你住在忠烈祠的後面，我懶得找，乾脆就在忠烈祠面前等你。你看看，我等了好一會了，還以爲你已從別條路上走回你住所去了呢。」他把臉湊近來，看看幼誠：「這些天在外面過不過得慣？我看你一路走來，興致勃勃的，精神挺好。租到的是什麼好地方？」

「霍伯伯，你眞會說笑話，好地方哪輪到我去租、去住，我租的是一間小閣樓。」

「小小的閣樓也頗富詩意呀。佈置得怎麼樣？帶我去參觀吧。」

幼誠不禁惶惑、遲疑起來。要陪霍伯父那樣久踞高位的人去參觀他的陋室，去攀爬那架搖搖欲墜的扶梯，去坐那格格作響的板椅，還有那隨時可以碰到你腦袋的天花板，那是多麼不相配，而又多麼令他爲難的事。但就在他猶豫之際，霍伯父却脫下雨衣，露出一身似去巡視農場時的打扮：呢襯衫外套了一件粗毛衣，舊西裝的褲管給捲起一截。幼誠發覺霍伯父是眞眞了解他而且是眞眞細心的人。

霍重詩又洒脫地往祠邊的小門一指：「你帶路吧，別以爲我現在住的是幢舒適的平房，對小閣樓就沒有好感。確確實實的，我對小閣樓有過一份感情。那時，我還年輕，大後方的重慶人多屋少，我覓到了一間閣樓來棲身，眞是高興得什麼似的。那時，我剛從大學出來不久，老家帶出來的衣服都又小又舊了，除了破皮箱一隻、舖蓋捲一個，眞可以說是身無長物。幼誠，二十幾年前，我跟你一樣年輕。在年輕人眼中，只要他喜歡的，就什麼都是美好的。那時候，小閣樓裏常有友人來談天，你父親就是其中的一個。老實說，小閣樓對我有舊夢重溫之感。」

「霍伯伯，你是在安慰我。」

「安慰你，好吶，說是安慰，也沒有什麼不可以。你霍伯伯當年住閣樓嘛，歡天喜地的，你現在住閣樓，當然也該有這個胸襟囉。當年我能笑容滿面地、低着頭攀上小閣樓去，今天我又爲什麼不能抱着這樣的心境？」

幼誠把霍重詩的雨衣接過來，跟自已的一起挽在手臂上。他知道自已想不出什麼理由來拒絕霍伯父去訪問他這間小閣樓了。霍伯父說得曲折而體貼，明明是在安慰他，却又帶上一筆二十幾年前自已的老帳，暗示着，年輕時，大家都這麼苦過來着，他這一陣蝸居閣樓，又有什麼可以自卑的？霍伯父具有高度的說話藝術，他不提到苦，倒反而把苦溶解了，也把小閣樓美化了，而且，出之以一種輕鬆隨便的語氣，絲毫不及他離家後家中的情況，這是平靜他情緒的最好方法。

現在已快六點，細雨跟暮靄混在一起，那些大樹也就變得黑蒼蒼了。幼誠引着霍重詩往忠烈祠的後面走。走進屋子裏，霍重詩笑了兩聲，很熟練地登上閣樓，而且在矮小的空間裏也表現出行動自如的愉快。幼誠記起來，該爲他倒一杯白開水；小閣樓上沒有茶水，他正要下去拿，霍重詩一揮手，說：

「算了，何必講究這些？又不是大熱天，我也不渴。我只是來看看你，還有，清楚一下你住在哪個地方，因爲說不定以後晚上我沒事的時候就一路散步過來，到你這裏撩撩。現在認得了，就不會摸不到了。」

幼誠坐在床邊，雙手扭絞着：「那怎麼可以，當然是該由我去拜訪你的。我知道，我這次搬出來，別人會說我很絕，不過，我確是考慮過的，我暫時離開……」

霍重詩突然咳嗽了幾聲，幼誠急忙問：「我離家十來天了，不知道家裏怎麼樣了？說我不想家，那是假的。我喜歡租這個小閣樓，貪圖這裏便宜、安靜，是一個原因，還有一個，就是因爲這裏前面的大樹，很像公園裏的大樹。我在家裏時，早上醒來，一打開窗子，就看得到大樹，聽得到鳥叫；這裏的情形也差不離。我不是一個好兒子，沒能像媽指望的那樣，但我却不會忘記家的。」

霍重詩說：「我知道。我來這裏，的確絲毫沒有想責備你的意思。我只感到，你走了以後，我到你家去的時候，總有點兒若有所失……」

幼誠低着頭，黃晃晃的電燈光把他的臉照得黯淡淡的；扭絞着的雙手分了開來，在兩隻褲管上毫無目的地摩着、擦着。那是一條廠方剛發下來的深藍色的工作褲，今天已被機油污得斑斑駁駁了。離家而後，他自己何嘗沒有若有所失的感覺？因此，就借各種東西來塡補。母親呢？如果霍伯父會有若有所失的感覺，母親也就不可能沒有。前幾天夜裏，他做了一個夢，夢見他們一家人去公園裏玩，那公園很大、很大，那裏的湖也很大、很大，只是他自已却很小、很小。媽跟在他的後面，邊走邊說：好好兒走，別亂跑呀，當心摔跤。後來，他跑得很快，跑到樹叢後面躲起來，讓媽來找。媽找了很久，等發現他時，他就跳過去，抱住媽的腿，哈哈大笑。他就這樣醒來了，緊緊地擁着那份感覺，不讓牠溜走。那晚，雨很猛，小樓的窗外，一片漆黑，只聽見千點萬點的雨滴，打在千片萬片的樹葉上……

他弓身向前，伸手抓住霍重詩的膝頭，他的聲音是潮濕的：「霍伯伯，只有你能把媽對我離家的反應告訴我……」

霍重詩緊握住這個年輕人的手。此刻，他在心裏仍要重說一遍：他之喜歡眼前的幼誠，甚于他之喜歡伯聰。潮濕的聲音比雨點更能沁透人的心。他到底能把實情告訴幼誠嗎？他母親爲他憂傷，爲他苦惱，爲他氣憤，爲他害病……即使他願意告訴幼誠，却也不是如雪所能允許的；即使爲如雪所許，他又何忍叫幼誠去背罪疚的十字架？在現在這種情况下，他也就無法不讓他們母子不分站在竹簾的兩邊了。

「我知道媽不舒服了！」幼誠埋下眼睛。霍伯父出現時的過份輕鬆，已讓他懷疑事情本身的嚴重。他很清楚母親平時胃口很正常，每頓淺淺的兩碗飯，一些水菓，晚上吃點兒糕點消夜，但只要他做了什麼不稱她心的事，她的飯量就會馬上減到一碗。這些天，他硬使自己不去想母親的胃口，他安慰自己：媽既然是位剛强的女性，現在眼不見了，自然就能心平氣和地把這些撇到一邊。畢竟，這只是他的自我安慰。「霍伯伯，請你告訴媽好好休息、休息；請你告訴媽，我並沒有忘記她！」

霍重詩不再說什麼，拉着幼誠站起來，說要跟他一同去飯館打一次牙祭。兩個人帶着雨衣，走下樓去。走出門來，雨已停了，天也完全黑了，忠烈祠一帶是片邃不見底的黑暗，好像這是都市的一個大窟窿，不知有多少光亮、喧鬧、繁華……都失足跌了進去。擎天的大樹仍撒下細細的風聲、疏疏的水滴。兩個人的步聲響在長長的甬道上。驀然回頭，背後仍是一片陰森森的黑暗。

幼誠陡然停下來，說：「媽不會了解我爲什麼喜歡住在這裏。」

「我了解。」

「媽也不會了解我爲什麼要去考技工。」

「我也了解。」

他們的步子跨得既小又慢，不想很快走出這個晚上只有有勇氣的人才敢停留的寗謐地帶。前面不遠處的馬路上，亮着車燈的汽車不時馳過。馬路像舞臺那樣，一會兒通明、通明，一會兒却又黝黑、黝黑。「我會告訴你媽：你在外面很好。」霍重詩說。

幼誠跟霍重詩在飯館裏吃了一頓飯後就分手了。幼誠發覺自己雖渴想回去看看母親，但是他不敢。淋過雨的馬路冷濕濕的一片滑溜。他把雨衣搭在左臂上，緩步而行，甚至不在乎車輛潑嘞地濺過來的污水。雨後的空氣舒爽之極，連街燈投下的人影也似乎比平日輪廓分明些。白天，他從工廠中獲得的浮動的興奮已經靜止下來，凝成爲一種堅實的愉悅，但經過一天的緊張，倦乏也就在體內生長、蔓延。他多願意倚着路旁任何一棵大樹，打一會兒盹，然而，他那不感倦乏的那一部份，却仍催促他到鍾竹英的家裏去。自搬家後，他不會去過她的家，說這是爲了那場考試，一點也不爲過。他想過，爲自己，他即使失敗，也不氣餒，但爲竹英，他就應該爭取時間，爭取一些果實呈獻給她。今天，果實雖然沒採到手，可是已經看得見、摸得到。那一夜工夫，總也不可能被人偸走。當然，她不是一個過分計較或過分注重成功或勝利的人，她只欣賞他的努力。她的最最可貴的地方就在這裏。

他對那座房子是很熟悉的。如果臺中市在晚上忽然停了電，他摸索着都能一點不錯地走到她家的門口。眞的，現在，他忽然巴望停電，猶如大雷雨的晚上、在一道强烈的閃光揮向天際的同時；還有是狂風暴雨肆虐的夜晚。此刻，他期望風，期望雨，期望綻開在黑黑房間中一支燭光的橘紅，期望在燭影搖幌中她明淨、安詳的臉。她會問：你爲什麼要在這樣的夜晚來？他會回答：因爲這裏有別處找不到的平和。那是一句永遠不會錯的回答。在泛濫的洪水中，她那裏永遠是一隻方舟。

現在，他懷着連疲憊都無法擊潰的思念來到她家的門前。剛想按門鈴，卻發覺門是半掩着的。他喜悅地潛行進去，看到竹英正站在院子裏欣賞花木。在沒有星月的夜晚，窗內透出來的光就顯得很亮了，她就站在那一光域中，苗條得如同一個少女。

「你看，幼誠，這幾天，雖然風呀雨呀地鬧了一陣，聖誕花卻還是這麼嬌麗！」她原來在看聖誕花！在微光中，聖誕花的紅跟她臉上的白倒是很有趣的對照。幼誠笑了笑，沒說話。鍾竹英又說：「你是不是想來告訴我，你已搬家了。幾天前，霍先生已經對我說過了。我正在奇怪，你為什麼不把地址通知我呢？」

小小的關懷的譴責，正表示出她這幾天中並沒有忘記他。他又看到想像中那朶橘紅的燭光，紅潤而柔和。幼誠說：「今天通知也不晚，而且，另外還有一個好消息呢！」

她回望他一下，然後一同走進屋裏去。她替他掛好雨衣，為他剝了一個橘子。只有在這裏，他是被尊重着，被週到地照顧着。他的目光跟着她轉。他竟忘記說話了。她走過來，催他：「是不是順利地通過了技工考試？你怎麼又不說話了？」

「妳怎麼什麼都猜得到？」

「何必猜？想想就行了。那一陣你老是提起技工考試，今天看你興沖沖的，不是為這件事還為什麼？」她坐在他的旁邊，為他的快樂而快樂。「以後，可以多積一些錢；以後，別人問你：

幼誠，你一個月賺多少？你說，跟中學教員的月薪一樣。教書清高，做技工不也要眞本事呀？以後，多學一點，譬如，熱天，我的那架火箭型的電扇萬一出了毛病，我就說：幼誠，你替我修一修。你就把香港衫一脫，像煞有介事地動起手來……」她笑了。她的愛意淡淡地漾開來，馬上，她又警覺地把牠約束住了。「我喜歡看到你這樣能幹。」

「那還用說？我可以向黃士雄學。那一套，我要統統把牠學會。什麼熨斗、電鍋、收音機、電唱機……要是壞了，你只消一招手，我就會站在你的面前聽命。還有保險絲壞了，剛巧在晚上……」

「我碰到過一次，插頭冒火花，保險絲燒壞了，全屋一片黑。」她又淺笑起來。「你猜，我怎麼辦？」

「找支蠟燭點起來。我們有了電燈以後，好久沒用蠟燭了。燭光實在是很美、很美的。」

「你說得很對，但獨自對着燭光，總容易勾起許多美好的往事。何必去自尋煩惱呢？所以，那天晚上，我乾脆架起兩把椅子，亮着手電筒，找來保險絲和起子，自已站上去修理。我從未做過這種事，弄了好久，累得一身是汗，又險些兒跌下來，可是我不怕。」鍾竹英說話時仍是輕輕柔柔的。

可是，她的敍述倒使幼誠震悸。想着纖弱的她像表演特技那樣，一無援助地站在兩把椅子疊成的高處，一手捏着電筒，一手握着起子和保險絲；想着她只要稍一疏忽就會跌下來，跌傷了腿或摔昏過去，在冷硬的地上，她會躺上半夜，甚至更久些，沒有一個人會知道；在整座屋子中，除了孤獨給予撫慰而外，再沒有別的。他不能讓她冒這樣的險。他幾乎有點專橫地嚷：「以後，這一類事，全由我來做，妳決不能動手。妳別瞧不起我，我有保護妳的責任。」他擄起袖子，又想亮出他的胳臂和他的力，但再一細忖，他以前在她面前早已亮過好幾次，現在可不需要了。他把袖子拉下來。「英姐，反正危險的事妳別做，要修的、要敲的，一切等着我來。我這技工雖未到手，可是項廠長卻已特地叫我進去，對我誇獎了一番；妳想，這份差使，還逃得掉嗎？聽他的口風，他像早已知道我是汪伯聰的弟弟了，但他雖然知道了，卻沒說破，眞是一位很通人情的廠長。英姐，你是認識項廠長和項太太的，請妳客觀地說說妳對他們的印象看？」

鍾竹英的臉忽然凝重起來，細細的眉和小小的雀斑都如那些無風的時刻中的樹葉，動也不動地。她的眼神中沒有了爐火，只現出兩個幽沉沉的房間。那到底是什麼房間呢？是裝飾裔皇的大客廳、還是快要傾圮的小木屋？是學者的書庫、還是農家的貯藏室？難道項廠長夫婦的婚姻、財富和地位是那樣地刺痛着她？那樣地在她孤淒的心靈上堆聚成「上天待人不公」的感慨？要是這樣，他就要告訴她：她只看到他們美好的一面。他們並不恩愛，工廠裏很多人都知道項廠長另外愛上一個女人。且不管項太太是否咎由自取，但她在華屋內的孤淒卻是更逼人的。相反地，在這裏，有他在她的身邊，愛得她這麼深，深得簡直可以把整個生命都交給她。清楚她在這一點上的豐盈與富饒她，就不必悵然與黯然了。啊，他從未看到過她那樣的眼神，幽冷得讓自己也幾乎沉了進去。請把爐火重新燃起來吧，讓光與溼與笑交織，在初晴的冷夜中架起一個煦麗的春日，讓我抖掉剛才洒在身上的雨滴以及飄在體內的疲乏。

「英姐，我只是隨便問問吧了，並不是一定要妳回答。我知道，說起妳對他們的熟悉來，怕你還不及我媽呢。」

「當然。項家跟司徒律師有好幾重交誼，而我跟他們却只是萍水之交呀。」鍾竹英臉上的凝重消失了，幾粒小雀斑可愛地跳躍着，重燃在眼中的爐火晶躍躍地向幼誠送去暖意。「對某一個人表示意見，本來就不容易。依我看，項廠長是好人，項太太又何嘗不是好人？正如你是好人，你大哥同樣也是好人呀。」

「這未免太籠統了。我現在知道，妳並不想談論他們。」

鍾竹英以泡茶爲由，躲開了對這句話的答覆。一會，兩杯茶給放在矮几上，但談話却無法立刻繼續。幼誠體貼地默然不語，只翻閱着當天的報紙。他那若無其事的神態，似乎決心要使兩人忘掉他剛才那幾句不受歡迎的問話。鍾竹英一時間不知道該找些什麼事情來做，只好走過去，打開電視機的開關，但她自己根本不想看。買架電視來，本是打算晚上不叫自己老是拖着時間走，而讓電視把時間馱滑過去。起初，她對電視節目倒還有興趣，甚至對那些歌女的一擲千金的別致的衣服也細細地注意過；但，或許是自己眞的不再年輕，慢慢地就對很多節目感到乏味了，而只挑選幾個節目看看。畢竟，看書和聽唱片要更舒暢些，也更自由些。這會兒，出現在螢光幕上的是西部片，只見人影幢幢，也不知在做什麼……她希望幼誠放下報紙來看電視。她對他深感內疚——別的且不談，她不能把眞話告訴他，這就够了。

幼誠把報紙摺得好好的，放在一邊，說：「英姐，我們來談自己的事。妳替我打算看看，做了技工以後，薪工幾乎加了一倍，該怎麼辦？」

「在銀行裏再開一個戶頭，譬如說，再來一個每月五百元的定期存款。」鍾竹英把幼誠的茶杯推過去些，把自己的端起來，喝了一口茶：「每個月可以貯存一千多，長久下去，啊呀，不得了啊！」

幼誠伸了一下舌頭，扮了個鬼臉，那份喜悅把剛才的悒悶全趕跑了。他想說，存起來是準備結婚用的。譬如說，我們的婚禮雖然可以儘量簡單，但總要買對戒指，總要把這座屋子粉刷一下。那時，即使妳要花錢，我也不會答應。當然，我現在不必說得太早，以後，妳會知道的；以後，妳會知道，我實在不是一個十分糊塗的人，我也有一套週詳的計劃。

電視機裏一片槍聲，雙方短兵相接，混戰一場。兩人都無心去看，鍾竹英就站起來，關上電視機，回頭對他說：「今天，我委實替妳高興。如果不是太晚的話，我要請你去看電影——「齊瓦哥醫生」。這幾天，我一直想去看，就是等着你來一起去。」

不是蜜蜜的情話，但却語淡意遠。幼誠有點羞澀地說：「我也一直打算請妳看場電影，只是說不出口。那末，明晚我們一起去。」

鍾竹英又開始播放唱片：柔和的室內樂。幼誠靠在沙發上，音符如浪花，如春風，如柳絮，如輕紗，在他曾經受過傷的心靈上以及曾經辛勞過的肌膚上撫摸復撫摸。他漸漸地朦朧了，彷彿他又回到八九年前，躺在公園的草地上，鳥鳴聲像樹葉那樣落在他的四周。他要睡去，睡去……耳邊有鍾竹英的叮嚀：「幼誠，你倦了，該回去睡了；我叫一輛三輪來，送你回住所去。」

「是的，是的，」他自語，「是的，是的；妳說得對，我該回去了。」

什麼時候，在疲倦時甚或並不疲倦時，他都可以不回去呢？

第二十六章

畢竟是春天了，出了幾天太陽之後，風的手指就不再像利爪那樣地逢人就亂抓了。東昌紡織廠鐵門兩旁兩株麵包樹的大葉子也懶洋洋地晒起太陽來。項子琳從廠長室裏出來，用種歡悅的手勢測測風力，再回頭看看兩盆快要開放的杜鵑花。天晴了，身心都要舒暢得多，由於那幾天下雨、而給篷布蓋得密密緊緊的廣場上的棉花堆，現在看過去，就像長滿綠草的土丘。他想，要是那樣的土丘，也能像故鄉的小山坡那樣，上面開出杜鵑花來，那才眞是奇蹟呢！這一陣來，自己就常盼望奇蹟的出現，不管那種奇蹟是哪種宗教的神所顯現的。母親在世時，信奉的是觀世音菩薩；她常嚴肅地說，大慈大悲的觀世音菩薩使他們母子倆在抗戰時、日本飛機的濫炸下倖免於難。那一次，他們母子倆一同在郊外走，聽到機聲，就急忙躲進農舍去，明明看到兩架飛機朝下衝，她就跪下來，閉上眼睛，口唸般若波羅蜜多心經，祈求觀世音菩薩保佑；果然，過不多久，飛機就旋而盤上，相率離去。那時，他只聽着，並不相信。任何宗教的奇蹟，他都存着懷疑，也因此，任何宗教，他都無法進入。可是最近，他又多麼希望自己像母親那樣虔誠或者像他幾個同學那樣受過洗，把自己造成的苦惱、困難，一塔骨子推給不可知的神。這是人的自私，也是神的偉大。

自己的內心雖被蔓藤糾纏着，但表面上他却還是開開朗朗的。要是有人說他的心深不可測，怕原因就在這裏。他再走過去一點，在倉庫前面站下來，那裏有一段從縱貫鐵路引進來的支線；

此刻，正停着幾節路局的簡陋的貨運台車，上面裝滿着成包的棉花，運貨工人正想趕在中午之前把牠們統統卸完。項子琳客客氣氣地跟他們說了幾聲「辛苦了」；倘如這是一個允許抽煙的地方，他準會毫不考慮地請他們每人抽上一支。

這時，項子琳看見伯聽從織布工場裏走出來，年輕人的步子：闊而有彈性。自己縱然自認仍很年輕，但終究不及二十幾歲的時候那樣，走起路來，虎虎有生氣的。現在，對人生的認識固然較爲透澈，而對事業的經營，也較有把握，但是要跟年輕人比起活力來，那就遜色多了。就說他這次派伯聽出差台北吧，竟能在短短的三天之內把這麼多的瑣事辦完而略無差池，這就不得不令他喝采。他認爲，司徒律師的兩個兒子，一個是文武俱擅的全才，一個是硬幹硬打、在削壁上也要闖出路來的鐵漢。如果司徒律師也有興趣辦工廠的話，那倒眞的能够辦得有聲有色，只是他無法向她提出這個建議；萬一被她反詰一句：「我哪來這麼多的錢！」不管是玩笑或當眞，都足以使他的臉火辣辣地燃燒起來。

項子琳轉過身，朝正向辦公室走去的伯聽揚手招呼，伯聽馬上改換方向——跟剛才的路線成一鈍角——走了過來。他那光滑的前額、挺直的鼻子以及烏黑的眼珠都閃着頗有敎養的光澤。項子琳把早上看到的幼誠的臉疊了上去，但兩者確實已經不能合在一起了——在長久不同的生活方式、工作環境和心理背景之下，幼誠的臉是漸趨堅實而粗糙。

項子琳先開口：「伯聽老姪，你看，又到了偌大一批原棉，幸而天放晴了。我正在想，或許我們還得造個倉庫，要不然，碰到大颱風、大水災，怎麼辦？」

伯聰說：「是呀，好在我們廠地大，空地多，經費又不成問題；只要項叔叔一決定，事情不就可以着手進行了？」

項子琳輕輕地拍了一下伯聰的肩膀，自嘲地一笑：「誰說的，哪有這麼方便？至少，我上面還有一位董事長哩！」說着，兩個人就面對着笑了。在伯聰面前，項子琳對裘愛蓮的巨大的權力，總是直言無隱的。不過，他今天之說這句話，却並不十分貼切，因爲他清楚愛蓮已在自動地削減她的權力了。「來，到我房間裏去坐一會，我還有事情跟你談呢。」

既然有正經事，總不能站在外面詳談。伯聰便跟着項子琳走了進去，坐下來，在彼此交換了幾下目光之後，兩個人的心裏也就透亮了；要談的，不是別的，而是錄取技工的事。伯聰回來已經兩天，項子琳一直沒有跟他談起這件事，因爲那是需要一點技巧的，不然，得罪了伯聰不算，還得罪了司徒律師哩。

「伯聰老姪，今天我來上班時，你項嬸嬸要我捎個口信給你，希望今晚你能早點到我家裏去。開春以來，今晚是第一次上課，許多事，還得要你幇幇忙。」

「那是應該的，你不說，我也會早去的。項叔叔，廠裏的事情多，你如果還有什麼事要我辦的，你儘管吩咐好了，不要怕我不高興。」

項子琳望着窗口，管自笑了笑。在這方面，伯聰到底像他的母親，說話知道守，也知道攻，知道某一件事必得發生，就先揭竿防禦。這樣倒替自己開闢了一條路，不必老在樹叢中繞來繞去，猶豫着該朝哪個方向走，才是捷徑。

「這次技工考試，一共錄取了三名，名單已經公佈，你看到了吧？」這句是開場白，怎麼竟然毫無技巧可言？——伯聰當然知道。像伯聰這麼細心的人，連這點都沒注意到，可能嗎？平日，你總自誇自己胸有成竹；今天，你看伯聰那副安然的模樣，倒是他胸有成竹呢。這會兒，他只點點頭，承認看到了，但却沒有接話；他替你開闢的路，只是這麼一小段，所以你自己還得開下去。「我總覺得這件事應該讓你知道得詳細點，因爲這次考試，我原是請你監考的，却臨時又派你出差去，彷彿我不信任你似的。」

「項叔叔，我怎會這樣想？你不信任我，也不會叫我來工廠工作了。這一次，你叫我去台北接洽各種事情，使我增加了不少的經驗，我連感激也來不及，哪會怪你呢？」伯聰自己挑了一支燃，抽起來。他的手指很穩定。他鎮靜地期待着項子琳親手去揭開那布幔：他已知道布幔後面躲藏着的是幼誠，所以也就不再感到緊張了。他注意的倒是那隻掀揭布幔的手有沒有一絲微顫。說起來，他是應該對項叔叔表示歉意與謝忱的。項叔叔當時的臨陣換將，爲的是怕他爲難，而此刻的婉轉解釋，爲的是怕他誤會。且不管項叔叔是怎麼以及哪時發覺幼誠是他的弟弟，但既然發覺了，却還能這麼設身處地的爲人着想，可眞够得上是個好上司、好朋友了。他忽然欠了欠身，把矮桌上的煙盒遞過去。「項叔叔，你怎麼不抽煙？」

「等一等，我還要給你看看那幾個上榜的人的試卷，成績着實不錯。」項子琳站起來，走回自己的那張辦公桌前，從公文篋中抽出一叠試卷，走回來，交給伯聰。看伯聰翻着，翻到第二份——幼誠的試卷——時，他停了停，然後又繼續翻過去。項子琳嘆了一口氣，說：「伯聰老姪，你也太見外了。令弟在我廠裏工作，也不通知我一聲，讓我委曲他這麽久；現在他總算脫穎而出了，眞值得叫人欽佩。我原先的確想幫他點忙，但他的筆試和現場考試都這麽好，我連個忙都幫不上，哈，哈！」

伯聰用右手把香煙捻熄在烟灰缸裏，左手捏着那叠試卷，一時答不出話來。布幔是揭開了：幼誠站在他倆的前面。項叔叔的一番話是出自肺腑，却也多多少少含有同情幼誠的意味，但這同情又似乎淵自項叔叔跟母親和他自己的交誼。項叔叔說得這麽委宛、隨便，不怪他們母子三人，却怪他自己。他感到很慚愧。他把一叠試卷往矮桌上一放，捏住坐在他右首的項子琳的手。「項叔叔，眞難得碰到像你這麽一位好長輩、好上司！關於我弟弟的事，可不是幾句話說得了的，以後，我再跟你細說。不過，有一點，你可能也看得出來：他生長在我們這種家庭中，他痛苦，我們又何嘗不痛苦？前一陣子，他也沒說一聲，就獨自搬到忠烈祠後面的小屋裏去住，媽為此氣得生了幾天病。看起來，我們很冷酷；看起來，他也很不肖；但我想過，要是別人處在我們這種境況中，同樣也會苦惱叢生！」他將握住項子琳的那隻手鬆開了，凝望着他自己掌心上錯綜的紋路。在小小的掌心上，就足够叫人迷路了。

項子琳點點頭。「所以，我也不怪你們任何一方。我也考慮過，在司徒律師面前，除非萬不得已，我決不會提起你弟弟。至于我今天向你老姪提出來，則是完全出於關懷。我是說，這個難題已被隱瞞、延擱得很久了，現在我們把牠提出來，看看能不能設法予以解決？」

「怎樣解決？」伯聰很率直地反問了一句，然後無可奈何地笑笑。一支煙又在他的手中燃亮了。這些日子來，他不承認自己沒有探求過解決的方法，只是感到事態既已形成，挽救也就很不容易了。自己也曾一再把往事拉回來，重加安排，譬如說：第一次在打包機前碰到幼誠時果能和和氣氣地跟他打聲招呼，那末，這幾個月來，兄弟倆或許就不會這樣視同陌路了。但，不管他對或錯，他總是兄長，現在要他掉過頭來，主動地去跟幼誠修好，那可辦不到。那是屈服。他沒有理由要這樣去自貶身份。他一再檢討自己冷冷的譏刺對幼誠的傷害有多深，但幼誠的行徑要不是這樣乖僻、反常，又怎會招來這種諷言諷語？他自己跟別人爲什麼能够和平相處？在一再的檢討中，他也一再發覺自己無愧于他。他盡過力，並且願意把宛宛還給幼誠，但却遭到幼誠的固拒。終於，他又說：「項叔叔，我想，最好的解決方法就是聽其自然，猶如這一次，我們誰也沒有幇過幼誠的忙，但他也考取了技工。他是生就的牛脾氣，誰也改不了他。不過，在工廠裏，他雖是我的屬下，我却絕對不會跟他爲難的，請你放心。」

聽到「請你放心」這幾個字，項子琳知道伯聰已經不想在這件事上談下去。或許正如伯聰所說，這是一個談不出什麼結果來的問題。他勸過、關懷過，也盡了責任。一個問題眞的這樣容易解決嗎？當然並不。再說，他自己的問題呢？不是暗中困擾了他好幾年、到現在還沒解決嗎？這幾天來，愛蓮的緘默——這是跟她以前的作風相反的——使他躭心不已。他接連陪了她幾晚，沒有外出。愛蓮卻說：「子琳，如果你有什麼事，儘管出去，不要為了我而礙了你。我想，你一直依順我，怕也够累了。」他說，他沒有事；他們以前也很少有這麼多空閒守在一起。她驀地長嘆起來，長嘆後，就什麼也不說，管自看書了；等過了半天，卻又突然爆出幾句話：「幸虧我一開始就不打算收費的，現在想想，我是否能把這期教到終了，還成問題。」這些感慨果眞是無端的嗎？從話語上聽起來，愛蓮對他的懷疑已在萌芽，但愛蓮並不是一個愛用心計的女人，不是一個愛用行動去證實懷疑的女人。他知道這一點，從而也使他在焦慮中有一絲事態不會擴大的安慰。

不過，平定愛蓮的情緒仍是他個人的重要課題。在這一點上，伯聰的風趣和機伶該可以幫他一些忙。

項子琳把試卷重又放到公文簍內。兩個人又以明淨的臉色相對了。項子琳說：「伯聰老姪，既然我們都已說明了，現在，我也可以把令弟的事『歸檔』了。」

「以後有事以後可以再商量。」伯聰站起身來，但項子琳卻仍不忘補上一句：「我們本來希望你能到我家裏去吃晚飯的，不過，我知道，這幾天，司徒律師最需要你作伴。」那語意是，在工廠裏，在自己的家裏，甚或在英語會話進修班中，你都是不可或缺的、負擔着重任的一員！

伯聰走了，潔亮的廠長室似乎突然空闊了許多。此刻，東首那排窗子正敞開着，他看到天空亮麗得如同藍寶石，那一乾二淨的神色似把前些天的陰黯、冷沉全忘了。項子琳不由得走到窗畔眺望。鐵門外不時有大大小小的汽車馳過，該又是春遊的時節了。站在窗畔，自己的思想總飛得很遠：離開了機器與人們，飄向那遮斷藍天的青山——峯巒之間，日月潭潭水正清，橫貫公路上古樹正翠，還有，玉山的積雪或許猶未融化呢！整年整月，在工廠中週而復始地作着枯燥的工作，他發覺，即使有極舒適的室內享受，也總不及一次郊遊所能帶給人的心靈的清謐！他也常把思想飄向高雄的壽山。那是一座看來平凡、但對他們來說却不平凡的山。第一次跟鍾竹英的郊遊就是攀爬那座山。他們帶着野餐上山，從十一點坐到下午兩點。在山頂上，他們用望遠鏡眺望海灣以及停泊在灣裏的兵艦。山對面，肉眼裏如同一條淡眉的陸地，在望遠鏡裏却變成了一條龍。背後，神廟的香火繚繞；前面，海風陣陣吹拂。在那一時刻裏，他把名利看得很淡、很淡。于是，去年，他因事前去高雄，又一次地邀約竹英同登壽山，為了重溫舊夢，也為了無法公然雙雙出現于台中市的情況下給自己找尋一點伸展的餘地。事先含淚應許的鍾竹英，却在事後失約了。那次，他也帶着野餐，只是乘着車上山的。他同樣從上午十一時坐到下午二時，然後又從下午二時坐到五時。失約給予他的痛苦，他細細品嚐，品嚐了自己的一份，也品嚐了許多年前他給予鍾竹英的那一份。何必怪她，怪的該是許多年前自己的自私！神廟裏香火仍然裊裊不絕，港灣裏海風仍然不停吹拂；他向一切祈求，向一切懺悔……但他該祈求的到底是什麼？之後，他從未向她問起她為什麼失約，她也從未向他解釋她為什麼失約，因為這些都是多餘的。

思想在藍天下飛着、飛着，馱着曩昔歲月所投給牠的光與影、甜蜜與感慨。從除夕夜以後，他沒有去看過鍾竹英。這或許又可算是一種讓自己得免陷于不可收拾的困境的自私。坐在愛蓮的身旁，思忖着竹英的孤單，這到底是對哪一方的不忠呢？偶而，他也會技巧地在愛蓮面前提起竹英，于是，懶洋洋的愛蓮就會猝然精神一振：「你是不是已經替她物色到對象了？先邀請你的那位朋友來我家裏吃一頓飯，讓我看看你的眼光對不對？」一片熱心，令他惶疚不已。他不得不敷衍着說：「哪裏有這麼容易？找對象，又不是買東西，你儘可以滿街去挑，何況我對女人的心理也沒研究透澈，不知道哪樣的男人才配她的胃口？鍾竹英嘛，拖了這許多年沒嫁，看來也不是容易愛上一個男人的。你吶，眞是皇帝不急太監急，你想想，鍾竹英她自己可託過你？」愛蓮馬上向他開礮：「這算什麼話？這事，她自己怎麼開得口？當然，全靠我們做朋友的替她注意囉。一個人要朋友幹什麼？難道只有在講頭寸的時候才用得着？你整年累月在工廠裏忙，連一點人情味都沒有了！」他只是想把愛蓮的熱心壓一壓，想不到却被愛蓮搶白了一頓。她哪裏知道，他可以插手別些女人的婚姻大事，就獨獨不能管鍾竹英的？要是可以管的話，不早已管了？

項子琳離開窗口，在那頗具權威性的廠長座椅上坐下來。思想翱翔得太久，使剛才晴朗春日所給予他的一點舒暢之感也幾乎全部消失了。那天中午，不到十二點，他就離開了工廠。當車子在加油站前停下來加油時，他忽然想打一個電話給鍾竹英。至少，他該對她說明一下：這一陣子來，他爲什麼沒有去看她。

「竹英，我是子琳。我現在是在加油站旁邊的電話亭裏。我很想念妳，我們好些日子沒有碰面了。」

「我很好，你放心。」鍾竹英小心地回答。「我知道你很忙。」

「我的確很忙。我要請妳原諒。竹英，我很想念妳，不過，這幾天裏，我還是不能來看妳，因爲有些事，我不得不應付一下。」

「沒有關係，我很好，你放心。」

「妳眞的原諒了我？」

「是的，我早就原諒你了。」

項子琳握着話筒。許多許多事他都想說，但又怎麼說得清楚？他只希望敏感、細心的竹英在他還未出口之前就能體會到。她總是柔順地說：是的，我原諒了你。有什麼事她不能原諒他的？即使他現在告訴她、他又無法愛她了，看來，她也不會生氣或者吃驚的。

「竹英，幼誠考上技工了，而且成績遙遙領先。我現在確實看出他的毅力來了。」

「是的，請你不要忘記時時鼓勵他。每個人的優點都不同，希望你能欣賞他的優點。再見！」

每一次都是鍾竹英說「再見」，婉和但却堅決地在適當的時刻把柵欄放下來。他望着話機，僾立了一會。他能提出什麼抗議來？他回到車子裏，車子又開了。大街浸在近午的喧鬧中，竹英的輕軟的語聲却又壓倒了市囂——我很好，你放心——平淡的話中包含了她對一切的容耐。

車子駛進自己家的庭院裏，項子琳走出車來，看到愛蓮的黑色轎車也停在車庫門前。那末，她出去過了？去過哪裏了？他泛起一臉不太自然的笑，他一進門就嚷：「愛蓮，妳去看朋友了？去上街了？可買來什麼好吃的東西？妳瞧，我今天回來得是不是比往日早？」

沒有愛蓮的回聲。他在大客廳裏找了一遍，宛如她是躲在畫幅之後，跟他捉迷藏。往日，她總是坐在客廳裏等他；或許因爲等得心急了，見他晚來一步，她就會埋怨：你一點也不想想我等了多久了？男人家倒眞是「公而忘私」呀！有了這麼一個工廠，還會記得家裏的太太！愛蓮就是說話不留情，因此，愛與恨簡直只隔一線，而喜與怒也就有些踰離軌轍了。當然，他今天可不用驚奇，因爲她最近正在蛻變，但他也不能過份大意，因爲她畢竟是被父親寵愛了二十幾年的獨生女。他把風衣掛到衣帽架上，一口氣奔上樓去。愛蓮！愛蓮！他喚着，也沒回聲；于是，他走到大書房裏。愛蓮有時也在這裏處理「公事」。可是此刻，那裏所有的座椅却都是空的。他倏然緊張起來。一定是出了什麼事了！甚或她已得悉他往日以及現在對鍾竹英的感情了！要是果眞這樣，他該怎麼辦？他是否該說：是的，妳說得不錯，我完全承認，我現在正在設法解決，如果妳願意離婚……不，不能說得這麼斬截、這麼直率。他該說：妳說的當然不是空穴來風，只是我得把事情的原委跟妳說個明白。一個人想對自己有關的事情來個持平的分析，那不但要明瞭自己，同時還得明瞭對方。最近，我正陷在矛盾中，妳今天不提，我遲早也會把牠說出來的……隔着走道，就是大臥室。他拉正領帶，讓沉着的步子遮飾住內心的慌亂。不要讓自己一進去就瞧見那張涕泗滂沱的臉，那樣，他或許會把所有的程序全搞亂了。

「愛蓮！」他特別溫柔地喚，一面推門進去。愛蓮正好好地站在臥室裏，大床上放着三隻衣服盒子。眞是活見鬼！剛才他的思維怎會鑽到岔路上去？他走過去，說：「妳買了什麼新衣服了？這麼陶陶然的！我一連喚了好幾聲，妳都沒聽見！」

愛蓮笑着：「我是故意不作聲的，否則，你這會兒怎有興趣跑上樓來看？上午，我本想去一趟銀行就回來的，想不到到百貨行一看，啊，春裝全上市了，便禁不住買了幾件。」

項子琳皺皺眉。「妳又去銀行幹嗎？是不是又去看鍾竹英了？而且又跟她談起婚姻大事了？」自己說得太急促了，似把這件事情看得太嚴重了些，于是，他馬上改變語氣，輕輕地解釋：「我意思是，怕妳在鍾竹英面前碰個軟釘子，那可犯不着呀！」

袁愛蓮撇了撇嘴，倒也沒生氣。「去銀行是爲別的事。跟鍾小姐偶是談了幾句，不過，哪會老談她的這件事？只要我們兩個不要把她忘了就好。」她打開其中的一隻紙盒。「你可有興趣看看我的新裝？」

「有，當然有！」項子琳這下可輕鬆地笑了。不論是小姐或太太，添新裝時的心境總是最歡愉的，何況愛蓮又不在乎那一點錢！他走過去，幫着她把盒子打開，然後取出衣服，抖開來。一共是四件，兩件是郊遊洋裝，一件是家居便服，一件是薄外套，都是嬌嬌的淡黃色。就愛蓮的身材、膚色來說，她穿淡黃色最配，也最美。她一邊比，一邊跟他說，女店員告訴她，穿上這種淡色的洋裝，她看來只有二十七八歲。項子琳也細細端詳她，一點不錯，這淡黃色的洋裝配上她此刻稚眞的笑靨，使她變得年輕而可愛，毫無董事長那樣凌厲的橫秋老氣。她的笑靨是活潑潑的粼粼水波，連眼睛也給映亮了。她瞅了一眼子琳，又說；「他們還不知道我是東昌紡織廠廠長的太太哩，否則，怕還要叫我多買幾件才肯放我走！」

「如果他們知道妳不光是廠長夫人，而且還身兼工廠董事長的話，哈哈，愛蓮，今天，怕妳的車子就會裝不下了！」

愛蓮把衣服甩過去，打了他一下。驀地，她的笑意消失了，臉色也便隨着嚴肅起來。她把衣服隨隨便便地往紙盒裏一堆，子琳想走過去幫她理好，她卻伸手攔住他：「子琳，不管別的女人怎樣，我總覺得做了董事長，心裏怪彆扭的！我今天本來還想去看看司徒律師。」

「有什麼事？伯聽告訴我，說是司徒律師前幾天不舒服。」

「就是因爲鍾小姐告訴我說她不舒服我才不去的。我想跟她談談，我要把這個董事長的名義取消，讓我做個顧問算了。東昌原是一個獨資經營的工廠，既然沒有別的股東，又何必要有董事長？子琳，我不是說笑話，這幾天，我一直在考慮這個問題。」

「簡直胡思亂想嘛，趕快打消這個念頭罷。妳挑一個合適的時候，去看看司徒律師可以，但千萬不要提這件事！妳想想看，我們離開美國時，爹是怎麼叮囑妳的？」

「但我已經徵得爸的同意了。你看，我今天上午剛收到他的航空信！」裘愛蓮打開梳妝檯的抽屜，拿出一封信，遞給他。「爸是愛我的，所以他也不反對。我告訴他，我不過是個平凡的女人，只是運氣好，有位能幹的爸爸，而且嫁了個能幹的丈夫而已。你看，我爸雖然讀書不多，但却非常明理。」

項子琳久久地握住那封信，却沒有打開來看。老華僑的岳父，字寫得不好，信也不會寫得很長；然而，寥寥幾句話裏的眞情摯意，却讓人久嚼不厭，也讓浮沉在現實主義的狂流中的年輕人猛省過來。到底老華僑岳父憑什麼信任他這個年輕人——一言以蔽之，愛心而已。

「愛蓮，妳可承認，至少，對這件事，我也有否決權；且讓我以後慢慢研究。現在，把信收起來，我們下樓去。」

「還有那幾件衣服。」

「我替妳掛到衣橱裏去。過幾天，等我把廠裏的工作安排一下，然後陪妳上日月潭玩一兩天。」

「爲什麼老是去日月潭？」

「因爲那裏靜，而且還有設備很好的旅館；一個人玩累了，總得休息休息呀，對不對？」

「爲什麼我們一定要住設備很好的旅館呢？」

「愛蓮，妳又提出那種孩子氣的問題來了！」

裘愛蓮關上衣櫥的門，整個的背就貼在櫥門上面：「我提出來的問題眞的很孩子氣嗎？我想，我們過舒服的生活也實在過得太久了。每當我讀到爸的來信時，我總覺得不配做他的女兒；我已經把爸的那種刻苦耐勞的精神全忘了。」她看到子琳無可奈何地搓着手，她又說：「我不是一個感觸很多的人，但近幾年來，我却漸漸領悟到我們這一代的年輕人，在做人方面，的確要比老一輩的差勁得多。」她停下來，想了想：「譬如說，以前，當我以董事長的身份出現在廠裏的時候，那種高傲得『不可一世』的樣子，連我爸看了怕也會大吃一驚。他年輕時，原也不過是個勞工啊。」

項子琳小心翼翼地說：「啊呀，妳買了新衣，滿腔高興的，怎麼忽又感慨萬千起來？都是我不好；要不是我提出去日月潭玩的話，妳也不會有這種感觸了。現在，我們下樓去吧。都是我不好；我說話一多，總是出毛病……嘿嘿，都是我不好。」項子琳哄孩子似地拉着愛蓮走向樓梯去。「都是我不好，嘿嘿。哪一天，我們隨便找一條小溪釣釣魚，然後再找一座茅屋歇歇脚。妳的意思怎樣？」

裘愛蓮在樓梯轉彎的那個小平台上，停下步來，「子琳，爲什麼你要說那些話來哄我？」

「哄妳？我的確是這樣在想呀，難道我又說錯了？」

裘愛蓮突然爲丈夫感到難過起來，不管他剛才說的是眞話還是假話，總是自己逼得他這樣的。這些年來，自己在小事情上的任性、絮纏，情緒低落時的尖刻、峭厲，哪一點不在折磨他？哪一點不在迫着他投降？迫着他在她面前做個弄臣？結果，自已所獲得的，也只是那種眞假不分的感情。所謂快樂，所謂幸福，細看起來，又該是一堆多麽殘缺破碎、無法掌握的東西！幾天來，她在家裏，老擔心着那個準備跟子琳合資另創工廠的朋友會不會打電話來？如果對方老實不客氣地跟她說明子琳決定另起爐灶，她該怎麽回答？她對子琳又該怎麽說？他們的婚姻，前臺擺滿了花籃、花環，後臺却排列着大刀、長矛。這一切的不幸，全是她有意無意地企圖脅使子琳屈服所促成，而一個有骨氣的男人，却是不肯永遠被擺佈的。她抓住樓梯的扶手，俯瞰着大客廳。有一天，當他厭于「傾身自下」的時候，也怕就是離開她的時候。難道她將獨自坐在這個什麽都不缺少的客廳裏，等待那不再歸來的他的歸來？不要使這成爲事實吧，千切不要。

「愛蓮，淨站在這裏幹嗎？我想佣人早在等着我們了。我已經跟妳說過，什麽都是我不好，妳難道還要跟我計較？」

裘愛蓮攀住項子琳的肩；「不是你不好，是我不好；不是你有什麽錯，而是我有很多錯，很多很多的小錯。我心裏明白得很。」她垂下手，眼中的悔恨滴出眶外。「不要再說那種一味依順我的話，那會使我感到我的小錯已然凝成了大錯。子琳，別以爲我會跟你計較，只願你不要計較我以前那數不淸的過錯。」

項子琳握住她的手：「愛蓮……妳在家裏悶得太久了，過幾天，我一有空，就陪妳到外面去。今天又是教英語會話的日子，我已告訴過伯聰，他說他會早一點來的。」

「好的，你也有好幾個晚上沒出去了，也該到外面去走走。」裘愛蓮說。

愛蓮的最後一句話對子琳是一種誘惑；畢竟他又可以堂而皇之地在晚上去看鍾竹英了。姑不論以後他們三人之間的關係會有如何的演變，但他跟竹英的細細的低語以及默默的依偎的機會，却不是他所願輕易放棄的。且把明日推開，今日就過得很快樂了。正因爲他有這一指望，這個下午也就過去得非常輕鬆。晚飯後，他還在盥洗，伯聰就來了。子琳本來以爲洗好臉後，還得在愛蓮身邊陪上一會，現在就樂得把這一任務推給伯聰。因此，他就乾脆提前洗起澡來。隔着那浴室的門，隔着那嘩啦嘩啦的水聲，外面的一切就變得十分遙遠。伯聰會陪愛蓮聊天？當然。伯聰會說笑話逗愛蓮發笑？當然。——哎呀，今天宛宛怎麼不跟伯聰一起來？一定是因爲伯聰要提早來，而宛宛還沒有準備好。他慢慢地洗着、擦着，一大缸溫熱的水泡得他渾身發紅，全身舒暢。幾時到海濱浴場去一次？幾時到豐原山邊的高爾夫球場去打一次高爾夫？幾時到臺中籃球場去看一次球賽？近幾年來，缺少戶外活動，自己體內的脂肪已經快要超出限度了；這樣下去，不久就得加入公園裏那羣藉晨操來減肥的中年人中去！

薄霧似的水汽在空中浮盪，他有一種悠哉遊哉的安適之感。猝然，有串尖銳的電話鈴聲從客廳衝破重重的障礙傳到他的耳中來。他仍然毫不在乎，像孩子似地用雙手舀着水，於是，他聽見愛蓮在敲浴室的門。她嚷：「子琳，有朋友打電話找你。」「好，好，我馬上洗好了，請他等一下。妳先問問他看，他是誰？」

愛蓮在門外顫聲回答：「我問過了，他姓梅，說是跟你說定要合資籌設一家化學纖維工廠的。他說，有重要的事哩！」

項子琳猛地從浴缸中站起身子，然後又頹然地坐到浴缸邊上，他順手取來一條大浴巾，裹住身子。說呀，跟愛蓮說呀，反正怎麼着，你總得有個回答呀；總不能讓愛蓮儘在門口等，也不能讓那朋友儘在話機旁邊等。你說呀，你以前幹嗎不跟你那位朋友叮囑再叮囑？你現在說呀！

「愛蓮！」子琳用雙脚打着水，故意響起一片嘩啦啦的水聲。「妳說什麼？我聽不清楚。這樣好不好？妳告訴他，有什麼重要的事，明天上午打電話到我工廠去。」

裘愛蓮一聲不響地走開了。項子琳坐在浴缸邊上，好久才能站起來，穿好衫褲，披上浴衣，走了出去。客廳裏早被陸續來到的幾個學生點綴得很熱鬧了。有女孩的圓瑩的笑聲，當然這是宛宛的。他避開他們，悄悄地上了樓。他要先到大書房裏撥個電話給梅先生，向他解釋一下，但走進書房、還未拿起話筒時，却看到書桌上放着一張紙片；沒想到愛蓮早一步就來過書房了。

子琳：

每個人都有擁有自己一份秘密的自由；對於你不想跟我談及的任何事，我都不願追問。至於你要另創工廠的事，我早有所聞，剛才證實了，所以也就不覺得太意外。我只感到爸的眼光沒有錯，你的確是個幹練的、雄心萬丈的企業家。我要向你道賀。

按着你的計劃行事吧，不要為我而躡手躡脚；如有需要我効勞的地方，請你直率地告訴我。

我本想跟你當面說的，但總覺得還是寫信來得合適些。祝　你成功！

愛　蓮。

項子琳珍重地把那張紙條放到那隻理得井然有序的抽屜裏。箋中平和的語氣是意外中的意外，牠緊接着午飯前樓梯小平臺上她的那一番話；看得出來，她已在自動消除她對他的控制慾了。她竭力在使自己成爲一個「賢妻」。

穿上了西服，項子琳走下樓去。飯廳裏已是一片英語聲。風衣仍掛在客廳的衣帽架上，他把牠取下來，挽在手臂上。

女傭走過來問：「老爺，你要出去？」

「是的，去不多久就回來。」

項子琳穿上風衣，走到院子裏。風很淡，星很亮；非常美的夜晚。他該去嗎？他走到院門口，隨又折回來，在樹蔭下站了一會，然後推門進去。

愛蓮正坐在沙發上抽煙，看見他，忙問：「子琳，你忘帶了什麼東西？」

「沒有什麼，只是突然又不想出去了。」項子琳說。

第二十七章

不知打什麼時候開始，公園路兩旁的鳳凰木的枝頭上又綴滿了綠羽似的新葉，浮得輕悠悠地，展得敞豁豁地，把那企圖整匹地舖到路面上去的初夏的陽光扯成一小片、一小片。旁邊的公園裏，葱綠依然在搖晃；小湖之濱，唯一的一家茶棚也早已開業，好些喝茶的，總喜歡把桌椅拉到樹蔭下去，對着碧湖、彩亭，坐上半天，享受着清茶、清風以及那份清趣。

汪幼誠穿着一身沒有汚跡的乾淨衣服，神情亢奮地踩着熟悉的碎片般的陽光，走到這熟悉的綠樹蒼蒼的公園裏來。他那流亮的目光，四處竄躍，找尋那相同中的相異之處。乖巧的鳥兒不時抛給他幾聲啁啾。他按按頭上那頂鴨舌帽，很想跟牠們點頭爲禮哩。幾個擦身而過的孩子向他投來的目光也是笑盈盈的。他深深地吸着星期日的公園裏的空氣。噢，在做打包工的這段日子裏，他曾把星期日忘掉，而且也幾乎把季節和日期忘掉；塞到心中去的，只是一天又一天的工作、一天又一天的增强的信心。現在，一路走去，使他瞿然而驚的是他仍能看到兩三個躺在涼亭裏或石凳上的年輕流浪漢。他們那種漫不在乎的、想把這世界上的一切全然遺忘的神情，或許正跟以前的他一樣。他們也是半個流浪漢吧，但他自己又怎麼能走過去、告訴他們：這裏不是他們生活的天地！挺挺胸，把所有的頹喪、敞罔丢棄，在失去那一方面的信心之後去建立另一方面的信心！可惜他缺乏說服別人的口才，因而，他的意圖也就不可能實現了。

走到茶棚那裏，他總不免要把脚步放得更慢些。星期日下午的茶棚，經常是高朋滿座的。幸而這是一個像手風琴那樣具有伸縮性的茶棚，能毫無阻礙地擴展到左右兩旁去。他老是細心地察看那個搬桌端椅、提杯挈壺、到處替客人泡茶、冲茶的堂倌。他會不會是去年的那個流浪漢？他自己明白，這是一種可笑的想法——要比想像那流浪漢在擺小攤子更來得荒唐些，只是他仍阻止不了自己這麼想。

他沒有在茶棚那裏歇脚，却走回幾步，在湖邊倚樹而坐——說得坦白點，他是爲了要節省五塊錢的茶資。像他那樣的人，不從小處撙節，又打哪裏去省？自從做了技工以後，他感到最大的不同之處就是要比按日計工的普通工人多一項額外享受：每隔一個星期日可以休假一天，而輪值的星期日則以加班計算。每個月，他總是謹慎地安排着這兩個休假日，而且謹慎地在這兩個休假日的下午回去探望母親。

他跟幼芝有個約定：每到這天的下午，她得到公園裏去找他，讓她替他做個斥堠兵，讓她告訴他，在這個時候闖到母親的陣地上去會不會引起她的震怒？他，已然知道，自從母親爲了他的事而害過一場病之後，表面上她雖早已復元，但內心的平衡却迄未恢復。倘如他進去得不是時候，母親的小小煩惱就會像滾雪球那樣迅速地加大起來；那末，一次希望中的平和的——冷冷中仍然帶着一絲親情的——晤聚，怕又將演變成熱火熱辣的場面了。且不說他不得不像一隻受傷的野獸那樣蹌踉而逃，要是母親又因生氣而犯起病來，他怎擔當得了？第一次回家去，在門口徘徊了很久，心想眞是出來容易回去難。每次事情發生時，他事先都沒料到母親會生這麼大的氣，而這一次，又怎知道母親不會聲勢洶洶呢？看到好些當事人自由自在地進進出出，而他站在自已的家門前，却侷促得如同一個遠道而來的異鄉人。不管怎樣，買兩斤上市不久的大種枇杷帶回家吧，讓那微不足道的東西來表達他無由表達的孝心：只希望母親能够明瞭，不管他們母子之間有過多少誤會、多少衝突，但他們依然有着母子間的親情！聽到裏面事務室裏靜悄悄地，似乎已經沒有什麼客人了，他這才走進去。一聲「媽」使母親呆了一會。他又走前兩步；幾乎是枇杷帶給他的勇氣，他又接下去說：「媽，我看到水菓攤上的枇杷好漂亮，不由得買了兩斤回來。」他想用那兩句話來消彌他離家多日的痕跡，但母親却仍一動不動地望着他，然後平板地問：「你今天怎麼想到回家來了？」那句問話使他一下子緊張起來，因而，他的回答也就變得期期艾艾的：「媽，我早想來的；那幾天，妳不舒服……」蠢貨，你此刻提這些幹嗎？「是的，媽，因爲我今天有空。這個星期天我不必上班。媽，今天的枇杷很好……」爲什麼老是枇杷、枇杷的，你就不能說幾句叫媽高興的話？母親仍平板地說：「是這樣嘛。枇杷我早已買過幾次了。你把牠放到客廳裏去吧。這會兒，我正有事，你到裏面去。今晚，就在家裏吃飯好了。」他倒是很想跟母親說，他在外面很惦念她，但他還沒機會說出口，母親就又埋首到案卷裏去了。

他傻楞楞地站了一會，這才沒精打采地走到客廳裏，然後又走到自已那個荒涼的臥室裏。他寂寞地坐在空空的床上。該埋怨母親對他的冷漠？還是該感激母親對他的寬容？母親說，今晚就在家裏吃飯好了；那句話，已經是種恩惠了，但是那樣地被撇在一邊的孤單，倒又令他懷疑自已是不是眞的回到家裏。而就在這種情況下，幼芝從樓上跑下來了，張開着翅膀的聲音歡迎他：「二哥、二哥……」

現在，他坐在湖濱，坐在公園裏略爲低陷的地方；不像以前躺在高處的石凳上，可以望見隔牆綠樹掩蔽中的老屋。他永遠不會忘記那條石凳，但他與牠爲件的日子却是永遠成爲過去了。那晚，在家裏吃了飯，母親除了問他在外面怎樣包伙以外，什麼都沒有說。在冰凍的水面上，每個人都很小心，惟恐擊碎了，濺起一片片尖尖銳銳、足以戳痛人肌膚的碎片來。他出來時，只有幼芝送他。他推着那次沒有帶走的單車，幼芝走在他旁邊，說：「二哥，看你並沒有瘦下去，我眞放心不少。最近，每在路上看到一個瘦瘦黑黑的男人時，我就會想到你，眞怕你過不慣外面的生活，把自已的身子磨壞了。」他陡然洒脫地笑了一聲：「哪裏會？妳放心。我這個人，還不至于這麼經不起磨。」幼芝偷偷地湊着他說：「可不是？你考取了技工哩。我要賀賀你，所以特地備了一件小禮物。」她從口袋裏摸出一隻盒子來，裏面是隻精緻的領帶夾。「現在你或許用不着，但以後總會派上用場的。二哥，你說對不對？」

望着湖面，他獨自微笑。任何時候，他想起幼芝，心裏總是注滿了喜悅。幼芝從未使他失望過。就說叫她做斥堠兵吧，她也從未失過約。現在已是三點半，他站起來，轉過身去，瞧見幼芝正沿着湖濱走來。

「嗨，二哥！」幼芝看到他，遠遠地就迸射出歡樂的呼聲。

幼誠不禁迎向她：「正想着妳呢，說妳從未失過約，妳果眞準時到了。」

「即使我準時到了，我看，你在公園裏怕也已經坐了好一會了。」

幼誠笑笑。「那是我自己喜歡早點來的，如今，我在這裏閒坐一會，倒也挺心安理得的，因爲我已接連工作了兩個星期了。不見高山，哪見平地？同樣，沒有忙碌，哪有輕鬆？幼芝，在這半個月裏，媽的身子可好？」

「媽的身體倒不錯，精神也跟以前一樣好，只是，我們自家人知道，她的確要比以前沉默了。晚上，霍伯伯來坐的時候，她也很少說話。我總聽見霍伯伯說這說那地想逗媽開心。眞虧霍伯伯有這樣好的脾氣，有這麼好的口才，藏着這麼多的趣事軼聞；就說我，看着媽一絲不笑的，老想拿什麼去博她一粲，却總挖空心思也想不出來。」

幼誠的臉色倏地黯沉下來。母親之所以這樣，是他推想得出的。母親已把他的離家當作她的恥辱與創傷。其實，細加分析，他每次回家，總給予母親一下小小的刺痛，但是，他不回家呢，給予她的也同樣是一下尖尖的刺痛。兩者途雖異，但導致的後果却幾乎是相等的。在這一點上，也可見出他的進退之難了。

「二哥，你別難過，我想，媽不久就會改變的。」幼芝體會出幼誠的感觸，趕忙勸慰他：「今天，媽的興致倒不錯，我們現在就回家，好不好？」

每次回去，幼誠總覺得喜憂參半。壓下內心的憂懼，他讓跨出去的步子像別的遊客那樣地輕悠悠的。這幾個月來，工作使他完全成長。他跟懶散告別，他跟那種踰牆的野孩子行徑告別。這會兒，他們不走水泥路，却在大樹下曲折前進。大樹上，綠葉無數；大樹下，落葉也無數。小草在這裏疏疏落落地茁長，不放肆，也不蠻橫。他們施施然地走出園門。從情調上來說，這條公園路，彷彿是公園的延伸，而不是獨立的大街。

「大哥大概要提早出國去。」幼芝用手絹纏着手指說。「他本來是想明年出國的，但媽忽然鼓勵他早點出去。你知道，他的優異的成績使他很容易地請到了獎學金。」

幼誠不知道該怎麼說。表面看來，他的生活跟大哥的乃是兩個不同的運轉體系，但中間却有一條無形的線牽繫着。大哥的提早出國或許跟他有關。母親對他既然如此失望，自然就把「雙人份」的希望寄託在大哥一個人的身上：要大哥早點獲得碩士和博士，要以大哥的燦然光芒來刷亮她黝暗的心境。

「為什麼你不說話了？」幼芝問。

「我想，大哥一出國，妳在家裏的責任就更大了。安慰媽也好，服侍媽媽也好，都成了妳一個人的事，而我，却是心有餘而力不足。我知道，大哥是一定得走的，只是早晚而已；但我也知道，大哥一走，要他像項廠長那樣地學成就回國，怕不可能。這一走，怕眞要等上十年、八年再見面了！」

幼芝把手帕纏成長條。十年、八年，媽不靠近六十歲了？「大哥最會說話，媽也最疼大哥。大哥一走，媽更要落落寡歡了。可是這次，鼓勵大哥早走的却是媽，這有什麼辦法？二哥，大哥走後，或許媽對你的態度會改變過來。」

「誰知道？不過，要我來替代大哥騰出來的位子，這可能嗎？」

幼芝沒有回答，但兩個都知道，這答案該是否定的。母親對于大哥的愛幾乎可以說是根深柢固，她不允許別人去代替大哥，也不認爲別人有資格去替代他。他認爲，當母親老了，最好的安排是住到大哥的家裏去，含飴弄孫，頤養天年。可是，像母親那樣的女人，到底什麼時候才是她認爲應該退休的年齡？

他們逛完了那條出奇幽雅的路，就到了自家的門口。今天，事務室裏很靜，沒有一個客人。兄妹倆一同走進去。一如幼誠所期望的，霍伯父正坐在他那特定的靠背椅上看書。呵，只要霍伯父在，這次的聚晤也就不會像小學生背書那樣地沉悶而枯燥。幼誠知道自己的笑容無形中自然多了。先喚了一聲「媽」，她機械地抬起頭；輪到喚霍伯父時，霍伯父放下書本，用僞裝的薄慍半掩住笑意，向他瞪瞪眼，說：「幼誠，我知道，只要哪個星期天有空，你總要回來看望你媽；但霍伯伯待你也不壞呀，怎麼這些日子來，你就不去我那裏看我？」說完了，笑意就像陽光般地從薄慍的雲層裏射出來。這幾句話，聽來只是責怪幼誠把他忘了，而實際上，却是在爲幼誠向司徒律師陳情：妳說這個兒子不肖，但他怎麼老惦着妳這位母親呢？

司徒律師的機伶怎會放過霍重詩的暗示，她略微一笑，說：「這嘛，我們有句老話，就是『吃對面，謝隔壁。』」所以，你這位霍伯伯，不管從前也好、如今也好，待他厚又有什麼用？」

霍重詩趕忙又說：「我是『長線放遠鷂』，要他慢慢地體味。許多事，別說他們年輕人，就是我們這班年已半百的人，也要慢慢地體會才能明白，所以我只是隨口說說，對他可一點兒也不生氣。我們這班上了年紀的人，如果跟他們年輕人計較，怕划不來哩。」隨又睨了一下幼誠，「因此，幼誠，霍伯伯還是要疼你，才不願像你媽那樣地小氣哩！」

幼芝也乘機說：「媽，難得今天沒有主顧纏着妳，就歇歇吧。二哥來了，大家一起談談，輕鬆輕鬆。我看，聽霍伯伯的口氣，他是在怪妳沒有好好地招待他！媽，歇歇吧，等會大哥也要回來，這麼多的人在等妳，妳好意思不歇下來？」

司徒律師看看事務室裏的每一個人，然後把書桌上的東西理了一下，才從莊嚴的寶座上走下來。這時，霍重詩也就把手中那本一看再看的「犯罪心理學」放回到書櫃去。

「嗨，總不能一味清談吧，該買些東西來助助興。幼誠，你喜歡吃什麼？」霍重詩說。

幼誠根本沒有想到要吃什麼。剛才在公園裏，他認爲喝一杯茶也是奢侈，回家來，只祈望在和諧的氣氛下喝幾杯冷開水，吃一頓家常飯，聽幾句關切、慈藹的話，如此而已。因此，對霍伯父的問話，他竟一時答不上來。

「就先叫阿珠買幾客冰淇淋和布丁來吧。初夏了，你走了一段路，總不免有點兒熱。」

「霍伯伯，我眞的不想吃什麼。」

司徒律師捧着她的茶杯，說：「重詩，我想你碰到誰就想請客，簡直有點兒自我炫耀！這裏是我的家，買東西的權利該屬于我。幼誠旣然這麼說，我想我們還是先淸談一會，然後再去買東西，反正伯聰很快就要回來了。」

母親最惦記的，還是大哥。當然，也可能是因爲大哥今年要出國，幼誠喝着阿珠剛送上的冷開水，忽然感到白開水的滋味畢竟太淡了些。然而，如果等大哥回來，去補買他的一份冷飲，不也可以？

呵，這是不是他的不對？他一回家，就在計較母親的不公平了。

霍重詩彷彿已然察覺到他在思考什麼似的，就仍用那種溫和的笑臉對他說話：「幼誠，你媽說得也對，等你大哥回來一起吃，滋味也許會更好些。更何況，你大哥已經決定提早出國，以後，兄弟倆即使要一同喝茶，怕機會也不會太多了。」這一次，霍重詩一面是在安慰幼誠，而一面則是在爲司徒律師作掩護了。

司徒律師把手中的茶杯放到几上，拉出塞在衣襟邊的手絹揩揩嘴。一提到伯聰出國，她就感到胃裏有股酸溜溜的滋味在騰躍。她自已希望他出去，却又捨不得他出去。多年來，她一直是把伯聰看作一個大人，能够應付一切；但如今，想到他要去一個全然陌生的環境中生活、奮鬪，却又突然覺得他像一個小孩子，事事都得爲他擔心。伯聰已經請到了美國大學的獎學金，而且是美國叫得響的大學的獎學金。雖然還得經過「托福」考試，但對他來說，這有什麼問題？只是事情才只起頭，她卻已經想到離別的情景，而一片凄凄的霧也就籠罩住她的心頭。她嘆息着：「唉，重詩，他們年輕人，哪會想到相聚短暫這一點上去，只是我們上了年紀的，東想想、西忖忖，發覺來日竟已不長，聚散又是多麼無常！我已想透：人生無不散的筵席，所以就讓伯聰早點兒出去深造；以後果眞在學問或事業上有傑出的成就，也就不辜負我多年來培植他的苦心了。他們兄弟倆註定要各奔東西，那是連鐵鍊子也扣不住的啊！」

幼誠問：「媽，大哥出國的事，項廠長知道不？」

「你大哥還沒跟項廠長談起這件事。其實，項廠長心裏何嘗不明白，你大哥是幹不久的，好在，他也不會介意。」

那末，宛宛呢——他想問，但還是忍住了。當着好幾個人的面，他是不便這麼問的。這倒不是因爲他自己以前跟宛宛有過很好的感情，只是大哥跟宛宛之間的感情會如何落局，現在還不知道。如今，到底是個社交自由的時代，交往了幾個月，相愛了一陣子，當一方發覺對方並不能使婚姻幸福時，儘可以向對方說聲「再見」，而不負任何道義上的責任。大哥對宛宛的愛的眞實度怎樣，他無法斷定。宛宛比他聰明，大哥可又比宛宛聰明呢！

但，這會兒，大哥究竟上哪裏去了？

幼誠正在揣測之際，伯聰就走了進來，腋下還夾了幾本洋裝書。在打照面時，兄弟倆都很不自然地點點頭。在這種局面下，最適宜于說開場白的，當然又是霍重詩了：

「伯聰，你來得正好，我們正在談你出國的事呢。我想，你一向胸有成竹，像你母親一樣，在任何場合，準定是打勝仗的，但你這一走，却留下多少惦罣給我們啊！」

伯聰機敏地接下去：「我也得帶去多少的懷念啊！說不定得到博士學位之後，我馬上就趕回來。」這話或許言之過早，但此時此地，沒有什麼話有比這幾句話更適貼的。

是不是要趕回來跟宛宛結婚——幼誠想問伯聰，但他再一次地忍住了；因爲此時此地，或許沒有什麼話有比這句話更拙劣的。

冷飲隨即由阿珠買了來，付錢的是司徒律師；霍重詩不甘服輸，過了一會，就叫阿珠去附近餐館叫了五碗鱔絲麵。不論談和吃，內容都很豐美，只是幼誠始終感到母親款待的是大哥，而不是他。他是旣非貴賓、也非主人，而大哥却是旣主且賓。他用各種理由去支持母親應該善待大哥的這一事實，但這樣費力的內心工作，却把本就稀薄的愉快打了個七折八扣。

晚上剛巧碰上了項廠長夫婦宴客，司徒律師和伯聰也是被邀請的客人；因此，幼誠就提早離開了。送他出來的仍然只有幼芝。她問：「二哥，爲什麼你不留下來吃飯，只剩下我們兩個，不是可以吃得更自由些？」

幼誠搖搖頭：「近來妳的功課很重，我也不該躭誤妳很久的。幼芝，我每次回來，總認爲我是一滴不愼溜落在瓶外的水銀，現在重又回到瓶裏，跟裏面的融合在一起，然而，直到今天，我知道我仍是一滴水，而不是水銀。」

「或許有一天，媽會知道我們大家全是水。二哥，你這會兒上哪裏去？」

「我想，再上公園去坐一會，順便去看看去年秋天碰到的那個流浪漢是不是會在公園裏？」

幼芝思索了一會，然後問：「你是說那個睡在亭子裏、用塑膠布作蓋被的人？」

幼誠自嘲地笑着：「可不是，惦記着這麼一個萍水相逢的落魄者，聽起來不是很可笑嗎？」

「聽起來有點可笑，但仔細想想，也就並不可笑了。」幼芝非常成熟地回答。「二哥，你一說，我倒記起來了；我最近碰到過那個流浪漢，他早上在這一帶送牛奶。對了，我見過他幾次，覺得很面熟，只是記不起他是誰。」

滿街是樹影與清幽，幼誠有種舒爽的快意。多久來，像惦念另一個自己那樣地惦念着的那個困頓時邂逅的友人——那個在塵沙飛揚的環境中仍然費力地保持着清潔的露宿者——而今，也有了一個正當的工作。自此而後，他該不必再去逐街找尋了。

換了一個方向，他對幼芝揮揮手，踏上自己的歸路。中途，經過鍾竹英的門口，他忍不住又走了進去。鍾竹英正在收拾茶杯、碟子，兩堆瓜子殼和幾張糖果紙，說明剛才來過了客人。

「英姐，誰來過了？」

「宛宛，她坐了好一會。」

幼誠沒再接下去，只幫着她把東西送到廚房去。鍾竹英又想爲他打點吃的東西，卻被他阻住了。「我剛從家裏出來，冷的、熱的全吃過了，現在胸口還是脹脹的。大哥剛才也在家裏，我正奇怪，他爲什麽不跟宛宛在一起，原來她是跑到妳這裏來了。」

鍾竹英開了水龍頭，一雙手在水中冲了又冲，然後轉過身來，雙手還是濕淋淋的：「你知道，你大哥並不很愛宛宛！」

「妳對我說這件事幹嗎？」

「我只想讓你知道事實的眞相。」

「我比妳知道得更早些，但即使這樣，我也並不同情宛宛！我這個人，說絕就絕！妳以爲我會轉過身，去檢別人的剩餘物資？算了，我絕不是這種人！」

鍾竹英抹乾了手背上的細細水珠，喟嘆着：「我也不是這個意思。我是在想，宛宛原是個聰明的女孩，但沒想到她竟做出了一件不聰明的事。這件事，以前曾經使你痛苦，以後還會使她自己痛苦。今天，她到我這裏來坐，談起伯聰，就有些怏怏的。她說，這半個月來，他老是忙自己的事，連電話都很少給她；碰到去項廠長太太那裏學英語會話的晚上，他也常常忘記陪她一同去。她不相信經過短短的一段日子，他就變了。」

「變得好！」幼誠嚷了起來：「套一句宛宛的理論：『殘酷的時間』！看來，時間對她比對我更來得殘酷！」

鍾竹英輕輕責備他：「你也不能這樣幸災樂禍。每個人都有不如意的時候。我說過，宛宛秉性不壞。以前，你們到底是有過交情的，現在，做個朋友又有什麼不好？何況霍先生待你又是這麼厚！」

「妳說的當然不錯，但在別人看來，可不是這樣。就說宛宛本人吧，要是我跟她多說幾句話，她還以為我又在追求她呢，但我却又無法告訴她我對妳的感情。」

鍾竹英的語氣驟然細微了：「一個年輕男人愛上一個老小姐，本來就是不體面的。」

幼誠急了，紅着臉，慌忙地解釋：「為什麼妳又要說這種話？事實上，只要妳同意，我跟誰都可以明說。英姐，不肯公開我跟妳之間的感情的是妳，不是我。」

「不錯，是我，完全是我。」鍾竹英軟弱地在一隻凳子上坐下來。當然是我。我知道什麼事情對你有益，什麼事情對你有害。你如此艱苦地用你的努力逐漸地改變了人們對你的看法，又怎能因我一個人再一次地遭受人們的鄙視？幼誠，你年輕，你還不知道人們想法的庸俗，而且你也不知道這種婚姻將會導致什麼樣的後果。不要等到我們結婚十五年之後，還不到四十歲的你，忽然發覺並不能愛我這個五十歲的老婦人，那時，我會比子琳辜負我時更傷心。我不要有這樣的結局。如果我被愛過，那就讓這份愛永遠留存着。現在，我還有足够的耐力來承受各種的離別——跟子琳的、以及跟你的。我不知道什麼時候能把我跟子琳的那段往事告訴你；同樣，我也不知道什麼時候能把我跟你的那段感情告訴別人。因為這些畢竟是兩人間的事，是只配兩人心裏默默品嚐與回味的感情。說這是苦澀也好，甜蜜也好，是我的，我就永不遺忘。幼誠，看你從公園石凳旁走到工廠的打包機邊，又從打包機邊進入保養室裏，僅僅的七八個月時間，但你却已攀爬過無數的山徑。在我的心目中，你是跑得最快的人，而且還要不斷地向前跑。清晨的跑步，你還在繼續嗎？站在體育場看台邊看你跑步，眞是一種無上的享受與驕傲！讓我瞞着別人，獨自擁有這種享受與驕傲吧。我們的事，只是我們兩人的，幼誠。

「英姐，妳是不是在重新考慮這件事？我們之間的感情並不夾雜着一絲一毫的利與慾。開始時，別人或許不會諒解我們，但以後，他們準會慢慢諒解的。」

「我的確在考慮，」鍾竹英望着窗外。廚房的窗口不大，她看到的遠景是一片模糊。「我在考慮……這件事，最好慢慢地來。我們並不急着要讓別人知道……」

「但是，如果讓別人知道了，那我們的行動不就可以自由多了？我多渴望能在晚上陪着妳從這條路上慢慢地踱到公園裏去。我們坐在樹下，坐在湖邊，呵，妳不知道，我常這麼幻想着未來。」

鍾竹英站起來，走向客廳。她不忍聽下去。她又開始播放唱片，是「翠堤春曉」。歌聲昇處，她瞧見一對戀人坐在敞篷的馬車上，悠悠然地遨遊于枝葉如華蓋的林蔭道上。歌聲在田野間廻盪、廻盪；人生還有比這更美、更幸福的嗎？可惜的是：美的、幸福的，却常常是短暫的，徒供追憶而已。

然而，縱使光爲了追憶，也總值得留下一些來；縱使僅僅一次，也總比沒有的好。她對坐在她旁邊的幼誠說：「這樣好不好？今晚，你就在這裏吃飯；飯後，我們一起在這條路上散步，一起逛公園，並且一起去划船。」

第二十八章

「喂，小兄弟，是你聾了，還是存心跟你老哥搭架子？我在後面喊得嗓子眼兒都起了毛，你還沒應一聲。」黑皮衝刺上來，橫轉車頭，攔住幼誠的去路。幼誠一驚，馬上煞住車子，跳了下來，直着喉嚨，向黑皮嚷：「黑皮，你窮開心了，是不是？假如我這會兒煞不住車，我們兩個不都跌得鼻靑眼腫才怪。萬一摔得你瘸我跛的，少不得要請上十天半月的假；那時候，我不知道你怎麼向你老婆交代？」

瞄着幼誠那張氣虎虎的臉，黑皮却呵呵大笑起來。「你道我黑皮是誰？我算準你小兄弟眼明手快，煞得住車；要不，我黑皮力擧千斤，隻手也能把你的車把穩住。哈哈，看你碰到這麼一點小事就吓成這樣，還算什麼男子漢、大丈夫！」

幼誠知道黑皮沒有惡意，尤其是對他；討幾杯酒喝是有的，要說存心作弄他，那是誣衊；因此，他也毫不計較。他催着黑皮把車頭扳直，自己也重新上了車。黑皮一邊踩，一邊說：「小兄弟，剛才你的耳朵借給誰了？我在後面追着喚，你却在前面飛也似的跑；哎呀，氣得我火星直冒，難不成你又有了心事？」

「心事？笑話！一個人有這麼多的心事，還能好好工作？我只是在想，幾天前，我去水牛的家，看見水牛正在替別人修理電風扇和收音機，這幾天晚上，我也替房東和鄰居修理電鍋和電熨斗；無怪乎大家都說，我和水牛兩個，怎麼不合開一家電器行？」

「我不贊成，」黑皮不高興地拍拍車把。「從前，咱們兄弟倆一起打包，有說有笑的；自從你當上技工以後，雖然每天還是要到紡織工場來幾次，但我到底冷靜多了。如果你跟水牛眞要離開這裏，那我黑皮豈不成了孤家寡人了？」

「誰說我們要離開，只是人家隨口說說吧了。要撐起一家店面，多不容易！是你黑皮中了特獎，還是我或者水牛中了特獎？何況這裏工作很安定，誰又捨得離開？」

「這還差不多，小汪，我把話說在前頭，有一天，你發達了，可別忘了我黑皮。我黑皮的確長得難看，但卻赤膽忠心。爲朋友出力，有十分出十分，決不留下一分一毫給自己。」

「那還用說，只要有那麼一天，我們兄弟倆定要好好地去喝一盅！」

即使是早晨，但在盛夏，陽光四射，到處已是熅然的熱氣了。黑皮比幼誠會出汗，路上幾次抽出那條塞在腰際的毛巾來擦臉；幼誠騎到廠裏，額頭也是一片汗濕。他跟黑皮在停車棚邊分了手，黑皮還不忘說了一句：「小汪，早些到紡織工場來，咱們兄弟們可以多聊一會。」

幼誠笑着點點頭，走到保養室裏，他看到出席板上已經掛着幾塊名牌——兩三個夥伴已經比他先到了——他也把自己的那一塊掛上去。大家互相道早時，黃士雄跟其他的幾位也相繼來到。于是，原先空落落的保養室也就顯得很熱鬧了。有個高個子坐在靠窗那張擺樣的寫字檯上，大多數都是坐在靠牆的兩張木條長椅上；還有兩隻紮紮實實的木凳子空在那裏。他們只在上下班時聚在一起。其餘的時間都在各部門工作，洗機器的洗機器，修機器的修機器；單說上絨板，每天就得清潔三次。他們雖然同屬于保養部門，但這裏只是他們休息的場所，所以趁這相聚的時刻，他們也就談得特別起勁。

「聽說我們那位廠長夫人最近已經辭去董事長的職務，改任顧問，不知是什麼緣故？」那個坐在桌上的高個子搖幌着一條腿，說。

「管她，反正是夫妻間的事，什麼都好說話，換來換去，還不是一家人？我們只消做工就好。」

「要說對我們一無影響嘛，可也不對。」坐在黃士雄隔壁的那個人說。「前幾天，她來工廠，看到我們這批工人，竟然和和氣氣的；有人說，她還建議廠長送給員工每人一套春季制服哩。」

黃士雄也插了一句：「依我看來，我們這位廠長夫人，在廠裏，對我們這批員工的作風是改變了；那末，在家裏，她對廠長的作風一定也改變了。」

幼誠坐在一旁，始終沒說話：他對自已說：有時，緘默是金；但坐在他右首的那一個，却戳戳他的胳臂，說：「小汪，平日你總有一些出人意表的意見，今天怎麼倒一聲不響了？」

幼誠想了一想，才說：「這嘛，我認爲，以前廠長太太是把這個廠當作她個人的財產，而現在，她是把這個廠當作廠長的財產了。」

大家全笑開了。好幾個站起身來，把香港衫脫掉，往鈎上一掛，然後拿起放在桌上的工作手套。這時，有一個又說：「這一陣子，工廠裏的變動可眞不少。汪工程師要出國留學，也打算辭職了。看來，在他離廠之前，我們還得替他餞餞行。他雖不及廠長那樣和氣，但對我們總算不錯。誰願湊一份，明天就到我這裏來登記！」

「你窮急什麼？」有人提出異議。「這點我倒淸楚。我表哥去年到美國去留學，是九月出國的。他現在辭職幹嗎？」

「你知道個屁！他又不在乎這幾千塊錢一個月的薪水；辭掉了，才能一心一意地辦自己的事呀。否則，大熱天裏，這裏要工作，那裏要奔走，搞得焦頭爛額的，何苦來？」

「好，好，算你對，反正我會出一份的。我現在要去工作了。」

大家分頭工作去了，只有幼誠跟黃士雄還站在保養室的門口，要走不走的。黃士雄問：「汪汪，你大哥決定今秋出國去？」

「我想是錯不了，但我還不知道他已跟廠長談過了。那一陣，媽跟他都認爲廠長夫婦待他挺好，辭職的事最難啓口，現在說明了，倒也好了。」

黃士雄用手摸着帽沿，囁嚅地：「汪汪，那末，餞行的事，你要不要湊一份？」

幼誠苦笑了一下。「我也不知怎樣才好。我想，請客那天，如果有我在，不僅我不自在，連大哥也不自在。份子不能不出，人呢，大概只好禮到人不到了！」

黃士雄也無可奈何地笑笑。兩個人往外走去。今天，輪到他們兩人合洗一台梳棉機。他們得把機器裏每一零件拆下來，泡在汽油裏洗刷過，然後再把牠們裝好；這一工作是足够他們忙上一天的。黃士雄又問：「汪汪，你大哥快要出國了，你們兄弟也該和好了吧？在這裏，大家不打招呼倒無所謂，但在家裏，總不能像路人那樣呀。你媽也該做做和事佬才對。」

「還不是照常？我媽只爲大哥要遠行而難過，哪會想到別的？水牛，照理說，總該由做弟弟的我向他陪罪，但我想來想去，却想不出有什麼罪要陪的。家裏，看到他時，我向他點點頭、笑一笑，他也同樣朝我點點頭、笑一笑，還是這麼冷陰陰的。是不是我過份自卑了，總覺他的眼裏沒有我這個弟弟。這一陣，爲了快出國了，他在家裏的地位更陞高了，我連忝陪末座的資格都沒有……」

兩個人沒再說下去。餘音雖然有點悽然，但工作擺在眼前，感慨也只暫時的。下午，快下班時，項廠長叫幼誠前去談話。幼誠洗淨了油污的雙手，穿上香港衫，走到廠長室去。

「廠長！」

項廠長招招手，像招呼一個高級職員那樣地招呼他：「好，好，請你在那邊沙發上坐一會，我馬上就好。」

眞太客氣了，幼誠自己反而感到侷促起來。即使在家裏，他也沒有這樣被優待過呀。進來時，倒大大方方的，等到坐下來，沙發竟成了針氈。揑住帽簷的雙手端端正正地擱在膝頭上。今天，項廠長打算跟他說些什麼呢？誇讚他工作的努力？早說過了，似乎不必再來一次。叫他傳什麼話給夥伴們？……項廠長的煙圈兒先飄盪過來，他猛地擡起頭，項廠長已經站在他的面前。他想立起身，項廠長却用手按住他。「你別起來，坐着談的好。」他把煙灰彈在痰盂裏，隨即在幼誠旁邊坐下來。「汪幼誠，你做了幾個月的技工，有什麼感想呀？」

「我希望能够再懂得多些。」

「好，很好，年輕人都該這樣。我想再問你一件事，汪工程師已經決定離開本廠，你對這可有什麼感想呀？」

問得太突兀，也太沒有理由了。幼誠不加思索地回答：「廠長，我不想回答這個問題。」話一出口，感到語氣太直率，就馬上紅起了臉。

項廠長依舊很自然地用手指彈彈煙灰，說：「沒有關係。你不想回答，也沒關係，因爲到底跟你的工作無關；我只是隨便問問，只是跟你隨便聊聊。我發覺，你很能表達意見，是不是？眞的，你肯幹，口才也很好。至于汪工程師哪，他辭職是爲了要出國去深造；他聰明，有抱負，肯努力，前程無限……」

幼誠不耐煩地岔斷他的話：「廠長，我們保養室裏的同仁決定要爲他餞行，那一天，當然也要請廠長喝一杯。」

項子琳把煙蒂扔到痰盂裏，嗞的一聲，像炸開一個小爆竹。「這一點，我早就料到，因爲你們都很重情誼和義氣。我的意思是，他有抱負，而你也有抱負。我不是一個私心很重的人。有一天，假如你需要我幫忙的話，儘可以告訴我。」

「謝謝你，廠長。」

「啊，汪工程師一走，我們廠裏固然少了一個領導人，他家裏也一定要冷清多了。」

幼誠霍地側過上身，凝望着項廠長。項廠長的兩眼閃爍不定，他的語意也作多角度的幅射；多次善意的暗示，使他深受感動。他突然說：「廠長，我母親在家裏……」

項廠長按住他的手，制止他說下去。「不要說了，我們大家清楚就好。等汪工程師出國之後，你也照樣可以上我家裏去坐，內子也是很好客的，你以後會知道。」

幼誠聲音顫慄：「謝謝你，廠長，你待我眞好；我想，這就是你給我的最好的幫助。」他彬彬有禮地退了出來。眼前，還有一大片斜陽燦麗地蓋在廠房的鋸齒形的屋頂上。廣場上，沒有覆上蓬布的棉花堆像積雪的山巔，廠門兩旁的麵包樹的羽狀分裂的大葉子葱鬱、可愛；誰說工廠區域裏沒有詩情畫意？

幼誠確實沒有參加夥伴們爲伯聰而擧行的送行宴，但在當晚，他却買了兩斤巨峯葡萄送到家裏，表示他沒有別的用意。伯聰出國的日期漸近，幼誠回家的次數也就漸頻。本來，那段短短的路程算不得什麼距離——但願心理上的距離比這更短——晚上，跨出忠烈祠的幽秘，捲入夏日大街的激湍裏，然後又沈醉于公園路的淸雅中。家的大門總是敞開着的，能够昂然進去，也是一種安慰。他總靜靜地坐在客廳裏，盼望在什麼時候，他可以爲他們做一點事，但他們甚至連這種機會都不給。他只有看他們忙碌、奔走，聽他們商議、閒談、低喟、輕笑……遏制住快要脫韁的喜怒哀樂，只使自己的內心成爲一座臨時的舞台。

夏夜，像隻彩色的球，被音波和人流擎舉着、漾着、拋着，很難沉下去。他出來時，大街還是那樣的大街，一點也沒老。他再去什麼地方走一圈呢？每條大街他都熟悉，每條大街都不屬於他這一類的人。難道再去公園裏坐一會？當然，這有什麼不好？他沿着公園一路走過去，走到粉紅亭子的近旁，他停了停，看看亭子裏那幾個或躺或坐的遊人，其中一個似乎不願意他這樣注視他們，便倏地坐直身子回瞪他；他急忙低下頭，走開了。

進了園門，沒走多遠，就聽見有人在後面喚：「老弟！老弟！」公園裏的遊人多，也不知道誰在喚誰。他仍然朝前走，眼光只往湖堤上掠，看看哪裏人少，就在那裏坐下來。「老弟！老弟！」喚聲像一根線那樣，拉他、牽他，使他不得不回過頭去。在幽闇中，他依稀看見一個穿得整整齊齊的中年男人正向他跑來。「老弟，你不認得我了？」豈止是現在不認得，怕連以前也不認得。非親、非鄰，又非友，哪會認得？我看你老兄才眞的認錯人了，他心裏這樣打着轉，目光也在那個男人的臉上打着轉；但那個男人卻伸出右手，拍拍他的肩胛：「啊，晚上到底比不得白天，看人不容易眞切。你眞的想不起來了？去年，我們在這裏同坐過一根石凳，同划過一條小船，我還把你借給我的二十塊錢記在心上哩！」幼誠用力抓住對方的胳臂，高興得搖了牠幾下。「哎，原來是你老兄，多少日子來，我一直念着你，眞所謂踏破鐵鞋無尋處，得來全不費工夫。走，咱們先到茶棚那裏喝茶去！」

坐露天茶棚可眞自由。他們把桌椅拉到一個冷僻的所在，離別人遠遠的。那位好潔成癖的老兄，坐下去之前還用手在籐椅上摸了一摸。等堂倌給他們來沏茶時，他們已經談開了。幼誠一看堂倌走遠，又說：「我總以爲你老兄不是擺小攤子、就是當了堂倌。前一陣子，我對剛才那個堂倌還前前後後、瞧了一個遍，簡直硬要他變成你老兄才甘心似的。那時，沒挨他一拳，還算運氣呢。」

大家開始慢慢喝茶。雖然僅是幾面之交，但因雙方都曾相互尋尋覓覓過，所以彼此倒很推心置腹。那位老兄，今天幼誠才知道他姓棐，他說，他去過很多小鎭，做過各種散工，最後又回到台中市來。在找到一個送牛奶的固定工作後，就上司徒律師家去找幼誠，只是因爲女佣回說二少爺已經搬到別處去了，所以沒有找着。而今，兩人又在公園裏不期而遇，談起去年的尷尬情形，都禁不住相顧而笑。幼誠注意到他的朋友所穿的衣着，質料雖然普通——上面是白府綢香港衫，下面是黃卡琪褲——而且也沒燙過，但仍整潔得令人有舒適之感。無論如何，他的潔癖很適宜於送牛奶這一工作。

那個曾把公園當作家的朋友說：「老弟，公園確是一個好地方，去留自便，不受拘束。我曾有過很好的家，但不愼毀了；現在，不得不一塊磚、一塊磚地從頭砌起。老弟，不瞞你說，我好幾次會走投無路、想加入黑社會裏去，只要有錢拿、有飯吃、有床睡，叫我做什麽都好；但再仔細一想，要是這樣做，豈不眞的被瞧不起我的親友看死了？既然生就一副硬骨頭，就該在風裏霜裏煎熬。老弟，我也幸虧這樣挺過來，否則，今天哪有臉見你？二十塊錢，我每天都帶在身邊。我知道你不會計較這點，只是我做人一向這樣，欠人的就得還，否則，老掛在心上，多難受！其實，我知道，我欠你的何止二十塊錢，還有你的那份情誼呀。去年，你不也是自顧不暇嗎？」說完，他還沒有忘記去年的故態，皺起鼻子，自嘲地笑笑。

綠茶兩杯，涼風颼颼，他們的話題載浮載沉。夜已深，公園雖美，究竟不是住處。幼誠的褲袋裏硬被塞進一隻裝着廿塊鈔票的信封。他雖再三推却，但對方却說這是他的心願。「許下的諾言，總得兌現。今夜的一杯綠茶，我照實收了，反正你我都已知道彼此的住處，後會有期。」

公園裏的遊人越來越少。他們隨着晚歸人走出了園門；回過頭望望公園，不知綠蔭深處，今晚究有幾人借宿？

第二十九章

曾有過這麼一段時期，幼誠日日念着宛宛，但他的希望却被殘酷地擊沉溪底。也曾有過這麼一段時期，宛宛跟伯聰經常聚在一起，而如今，宛宛的希望，也如一隻飛走的黃鶯，一去不返。在伯聰準備出國的這齣紛紛擾擾的喜劇中，幼誠始終認爲自己所飾演的角色是最受冷落的；然而，有一晚，當他前去霍家看望霍重詩時，瞧見宛宛黯然獨坐一隅，這才猛悟到，最堪憐的還是宛宛。他知道，大哥已跟宛宛說過：在他還未獲得博士學位之前，決定不談愛情。只這麼一篙子，就把船打翻了。他自己承認，他曾嘲笑過宛宛在這一方面的失敗，只是在嘲笑過以後，對她的同情仍油然地回到他的心中。不論以前她給他的痛苦有多深，他總是男人——更何況他是一個堅強的男人！因此，那晚，他能平靜地跟宛宛談上一會。他們全都清楚：他們之間的愛情已然永遠無法尋回，但從那天晚上以後，一種通常的友誼却已開始在成長。而霍重詩呢，則超然地置身局外，既不願指責伯聰，也不願譴怪宛宛，他只低低地嘆息：年輕人哪，有幾個能眞正地懂得愛情？

有一件事是幼誠再三在考慮着的：他要不要送大哥上飛機？這原是一個最最簡單的問題，只是立場不同，答案也就常常不一樣。有時，他認爲：反正只這麼一次，去就去吧，儘管夾在許多爲大哥送行的人當中，不會引起大哥的注意；可是，有時，想法便不同了：既然多了一個他跟少了一個他對大哥無關緊要，那他這次去送行，不是愚蠢而浪費？就在這兩者之間，終於出現了一個中庸的構想：他不妨探聽探聽大哥的意思。就這麼，他便興沖沖地走向大哥的臥室去。這幾年來，他很少前去大哥的臥室，一進去，總感到很不自然。大哥正在寫信——寫給那些先他去美的同學。最近，大哥寫信，不是一封一封的，而是四五封、四五封的。他把身子貼在門邊，輕輕地喚：「大哥！」大哥只管寫信，連頭也沒抬，只用鼻子嗯了一聲。他又喚：「大哥！」大哥打眼角裏瞅他一下，不耐煩地：「什麼事？等一會跟我談，好嗎？」「好的。」他回答。不過，等一會，也許大哥已經把牠忘掉，而他也再打不起剛才的那份興致了。

這樣看來，他要是巴巴地跟着大家上臺北，巴巴地送大哥上飛機，那眞是何苦來？何況，母親也沒關照過他。是不是在浩蕩的送行隊伍中，不乏高貴的親朋，他的加入將會破壞那天「偉大」的氣氛？

不去就不去！

幼芝走過來。「二哥，明天我們就要上臺北去，因爲還得到親戚朋友那裏轉一轉，所以要待上好幾天。」

「是的。」幼誠說。「那是免不了的。」

「二哥！」

「我已打定主意，不跟你們一起去了。」

幼芝無法接下去。說什麼都是多餘，因爲她體會得出他的心境。

別了，別了——雖然幼誠覺得受委屈的是他自己，但他對即將遠行的大哥仍不免依依。以後，自己在大洋的這一邊，大哥則在大洋的那一邊，在如隔洋飛回來的燕子那樣的家書中，會不會啣一絲對他的懷念之情？那晚，他沒有回到忠烈祠後面的小閣樓去。自他遷出之後，這是他第一次留在家裏睡覺。聽蟲聲響起在秋夜裏，如訴如泣、乍斷乍續。沒有風，但在想像中，公園裏大樹們的枝葉仍鼓起一片颯颯之聲。夜沉沉中，他猶自盼望大哥會霍地出現在他的床前，一如童年的夢的再現，那末，一切的決定又將改變。只是這個夢又在秋夜的冷露中凋落了。

一切都準備得十分週密，第二天早晨，他們上計程車時，一點也不慌亂。他們要趕七點五十分的觀光號上台北。到達車站不久，項廠長夫婦、霍重詩和宛宛也都乘了車子，趕來送行。宛宛之出現車站，使大家都感到意外。她今天穿着一件素色洋裝，沉默但却自然。她能如此冷靜地面對這一場面，的確很不容易。不過，幼誠知道，他自己之出現于這個場面中，在項太太的眼中，又何嘗不是意外呢？只是項太太並沒突着眼睛看她，也沒露出驚異之情，而是在走出月台之後，還親切地拍拍他的肩，邀他隨時到她家裏去玩。那種態度和口吻，彷彿她是早就知道他是司徒律師的兒子似的，這給黯然的離別接上一截暖和的尾巴。

于是，幼誠的生活又回復到以前的方式，早上跑步白天上工夜晚睡在小閣樓上；經常免費爲鄰近的人們修理電器用具，當然更不忘經常抽空去看鍾竹英。在她靜靜的客廳裏，他享受着舒適與溫情。他問，大哥的出國，對他究竟是精神上威脅的解除，還是精神上負擔的加重？她小聲地告訴他：兩者都是。在工廠裏，他再也不會受到逼視的壓力，但在這塊土地上，他已成了他母親唯一的兒子。他又跟鍾竹英談起他跟宛宛的那種純友誼性感情的建立，因爲他仔細想想，實在不必這樣小心眼兒。鍾竹英誇奬他做得很對。一個人，有時候，總免不了因爲某一件事而憎恨某一個人，只要那個人秉性不壞，事過境遷，他也總能曲予諒宥的。鍾竹英的客廳裏常是冬暖夏涼，那是她本人的性格造成的；而在春天和秋天，庭院裏的淡淡花香飄颺進來，跟她本人的淡淡清淳適又合成一體。她知道他很節省，捨不得花錢買水果，因而也就不忘在冰箱裏貯存些水果，好在他來時款待他。那晚，他一個人吃完了一個兩斤重的小西瓜，連胃都快給綳炸了。他感到，這幾年來，縱令在家裏，他都沒有吃得這麼任性過。

只是打初夏那晚跟他共遊以後，她卻再也不肯跟他一同出去散步了。她說，那次共遊，對她來說，是種豪華的享受。他不太明白這句話的意思。他想，這或許正如「白髮三千丈」那一類的話，是種誇大的說法。他始終認爲她很會說話，不是恣肆縱橫的健談，而是靜靜流水般的細語。他也發覺，有時，她之說話只是誘發他開口。她說：「幼誠，你的大哥已經出國去追求他的學問和事業了，我想，你當然也有你的理想和計劃囉。」他不甘示弱，亮着眼睛，說：「當然，當然有。難道只配他有，我就不配有嗎？」她拍拍手：「那末，請你說說看哪！」幼誠用手指在矮桌上劃着線：「妳看，大哥走的是這條路，我走的則是這條路。我走這條路的訣竅就是不怕吃苦。」鍾竹英笑了起來：「說得很對。還有呢？」「不怕吃苦的人，結交的也就是那些不怕吃苦的朋友，兄弟夥手拉手地，難道會闖不出一個名堂來！」鍾竹英側着頭，「對極了。下面呢？」「就是這樣，下面就沒有了。」

但鍾竹英却告訴他，那條路很長，下面有的是。于是，她拿來一張紙和一支鉛筆，叫他想，叫他畫。「想想看，下面該是一些什麼『名堂』？」幼誠抓着頭皮說：「有人勸我們開一家電器行，妳看行不行？」「可以考慮。畫下去。」幼誠急了：「哎啊，畫下去有什麼用？連開店我們還沒積足本錢哩。如果我再畫下去，胡亂地說，以後我打算開一家製造電器的小型鐵工廠，那豈不叫人笑破肚子？別人會說我是『螞蟻吹簫——好大的口氣』！廠地呢？廠房呢？機器呢？憑我跟水牛兩個人，至少要積上八年十年、甚至十幾年！」鍾竹英幾乎是命令地：「怕別人笑幹嗎？我可不會笑你。在這一條路的終點，畫上一座工廠吧。現在，暫且說到這裏為止。」

鍾竹英非常鄭重地收起那張紙片，走過去，把牠放到一隻小抽屜裏。又是一座工廠！她忍不住微笑起來。看來彷彿是不可能的，但什麼是可能的？只要幼誠畫下了，他就有了目標和方向。在她走回來時，幼誠還惶然地對她說：「英姐，這是我跟妳說說的，千萬不能說開去呀！」「你說這話有多傻！你以前跟我說的許多事，我幾時對別人說過？」鍾竹英坐下來，喝了幾口茶。「幼誠，替我選張唱片放放吧！」

音符滿室滑翔，他們兩個全沉默下來。談過了現實，現在該在音樂的領域裏蹓躂一番了。鍾竹英低垂雙眼。或許正因為她樂于與音樂為友，所以，十年的銀行工作仍改變不了她心靈上的那份清雅。不論觀事也好，察物也好，看人也好，都是採取這一與衆不同的角度。懂得的人說這是美，不懂得的人說這是怪。而眼前的幼誠，她關切過、愛護過，甚至可以說是愛過，但她畢竟要從他所繪的那條長長的路上退出來了。她已請調高雄，而且調職令不久就會下來。當然，她之請調，一半是為了子琳。她或許早該走的，但現在也並不晚。最近半年來，子琳不常來，一個月裏只這麼一、兩次，歉仄地、匆促地，偎得她很緊，但說得卻很少。她說：「子琳，如果你有什麼困難，你就不要來吧，我不會怪你的。」他搖搖頭。她又說：「你一定有，別瞞着我，說出來吧。」他還是搖搖頭。他挑出幾張他倆年輕時聽過的樂曲的唱片，一遍一遍地播放。她知道他有煩惱，內心在掙扎。她也知道他不希望她幫助，但他最後還是需要她幫助的。他們不能永遠這樣持續下去。這話是他說的，也是她說的。樂曲悠悠蕩蕩地流着，許多的往事飄過來，又淌過去了。以後，坐在音樂的湖畔，手邊是清茶一杯，她也會懌然地睡去。

呵，像對幼誠一樣，她也沒有把調職的事告訴子琳。

然而，在銀行裏，她卻經常碰到裘愛蓮。她認為，有時，裘愛蓮實在是專誠來看她的。在會客室裏，跟她聚談十來分鐘，告訴她一點小小的喜悅，一點生活上小小的改變：伯聰走後的不久，她就把英語會話進修班結束了，讓她能够留下較多的空閒去安排子琳的公餘生活。由于她不再跟子琳作無理的取鬧，生活也就變得很愉快了。她現在希望有個孩子……裘愛蓮說話時，神采飛揚，容光煥發。她實在是個很可愛的小婦人。而她呢，靜靜地聽着，適時地插上一兩句話，而且竭力使裘愛蓮的快樂成爲自己的快樂的一部份。每當裘愛蓮笑的時候，她想，妳看，她笑得多美、多幸福，這就是妳的快樂！妳不必苦苦地去尋找，有時，放棄的快樂跟佔有的快樂原是一樣的。妳不愛奔波，但却同樣得到了快樂。這樣，妳該可以靜下心來了吧。

她陶陶然地坐在音樂的湖邊，這裏、那裏都綃綴着燈光。每一處燈光都是每一件小小的往事，坐在那裏眺望牠們，牠們都變得很美、很美了。

幼誠已經換了一張唱片。他看她幾乎沒有移動過，便走到她的身邊來：「英姐，妳是不是倦了，想睡了？」

「不是，我在聽音樂，而且一邊在想。你看，我有時候就是喜歡想。」

「想以前的事，還是想以後的事？」

「兩者都想。想起來，牠們都跟音樂一樣美。想像中的世界把現實中醜惡的一部份全剔除了；至少，我自己是這樣想的。」

「我以後也要向妳學。」幼誠說。

幼誠確是願意向她學的，不過，他也知着他是永遠學不會的。她是把愛和犧牲揉合在一起、使快樂和痛苦都變得很美好。有一天晚上，他走到她家裏去，她正在整理東西，開始，他以爲她要出差去；突然，他感到不對，因爲客廳裏的小擺設都給收起來了。

「英姐，妳打算到哪裏去？」

「我已給調到高雄去工作了。」

「上面調妳的？」

她想了一下，搖搖頭。「不是，是我自己申請的。」

「爲什麼？爲什麼？」他抓住她的肩胛，搖着。「爲什麼？爲什麼？」搖得她只好坐下來。

「爲什麼呀？」

鍾竹英感到此刻對自己、對他都很殘酷，但她非得這樣不可。她說：「幼誠，我對你說……」

「我不要聽！」幼誠放開手，背向着她。

「幼誠，我不想跟你解釋我爲什麼要走，我只是說，我以爲你已長大了。」

幼誠猝然轉過身子，再度面對她。一個備受委屈的大孩子的臉。鍾竹英落在他臉上的目光仍是兩股暖暖的光流。他捏緊了自己的拳頭。

「我們都是大人了，幼誠。我會再來看你的。你是我的弟弟，我仍會關懷你，甚至仍會幫助你。」

幼誠望着她。她說得多平靜！只有像她那樣有修養的人才能用這樣平靜的口吻說這樣痛苦的事情。跟她比起來，他永遠顯得幼稚。她之要離開他，只是想使他能夠老成一點。她不願意他永遠是個大孩子。呵，即使爲了要使她放心一些，他此刻也不得不堅强呀。他走去泡了兩杯茶，一杯給她，一杯給自己。她什麼也沒說，只望着他，偶而點一下頭。她的目光在說：我走後，你也要很乖呀，你每天清晨仍舊要跑步呀；路長着呢，你不耐心地跑，怎麼行？想起以後清晨他在省立體育場上跑步、再不能有她站在看台邊欣賞他時，他又軟弱下來。堅強起來，做她的一個好弟弟吧。他打起精神，站起來，開始替她整理東西。這座屋子是他所熟悉、所喜歡的，以後，他却不能再來；而這座屋子，更是她所熟悉、所深愛的，她却爲他而離開，同時，她還爲他離開她的許多朋友。不要儘想自己失去多少，也得想想她失去多少呀！

「英姐，到時候我來給妳送行。」

她搖搖頭。

「爲什麼？」

「我會時常回來的，不必把牠看得這麼嚴重。」

「那末，誰送妳呢？妳這樣好，不能就這麼孤單單地走呀！」

「有的，霍重詩先生，還有項廠長太太。今天下午我才打電話告訴她。她說，她一定要送我。」說完，她忽然奇特地笑了。

沒有播放音樂。靜下來時，兩人都能聽到外面那搖響樹葉的風聲。冬天的風無依地在樹葉中彳亍復彳亍，而悽涼也就從門窗的縫隙中鑽了進來。看來，明天早上，風還不會停呢。也好，鍾竹英想，在風中離去。該在風中飄走的，就讓牠飄走吧。裘愛蓮會駕着黑色的轎車在有風、有陽光的清晨來給她送行。她永遠感激裘愛蓮的情意：想爲她安排一個眞正的家，但她却註定是個要在風中來去的女人。明天，當愛蓮送行之後、回到家裏，剛吃完早飯的子琳會問她：妳去哪裏了？愛蓮會回答：我去車站送鍾竹英，她奉調到高雄去了。子琳該會怔一下。是的，讓裘愛蓮告訴他要好得多。那時，子琳會喟嘆一聲，並以他娓娓動聽的聲調說：「愛蓮，有一天，我要告訴妳一個故事。等我們都很老的時候，我要告訴妳，在很多很多年之前，有一個女人……」

風在外面吹着。她已經覺得很滿足了。

第三十章

幼誠知道，他「離家」已經很久很久了，儘管他站在小閣樓的窗前、怎樣把忠烈祠前的綠樹當作公園裏的濃蔭來欣賞，畢竟這間溫暖的閣樓不是他自己的家；因此，在這溫暖之中也摻雜着些微不能碰觸的辛酸。他眞沒想到，他會在外面住得這麼久。事實上，自從大哥出國以後，他是隨時準備回家的，只要母親這樣說一句：家裏太冷清了，你搬回來住吧。但母親沒有說。或許，這件事該由他做兒子的先開口——他也未始不想先開口，只是，每次，面對母親峻嚴的臉色，他的勇氣就全消失了。去年秋天，考上臺大的幼芝又去了臺北，于是，母親的孤寥更像一匹山間的瀑布，朝夕奔瀉，迄無寧時。

此刻，他從外面吃過晚飯回來，天已黑了。他盤膝坐在床上，沒有開燈。小閣樓在黑暗中似乎顯得寬敞得多。有時，他就這樣把滿車滿廂的往事儎運到小閣樓上來，然後又默默地把牠們送走。但他到底已然長大，雖然免不了要爲有些事情難過，却並不因此而沮喪。住在小閣樓裏，快三年了，現在又將跟牠告別。進來時，他還是一個打包工，出去時，他甚至不止是一個技工了。

他終于捻亮日光燈，整個小樓就泡在一灘光液中。他可以很快地用目光檢查遍小樓上的一切。說小樓沒有改變吧，却也不盡然。他剛搬進來時，牆壁灰樸樸的，而現在，他已把牠粉刷一新；那時，玻窗陷垂，一下音爆，也會引出一陣格格的響聲，而現在，他已爲牠換上新的滑輪和鐵條，並且添上一扇紗窗。他並不嫌憎閣樓的狹小，想起黃士雄來這裏聊天，想起霍伯父無懼于攀登窄梯，數度來這裏看他，想起半年前的某一天鍾竹英由霍伯父陪着，在這裏坐了一個下午……這小樓，像他以往的歲月，在別人看來，隱闇無光，但對他，却是璨熠珍貴得足以使他恆久回憶的。那次，鍾竹英純然是以老大姐的身份來看他的。她讓霍伯父夾在他們的中間。她對他的愛護，他全了解。他寧靜地、有禮地守住這分際，守住那已經昇華了的感情。她問：「幼誠，你還在跑步嗎？」他回答是的。她又問：「你跑到哪裏了？」陡然，他楞住了。他知道她不光是指跑步這件事。她說過，他的路很長，他必得慢慢地往前跑，必得用汗水畫下他的進程，然後在某一地點敲下一塊里程碑。他的確在努力，但是打她離開臺中以後，他却還沒能够敲下一塊新的；或許永遠無法敲下，或許還得等上五年十年，也或許就在不久之後。有個夏夜，士雄跟他在鬧街上走，街的兩旁有幾家電器行，搖頭電扇轉動得猶如雷達。于是，他們又舊話重提：難道他們就不能集合幾個夥伴，搞出一點名堂來？倒不是說做工不好，只是說如果能够突破這一限界，豈不更好？談話雖沒結局，但他們兩個却在書局裏買了好些電機方面的參考書籍。不管怎樣，他們總在努力着。他說：「英姐，我在努力，而且在計劃，不過，要想在短時間內跨越一步，那不知有多難！」

鍾竹英笑了：「可不是？當然難！你看，我在銀行裏做了十幾年，也只跨了這麼一兩步；哈哈，跟你比起來，該多慚愧！」她走到書桌邊，翻看一下他那排列得有條不紊的紡織和電機方面的書籍，然後，轉過身來，說：「你認爲我這次回臺中是爲了什麼事？」

「當然是爲了看看朋友和理理私事！霍伯父說妳要把房子租出去，可是眞的？」

「當然是眞的。本來我是不想租給別人住的，怕把房子弄壞了；但，每年各種捐稅總得繳，而且房子整年關着也會霉爛，想來想去還是租出去的好。上午，霍先生就替我介紹了一家。現在，我們已經把事情解決了，但我還有一件很要緊的事沒有辦，而這件事，又是要你幫忙的。」

他沒有想到自己竟還有一個可以爲她出力的機會，便急忙說：「要我幫忙，那還有問題？是不是屋子裏需要加裝燈頭，或者需要更換電線？這種事，我現在都會做。只要妳對我說明白，我馬上就去。」他把手電筒揣在褲袋裏，把工具袋繫在腰際，沒頭沒腦地就想往外走。鍾小姐「幼誠，別急！」霍伯父說。「你還沒有搞清楚是什麼事呢，就冒冒失失地往外衝。要你辦的可是另一件事。」

他眞有點茫然，癡立在小小的閣樓中，兩隻大手儘在褲管上擦，然後說：「什麼事都好，我能的，一定馬上去做。」

鍾竹英在椅子上坐下來，望着他，目光中仍充滿着暖意與信心。「霍先生，你瞧，我就喜歡幼誠的這份幹勁。什麼事，他能做的、願做的，無不馬上去做。所以，把什麼事交給他辦，你都可以放心。幼誠，我這次來台中，是爲了土地的事，你想不到吧？這塊地，是幾年前無意間跟項太太和她的一個友人合買的。後來，地價漲了，她們就把自己名下的賣掉，用來拓展她們的事業，而我因爲不等錢用，所以一直留着。」

「英姐，我還是不太懂得妳的意思。」

鍾竹英慢慢地打開皮包，慢慢地抽出一張紙來，而那張紙却正是他所熟悉的。他曾在牠上面畫下路程，畫下電器行，最後，畫下一座工廠。她把紙片遞給他：「你沒忘記吧？」

「是的，沒有忘記。」

「我也沒有忘記。那塊土地大約有一千坪，在市郊，我想，牠倒是很適于建造一座小型工廠的。」

「如果你們這一夥的積蓄不够建造廠房和添置設備的話，可以向銀行貸一些款，而且，我也願意投資一部份。」霍伯父馬上接下去。

事情很明顯，鍾竹英跟霍伯父事先就商量好的；事情更明顯，這是他一直想實現却又無法實現的夢。此刻，在他們愛心的照耀下，這夢已然變得鮮明而確實。他抓着床欄，好久說不出話，只感到五月的風從窗口吹進來，灌滿了整個的小樓；然後，他看到，在他前面，一座製造電扇的小型鐵工廠正從平地上矗立起來。而在那裏工作的，除了他之外，還有黃士雄；除了黃士雄之外，還有黑皮；甚至除了黑皮之外，還有那個現在已經不再流浪的流浪漢；以及除了他們四個之外，還有一些別的工人。

他換上一套從家裏帶出來的最好的冬裝，走下樓去，走在忠烈祠的古沉沉的甬道上，走到喧嚷嚷的街道上。他要回家去。他要跟母親細細說一說，並且問她：後天工廠就要開工了，要她不要去看一看？媽，我早想跟妳說了——是的，照他的性子，他早就想說了，是霍伯父阻住他不要說的。霍伯父有他的理由：「幼誠，我並不反對你把這件事說給你媽聽，只是，你媽是律師，什麼都講究『拿證據來』！你現在還在籌設階段，跟她去說，似嫌過早；等到有確確鑿鑿的東西可以讓她瞧見時，她或許會拍拍你的肩膀，誇奬你：『幼誠，你原來也有一手！』」霍伯父和他都清楚媽的這一句話對他的意義有多大！——媽，我早想把這幾個月來我的忙碌和快樂告訴妳，但我克制住了。妳千切不要以爲我瞞着妳是因爲我跟妳有了隔閡，我只想給你一下大大的驚喜。媽，妳或許沒想到我之期望獲得妳的讚許比我之期望獲得其他東西更殷、更切！

幼誠從力行路轉入雙十路。這是一個典型的冷黑的冬夜，風是水淋淋的，從頸間注進去，彷彿整個身子都濕了，幸而他內心火烈烈的希望正燃燒着。等他漸漸行近三民路的鍾竹英的舊屋時，腳步也就自然而然地慢下來。他轉過臉去。那裏，在花木稀疏的剪影下，他依然可以看出明亮的燈光，有鋼琴聲正清越地從屋內飄揚出來。他知道，租住在裏面的是一對夫婦以及他們的一個讀小學的女兒。鍾竹英想得不錯，這房子租給別人住，要比空着好。以前，他在晚上經過這裏，目光觸及的是一塊撥不開的墨，是一片敲不響的靜，於是，他的心裏也像給投進了一小片的陰影；而現在，牠呈現的，則是燦皚的燈光、爽朗的笑語以及輕快的琴音，無形中推給他一份家的幸福與快樂。他總忍不住要幻想，住在那裏的依舊是鍾竹英；或許有一天，她仍會重新住在那裏，跟她的丈夫、以及她的孩子。這樣的盼望可能是他對她的厚誼的唯一的報答。要眞是這樣，那末，在他經過這裏時，他準會彎進去，在她那歡樂的客廳裏做個眞正的客人。

他走得很慢，他知道母親一向很晚才用晚飯，這個時候，可能正坐在飯桌邊——要是他闖進家裏去、無所事事地坐在客廳裏，那會益發襯映出母親的淒寂與他的孤單。這一年來，由於幼芝去了台北，他改爲每星期日回家一次，有時是下午，有時是晚上。今天是星期二，不是他回家的日子。母親看見他去，會怎樣說呢？幼誠，你怎麼又來了，或者，幼誠，最近廠裏很空嗎？於是，他就會回答：媽，幾天前，我已經辭掉東昌紡織廠裏的工作了，因爲我……無論如何，這些話最適宜於在客廳裏說，而且最好有霍伯父在旁邊。霍伯父會替他接下去：是呀，如雪，妳知不知道幼誠跟他的幾個朋友已在市郊設立了一家小型的鐵工廠。這樣，這個話題就可以展開了。

他走到太平路口，站了一會。半個月前，他曾去霍伯父的家。他還是跟以前一樣。雖是冬天，小院裏却依然花團錦簇，紫紅的大理花，黃、白菊花，淡紫和淡紅的唐菖蒲，擠擠挨挨地聚在一塊兒。霍伯父說：「幼誠，請進，請進，你現在是稀客了啊！」說得他幾乎臉紅起來。他實在是好久沒去霍伯父的家了。宛宛待他也很客氣，忙着倒茶、遞水果。她已經有了一個很要好的男朋友，把大哥給予她的創傷全然忘了。

他又從太平路走向中華路去。不管怎樣，買些水果回家總不會錯。母親問他：你怎麼今天又來了？倘如他一下子說不出此行的目的，那他至少可以說：媽，我看現在的橘子又大又便宜，就忍不住買了幾斤回來。他一路走過去。晚上，那一段的中華路又鬧又雜，手推車型的各種攤子，全出現了。那些賣手帕、襪子、毛巾、衣裙的攤子，都用夾子把他們的部份商品吊在手推車的四周，遠遠看去，像是一輛輛的花車。那些賣當歸鴨、豬血豆腐羹、羊肉麵、紅豆湯的小攤子，活像一個個的小廚房。最斯文的，則是賣五香瓜子、長生果、各色蜜餞的，色澤灰褐，毫不引人注目，比起來，那些出售橘子和蘋果的水果攤，就要鮮麗多了。而最令人驚心動魄的，該要數賣香蕉和甘蔗的了，三輪貨車上堆滿了商品，人則站得高高的，以拍賣的方式大聲叫價：十塊！八塊！五塊！好，四塊錢三斤！十十足足的三斤香蕉！有沒人要？好，我再減一塊錢，三塊錢！一塊錢一斤香蕉，哪裏去檢……於是，一大掛香蕉就被遞到一個夜來無事逛逛街的中年男人的手中。

幼誠在各處逛了一遍，然後在一個賣橘子的攤子上選了五斤碗口大的椪柑，裝到籛籃裏。那個攤販還以爲他是買來送人的，還在橘子上面舖了一張淡紅的紙，再用紅繩子縛牢，這才遞給他。他還着橘子，喜孜孜地從中華路直接踏上公園路，又是一街的朦朧、一街的風。一路上全是母親的笑眼。媽，妳笑什麼？好幾年了，我從未看到妳笑得這麼高興過！母親說：哦，幼誠，因爲我終於明白你也是一個好兒子！

幼誠發覺自己的笑聲跟風聲相混合。有一個路人轉過頭來看他。他滿不在乎地吹起口哨來。哦，媽，他會對母親說，我本來打算明後天搬到自己的廠裏去住的，現在，我卻希望搬回家來。我好久以前就想回家了。母親說：好的，你就回家來吧，我也巴望有個兒女在身邊呢！

雖然滿街是風，但希望的火焰卻把街風擋住了。幼誠越走近家就越感到渾身暖適。推開大門，他就大膽而響亮地喚了一聲：「媽！」

「你媽在事務室裏。」霍伯父從事務室的門口探出半個身子，而且朝他眨眨眼，笑了笑。

走進事務室，他才意識到他希望跟媽說話的地方是客廳而不是這個大房間；這裏，委實是太冷峻了，他跟母親多次衝突的陰影不全是交叠在這裏的？在這裏，他連儘情大笑的勇氣都沒有。他跟自己掙扎了一陣，最後說的仍是那言不由衷的話：「媽，我看現在的橘子又大又便宜，就忍不住買了幾斤回來。」

司徒律師坐在大書桌後面的旋轉椅上，正在探究案情。如今，她的「生意」有增無減，因之，有時，連晚上那段應該休息的時間都被她用來處理她的業務了。當然，這也正是她排遣寂寞與塡補缺失的方法。此刻，聽到幼誠的喚聲，她便抬起頭來，看到他的那副躊躇不前的樣子，她就感到厭惡起來。伯聽可從來不是這樣，總是那麼穩沉而洒脫。

「幼誠，你把橘子放在旁邊吧。以後可記住：家裏只我一個人，買什麼都不要買得這麼多。」

幼誠手中的橘子重得直往下沉。聽母親的語氣，似乎他這回又買錯了，心裏一慌張，就搞不清楚母親所指的旁邊究竟是大書桌的旁邊還是沙發的旁邊。轉了一個半圓，還不知道應該放在哪裏，却知道自己活像一個上法庭的鄉巴佬，舉手投足都怕出岔兒；幸虧霍重詩來解圍，說：「幼誠，放在我的旁邊吧，你媽說這話，是怕你花錢花得太多了。你不心痛，她可心痛着！」

且不管這是不是司徒律師的原意，但對此刻的幼誠來說，牠却是十分中聽的。他把橘子放到霍重詩的身邊，自己也就在離霍重詩不遠的沙發上坐下來。司徒律師佯裝着沒有聽見這些話，只毫無表情地繼續把目光凝注在案卷上，但她終究發覺她的心境業被幼誠的來到而陷於紊亂了。近年來，自己的情緒一直不穩定，小小的事情會引起內心的極大波動。有時，縱然是坐在事務室裏，面對案卷，但內心却落入往事匯成的漩渦中。伯聰的每一封來信都帶給她以一份喜悅以及一份因愛與懷念而引起的傷感。他的信措辭機智，內容豐富。那種娓娓道來的風格，配合着他那彩色的生活照片，常使她跌入「他就在她面前」的悵怳中。於是，她就在自己常坐的地方擺上一兩封他的來信，空下來時，抽出來讀上一遍，架構起「他又回到她身邊」的幻覺。但幻覺總有隱退的時候，而那時，她感到的，則是更深的孤寂以及更深的惆悵。他的出國，帶走了她的半個心。

「媽，最近妳是不是更忙了？」幼誠鼓足勇氣，問了一句。他總不能老是這麼呆坐着，他一定得用話語把母親從工作中拉出來。媽，妳不要以爲我眞的是送橘子來的，我還有更重要的事向你報告哩，非常非常重要的事，比妳受理的案件或大哥的來信更重要。媽，如果以前我在妳的眼中是根莠草，那末，現在，我却已經使自己成爲一棵稻秧了。媽，爲什麼你總不喜歡好好地看看我？我不要求太多，把妳給大哥的愛分一點給我，我就心滿意足了。

司徒律師對幼誠問話的反應很冷淡，只抬起頭，重新看了他一眼。當然，她是忙了些；當然，假如她不希望自己這麼忙，她是儘有能力再請一個幫辦來協理業務的。許多剛出校門的法律系學生都願意跟她學習，但果眞這樣，恐怕只會使她自已有更多的空閒去作感情上的奔馳。但這剄，她是無庸跟幼誠明說的。近兩年來，她不會跟幼誠作過一次懇切的詳談。不是不想，只是幼誠從沒有表示過這一渴望，而她也生怕一次詳談會是一次風暴的前奏！要他依順她，未必可能；要她遷就他，也是妄想。她有時問她自已：她還愛這個兒子嗎？是的，依然愛他，但這份愛却早被無數失望、無數痛苦所刺戮、所蹂躪，變得千瘡百孔，無法恢復原形了。她自已清楚：她對伯聰的愛是一幅錦緞，而對幼誠的愛則是一塊破布。她再一次抬頭去看幼誠，收回目光時，觸及的則是放在書桌上的伯聰的來信。她禁不住拿起來，對幼誠說：「我的事，很快就可以告一段落。你坐着沒事，不妨先看看你大哥的信，這是我昨天剛收到的。」

幼誠不自然地走了過去。又是大哥的信！每次回家，母親除了給他看大哥的來信以外，難道就沒有其他重要的事？大哥的來信有他歡樂的一面。他說，他已順利地得到了碩士學位，現在正在開始攻讀博士。他已結識了一個馬上可以獲得碩士學位的漂亮女友，而且兩人的感情在日臻深厚。他已省下六百塊的獎學金，買了一部二手貨的車子。聖誕節就在眼前，他要寄些禮物來給母親和妹妹……可是，在大哥的全部來信中，却從未提起過他這個弟弟；那末，大哥的歡樂對他又有什麼關係呢？他不妒嫉大哥，但也並不羡慕。他只感歎他倆猶如蒲公英的花那樣地被時代的風吹得東西分散，怕再也無法聚在一起了。幼芝呢，常常有信給母親，也常常有信給他。她永遠是了解他以及熱愛他的好妹妹。他對大哥的航空信看了一遍，想把牠遞給霍伯父，但霍伯父說是已經看過了；因此，他又把牠放到母親的大書桌上。

司徒律師終于收起案卷，然後用右手按在伯聽的信上，臉却轉向霍重詩和幼誠，眼中的笑意乍地如泉水那樣地湧出來。「你們都已看過伯聽的信了。他眞會寫信，是不是？什麼事，由他寫來，全部變得鮮活而感人。異國風光、鄉愁與思親、以及他的苦讀與他的成果，出自他的筆下，都成了上好的散文。讀文科的寫得好，人家會說不稀奇，但他可是讀理工的啊！允文允武，實在不簡單。說起來，也是因爲他這些年來一直在循規蹈矩地讀書，從沒偸過一絲兒懶。現在，他在那邊孜孜矻矻地攻讀博士，一點也用不着我做母親的爲他擔心。只是我時常在想，倘若他父親在世的話，看到大兒子這麼成器，不知會多高興！本來，一個人老了有什麼可怕的，怕的是後繼無人啊！」說到最後，聲調忽地又變得哀愴了。

霍重詩看看幼誠尷尬的臉色，心裏不由得責怪起司徒如雪來：對別人說話如此謹愼、婉轉，但對幼誠却儘揀有稜有角的說。說這是做母親的特權，不也太過份了？他惟恐她再說下去，便趕忙勸着說：「如雪，在這樣的冬夜裏，妳坐在書桌前工作，總嫌冷了些；現在，事情旣然已經告一段落，大家還不如坐到沙發上來聊天吧。我建議，從明天起，妳最好叫阿珠在晚上把炭缽生起來，圍着牠取暖、談話，才富于冬夜的情趣呀。」霍重詩對幼誠眨眨眼。「幼誠，我也希望你能每天晚上回家來享受這種情趣。」

「是的，」幼誠喃喃着。「是的，希望每天晚上我都有空。」

最先，司徒律師對他們的一問一答，根本不理不睬，管自捧着一杯茶，走到長沙發前坐下來。霍重詩和幼誠也走過來，坐在她的對面，她這才揶揄地說：「重詩，以後，我要封你一個綽號

——最擅建議的朋友。。」

「可不是嗎？這就是爲友之道呀。對朋友能够直言相告，這是千金難買的呢。」霍重詩的詼諧總是適如其份的。

司徒律師笑了笑，說：「你有沒有想到，正因爲牠太多了，有時也不太值錢哩。」

幼誠也想湊句風趣的話，却怎麼也想不出來。換了大哥，當然就不會有他這種情形，因此，他開始有些窘逼，感到坐在那裏有點兒不對勁，便一會兒移動雙腿，一會兒用手抓抓後頸，擰擰肩胛，摸摸腰、背。司徒律師皺了皺眉：「怎麼，你身上有跳蚤？」

「沒……沒有，媽。」

「那末，好好兒地坐着，別七彎八扭的，連自已的身子也擺不穩。你最近很忙還是很空？」

「很忙——非常忙，媽。」

「對你，還是忙一點的好，免得跟着朋友吃、喝、玩、樂去。你在外面的生活怎樣，我一概不知，而且也不想過問，省得惹來煩惱。」說完，深深地喝了一口茶。

霍重詩拉拉他上衣的前襟，開始說話了：「如雪，我對妳說過，幼誠在外面，不但工作努力，而且潔身自愛。當然，還有一點我沒有告訴過妳：他最近有個很好的計劃。」

「計劃？」司徒律師又笑了，輕描淡寫地問幼誠：「你有什麼計劃？難道又不想幹技工了？」

幼誠用舌尖舐舐嘴唇。是的，母親終于問到這一點了。他可不能慌張，該好好地、好好地說給母親聽，好好地、好好地，就如幾天前他對項廠長說話那樣。那時，他把自已的、黃士雄和黑皮的辭呈直接遞上去，又把詳情面告項廠長。項廠長高興地一拍手，說：「好，這是喜訊！幼誠，畢竟，你也有一手呀！我要定製一塊匾，叫人送到貴廠去，表示一點我對你們的慶賀之意。」他出來時，項廠長一直送他到廠長室的門口，並且說：以後，你仍舊要來玩啊。無論如何，母親的驚喜是應該超過廠長的。幼誠又舐了舐嘴唇，把雙手放到沙發的扶手上，戰戰兢兢地說：「媽，我的確已經辭了東昌紡織廠裏的工作。至于霍伯伯所指的計劃，我得修正一下，因爲到了今天，牠已不僅僅是計劃，而是事實了。我和朋友合開了一家小小的鐵工廠，廠地是由鍾竹英大姐供給的，有一部份資金則是……」

「噢，是這樣嗎？」司徒律師又喝了一口茶，語氣仍是這麼淡淡的。「製造些什麼呢，鐵釘，螺絲？」

幼誠望着母親，他的雙手突然抓緊沙發的扶手，語音也隨着急促起來：「媽，我們……我和我的朋友……都是一些工人，我們的鐵工廠預備製造各式電風扇……當然，我們希望以後不光是製造電風扇。我們都是一些工人，沒有很多的錢，不過，我們有力氣、有幹勁……」

司徒律師又想喝茶，發覺杯裏的茶已被她喝光了，只剩下黏疊在一起的茶葉。她慢悠悠地說：「是這樣嗎？我看，你跟你的那批朋友倒很合得來哩！」

幼誠的聲音乍高乍低，正如他此刻的胸部忽起忽伏：「媽，工廠後天開工，我想請媽去看看。後天上午，媽有空嗎？」

司徒律師沉吟了一下。「後天上午嗎？我也不知道有沒有空。」

霍重詩釘着問了一句：「如雪，後天上午，妳要不要出庭？」

「不出庭。至于說有空嘛，我是一直很少有空的。怎麼，你要去？」

「當然。我看，這樣好不好：妳也不知道工廠在哪裏，後天上午，我叫一輛計程車，陪妳一同去。我向行裏請半天假，妳呐，且把業務擱一擱。」

司徒律師重又考慮了一下，拿起茶杯想喝茶，再一次地發覺杯子裏只有茶葉。她放下杯子，說：「幼誠，既然霍伯伯後天上午會去，那就再好沒有了。我呢，要說沒空，當然也有一些空；要說有空，却總有許多事等着要辦。我想，以後的日子長着，且待以後再去看吧。」

幼誠的那雙抓緊沙發扶手的粗手猝然垂了下來，他整個的身子也是軟稀稀的，他以爲自己將永遠癱瘓在這張沙發上了。好久好久以後，當他確認自己已經恢復過來時，這才向母親告辭。霍伯父送他到門口，然而，即使像霍伯父那樣風趣的人，也說不出一句安慰話來。他堅決地邁出步子。公園路上，行人已經很少；夜，比剛才更冷了；風，好像不是從北方吹來的，而是四面八方捲過來，緊緊地裹住夜行的他。一些被風颳下來的樹葉飄飄忽忽地找不到落脚點，而躲在樹蔭的街燈的光也是搖搖晃晃的。他傾耳諦聽時，只發覺公園裏大樹們的嘿嘿的笑聲伴和着他自己穩健沉着的步履聲。

一九六八年（民國五十七年）十月完稿於彰化溪州

附錄

沉默的天堂鳥——童真

司馬中原

遠在十年前，我就從港臺各地的刊物上，經常讀到童眞的作品，最先從作品上認識了童眞。她的作品一向都有著特殊的風格，可以明顯看出她嚴肅的創作精神，因此我就在心裏想著有這樣一位朋友。

後來香港有位朋友寫信給我，提到過，在當代的文壇上，童眞的作品是相當有份量的。同時，在海外的一些雜誌上，我所撰稿的地方，童眞也在撰稿。這位朋友告訴我，童眞居住在南部的橋頭鎭，我卻一點也不知道。因爲在所有的文藝性集會上，很少見到她。

除了作品外，她的沉默是出乎尋常的，可以說很少參加文藝性的集會，當時由於潛沉於創作的關係，我所接觸的文壇上的朋友也非常少，在我所認識的朋友裏面都不認識童眞。又過了好幾年，我讀到童眞的作品愈多，對她的敬仰也愈深了。

五年前，文協南部分會，開年會的時候，我曾到會去找她，年會是在大貝湖開的。風和日麗的晴朗天，我們坐在湖心一個招待所裏談天。當時我就問一位朋友：

「哪位是童眞？」

「那位女士就是童眞。」那個朋友就笑指著我的對面說：

我發現當時童眞女士也正朝我微笑著。我立刻上前去告訴她，我對她的仰慕，她說著同樣的話，同時介紹了她的先生——對翻譯和理論都有很深造詣的陳森先生。他們夫婦都有著溫和有禮，誠懇熱情的氣質，使我非常傾慕。

在荒僻的南部地區，寫文章的朋友不多，在作品上互相切磋的朋友更少了。他們那時候住在橋頭鎭台糖宿舍區，距我的住處鳳山並不遠，所以我們有很多互相往還的機會。當時我寫作的環境差，不但孩子多，而且經濟窘困。童眞女士的寫作環境則非常的理想。他們寫作環境理想，也並不是在經濟上的，而是在於家庭的和睦和互諒互助，陳森兄很能夠爲太太安排舒適的寫作環境。他一直不求聞達，所以他們夫婦在時間上沒有一般社會上那樣的衝突。他們的時間都是用在閱讀，談心和創作上。

他們的居所前後都有很大的庭院，卻長滿了亂蓬蓬的荒草，在我個人總覺得這些庭園太荒蕪了。

「有那麼大的庭院，不去整理，實在太可惜，假如我有時間的話，倒很願意來你們這兒當園丁。」我說。

「我們不是不感到荒蕪，而是沒有時間用在整理庭園上。」童眞笑著說。

「那麼你們忙些什麼呢？」

「陪你這樣的客人談天，我覺得比整理花木重要得多。」童眞又笑說。

童眞是個最忠於藝術創作的人。她的聲音是從沈默中發出來的，也就是說她的作品就是她思想的聲音。

慢慢我發現，我愛上了他們家的客廳，愛上了他們住處安謐、寧靜的氣氛，以及她那一群活潑潑的寶寶們。當我能抽出閒暇時，總是在傍晚搭車去他們那兒，享受她的好菜和醇酒，清清靜靜談著些文學上的問題，也交換了很多創作上的意見。很多年來，眞正能夠使我感覺到從談話中受益的也就是同他們夫婦在一起了。

由於創作的風格和見解的相同，使我非常留戀他們那個地方。一個有月亮的夜晚，我們曾從客廳談到餐廳，從餐廳再談回客廳。告別時，他們夫妻送我到糖廠的招待所，我們在明朗的秋月下，在扶疏的花木叢中，忘其所以的一直談到深夜。離開時，才發現火車和汽車都沒有了，我看看錶已經到了深夜一點鐘，我又忘了帶車錢，祇帶著一身的興奮和愉快，就這樣踏著月光走了將近二十多公里的路，直到天亮，才回到家裏去。

童眞不但寫得一手好的文章，在家庭中更是個好妻子，好母親。她對於子女的教育同照顧都是那樣的溫柔、慈祥。具有深厚的愛心。

文壇上的朋友大半知道他們夫婦是以好客聞名的。踏進她家的門眞如到了蒙古，祇要「有朋自遠方來」，夫妻兩個就會放下筆來，忙得團團轉，甚至丟開工作，用很長的時間陪著朋友聊天。

童眞的一手菜是跟著名廚師學來的，您踏進她家，都有大啖的機會。他們離開南部遷到中部，我遷來北部也離開南部。彼此天南地北，相隔很遠，雖然涎垂三尺，久欲去潭子盤桓，但也抽不出時間來了。

有些朋友寫過介紹童眞的文章，把她比作袖珍美人，也有的過份誇張地說她體重僅有三十多公斤，但那祇是遊戲文章而已，童眞雖是小巧型的，也不至於眞的能作「掌上舞」罷。

他們夫妻對朋友雖是非常的敦厚、誠懇、熱情，但他們實在是有著嚴肅的一面，對於人生的忠實，對於作品的不斷尋求的態度最使人敬佩。

童眞從事創作，已有十多年的歷史了，十多年來除了勤勉創作之外，她從沒爲自己呼喊和標榜過什麼。如果說童眞是一隻鳥，那麼她該是隻沈默的天堂鳥，她只在作品裏面發出清脆悅耳的鳴叫，決不像一些麻雀，總是吱吱喳喳地洋洋自得。早先，好像曾有人說過一個笑話：說作家王爾德，編劇上演，觀衆非常稀少，有些人就問他：

「你的戲情形如何？」

「戲是非常成功，但是觀衆卻失敗了。」王爾德說。

要是把這個笑話引用在童眞的作品上，正是同樣情形。

童眞不是個多產的作家，她每天大部份的時間沈浸在創作裏面，所出版的也不過是薄薄的幾本書。從她「古香爐」「黑煙」到「愛情道上」到「爬塔者」，「霧中的足跡」、「彩色的臉」，以及最近所寫的「車轔轔」同「夏日的笑」這幾部創作，我們可以看出她的作品在不斷的進步，我個人總是在想：一個作家最難得的就是能夠不斷地否定自己以往的成就，朝更高處去攀越，如果不是這樣，光是一部又一部地出產同樣作品的話，那就是一個文匠了，也就是說沒有不斷的引昇，那些作家失去了創作的原始動力，也就是殭化，停頓的訊號。在這方面，溫柔而纖巧的童眞是無比嚴肅，無比堅韌的。

假如以單純的商業價值去看，童眞的幾本書可以說是毫無商業價值的，大部份的讀者都不能夠接受她的作品，在這方面，童眞可以說是有些兒寂寞。但，我想不但是童眞，任何一個有深度的作家，都有著耿介的性格，不會去迎合大衆的口味。事實上，她忍受得住這種寂寞，從來沒有把這種寂寞掛在心上，她心裏所想的祇是讓寂寞幫助她，使的作品，在寂寞中悄悄生長，使它發出更深厚、更悅耳的聲音。

雖然我們不常相聚，但我總有一種奇怪的情感，就是當我在思想，在寫作的時候，我們的精神、我們的思想都會在一束燈的圓光下相遇相契。我想，這些眞純的友情，對於童眞是很重要的，像現在遠在美國的聶華苓，像我們這些在臺北的朋友，隨時都在記掛著她，記掛著她的創作，這種彼此間無聲、無形的鼓舞與激勵，對於彼此都有很大的幫助。不管是我個人，或是童眞，或者是其他的朋友，每有新書出版的時候，一定要先寄給對方，並且誠意地接受對方的批評。這些批評的嚴格，會嚴格到出乎意外的程度，我個人有很多作品，都接受過童眞所給我的意見。

在創作上，童眞的立足點站得非常的穩。她對於文學的認知也是非常的深。她的作品從不在皮相上求新，而是在實質上、深度上、表達上，求精、求深、求新。所以她的作品，無論站在傳統的，或是現代的角度上去看，都是夠穩實的。她的生命經歷，比起一般作家並沒有什麼特殊的地方，她早年在浙東鄉土上的生活，算是東方閨閣的生活。後來雖然經歷過民族整體的離亂，但是她並沒有實際地接觸那些廣泛的各階層的生活。從少女到主婦，她的生活面廣度和深度都嫌不夠，由於她創作的心意堅韌，因而她作品的表達面盡量地拓廣，同時她能夠兼持熱愛，不斷地吸取生活知識，溶入她的生活，再發而爲文。

我個人覺得對於時代生活的認識，實在是創作最重要的基礎，因爲我們單有概念是不夠的。童眞也深深明瞭這點，最可貴的是，她在作品中處處流露著她對整個民族人群生活的關心和那種純粹的母性之愛。童眞雖然在這方面使人稱讚，但是，我覺得文學作品除了內容同取材，表達的深度也佔著很重要的部份。這一部份正是童眞和我們共同追求著的。

生活在當代的作者群，在創作生活中感覺到最痛苦的就是藝術與生活的雙重重擔，同時落在一個人的雙肩上面，顧慮到現實的生活，就妨害到藝術的精度，顧慮到藝術的精度，就會使現實生活的壓力加倍深重。童眞雖有著家庭，有著這麼多子女，爲他們的教育與求學要分去不少心血，同時一個女作家，無論她的家境怎樣，總是有很多瑣碎的家務去待她親自的操心料理。由於陳森兄很能爲她安排，使她能夠長久保持著一個安定的，不爲柴米焦愁的理想寫作環境，所以她在生活顧慮上應該是比較少。也正由於這樣，這些年來，她作品的進步是飛躍的。在「霧中的足跡」、「車轔轔」這兩部長篇裏，她所表露的技巧使我自愧不如，我相信她這一部長篇近作——「夏日的笑」，一定會有更好的表達，使我去領會，去學習。

自他們遷居到中部潭子鄉後，我們差不多也有將近四年的時間沒見面了。我對於他們夫婦的懷念，好像懷念著遠去美國的聶華苓大姊一樣。在夜晚，我常會面對著攤開的稿紙，任思緒像游絲般的遠行，從回憶當中去想念他們。

憶及在大貝湖初次同他們夫婦見面的景況，以及我在他家非常靜雅的客廳裏所閒談的問題，眼前便會浮起她的影子，她從作品的拓展中把她帶領著走出了閨閣，走向了這一個廣大的社會。但是她的人還是保有著東方的閨秀風格，高雅的氣質和溫文的談吐。在她的話語裏面可以揀拾到很多靈明的透徹的觀念，在在地給我啓發。也許中國古語說得對「一瓶不響，半瓶叮噹」。我想他們夫婦所以能夠固守沈默的原因，也許是他們認識文學這條道路是非常的遙遠，非常的艱難罷？等於我們在爬山一樣，除了懷著某種征服什麼的心情，含蓄虛心地朝上爬外，那裏還有餘閒去眩示自己呢？我們想征服什麼，結果總是被山征服了。擁抱文學也正這樣，我們總是想不斷地攀援，不斷地引昇，不斷地去征服，但是最後我們還是被文學征服了。

我不敢說，童眞目前的作品，達到了如何如何高的水準，至少，她這種耐得寂寞和在寂寞當中不斷追求的精神，給我太多的鼓舞。

童眞的身體不太紮實，由於過份勤勉創作的關係，有一度時間幾乎患上了肺病，但是後來她寫信說：她的病已經慢慢地轉好了。更由於她常常夜晚伏案爲文，以致她的腰部常有酸疼的現象。一般的東方人由於營養，生活同體格的關係，創作年齡都比西方人要短，同時中國的文字，不像西方拼字母的那種方式，可以坐下來就打字，必須要一筆一筆地澆著心血寫在稿紙上，所費的功夫也比較大，我們希望童眞在創作之餘，還是要避免過份的操榮，同時盡量地注重身體的保養，使得她能夠有那樣的精神，那樣的體力支撐著，使她創作年齡有一般比較長久的時間。這樣她才能夠有充份的精力，去完成她龐大的創作的構想，使得那些構想，都變成一部部擲地有聲的作品，給我們這座荒涼的文壇帶來更多清新的、悅目的聲音。這就是我個人恒在祝福著並且盼望著的。

童眞，這隻沈默的天堂鳥，她仍會在以後的很多作品裏發出她的鳴唱，我懇切地希望很多青年朋友們能夠進入她的作品，細心地去體會，去體會到一個精心創造的藝術品同贗品之間不同，同目前粗製濫造的那些所謂「閨閣派的小說」完全不同；我覺得世界上最好聽的聲音就是思想的聲音，這種聲音，在童眞的作品裏面是充份流露著的，就好像我幼時讀著張愛玲的作品一樣，也許童眞沒有張愛玲那樣高的才華，但是她比張愛玲更有耐心，她在不斷地鍛鍊著她的功力，有一天，她的功力自會補足她才華的不足；在文學藝術越來越蓬勃發展的今天，一些比較精煉的藝術作品，應該逐漸被廣大的讀者群所喜愛，童眞的寂寞不會太久了。

鄉下女作家童真

夏祖麗

鄉下人總是要比城裏人早起的。住在彰化溪州西螺大橋邊的女作家童眞就是一個早起的人。二十多年來，她早已習慣了在早晨五點半就起床了。起床後總是先整理那一百五十坪大院子，她在那裏種植了十幾種果樹、三十幾種花草；在每一季氣候沒有明顯變化以前，那些屬於這個季節的花草果樹都已經盛開了。她家的春天總比別人家的先來到。

童眞很喜歡一個人靜靜地觀察那些花草。她認爲它們在早上看起來有早上的色調，晚上又有晚上的光采。一枝花草從盛開到凋謝就像喜怒哀樂的人生一樣。

早上，弄完了早飯，送走了丈夫和兒女去上班、上學後，她就提著菜籃去買菜。鄉下的青菜便宜又新鮮，都是農婦們挑著自己種的菜去賣。她總喜歡多撿幾種菜買回家，吃起來特別清香好吃。

每天買完菜回家時，都要經過一大片草坪。雖然家就在眼前，但每次仍忍不住要在誘人的綠坪上休息一下。這一大片地原是台灣糖業公司的糖廠，後來拆掉了，就種了許多樹木、花草，整理成一個公園。

她每天煮飯、燒菜的時候，也就是她構想小說的時候。她說，那時，她的手在忙，心裏卻有空，就把平時看到或聽到的一些人物和事情拿出來想，把它編成一個故事。一邊燒菜，一邊想，也使枯燥漫長的廚房生活變得有趣而短暫。也許有人會想她大概常會把菜燒焦了吧！不然，多年來的主婦生活已經把她訓練得一走進廚房就輕巧俐落起來了。一個小說故事構想好了，她又會在廚房裏思考用怎樣的人物來表現這個故事的主題和思想。故事中的主角和主要配角出來了，她才開始寫。寫好了，再修改。她的小說都很合情合理，讀者很容易接受。

她不喜歡寫大綱。她的第一本長篇小說「愛情道上」是先寫大綱，然後再寫成的，她自己不很滿意。後來她就不寫大綱了。

童眞是不習慣坐在書桌前構思的。每當她坐在書桌之後，就開始寫。她是一個愛乾淨的人，家裏的地板總是刷洗得很乾淨，窗戶擦得光亮，她的書桌卻是亂得不得了。桌上是什麼東西都有，有稿紙、有東歪西倒的墨水瓶、藥罐、有廢棄的痱子粉罐，這塊見不得人的地方卻是她的小天地。每當她搬一次家，她就把桌上的那些亂七八糟的東西都丟掉，把書桌好好地整理一番，但是沒有多久又恢復了亂七八糟樣子了。別人看來越是亂，她卻越覺得有秩序，這似乎也是許多作家的毛病之一。

每天下午是她一個人的天下。她喜歡先小睡片刻，起來後靜靜地坐在客廳看書，有時看倦了，她就到院子裏或公園裏去散散步，那裏有許多參天的大樹，有時她可以在那兒坐上半天。這種享受是她這幾年才有的，從前，因爲孩子小，她就沒有這份清閑，現在，兩個大兒子和一個女兒都離開家到外地去唸大學，小兒子也是整天在學校裏。

晚上八點到十一點是童眞寫作的時間。她寫稿子從不熬夜，也不抽煙或喝茶，只是要絕對的靜。鄉居的生活倒很能滿足她的這種習慣，因爲鄉下人沒有什麼娛樂，大家都睡得很早，不到十點鐘已經是寂靜無聲了。這使她能安心寫作，也是她一直到現在寫得很勤的原因之一。

她的丈夫陳森在台灣糖業公司工作，也經常翻譯英美小說和文藝理論的文章。二十多年來，童眞一直隨著丈夫住在台糖公司的宿舍裏，從花蓮光復、高雄橋頭、臺中潭子到現在的彰化溪州，一直沒有在大都市裏住過。

鄉居的生活使得她很少與外面的人接觸。也許是這個緣故，她到現在仍說一口寧波話。她自己常開玩笑地說：「我的寧波話說得太好了，所以國語說不好。」有時，她的「阿拉寧波」話一出口，就連她的兒女都不太聽得懂呢！

語言上的隔閡也許就是她不善交際的原因之一，遇到生人就會有些木訥。如果你和她靜靜地、慢慢地聊，你又會發覺她是個很會聊天的人。她的那口硬綳綳的寧波官話倒也相當吸引人。

童眞本人給人非常「鄉下」的感覺，她描寫起都市來卻什分道地，寫盡了都市百態，她是一個很善於描寫都市生活、都市人的作家。

她說：「我難得到臺北去一次，每去一次對都市生活的改變都特別敏感，我想這也許是我自己隔了一個距離去看都市，反而比生活在都市裏的人感受得深。」

「我喜歡都市生活的某一部分，比如聽音樂會、看話劇、看畫展；但是我更喜歡鄉下的生活，也許我已經是鄉下人了。」

常看童眞的小說會發覺她也很善於描寫人物，她把人物刻劃得很深入透徹。問到她是怎樣去構思一個人物的？她說，小說中的人物是虛構的，卻要很細心地去揣摩，想像某種性格的人會穿什麼樣的衣服，會說出怎樣的話？然後很自然地把這個人物發展下去，能讓人覺得他們是在日常生活中常會見到這種人。她認爲人物是小說中最重要的部分，一個人的家庭背景會影響到他的心理，心理又會影響到他的性格行爲，描寫一個人物時，要把各方面都寫出來，這個人才會立體化。小說中的人物總要比普通人特別一點，如把普通人寫進小說去，總要把他化妝一下。

她的生活圈子有限，她寫作的題材卻很廣。她是怎麼樣去發掘題材的呢？她說：「嗯！一個小說家能寫出這麼多種不同的人物、不同的生活，倒並不一定非要去親身經歷；他可用自己敏銳的感觸、廣博的同情心、豐富的想像力和哲學的基礎來把主題深刻化，用有力的故事深深地打動人心。

「當然，如果描寫自己熟悉的生活或人物會更眞實，更成功些。我的『夏日的笑』有幾章是描寫監獄的生活，『寂寞街頭』，有幾章是描寫工廠的生活，我曾多次到監獄和工廠裏去參觀。小說家的感觸總是要比一般人敏銳的，有時，一件事情在表面上看起來很平淡，卻有它的不平凡之處，這也就是小說的題材。」

說到這裏，她好像想起了一件事，就笑了起來說：「我的腦子常常會胡思亂想，有時我在炒菜時忽然會想到客廳裡的傢俱擺設該換換了，等我的先生回來了，我就把這意見告訴他，但我的那些突如其來的想法往往會被他否決掉。我認爲我這種喜歡東想西想的毛病有時對寫作卻是有益的。我覺得豐富的想像力是一個小說家絕不可少的。」

曾經看過童眞寫的一個短篇小說「僅有的快樂時光」，文中是描述一個得了癌症去醫院求診的老人的故事，她把醫院的氣氛和老人的心情都抓得牢牢的，讓人讀後非常感動，問她在怎樣一個情況下寫成這篇文章的，她說：「有一年，我右手的兩隻手指有點小毛病，不能寫字，就常到醫院去照鈷六十。我在醫院裏遇到了一個得了癌症的鄉下老人，他知道他自己快死了，卻對生死看得很淡，他那種表情和那種對人生的看法給了我很深的感觸，我就以他爲主角，寫了那篇『僅有的快樂時光』，後來，很多人都告訴我他們喜歡這篇文章。你說我把醫院的氣氛和老人的心情捕捉得很成功，我想主要是那件事情留給了我很深的印象。」

童眞覺得短篇小說比長篇小說更能表現不同的形式，寫過長篇後，寫短篇是一種調劑。

她覺得寫長篇很苦，前面寫得好，後面也要好，不然，前面就等於浪費了。她寫作時也常會遇到困難，她不怕難，卻喜歡難，她覺得越是困難處，也越能表現技巧，也就是最能拿出一點東西來。

目前，童眞已經出版了六本長篇小說、五本中篇小說、四本短篇小說集。她的作品在結構和形式上都很新，她認爲藝術貴在多變，如果老寫某一種形式的小說，就會讓讀者覺得枯燥，她寫作時總是儘量嘗試各種形式。她希望變新，但絕不勉強自己去變，或變得離譜。她說：「福克納曾經說過『人不要超越別人，要超越自己』，我希望自己能夠做到這一點，那我在寫作上就會更進一層了。」

女作家童真

鍾麗慧

有人說，婚姻是女人生命的分水嶺。女作家童眞女士的寫作生命就是開始於婚後，因爲她的另一半陳森，是位翻譯家，經常翻譯英美小說和文學評論文章。更重要是陳先生認爲她是「一塊『可琢之玉』」。

夫婿知其爲「可琢之玉」

童眞曾寫過：「現在想來，我是大大地上了他的當，以致二十年來（時爲民國六十年）我苦苦追求，熬夜來捕捉那個飄忽的夢——像在春三月的田間捕捉那隻翩飛的七彩粉蝶。」其實，她已捕捉了七彩粉蝶，擁有五本短篇小說集、五部中篇小說、七部長篇小說的創作成果。

童眞如同大多數的作家，先從散文著手，爾後才從事小說創作。民國四十年開始寫短篇小說，當時她隨任職臺灣糖業公司的夫婿住在花蓮縣光復鄉。自幼孱弱的她總是寫寫病病，或是邊寫邊病。

四十四年底，以「最後的慰藉」這個短篇小說，獲得香港「祖國週刊」徵文的「李白金像獎」。這個獎鼓勵她更勤奮地創作。

四十五年，舉家遷往高雄橋頭，她「在搖滿鳳凰木綠影」的小書房裏寫下很多短篇、中篇。

四十七年五月，由高雄大業書店出版第一本短篇小說集「古香爐」，收有十四個短篇小說：「古香爐」、「最後的慰藉」、「春回」……等等。作者在後記裏說：「有幾篇著重於心理嬗變過程的剖解；有幾篇著重於人物的刻畫；有幾篇著重於闡釋小小的眞理。主題是以發揚人性爲基點，而以發揮人性、追求人性光明爲終點。」

在此同時，臺北自由中國社也出版了她的第一本中篇小說集「翠鳥湖」。

四十九年八月，由臺北明華書局出版第二本短篇小說集「黑煙」，收有「黑煙」、「熄滅了的星火」、「穿過荒野的女人」等十四篇。

司馬中原曾說：「嚴格起來，『黑煙』只是童眞試煉作品的綜合。那一時期，作者自知她龐大的創造野心與其內在經驗世界的周極不成比例，形成過重的荷負、過巨的精神壓力；但她仍像一隻蜘蛛，在風暴中綴網。

「她初期的短篇作品，恆以其理想的生存境界爲中心，欲圖構建成一圈圈縱橫柔密的閃光的環繞。她精神的質點與作品的價值，全建立在內發的眞誠上。她創作的道路，不是單一的直線，而是一面綜錯的網。

「以『黑煙』言……她已經把她思想的觸角探入煙雲疊壓的歷史，探入熙攘喧呶的大千世界，雖未直入中心，亦已觸及邊緣。

「在早期，童眞的短篇作品就顯示出現代感覺和淡淡的現代色彩了。『黑煙』所收各篇，就氣韻說，是清麗典雅的。」

民國五十一年，完成第一部長篇小說「愛情道上」，於民國五十二年六月，由高雄大業書店出版。

童眞自述：「很多人的第一部長篇彷彿都有自己的影子在，而我卻沒有……。但它卻帶給我一個好處：寫了它，就使我有膽量寫第二部。」

這第一部長篇小說，是她先寫好大綱，再依大綱慢慢寫成的，她自己不很滿意。此後，她就不寫小說大綱了。構思完成，確定所要表達的主題、幾個主角的性格和職業，以及幾十個字能夠說完的故事，就動筆了。

司馬中原說：「『愛情道上』一書，童眞取其最熟悉的浙東小鎭——章鎭爲背景，那兒是她安度童年的家鄉，也是她早期經驗世界的中心，人物活動其間，實應充滿色彩濃郁的鄉土風情。」

民國五十一年是童眞豐收的一年，除了在「中華日報副刊」連載「愛情道上」外，一口氣在香港出版了四本中篇小說集——「黛綠的季節」（友聯書報雜誌社）、「相思溪畔」（環球圖書雜誌社）、「懸崖邊的女人」（鶴鳴書業公司），和「紅與綠」（虹霓出版公司）。

民國五十二年十一月，由臺北復興書局出版第三本短篇小說集「爬塔者」，收有的十九篇是「爬塔者」、「溪畔」、「眼鏡」、「花瓶」……等。

小說如東方的錦繡

五十三年，童眞又搬家了，仍搬到小鎭上──臺中潭子。在這個新家她著手寫第二部長篇小說「霧中的足跡」，以自流井爲背景。

「霧中的足跡」頗獲司馬中原的青睞，他前後讀了九遍才撰寫評論。司馬中原認爲：「『霧中的足跡』是童眞極爲堅實的產品，一幅精緻的東方的錦繡；她自其經驗世界的深微處作小角度的切入，托現出一些已逝時代中常見的眞實人物。像揹負著男性傳統優越感而又渴求眞實愛情的文岳青，企圖以本身勇氣摒除傳統囿限、追求理想愛情的林範英，叛逆社會不合理壓力、顯彰獨立自我的江易治，接受新教育薰陶、感受新舊觀念衝突、而實際身受其痛的林範強，純情而天眞、涉世不深的許舒英，質樸不文的長春和小梅……她把這眞實人物放置在自流井產鹽地這樣眞實的背景上，任他們按照各自本身的意識去決定他們自己的命運和歸宿。

「這樣嶄新的手法運用於長篇作品，是一項空前的嘗試，因它破除了傳統的『架構』方法。『霧中的足跡』不是刻繪愛情的『故事』，而是那一時代人生的顯形。在書中，童眞隱退了，她既非旁述者，亦非代言人；她唯一繪出的，就是她所親歷的時空背景，她把那些眞實人物，融在那樣的背景當中。『霧中的足跡』所表達的愛情悲劇，不是出諸童眞的臆想，而是出諸時代的壓力；不是出諸外在的行爲，而是出諸內在的意識；不是限於悲劇的主人，而是所有那一時代人物的無告的沈愴。」

童眞自己也說：「我寫『霧中的足跡』的動機，無非是想抓住那個時代的情景、人物、思想、衣飾……給那個時代留下一角剪影而已。」

在創作「霧中的足跡」的同時，童眞也寫了不少短篇小說，於民國五十四年八月，由臺中光啓出版社出版「彩色的臉」一書，收有「彩色的臉」、「風與沙」、「一個乾燥無雨的下午」、「黑夜的影子」等十二篇。

司馬中原曾說：「『彩色的臉』一書，使童眞獲得極高的評價，被譽爲成功的現代作家，這評價正是她初期碰索的結果。」

其實，在那一時期她還有許多短篇小說作品發表，直到民國六十三年七月才結集成書——「樓外樓」，由臺北華欣文化事業中心出版，共收有「樓外樓」、「純是煙灰」、「僅有的快樂時光」、「夜晚的訪客」等十一篇。

其中「樓外樓」是她最喜歡的作品。她說：「我常喜歡把好幾層涵義同時編織到一個短篇裏，乍看是這樣，但底下卻可能還有一些。……『樓外樓』，『表面』只是一個人爲了愛妻去追求一座新樓，而最後卻寧可爲了獲得新樓而把妻子拱手讓人，但『底下』卻是把追求新樓作爲追求理想的象徵；一個人，幾經挫折，追求的雖仍是那個目標，但本質卻已改變。

人生的悲哀就在這裏。至於物慾與情慾的無法滿足以及兩個同業因機遇的不同而『昇』、『降』有殊，則只是另一些涵義而已。」

另外，「純是煙灰」是侯健教授頗感偏愛的小說，他說：「它揉合了悲天憫人，在不動聲色的斂抑裏，渲染出濃重的感傷色彩。故事是民國三十八年大動亂的餘波。周少勃和玉茹，是亂離中共患難的一對，卻因爲少勃的傳統——不忍說是舊——道德的束縛，不敢乘人之危，錯把愛情認做自私，以致自誤誤人。少勃的錯誤婚姻，從自敘與烘托兩種方式裏逐漸透露。方法仍是斂抑的——比較狄更斯處理孝女耐兒之死或『紅樓夢』及『花月痕』裏面，黛玉和韋痴珠之死，和海明威的『戰地春夢』中凱西之死，就可以了解這種方式的特質。『我』和少勃，都是舊了的人，大約也可以說是小人物，他們有濃厚道德執著，卻也有持久不變的感情——友情和愛情。題目的『純是煙灰』大約是人生一切的最終譬喻。『昨夜有風』始，『今夜沒有星辰』應當是『昨夜星辰昨夜風』和『如此星辰非昨夜』的綜合。前者是李商隱，『此情可待成追憶』的李商隱；後者是黃仲則，落拓潦倒的文人。這一切是人生的諷刺？……而對小人物所遭遇的自我衝突，價值與行爲上的衝突，表現得餘意盎然，而其人性是美麗的。

女作家林海音則喜歡「僅有的快樂時光」一篇。「僅有的快樂時光」寫的是患癌症的老人，在醫院遇到同病相憐的老人，後來兩人結伴同遊，共享僅有的快樂時光，小說中另穿插小孫女的理想和願望，代表充滿希望的年輕生命。

童真說：「這篇主要寫老年人不畏怯死亡，以及兒女忙碌，同病相憐的老人結伴同遊，追求晚年的快樂時光。」

很多文友或讀者都讚美她把醫院的氣氛和老人的心情捕捉得很成功。她說：「有一年，我右手的兩隻手指有點小毛病，不能寫字，就常到醫院去照鈷六十。我在醫院裏遇到了一個得了癌症的鄉下老人，他知道他自己快死了，卻對生死看得很淡，他的那種表情和那種對人生的看法給了我很深的感觸，後來，我就以他爲主角，寫了那篇『僅有的快樂時光』。我想主要是那件事留給了我很深的印象。」

直到今天，童眞仍自信這篇短篇把老人的心理揣摩得很仔細。

五十六年元月，光啓出版社又出版了她的十八萬字的長篇小說「車轔轔」，她從五十四年新春執筆，到第二年三月才完成，五月開始在「新生報副刊」連載。

「車轔轔」中有三位女主角：白丹、紀蘭、史小曼。白丹是個善良、單純的好女孩，但不知道自己追求的是什麼；紀蘭是最有理想的一個，不顧一切阻力追尋她的理想，她喜歡戲劇，是個熱心的贊助者；史小曼則談不上理想，但懂得抓住機會追求物質享受。

童眞述說創作「車轔轔」動機：「那時，因爲有感於文壇的捧『角』之風甚盛，文藝眞僞不分，也少價值觀，我雖出身商業世家，總認爲在商固可言商，在文卻也只能言文，這觸發我構思一部以描繪這一代的迷惘、慾求、堅韌與職責爲主題的長篇，於是，我就開始撰寫『車轔轔』。『車轔轔』對那一期間的藝文界有批判，也有建議；據我所知，當時似乎還沒有一部作品這麼犀利地指向那一方面的。」

五十八年二月，高雄長城出版社出版了她的第四部長篇小說「夏日的笑」，文長達四十四萬字。這部小說自五十五年六月動筆，至五十六年六月才完稿。她說：「寫作經年，無日或息，熬白了半頭黑髮。」足見其嘔心瀝血之苦。

「夏日的笑」甫出版不久，「現代學苑」雜誌的「書刊評介」欄，由老松執筆說：「在幾乎分不出『文藝』與『言情』的現今文藝創作裏，這是一本值得推薦的文藝小說。內容以一個平實而健康愛情故事爲主幹，並以三種不同的愛情方式去陪襯它，場面十分熱鬧。」

同年五月，臺北立志出版社出版了童眞的第五部長篇小說「寂寞街頭」。她曾爲了書中有幾章描寫工廠的生活，多次前往工廠參觀。這部二十八萬字的長篇小說，著手於五十六年十月，至五十七年十月完稿。她說：「該文前半部寫於臺中潭子，完成於彰化溪州。西晒的房間，夏日苦熱，整天以電扇助涼，卻因此患上了風濕痛。」

儘管病痛纏身，體重總維持四十來公斤，她仍寫作不輟。

五十九年九月，臺北立志出版社出了她的第六部長篇小說「寒江雪」，二十八萬字。意寓人生在追求目標的過程中，得失無常，禍福難料。

六十三年十月，她又完成第七部長篇小說「離家的女孩」，十六萬字，曾在「中華日報副刊」連載，尚未出版。

寫了十一部小說

數一數童眞女士筆耕二十餘年的成績，共創作了五本短篇小說集、五本中篇小說集、七部長篇小說。

六十六年，她再搬回臺中潭子定居，因爲健康情況不佳，而不再從事心力交瘁的小說創作了。她說：「現在儘有時間欣賞別人的作品了。」

對於自己的小說作品，童眞自剖說：「不光是寫故事。寫小說不是寫故事，我寫的是人物、我的見解、我的人生觀……但不明白地說出來，讓讀者自己去細細地讀，慢慢地體會。」至於寫作的態度，她說：「我專心專意地寫，不爲名利。因此今天，再回頭看我小說，我完全沒有後悔。」

她的好友司馬中原稱她爲「沈默的天堂鳥」，司馬中原說：「童眞從事創作，除了勤勉創作之外，她從沒爲自己呼喊和標榜過什麼。如果說童眞是一隻鳥，那麼她該是隻沈默的天堂鳥，她只在作品裏發出清脆悅耳的鳴叫，絕不像一些麻雀，總是吱吱喳喳地洋洋自得。」

又因三十多年來，她總住在鄉間小鎮——花蓮光復、高雄橋頭、臺中潭子、彰化溪州，直到現在定居臺中潭子，而且她又很少參加文藝界聚會，因此，又被夏祖麗封爲「鄉下女作家」。

這位民國十七年出生於浙江商業世家的女作家，在結婚前從未有當作家的志願，她回憶當年說：「入學而後，我最突出的功課不是國文而是數學，因此，我在日後攻會計的姊姊的勸導下，遠豎在前方的標牌上，寫的也是工程師，而非寫作家。」後來，她自覺身體不適於工程鉅任，面臨抉擇的關鍵，卻遇到她的業餘翻譯家丈夫，她憶述：「當時，陳森是以才子型的姿態出現的，他能寫論文，能譯小說，但卻理智得不會寫小說。不會的，總是最好的，他就把這個無法實現的理想建築在我這個瘦女人的身上，認爲我是一塊『可琢之玉』……」

幸虧有陳森先生這位掘玉礦的人，否則，文壇將失去一塊璞玉。

一九八五年四月（民國七十四年四月）

一個具有三種年齡的女人

陳　森

說她像個女孩子也好，說她像個中年的黃臉婆也對，甚至說她像個老婦人也沒有什麼不是；反正，在我看來，她是兼具三種年齡的女人。

他的父母給了他一個很有筆名味兒的姓、名——童眞。有時，我想，或許，正因爲這個姓名，促使從小學開始，數學成績一直遙駕其他各科成績之上的她從事於耍筆桿的活兒。她有一顆不怕上當、何妨糊塗的心，有雙能夠數清大樹高處葉子的年輕眼睛，有在熟人面前毫不克制的笑聲，當她在家裏跟孩子們一道歡笑時，外人很難分辨出那笑聲裏還摻雜著一個屬於孩子的母親的。那時，她就很像一個女孩子。但她瘦弱，時常鬧些小病，感冒發熱，腰酸背痛，這時，她就臉也不洗，頭也不梳，懶拖拖地一邊做事，一邊埋怨我不會替她買菜、燒飯，孩子們不會幫她洗衣掃地，那種嘮叨勁兒以及憔悴模樣，就像一個令人厭煩的黃臉婆。而近五、六年來，她接連寫了五個長篇，把一頭烏髮寫成花白，再配上一身暗色的衣著，從背後望去，幾次被人認爲是老太太。然而，在某個冬日，她竟能覆上頭巾，頂著冷風，興致勃勃地趕去看她那個寄宿中市，就讀高三的大兒子；後來，兒子回家說，同學們硬說那天去看他的是他的大姊！

童眞作品目錄

書名	類別	出版者	出版年月
①翠鳥湖	中篇小說	自由中國社	民國47年
②古香爐	短篇小說集	大業書店	民國47年
③黑煙	短篇小說集	明華書局	民國49年
④黛綠的季節	中篇小說	香港友聯公司	民國51年
⑤相思溪畔	中篇小說	香港環球出版社	民國51年
⑥懸崖邊的女人	中篇小說	香港鶴鳴書業公司	民國51年
⑦紅與綠	中篇小說	香港霓虹出版社	民國51年
⑧愛情道上	長篇小說	大業書店	民國52年
⑨爬塔者	短篇小說集	復興書局	民國52年
⑩霧中的足跡	長篇小說	長城出版社	民國54年
⑪彩色的臉	短篇小說集	光啓出版社	民國54年
⑫車轔轔	長篇小說	光啓出版社	民國56年
⑬夏日的笑	長篇小說	長城出版社	民國58年
⑭寂寞街頭	長篇小說	立志出版社	民國58年
⑮寒江雪	長篇小說	立志出版社	民國59年
⑯樓外樓	短篇小說集	華欣文化中心	民國63年
⑰離家的女孩	長篇小說		

童真作品評論索引

篇名	作者	期刊名	刊期	時間	頁次
①童眞女士的兩本書：「翠鳥湖」、「古香爐」	王鼎鈞	自由青年	19卷10期	47年5月	頁10~11
②論童眞（階段評論）	司馬中原	台灣新生報		55年7月5日~6日	7版
③沉默的天堂鳥	司馬中原	幼獅文藝		55年9月	
④車轔轔	老　松	現代學苑	4卷7期	56年7月	頁42
⑤夏日的笑	老　松	現代學苑	6卷5期	58年5月	頁40~41
⑥鄉下女作家童眞	夏祖麗	婦女雜誌	45期	61年6月	頁40~41
⑦「樓外樓」讀後	張茲棟	中華文藝	8卷4期	63年12月	頁100~102
⑧「鄉下女作家」童眞	鐘麗慧	文藝月刊	190期	74年4月	頁13~20
⑨車轔轔兼論小說的故事	詹　悟	台灣日報		73年9月2日	